Job Analysis
Theory and Practice

工作分析
理论与实务

李中斌 等 / 编著

东北财经大学出版社
Dongbei University of Finance & Economics Press
大 连

图书在版编目（CIP）数据

工作分析理论与实务 / 李中斌等编著. —5版. —大连：东北财经大学出版社，2024.1

（21世纪高等院校人力资源管理精品教材）

ISBN 978-7-5654-5099-0

Ⅰ.工…　Ⅱ.李…　Ⅲ.人力资源管理-高等学校-教材　Ⅳ.F243

中国国家版本馆CIP数据核字（2024）第004334号

东北财经大学出版社出版

（大连市黑石礁尖山街217号　邮政编码　116025）

网　址：http://www.dufep.cn

读者信箱：dufep@dufe.edu.cn

大连永盛印业有限公司印刷　东北财经大学出版社发行

幅面尺寸：185mm×260mm　字数：513千字　印张：23.25

2024年1月第5版　2024年1月第1次印刷

责任编辑：石真珍　责任校对：何　群

封面设计：张智波　版式设计：原　皓

定价：58.00元

教学支持　售后服务　联系电话：（0411）84710309

如有印装质量问题，请联系营销部：（0411）84710711

总　序

改革开放以来，我国经济和社会发展取得了举世瞩目的巨大成就。从人力资源开发的角度来看，我国改革开放的一切成就无不得益于人性解放所爆发出的社会与经济能量。正是在市场经济条件下，人力资源向人力资本转化并不断积聚和集中，从而形成巨大的物质力量，推动了中国经济社会的强劲发展。确立建设人力资源强国战略和持续投入人力资本，是进一步推动国家发展、社会进步、人民生活水平提高的不竭动力。纵观历史，劳动力转化为商品、人力资源转化为人力资本的当代，是人类历史上最为辉煌的时代。从世界范围来看，所有发达国家都高度重视人力资本的投入，发展最快的发展中国家都处在人力资源利用效率最高的历史时期。展望未来30年，世界经济的竞争将是人力资本的较量，支撑中国和平崛起的根本动力是人力资源开发所释放出来的巨大能量。

中华人民共和国成立70多年尤其是改革开放40多年的历史，是一部转变人的分工角色、社会身份的历史，是不断解放人的思想、调整分配关系、提高人力资源利用效率的历史。因此，无论是短期设计还是从长计议，都必须深入贯彻以人为本的发展观，大幅度提高社会保障水平，大幅度提高劳动者的工资，积极转变人们的社会身份，把世界上最丰富的人力资源转化为人力资本，迅速增加人力资本的存量和总量，大力推进人力资源管理向人力资本经营转化。显然，人力资源开发与管理的理论研究和实际应用，是一项充满挑战和希望的伟大事业；建立具有中国特色、与国际接轨的人力资源开发与管理体系，是我们追求的宏大目标。

目前，我国高水平的人力资源管理专业人才与经济社会发展的需求之间存在很大缺口，编撰一套好的教材是推进人力资源管理专业发展和提升我国人力资源开发与管理水平的需要。为此，东北财经大学出版社组织多所知名高校人力资源管理专业的资深教师，联合打造了“21世纪高等院校人力资源管理精品教材”。本系列中各本书的主编均为学有成就的教授和博士生导师，他们丰硕的科研成果和教学经验，足以保证这套教材达到精品水平。

有优秀作者的大力支持，有策划者的努力付出，有良好的财经教育出版平台，相信本套教材的出版能创造很好的社会价值，对我国人力资源管理实践的发展、人力资源管理学科的发展和人力资源管理专业人才的培养产生积极的作用。

刘福垣

第五版前言

千秋基业，人才为本。党的二十大报告提出“教育、科技、人才是全面建设社会主义现代化国家的基础性、战略性支撑”，强调“必须坚持科技是第一生产力、人才是第一资源、创新是第一动力”。新修订的《中国共产党章程》也首次加入了“充分发挥人才作为第一资源的作用”的表述和要求。这些新表述、新要求为做好新时代的人才工作提供了科学指南和根本遵循。

工作分析是人力资源管理中一项重要的工作，是保证组织生产效率和员工工作满意度的基础性工作。工作分析是一个复杂的系统工程，实施条件包括组织结构相对稳定、各部门职责相对明确、工作流程相对清晰等。工作分析就是要收集整个组织的部门、流程、岗位等的信息并整理分析，对相应岗位的工作做出明确的区分，确定完成该工作所需的行为、条件、人员，树立服从战略的全局观念和服务企业经营的创新意识。在“互联网+”时代，组织如何利用一双慧眼选出最适合的人才并做到人岗匹配呢？首先，在工作分析的基础上，需要提炼相应岗位人才的胜任素质并积极构建其胜任素质模型。其次，在简历筛选、笔试、面试的基础上，必须进行相应的精准测评，包括人格特质、人岗匹配程度及素质能力等的测评。最后，要结合相应岗位优秀主管的特质，分析何种特质和素质能力的专才可配合其达到完美工作效能，不仅实现人与岗位匹配，而且实现人与人匹配。

本书结合实际，探讨工作分析发展的历史与趋势，归纳工作分析面临的问题与现实挑战以及应对方略，进而通过案例和实务操作，研究工作分析的运作与相关方法等内容，较全面系统地介绍工作分析的相关理论与实务。第1章概要介绍工作分析和工作设计的内容；第2至4章分别阐述组织分析、岗位分析和工作分析流程，以及工作分析面临的问题及应对策略等内容；第5至8章分别介绍工作分析方法、工作说明书、公共部门工作分析等内容，并给出若干行业工作分析的范例；附录介绍合不合云端人才评鉴系统解析与四大管理技能，以及合不合人才盘点系统成果实例，给出帮助企业做到人岗匹配乃至人人匹配的测评工具，这是本书的一大亮点！与此同时，为突出实用性，第1至7章每章章首设置了教学目标、教学要点和导入案例，章末附有关键词、思考与练习、案例分析，以及数字资源，便于学生学习和把握相关章节的内容，从实务角度出发提升学生实际操作能力。

本书将理论与实务紧密结合起来，一经面世即得到教材使用者的欢迎和肯定，目前适逢修订再版的时机。本次修订，首先围绕立德树人根本任务，在书中有机融入课程思政元素和党的二十大精神，力争做到价值塑造、知识传授和能力培养相统一，培养学生具备进行人力资源管理工作所需要的沟通、合作等人际能力及领导力，强化责任意识、公平意识和竞争意识，培育健全的人格和健康的体魄，增强社会责任感、职业道德、创新精神及终身学习的能力和意识，树立正确的工作价值观，恪守工作规范，养成良好习惯。其次，根据近年来教材使用的情况、工作分析理论与实务发展的实际以及读者朋友的反馈建议，对书中的理论与实务内容进行了必要的修订和补充。同时，第五版在每章后新增了“即测即评”互动答题，帮助学生复习、巩固所学内容。为方便教学，本书配备了网络教学资源包，内容包括电子课件、教学大纲、教学日历、学习指南、重点与难点、复习思考题答案、试题库等，选用本书的任课教师可登录东北财经大学出版社网站（www.dufep.cn）查询和下载。

本书第五版是福建农林大学、福州大学、福建师范大学、福建理工大学、华侨大学、闽南师范大学、福建商学院、福建江夏学院、莆田学院、福州工商学院、西安石油大学、江西科技学院、湖北经济学院等多所高校多位教师集体智慧的结晶，参加编写的人员有李中斌、赖宇芳、潘惠、张慧、李莉、陈丁、王杨、宋波、王七苟、杜江萍、程志辉、陈建武、李芳、刘斌、杜兴艳、杨敏、缪小红、刘碧强、陈初升、卢冰、陈博楠、余杨阳、高文伟、王烨烨、翁亚斯、陈晓霞、黄美娇等，研究生郑荣、杨俊宇、官宏、庄晨晞、程悦、柳草、陈航、季玉川、刘苗苗、林子沁，本科生陈欣怡、姚安琪、方亚珩、陈焰、陈赟昕、康淏埼等也做了部分章节的整理和编写工作，最后由李中斌统稿完成。在本书的写作过程中，我们参考和借鉴了许多学者的著作及相关文献资料，并得到东北财经大学出版社的大力协助，在此一并表示衷心感谢。书中难免存在不足之处，望有关人士多多指正。

本书是为普通高等学校人力资源管理专业及相关经济管理类专业编写的，主要作为大学专科、本科层次授课教材，也可供相关专业研究生、从事人力资源管理理论和实践研究的人士，以及相关从业人员阅读。

编著者

2023年11月

目　录

第1章　工作分析导论

教学目标

✓了解工作分析的发展历程、发展趋势以及工作分析的作用、目的和原则；

✓掌握工作分析的含义、特征、内容和原则；

✓领会工作分析的有关基本术语及其相互关系；

✓掌握工作设计的含义、内容、原则、程序和方法。

教学要点

✓工作分析的内容和原则；

✓工作设计的程序和方法。

导入案例　S公司各岗位职责不明的问题

小林是上海某高校人力资源管理专业的应届毕业生，在他毕业后到S公司上班的第二天，公司的管理顾问叶华（一个刚刚留美归国的MBA）就将他和人力资源部经理张凡召集来开会。

叶华：“小林，很高兴你加盟公司，为了让你有机会展示自己的才能，我和张凡决定由你来系统地做一下公司每个职位的工作分析，以明确每个岗位的工作职责。有什么困难你可以提出来，我们会尽量提供帮助。”

张凡：“我们公司已通过ISO9001质量管理体系认证，你可以参照ISO体系文件，会有所启发。”

小林感觉事情并不简单，他思索了一下，说：“好吧，我先试着去做，有问题随时请求你们的帮助。”

小林接受任务后，先是查看了公司的ISO体系文件。经过仔细阅读和思考后，小林发现其中的工作说明书存在这样几个问题：格式过于简单、内容不完整、内容描述不准确。于是，小林不再依赖原有文件，开始竭尽所能地收集有关资料。他首先弄清楚新的组织结构图中出现的每一个名词的含义，搞清公司的定岗定编，然后利用互联网查询与每个职位有关的信息，对照自己公司的情况进行取舍。小林通过互联网、图书馆查找了许多相关资料，并向人力资源部经理和管理顾问请教，完成了工作分析的资料收集工作，并在此基础上最终形成了各岗位的工作说明书。由于各种原因，在准备做工作分析的过程中，小林并没有去请教各部门经理，也没有做任何问卷调查。尽管小林花了大量的时间和精力来进行工作分析，但S公司各岗位职责不明的现象仍未得到很好的改观。这是为什么呢？

资料来源 佚名. 工作分析案例［EB/OL］.［2023-11-05］. https://wenku.baidu.com/tfview/ca78862fa78da0116c175f0e7cd184254a351b1d.html.

1.1 工作分析概要

在竞争激烈的市场环境下，企业只有建立有效的人力资源管理制度，才能更好地推行顺应市场变化的发展战略。中国加入WTO之后，中国企业面临的是激烈的全球化竞争。在以人为本的竞争时代，人力资源管理工作尤为重要。党的二十大报告提出："我们要坚持教育优先发展、科技自立自强、人才引领驱动，加快建设教育强国、科技强国、人才强国，坚持为党育人、为国育才，全面提高人才自主培养质量，着力造就拔尖创新人才，聚天下英才而用之。"可见，在这个快速发展的时代，人力资源的发展乃是一个企业、一个国家发展的重中之重。而工作岗位的设置科学与否，又将直接影响一个企业的人力资源管理工作的效率和科学性。

党的二十大报告还提出："教育、科技、人才是全面建设社会主义现代化国家的基础性、战略性支撑。必须坚持科技是第一生产力、人才是第一资源、创新是第一动力，深入实施科教兴国战略、人才强国战略、创新驱动发展战略，开辟发展新领域新赛道，不断塑造发展新动能新优势""深入实施人才强国战略，坚持尊重劳动、尊重知识、尊重人才、尊重创造，完善人才战略布局，加快建设世界重要人才中心和创新高地，着力形成人才国际竞争的比较优势，把各方面优秀人才集聚到党和人民事业中来"。可见，无论是对于一个国家还是一个企业而言，人力资源都是非常重要的。

在人力资源管理的实践中，时常出现与以下例子类似的企业招聘广告："采购员：男，40岁以下，大专以上学历，两年相关工作经验，熟悉本公司业务者优先。"从招聘广告中，应聘者得不到有关工作内容、职责范围、机构以及对应聘人员的具体要求等重要信息，招聘者没有选拔的客观标准。由此造成的直接后果往往是挑选和录用的员工与工作要求不相符。在企业里，人力资源部经理和职能部门经理经常面对棘手的管理问题，比如员工抱怨不知道干什么，工作的角色和内容经常产生冲突并引起误解，职责和职权的重叠造成"努力"的重复和无效，挑选和录用的员工与工作要求不相符，绩效考核时感到缺少依据、无从着手，培训方案不符合工作要求，经常造成生产力和品质下降等。其根源在于对某一职务的职能描述和资格要求不清楚，如对工作内容、职责及范围、机构没有书面描述清楚，并且未对相应的人员做专项交代和培训。进行科学的工作分析，编制工作说明书（也称职位说明书、岗位说明书、职务说明书），发挥其在管理中应有的作用，是解决问题的有效方法。

1.1.1 工作分析的发展历程

工作分析是全面了解工作岗位的一种管理活动，是对工作岗位的内容和任职资格进行描述并对岗位定等归级的系统过程。更确切地说，它是以组织的工作任务和员工的工作岗位为对象，采用科学的方法，经过岗位调查收集有关的信息，对岗位进行分析、评定，制定出岗位规范、工作说明书等各种人力资源管理文件，为人员的招收、调配、考核、培训、升降、奖惩以及报酬给付提供客观依据的人力资源管理活动的总称。

由于历史原因，当前国内许多人力资源开发与管理方面的教科书或专著对这一方法的称呼也不统一，有的叫工作分析，有的叫职位分析，有的叫工作研究，有的叫岗位研究等，给教学和研究带来很多不便。在考察其发展历程后，结合当前的有关提法，有人认为“工作分析”这个名称最恰当。为了说明这些不同的名称只是对同一方法的不同称呼，下面在叙述发展历程时将沿用当时的名称。

1）工作分析在国外的发展历程

岗位研究最初产生于美国的工业企业，当时被称为工作分析（job analysis），产生后立即得到迅速发展；后来又被应用于政府文官管理中，被称为职位分类（position classification）。工作分析在这两条道路上各自独立地发展、完善，直到“人力资源”概念被提出之后，企业劳动者与政府公务人员及各类管理人员才有了统一的称呼——人力资源，于是两种方法也得到统一，统称工作分析。

（1）工作分析在国外的产生与发展

19世纪后半叶美国南北战争结束后，生产得到迅速发展，生产技术的变革和企业规模的扩大，使旧有的凭借传统经验的管理方式同先进的生产力之间的矛盾越来越突出，结果生产技术装备变得越来越先进了，却远远没有发挥应有的效率。据文献记载，当时美国只有少数工厂的产量能达到它们应有产量的60%。企业生产的普遍低效率，成为管理者迫切需要解决的问题。于是，从19世纪80年代至20世纪初，美国开展了一场“提高效率运动”，又称“科学管理运动”。

1880年，美国机械工程师协会成立，并对如何提高企业效率的问题进行了深入的探讨。20世纪初，一种系统的、科学的管理理论在美国诞生，主要代表者是被称为“科学管理之父”的泰勒（F. W. Taylor）。泰勒把科学管理（scientific management）归纳为四条原理，其中第一条是：“对工人操作的每个动作进行科学的研究，用以代替老的单凭经验的办法。”这条原理要求对工人的一项操作从时间、动作、工具三个方面进行研究，确定完成各项作业所需的合理时间、合理操作方法和最有效的工具，然后制定出基本的劳动定额，形成差别计件工资制，刺激工人学习新的操作方法，减少不必要的耗费，以提高生产率。

1911年，泰勒出版了管理学上的经典著作《科学管理原理》一书，在书中他系统地阐述了他的科学管理理论，其主要内容为：

① 进行动作研究，确定操作规程和动作规范，确定劳动时间定额，完善科学的操作方法，以提高工效。

② 对工人进行科学的选择，培训工人使用标准的操作方法，使工人在岗位上成长。

③ 制定科学的工艺流程，使机器、设备、工艺、工具、材料、工作环境尽量标

准化。

④ 实行计件工资制，超额劳动，超额报酬。

⑤ 管理和劳动分离。

泰勒提出动作研究的方法之后，吉尔布雷斯夫妇（F. B. Gilbreth和L. M. Gilbreth）在技术方法和某些指导思想上对其做了改进。第一，他们用摄影机把工人的动作拍摄下来，同时发明了一种计时器和灯光示迹摄影法，从而清晰地看到每项动作所需的时间。第二，他们把动作划分为17项基本要素，分析更加深入。第三，他们于1916年出版了《疲劳研究》一书，在书中探讨了如何解决劳动过程中的疲劳问题。第四，他们设计了一种动作最少、时间最省、疲劳程度最低的最佳生产流程。此外，泰勒主张动作研究要背着工人秘密进行，而吉尔布雷斯夫妇则主张重视工人，与工人进行合作，从而使研究更加贴近实际。吉尔布雷斯夫妇利用照片进行研究得益很大，他们发展的"微动作研究"技术使动作照片在研究中的运用成为可能。他们提出的动作分类方法一直沿用到今天。1912年，吉尔布雷斯夫妇在新英格兰巴特公司第一次将"微动作研究"应用于制造业，他们建立了一个专门的实验室，并在那里分析问题、建立模型和寻找更佳的工作方法。他们开创了管理科学关于"动作研究"的先河。1913年，吉尔布雷斯夫妇出版了《动作研究》一书。

在泰勒等人的研究基础上，产生了工作分析制度，从具体的动作研究转向对企业中工作岗位的系统描述，并做出规范的记录。这一制度首先在工商企业中被广泛推广应用。1918年，美国以工作分析制度为基础编制了熟练工人及非熟练工人的工资调整与标准化方案。1921年，全美铁路运输业在工作分析的基础上，实行了员工职级制。工作分析制度的推行以及所取得的积极成果引起了企业人事部门的注意，使这一制度从一个企业传到另一个企业。

据有关资料介绍，1930年，美国各大公司中采用工作分析方法的约占39%。随着应用面的扩大，研究工作也在向前发展。1945年，希亚（W. T. Sher）创立工作因素法（work factor system）。1948年，梅纳德（H. B. Maynard）等人发明了方法时间测量法（method-time measurement），创建了"预定时间标准"。第二次世界大战后，工作分析不但在美国继续普及，而且传播到西欧国家，以及苏联、日本等国。美国与苏联还创立了"人类工程学"，使得工作分析得到进一步发展。

德国工效学家罗莫特（W. Rohmert）生于1929年，他的主要研究内容包括工效学工作设计、工作分析、劳动负荷和工效方法研究等。1979年，罗莫特将他几十年的工作设计研究成果加以总结，提出了AET方法，即工作分析工效学调查法。

（2）职位分类在国外的产生与发展

由泰勒等人的开创性研究而产生的工作分析制度被美国工商企业普遍采用，收到了极好的效果，而且操作方法也不断成熟。19世纪美国城市人口激增，社会职业日趋复杂，市政管理工作越来越庞杂，导致政府职能扩大，政府公务人员猛增。1841年，美国公务人员只有2.3万，到1900年增加到了30万以上。数十万文官分布在各种行政部门和各类特设机构里，他们中间有行政管理人员、打字人员、收发人员、司机等各种保障人员，有的从事专业性很强的工作，其任命方式、考试方式和管理方式各不相同。

当时美国任用文官的基本制度还是“政党分肥制”，这种制度给社会带来严重的贪污腐化和政治动荡问题，文官的管理极为混乱。19世纪80年代，美国虽然进行了重大改革，但并没有解决科学管理文官的问题。文官系统协调管理中存在的问题越来越突出，于是借鉴在工商企业界广泛流行的职位分类、工作分析等新概念、新方法来改进文官管理制度就势在必行了。

美国文官管理制度中的问题由来已久。1836年，联邦政府的财政、海军、内政、陆军、邮电5个部门的336名办事人员要求解决待遇与工作不平衡的问题，向国会请愿，引起了国会的极大关注。从此，美国各级政府不断地进行探索、改革，试图解决文官管理中的问题，直到1895年以后，在推行泰勒等人提出的工作分析制度的基础上才逐渐形成了职位分类的基本概念。

1905年，在西奥多·罗斯福总统的倡议下，美国任命了一个委员会进行职位分类及薪金分类的方案设计和研究，职位分类工作进入了正规化阶段。同年，芝加哥市政府确认公务人员以职务为分类基础的原则，主张以雇员所完成的任务为基础建立工资制度。1909—1911年，芝加哥市文官事务委员会拟定了职位分类原则和方案，1912年芝加哥市议会加以采纳并制定了职位分类法。职位分类第一次正式实行。

芝加哥市的做法被认为是完全建立在讲求效率和经济效益的现代工业体制之上的，因而引起了各地的重视。很多地方政府开展了对职位分类的研究，克利夫兰、奥克兰、匹兹堡、洛杉矶等地相继在立法中正式确立了职位分类的方案。之后职位分类的实行范围继续扩大，在全美形成一股潮流，但各地各行其是，很不统一。1919年，美国出现了物价飞涨的局面，公务人员的工资分类调整委员会提交了职位分类的调查报告，指出了由分类标准不统一而导致的种种问题，并提出了解决对策。

这份报告促进了美国第一部联邦政府职位分类法案——《职位分类法》——的制定，1923年该法经国会正式通过，职位分类在美国联邦政府和各州范围内正式实行。职位分类在美国实行以后，仍然处于不断调整改革中。1949年美国国会对1923年《职位分类法》做了较全面的修改，将公务员职位由七大类减并为两大类；1976年又从技术上对职位分类进行了修改补充，实行因素评价制度，使职位分类朝着系统化、规范化、度量化和科学化方向前进了一大步。

1978年，美国联邦政府进行文官制度改革，设立了“高级行政职务”，把GS16职等至GS18职等高级职业文官的工资划出文官工资体系，变为“级别随人”的工资。美国实行职位分类制度的经验，受到许多国家的人事管理当局和专家学者的重视，他们极力倡导这一制度。加拿大、阿根廷、泰国等国家先后实行了职位分类制度。这些国家在借鉴美国经验的同时，根据本国实际对职位分类做了各种改进，进一步推动了职位分类的发展。

(3) 工作分析与职位分类的统一

进入20世纪70年代以后，人力资本理论兴起。人在经济活动中的作用日益受到重视，于是与物质资源相对的概念——人力资源——被提出，人被看作一项重要的经济资源。在此理论的影响下，人们更加深刻地认识到人力资源开发对社会经济发展的重要意义和作用。

欧美各国纷纷出现了人力资源开发组织和机构，在美国除了中央政府和地方政府设立了人力资源开发组织外，许多工商企业也纷纷将人事部门改称为“人力资源开发部”或“人力资源管理部”，使人在管理中的地位上升到物之上。因此，从工商企业发展而来的工作分析与从政府部门发展而来的职位分类也逐渐融合、统一，成为岗位研究，共同发展。到今天，岗位研究在发达国家和部分发展中国家已十分普及，成为各项人力资源管理工作的核心。

2）工作分析在我国的发展历程

我国企业岗位研究的发展主要表现在岗位责任制的建立和发展上。1949—1952年，中华人民共和国成立不久，国民经济处于恢复时期，在企业管理方面主要吸收苏联经验。例如，中苏共管的中国长春铁路公司采用技术定额查定法制定工时定额标准，确定岗位定员，实行生产责任制。

1953—1960年，我国将生产责任制扩展到技术设计、工艺、设备、安全、材料、工具保管等职能科室。1958—1960年，“一五”期间新设的企业管理制度被否定。1961—1965年，在党中央“调整、巩固、充实、提高”八字方针指引下，《国营工业企业工作条例（草案）》《企业计时奖励工资暂行条例》《企业计件工资暂行条例》等指导性文件相继出台，恢复和健全了严格的岗位责任制。

1966—1975年，企业管理制度遭到破坏。1975年，国务院召开计划工作务虚会，通盘研究整个经济工作的整顿问题，并在邓小平主持下制定了《关于加快工业发展的若干问题》（简称《工业二十条》），全面恢复和健全了岗位责任制。自改革开放以来，我国的企业管理逐步步入科学化、合理化、标准化的轨道，一些先进企业创造了许多先进的管理方法。

例如，首钢集团从1981年开始在企业内部将岗位责任制发展为经济责任制，制定了明确的标准、责任、程序和考核办法，形成了一套科学的管理办法。鞍钢集团在20世纪80年代对全公司43个厂矿的7 429个生产岗位进行了岗位分析与评价，制定了定额标准，合理体现了岗位差别，建立了科学的工资奖励制度。

1984—1985年，杭州企业开展了有关管理工作分析和测评的研究，主要用于探索管理人员素质和工作绩效的评定方法。研究人员运用个案研究、问卷调查、工作日志等方法，对企业各个层次管理岗位的工作任务和职务特征进行了比较分析，主要包括工作内容、技术难度、工作时间、工作负荷和人际关系等方面。这些研究为管理者的选拔、培训、考核、晋升等提供了评判标准。

铁道部从1991年5月到1992年12月，历时600天，在全行业开展岗位劳动评价工作，培训骨干1 400多人，购置设备200余万元，组织测评人员3 000多人，取得12万余个评价数据，最终制定了《铁道行业岗位劳动评价工作手册》，将其作为以后具体的岗位研究工作的参考标准。铁道部的这项举措开创了我国铁路劳动工资管理史的先例，是经验管理向科学管理转变的开始。经过几年实践，该标准被证明是比较科学、合理的，符合铁道行业的实际。当时，铁道部在岗位研究方面走在了其他行业的前面。但是，这个岗位评价标准有一个严重的缺陷：只适用于工人，不适用于干部，对干部的各项管理工作的评价仍然缺乏系统性和客观性。另外，纺织行业、钢铁行业等各自的评价标准也都存在这个问题，而且各行业之间缺乏交流和沟通。

企业管理在我国经历了70多年的风风雨雨，国家有关部门也为一些体力劳动强度大、高温作业、接触毒物作业等的特殊岗位制定了国家标准，但至今还没有一部系统的有关岗位研究的法规，更没有具体而系统的评价标准，只有在个别行业中制定的岗位评价标准。因此，我国的岗位研究工作有待进一步发展。

3）工作分析的发展趋势

工作分析被誉为“人力资源管理系统的基石”，但随着知识经济时代和经济全球化的发展，组织架构和流程需要不断优化甚至变革以适应内外界环境的变化，这导致组织的基本单元——工作——也在不断变化，工作的稳定性、工作方式以及工作对任职者的要求等方面都发生着巨大的变革。在这种情况下，以工作岗位为对象的工作分析必然也要随之发展，目前主要出现了五个比较明显的发展趋势。

（1）工作分析战略化

当一项工作被创建出来或者正在遭受巨大变革时，工作分析就要着眼于未来，基于组织战略，针对“未来的职位”进行分析，并识别出组织的核心竞争力，建立胜任特征模型，帮助组织赢得竞争优势。

美国的本杰明·施耐德（Benjamin Schneider）和安德烈亚·考茨（Andrea Konz）提出了“战略性工作分析”。该方法的目的是界定所预测到的未来职位所需要的任务和KSAOs（知识、技能、能力以及其他个人特质）指标。该方法大体包括如下步骤：

第一，对现有职位进行分析，从而识别出目前的任务和KSAOs指标。

第二，将了解该职位的主题专家（如任职者、主管）及组织中其他对发生变革的职位具有深刻了解的人组织起来，共同讨论未来变化（例如技术性变革）对该职位会有怎样的影响，并收集他们对未来任务和KSAOs的基本认识。

第三，识别对该职位现在和将来判断的差别，分离出所预料到的会发生最大变革的任务和KSAOs。这些信息是招聘未来职位任职者的基础。

可见，整个过程的关键因素是正确挑选主题专家，因为是由他们对未来职位的变化进行预测。如果当前职位正在经历变革，则可以要求职位的任职者、主管及其他专家预测工作活动和员工完成工作所需具备的KSAOs的变革。如果被分析的职位是要设置的新职位，则可以选择组织中对职位变化有远见的人，或者组织外拥有关于变革的专业技术知识的人，比如熟悉组织战略和技术变革的人以及与新职位相似职位的任职者和主管，作为主题专家。

由于职位、技术和组织快速、持续地变化，有人建议要识别出基于组织的核心竞争力，就需要放宽视野，结合组织战略，考虑组织的长期需要，更广泛地界定员工应具备的KSAOs。这些核心竞争力由跨工作任务的特性组成，并且体现组织文化。通常，不断变化的内外部环境要求员工具备的核心竞争力有学习能力、自我管理能力、自我激励能力、团队合作能力、适应能力、社交能力以及在压力下工作的能力等。实际上，这种理念提倡以稳定的组织要求为基础，而非以不断变化的职位要求为基础开展工作分析。

（2）工作分析信息来源扩大化

尽管任职者是最常见的工作分析信息的来源，但是除任职者之外的其他信息来源也变得日益重要。

① 客户。员工和客户之间的关系变得日益紧密和重要，客户对员工工作业绩的衡量标准产生至关重要的影响，自然就成为工作分析的重要信息来源。有许多企业采取“神秘顾客”的方式来收集服务质量的信息。“神秘顾客”是由企业雇用的乔装成顾客的人员。员工在向“神秘顾客”提供服务时，并不知道他们本身也是雇员。通过系统地培训，“神秘顾客”能够观察客户服务人员的服务行为，所以就服务性工作来说，“神秘顾客”可以成为很好的工作分析信息来源。

② 专家。任职者对他们从事的工作并不总是能做出最好的判断，特别是与自己的利益息息相关时，更是如此。而岗位培训专家对工作负荷、工作环境等影响工作的许多因素都比较了解，例如，拥有心理学背景的专家对任职者工作的心理压力能做出准确的评估。与任职者相比，专家对工作有更为准确的判断。

③ 计算机。虽然人对任务和工作内容的反应比起简单的知觉判断复杂得多，但是利用计算机仿真系统能够分析操作人员的业绩。所以，计算机模型成为工作分析数据的又一来源。

（3）工作分析技术信息化

随着科学技术的发展，工作分析技术趋向于高科技化。

① 计算机网络。互联网和企业内部的局域网对数据收集有着广泛而深入的影响。被调查者可以将信息直接输入计算机，摆脱了打印以及邮寄等烦琐的手续。

② 电子业绩监督。计算机能够用于监督员工的工作过程，可以对工作做出详细的分析，能够告诉我们某人是否在写信、编写代码，或者从互联网上下载文件等与工作相关或不相关的活动。人工智能水平的提高将会使电子业绩监督变得越来越普遍。

③ 预测。当进行分析的工作还不存在时，就不能对任职者进行观察、访谈或问卷调查。在这种情况下，只能对工作进行猜测。解决方法之一就是请工作小组列出现在和未来的任务，小组成员必须想象未来的工作是什么样的，然后说明工作流程。

（4）对客户进行工作分析

越来越多的公司认识到，管理客户和管理员工二者之间存在许多共同之处。美国服务管理专家彼得·米尔斯（Peter Mills）甚至建议将客户看作组织的“不完全的员工”，提出对客户进行工作分析。为了让客户的满意度达到最大化，西方许多组织纷纷开始对自己的客户实施工作分析。

如果将客户看作组织内“不完全的员工”，就要用人力资源管理的做法管理他们。本杰明·施耐德和戴维·鲍文（David Bowen）教授建议组织使用工作分析的方法来评价当前客户的作用，并且编写如何使客户发挥理想作用的说明书。

组织对客户进行工作分析，可以确定能够增加或减少组织盈利的那些客户行为和能力。详细的工作分析结果描述了组织需要客户具有什么样的行为和能力，然后组织可以确定能否采用一些方法对客户的行为加以改进：通过选择不同的客户（如到不同的市场上去销售）、培训客户（如给他们更好的指导），促使他们积极做出组织希望的客户行为（如改变服务费的结构）。

（5）角色说明书取代岗位说明书

传统的工作分析是在竞争环境、组织结构及岗位相对稳定和可以预见的时代里发展起来的。然而，现代的工作分析受到了挑战。随着经济全球化趋势和科学技术的迅猛发展，组织面临的内外部环境在剧烈变化，组织的结构、工作模式、工作性质、工作对员工的要求等都随之发生急剧变化：组织结构从等级化逐渐趋于扁平化与弹性化；工作本身从确定性向不确定性、从重复性向创新性转变；组织建立了跨专业的自我管理团队，在团队成员之间出现工作交叉和职能互动，越来越重视对复合型、知识型和创新型员工的吸引、培养和使用；从强调职位之间明确的职责、权限边界转变为允许甚至鼓励职位之间的职责与权限的重叠，打破组织内部的本位主义与局限思考，激发员工的创新能力以及以客户为中心的服务意识；工作内容越来越庞杂，员工可能从一个项目转到另一个项目，从一个团队转到另一个团队，工作职责也变得模糊。这一系列变化使得工作分析的结果性文件——工作说明书——变得越来越含糊，工作名称变得愈发没有意义。因此，一些专业人力资源工作者提出，应当用"角色（作用）分析"这个术语来代替传统的针对岗位的"工作分析"。他们提倡抛弃传统的"职位说明书"，代之以"角色说明书"，提倡在进行工作分析和编写说明书的时候，将重点放在角色（作用）上。这一点是与更加强调结果而非过程的理念相一致的。

对于那些以团队方式而非以个人为基础来开展工作的组织来说，这种从关注"岗位"转变到关注"角色（作用）"的趋势是不可阻挡的。这种趋势在IT企业更为明显，其员工的工作模式发生了改变，出现跨团队、跨职能合作，甚至虚拟工作团队。在团队工作的环境中，某个团队成员所从事的工作可能要取决于团队中其他人的才能和兴趣。团队作为一个整体被指定完成某项工作，并且对该工作负责。因此，工作分析要研究团队内各角色的工作流程，以判断产品和服务的改变及其对团队成员的要求，通过工作分析说明一个人作为团队成员所发挥的作用，可能比说明他的个人岗位职责更加有用。所以，企业由过去对员工在点上的定位，过渡到现在在区域上的定位，人在企业中的位置也由点定位转变到区间定位即角色定位。

秉持分析角色（作用）而非分析岗位这一理念的公司有日产（Nissan）和本田（Honda）等。这些公司都强调它们雇用的是为公司工作的员工，而非从事某项具体岗位工作的员工。另外，美国西南航空公司前人力资源高级副总裁利比·萨坦（Libby Sartain）认为，西南航空公司是为工作而不是为岗位才雇用人的。在一些组织中，员工的态度发生了变化，他们从仅仅考虑做"我的岗位"转变到考虑从事任何实现组织目标所需要的事情。

虽然有人说随着组织的变革和工作职责边界的逐渐消失，工作分析可能会过时，甚至工作分析的成果将会葬送工作分析本身，但是，只要存在工作，就会存在工作分析，因为工作分析是理解工作本身的最佳方法。工作分析在未来并不会消亡，而是会适应组织的变革继续在人力资源管理活动中发挥其独特的基础性作用。

1.1.2 工作分析的含义和特征

1）工作分析的含义

工作分析也称职务分析、职位说明（position description），是对某一职位工作的内容及相关因素做全面的、系统的、有组织的描写或记载（戴良铁、姜全海，1999）。

邓宝山（1999）认为，工作分析是收集、分析工作信息，对工作进行描述和规范的过程。工作分析的结果有两个，即工作描述和工作规范。工作描述是对工作内容本身进行书面说明，包括工作名称、工作任务和工作职责等。工作规范是对从事工作的人员要求做书面说明，包括完成工作所需的知识、技能、经验、其他个人特质等。

朱晔（2000）认为，工作分析是西欧国家的叫法，美国学者称之为岗位评价（job evaluation）。他认为，工作分析就是通过岗位调查和工作写实，对企业内各类岗位的性质、任务、职责、劳动条件和环境，以及员工承担本岗位工作应具备的资格条件进行系统的描述、分析和研究的一门技术。

安鸿章（2001）认为，工作分析是对企业各类岗位的性质、任务、职责、劳动条件和环境，以及员工承担本岗位任务应具备的资格条件所进行的系统分析和研究，并制定出岗位规范、工作说明书等人事文件的过程。

在企业中，每一个工作岗位都有它的工作名称、工作地点、劳动对象和劳动资料。工作分析的第一步，就是要了解特定岗位的具体内容。通过工作调查，在取得有关信息的基础上，对岗位的名称、性质、任务、程序、内外部环境和条件等做出比较系统的描述，并加以规范化。因此，工作分析又被称为工作描述。

将工作描述的各种资料与有关人员的能力、经验、兴趣、个性的心理测量数据结合在一起，就能确定人员的任用标准，为企业人力资源管理工作提供可靠的依据。

美国劳工部将工作分析定义为通过观察和研究，确定关于某种特定职务性质的确切情报并报告的一种程序。加里·德斯勒（Gary Dessler）在《人力资源管理》中指出，工作分析是对企业中各项职务工作的目的、性质、内容、责任、方式、标准、环境及工作人员任职资格（包括知识、能力等方面）进行周密的调查研究，并加以系统、准确的描述，为其管理活动提供客观依据的活动。

秦书华在《如何做好职务分析》中介绍了有系统的工作分析必须按照以下8个要素（6W2H）来进行，我们通常称之为“工作分析公式”（job analysis formula）：who，谁从事此项工作；what，做什么；whom，为谁做；why，为什么做；when，工作的时间要求；where，工作的地点、环境等；how，如何从事此项工作；how much，为此项工作所需支付的费用、报酬。

一个组织要有效地进行人力资源管理，一个重要的前提就是要了解各种工作的特点以及能胜任各种工作的人员的特点，而这就是工作分析的主要内容。换言之，工作分析是一种在组织内执行的管理活动，专注于收集、分析、整合工作相关信息，为组织规划与设计、人力资源管理及其他管理职能奠定基础。

总之，工作分析是以企业中各类劳动者的工作岗位为对象，采用科学的方法，经过系统的岗位调查，收集有关工作岗位的信息及进行科学的岗位分析、评定，制定出岗位规范、工作说明书、岗位分类图等各种人力资源管理文件，为员工招聘、调配、考核、培训、升降、奖罚以及确定劳动报酬等提供客观依据。工作分析既是人力资源管理的基本工具，又是一个动态变化的过程，随着企业的发展和组织结构的调整，应适时修正。只有把这项工作做好，基础才能扎实，人力资源管理才能有根有据，实现“人本管理”才有坚实的基石。

2）有关的基本术语

与工作分析有关的专业术语包括工作要素（element）、任务（task）、职责（duty）、职位（position）、职务（job）、职业（occupation）等。职务是由许多主要职责在重要性与数量上相当的一组职位或岗位组成的。这些岗位或职位的性质、类别、环境、条件基本相似。职位和职务是两个完全不同的概念。一个企业可以有若干个相同的职务，但不会有重复的职位，否则便会出现职责或职权重叠的现象，并出现管理问题。

在系统阐述工作分析的基本原理、原则和方法之前，下面先对工作分析所引用的各种概念以及与之相关的一些名词术语加以说明。

（1）工作要素

工作要素是指工作活动中不便再继续分解的最小单位，是工作中不能再分解的最小动作。例如：速记人员正确书写的各种速记符号；木工锯木头前从工具箱中拿出一把锯子的行为等。

（2）任务

任务是指为达到某一特定目的所进行的一系列活动，它可由一个或多个工作要素组成，是工作活动中达到某一工作目的的要素集合。例如，打印一封英文信，要最后达到打印的目的，必须系统地操作：第一，熟悉每个英文单词；第二，在电脑中拼出相应的单词；第三，辨认与修改语法错误；第四，将写好的英文信打印出来。打印英文信这项任务是上述四个工作要素的集合。再比如，员工加工零件、转一笔账、将数据录入计算机、将若干物料运送到某一工作地点等。在一定时间内需要由一名员工承担一系列相同或相近的任务时，一个工作岗位也就产生了。

（3）职责

职责是指员工在工作岗位上需要完成的主要任务或大部分任务。它可由一个或多个任务组成。职责是职务与责任的统一，专指须由一名员工担负的各项任务组成的工作活动。例如，人力资源专员的职责之一是“工资调查”。它由以下任务组成：设计调查问卷、发放问卷、分析问卷、整理结果、将结果反馈给被调查对象等。

（4）职位

职位是指一定时间内某个人所担负的一项或多项相互联系的任务和职责的集合。一个职位由一名员工所承担的不同责任组成，是任务和职责的集合。例如，打字员需要打字、复印、维修保养打印机、选购打印纸等。再如，市场部经理、培训主管等都是职位。

职位是根据某项工作需要的人数而定的，即在一个组织里，有多少个职位就有多少名员工。例如，某办公室需要两名秘书，则设两个秘书职位。

职位具有三个要素：第一，职务，指按规定担任的工作或为实现某一目的而从事的明确的工作行为；第二，职权，指依法赋予职位的某种权力，以保证履行职责，完成工作任务；第三，责任，指担任一定职位的人对其工作标准与要求的同意或承诺。

职位具有五个特点：第一，职位是任务与职责的集合，是人与事有机结合的基本单元；第二，职位的数量是有限的，职位数量又被称作编制；第三，职位不是终身的，可以专任，也可以兼任，可以是常设的，也可以是临时的；第四，职位一般不随人走；第五，职位可以按不同标准加以分类。

职位是已经指派给某人的职务，是在企业层建立的。在建立了职务之后，必须建立必要的职位，职位继承了相应职务中所包含的任务，但它也可有额外、特定的任务。不同的职位可执行一个职务中相同的任务，一个职位可由一人或多人担任，也可以是空缺的。例如，对于助理职务，可以定义采购助理、财务助理、行政助理等。采购助理、财务助理、行政助理这些都是职务，不是职位或者岗位，职位是“部门+职务”。

（5）职务

职务是指主要职责在重要性与数量上相当的一组职位的集合或统称。例如，开发工程师就是一种职务，秘书也是一种职务。职务实际上与工作是同义的。在企业中，一种职务可以有一个职位，也可以有多个职位。例如，企业中的法律顾问这种职务，可能只有一个职位，而开发工程师这种职务，可能就有多个职位。

也就是说，职务是对企业中工作责任的总分类。企业中每个职务是唯一的，但可有一个或多个员工拥有该职务。例如，可在企业中建立一个秘书职务，然后定义20位员工拥有该职务。其他如经理、助理等都是职务。显然，经理为职务，人力资源部经理为职位。

（6）工作

工作是一个常用的词语，其含义极为复杂，但是人们对工作是组织的基本单位这一观点已达成共识，从这一点出发，可以将各项工作区别开来。

① 工作的基本特征。工作有四个基本特征：第一，工作由物质、理念和人力资源构成。第二，工作者和组织保持着一种互利的关系。组织可以获得资源，而工作者可利用资源为组织制造产品、提供服务。第三，工作是组织的基石，是形成工作团队、科室甚至更大部门的基础。第四，工作是连接人与组织的纽带，没有正式或非正式的工作任务也就没有组织。

② 不同工作的差别。虽然所有的工作都具备以上特征，但没有任何两项工作是完全一样的。不同工作的差别可以通过如下六个因素区分开来：第一，使命，即每项工作为组织提供独特的产品和服务。第二，物质资源，即在工作中使用的机器、工具、设备、辅助设施以及原材料。第三，人员特征，即员工在完成工作时所需具备的知识、技能、能力以及其他素质。第四，方法，即将资源转化为可用产品的流程和技术。第五，行为，即体现于工作中的人性。第六，地位，即工作在组织管理阶层中所处的位置。

（7）职业

职业是指个人在社会中所从事的作为主要生活来源的工作，它是不同时间内不同组织中工作要求相似或职责相近的职位集合。工作和职业的区别主要在于其范围不同。前者的范围较窄，一般限于某一组织内部，而后者是跨行业、跨部门的，如会计师、工程师、推销员、采购员等。

（8）职系

职系由两项或两项以上的工作组成，是职责繁简难易程度、责任轻重及所需资格条件不同但工作性质充分相似的所有职位的集合。例如，人事行政、社会行政、财税行政、保险行政等均属于不同职系，销售工作和财会工作也属于不同职系。职系与工作族同义。

（9）职级

职级是同一职系中职责繁简难易程度、责任轻重及任职条件充分相似的所有职位的集合。

（10）职等

职等是指不同职系之间，职责繁简难易程度、责任轻重及任职条件充分相似的所有职位的集合。

（11）职业生涯

职业生涯是指一个人在其工作生活中所经历的一系列职位、工作或职业。

（12）责任

责任指分内应做的事，即员工在职务规定的范围内应尽职尽责、保质保量地完成任务。

（13）工作族

工作族是两项或两项以上工作的集合。一个工作族是由性质相同的若干项工作组成的。例如，销售工作和生产工作分别是两个工作族。

3）基本术语之间的相互关系

图1-1展示了工作要素、任务、职责、职位、职务、职权、工作、职系和职业等基本术语之间的相互关系。

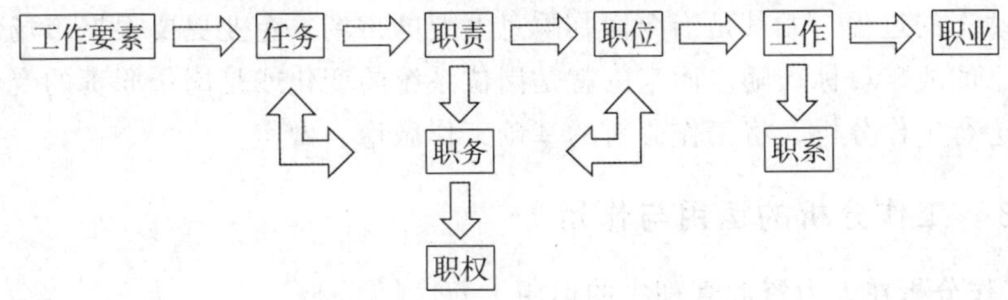

图1-1　基本术语相互关系图

4）工作分析的主要特征

工作分析作为企业的一项基础性工作，为企业人力资源管理及其他管理提供基本依据和参考，具有以下几个主要特征：

（1）工作分析以岗位为基本出发点

岗位是企业最基本的细胞，它是由企业的战略目标和组织结构所决定的，有什么样的战略，就要求有什么样的岗位体系与之相对应，就要求有相应的职责、权限、领导关系和任职资格与之相匹配。工作分析就是以岗位为基本出发点，围绕岗位进行分析，对岗位构成的五要素——工作、岗位主持人、职责与职权、环境、激励与约束机制——进行分析、综合，最后制定出最适合本岗位要求的工作分析文件。

（2）工作分析是一个系统的调查、分析、评价的过程

由于工作分析是一项基础性工作，它涉及企业的所有岗位，而且进行工作分析就要对岗位的所有信息进行深入、彻底的调查、研究，综合评价并高度概括出岗位的职责、权限、任职资格要求等一系列内容。在这个过程中，如果没有系统、科学的调查、分析、评价的过程与方法，工作分析就犹如建在沙滩上的大厦，根基不牢。因此，在进行工作分析之前要进行系统的设计，制订科学的方案；在实施工作分析的过程中，要根据实际情况系统调整方案和方法；在编制工作分析文件时也要从系统的角度出发，综合考虑各方面因素。只有这样，工作分析才能取得令人满意的结果。所以说，工作分析是一个系统的调查、分析、评价的过程。

（3）工作分析要求企业全员参与

工作分析不仅涉及面广，而且在整个过程中都要求企业全体员工积极参与和大力配合，保证工作分析顺利进行。在进行工作分析之前，要对全体员工大力宣传工作分析的作用和意义，使员工对工作分析抱有积极的态度，全力配合工作分析小组的工作；在工作分析的过程中，现场观察、访谈、问卷调查等内容均需要岗位主持人（员工）的合作；在工作分析结束形成工作分析文件后，还要得到岗位主持人的认可，以作为其日后工作的依据。由此可以看出，在工作分析的过程中如果没有广大员工的参与和配合，工作分析结果的准确性以及工作分析的过程都会受到不同程度的影响，甚至会导致工作分析的失败。

（4）工作分析是一个动态过程

岗位在组织中处于一种相对稳定的状态——它通常是稳定的，但当组织的使命和目标发生改变时，岗位的职责、功能和价值也会发生相应的变化。因此，工作分析应该是一个动态的过程。尤其是当今面临瞬息万变的市场，企业更要根据市场的需要不断调整自己的战略目标，随之而来的就是岗位系统的变化或是岗位职责的变化，这就要求及时进行工作分析，将工作分析的基础工作做稳、做实。

1.1.3 工作分析的运用与作用

1）工作分析在人力资源管理中的运用

在工作分析的过程中，企业需要对自身的整体运作、职能设置，以及各个岗位的职责、权限、任职资格要求等有一个充分的认识，而工作分析的结果是为人力资源管理工作服务的，为人力资源管理体系中的各个部分提供运作的基础和前提。人力资源管理体系中的各个模块都需要以工作分析结果为基础。

（1）在人力资源规划方面

人力资源规划对于企业的持续稳定发展是很重要的，而工作分析可以为企业制定人力资源规划提供基本的信息，如组织中有哪些工作任务、多少个职位和岗位，这些职位的权力传递链条及汇报关系如何，每个职位目前是否产生了理想的结果，以及组织中人员的年龄结构、知识结构、能力结构、培训需求和工作安排等。如果没有进行切实的工作分析，对企业人力资源现状没有充分的认知，就不可能制定出适合企业发展的人力资源规划。

（2）在人员招聘与甄选方面

组织的招聘人员一般不会对所有的工作都有充分的认识和了解，有些招聘人员对某些工作来说可能完全是外行。工作分析可以提供职位的任职资格要求（工作规范），从而为人员招聘、甄选决策提供依据，大幅度提高人员甄选技术的效度和信度，降低组织的用人风险，提高员工的整体素质与工作适应性。没有工作分析基础的人员招聘和甄选是盲目的、缺乏标准的。

（3）在培训与开发体系建设方面

企业开展任何活动都是有目的的，培训的目的就是让员工学习到工作需要的某种技能或素质。工作分析文件明确说明了每个岗位任职者所需要的知识、技能、能力和其他个人特质，这为有针对性地制订培训与开发计划提供了依据，从而有利于增强和提高整个培训活动的效果和效率。

（4）在绩效考核方面

绩效考核实际上是将员工的实际工作业绩与要求达到的工作绩效标准进行比较。职位说明书描述了工作职责、工作内容和任职资格要求等，这些可以帮助考核人员针对不同的职位设计考核指标，从而使绩效评价有据可依，大大减少绩效评价的主观性和随意性，使其能用于员工的报酬、晋升、调派、奖惩决策。另外，明确的绩效标准还为任职者设立了一个标杆，使其能够有目标地改进自己的工作，提高工作绩效。只有依据建立在工作分析基础上的考核指标体系，才有可能全面、准确地对员工进行评价，达到对员工的激励目的。

（5）在薪酬管理方面

要让员工全心全意为企业服务，就需要建立合理的薪酬体系，让员工有一种公平感。报酬通常都是同工作的复杂性、职责大小、工作本身的难度，以及工作要求的任职资格等联系在一起的，而所有这些因素都必须通过工作分析才能确定。通过工作分析，员工可以对工作的职责、技能要求、文化程度要求、工作环境等有明确的了解和认识，企业也可以根据这些因素判断一项工作的重要程度，对各项工作按重要程度进行排序，并通过职位评价的量化形式来确定每个职位的报酬水平。因此，工作分析是职位评价的基础，也是建立薪酬体系的基础。通过工作分析与职位评价，企业可以优化内部的工资结构，提高报酬的内部公平性。

（6）在员工职业生涯规划方面

在现代社会，人们越来越重视自己的个人发展，所以企业对于员工职业生涯规划的设计也是企业吸引员工的一个重要方面。通过工作分析，企业可以摸清楚职位之间在工作内容以及任职资格上的逻辑关系与内在差异，形成以职位为基础的职业生涯通道，以及职业生涯发展的路径、规范与标准，提高员工升迁的合理性。

通过以上几点的分析可以看到，工作分析在组织人力资源管理中扮演着相当重要的角色，工作分析是人力资源各项工作的基础，影响着人力资源管理各个模块的运作。

2）工作分析的作用

许多学者认为工作分析是人力资源管理的基础。

邓宝山（1999）认为，企业人力资源管理是否规范首先体现在这个企业是否进行工作分析上，工作分析是预测人员需求、制定人力资源规划的基础。

McSwane（1999）、Tannenbaum 和 Rosenfeld（1994）、王二平和谢小庆（1994）认为，工作分析有助于提高职业资格考试的有效性，可帮助确定专业职称考试的内容和形式。

林戈（1999）认为，工作分析信息对人力资源规划、招聘、选拔、人力资源开发、绩效评估、报酬和福利、安全与健康、劳动关系、人力资源研究、均等就业等人力资源管理的诸多方面都产生重要的影响。

郑晓明（2000）认为，工作分析是人力资源开发与管理中不可缺少的环节，与人力资源管理的五大要素（获取、整合、保持与激励、控制与调整、开发）有着密切联系。

朱晔（2000）认为，工作分析在完善组织结构设计、实现人职匹配、考核和选拔员工以及提高员工整体素质等方面都具有重要的作用。

胡燕、贾华忠（2000）认为，工作分析的基本功能包括招聘与选拔、培训与绩效评估、报酬、劳动关系等几个方面。

房胜、房慧华（2000）认为，工作分析有助于企业人才梯队建设。

舒兆平（2001）认为，工作分析具有下述重要性：①工作分析是科学、合理地配置人力资源的基础；②工作分析使人力资源的培训与开发更具有针对性；③工作分析为建立客观、公正的价值考评体系提供依据；④工作分析是企业文化建设的基础；⑤工作分析是岗位评估与薪酬设计的基础；⑥工作分析的结果意味着对工作目标和规范的承诺；⑦工作分析为个人发展规划提供帮助。

萧鸣政在《工作分析的方法与技术》（2016）中提出，工作分析是在短时间内了解工作信息与情况的科学手段，是科学采集岗位信息并进行科学分析，最后确认工作岗位状况、基本职责、资格要求等内容并对此做出规范性描述和说明的过程。

一般而言，工作分析的作用有以下十点：

（1）制定企业人力资源规划，使所有事项都有岗位负责

从组织的目标、职位的任务，工作所要解决的问题，完成工作的人三个方面进行工作分析，达成目标、人、事的具体结合，其结果作为人力资源规划的基础。

（2）让企业及所有员工明确各自的工作职责和工作范围

工作分析有助于划定工作的职权范围，改善劳资关系，避免企业与员工双方因工作内容定义不清晰而产生抱怨及争议。

（3）有效招聘、选拔、使用所需要的人员

人力资源部门在选拔或任用员工时，基于工作分析结果的指导，才能了解哪些职位需要哪些知识或技术，以及如何将适当的人才安排到适当的职位上。同时，工作分析结果为应聘者提供了真实可靠的关于所应聘职位的工作职责、工作内容、工作要求和任职资格要求的信息；为组织选拔应聘者提供了客观的依据，有利于提高选择的信度和效度，降低人力资源选择成本。

（4）制订合理的员工培训与开发计划

工作说明书在指导培训工作上有相当大的价值。制订培训计划时需要有关工作的详细资料，而工作说明书可为培训准备和培训计划安排提供有关资料，诸如培训课程的内容、所需培训的时间、培训人员的遴选标准等。这样培训所涉及的工作内容和责任能准确地反映实际的工作要求，使员工在培训中学到的知识、技能与未来的工作实际要求相一致，从而大大降低人力资源培训与开发费用。组织可鼓励员工按自己的兴趣及职业生涯规划，针对特定职位所需的资格条件进修，一方面可提升本职位的绩效，另一方面亦有激励的效果。

（5）制定考核标准及方案，科学开展绩效考核工作

绩效考核指的是将员工的实际绩效与组织的期望加以比较。工作说明书详细记载了各职位的工作内容和业绩考核要点，企业可依此对绩效项目进行评估，并设计出客观且有效的考核项目及准则。通过工作说明书，员工能明确了解自己工作的职责、内容、目的、合格的标准等信息。员工明确了企业对其工作的要求，也就能减少因考评引起的冲突。

（6）制定公平合理的薪酬福利及奖励制度

工作分析能提供决定工作相对价值的事实资料。企业可依工作内容及岗位重要性做进一步的职位评价，重新评估各职位对于企业的重要性，并调整薪资水平，以达到薪资公平。职位评价依赖工作分析来说明所有工作要求的条件与职责，从而说明工作间的相互关系。大多数薪酬系统都是基于工作权重体系建立的，而工作分析正是用于分析、表达这一权重体系的，有助于明确工作的价值，为薪酬的发放提供可参考的标准，保证薪酬的内部公平，减少员工间的不公平感。

（7）为员工提供科学的职业生涯发展咨询

员工往往会注重自我工作能力的培养与发展，工作分析得到的有关信息有助于明确组织中个人发展的目标及检验标准。工作分析使员工清楚工作的发展方向，便于员工制定自己的职业发展规划。工作分析是职业咨询与人事计划的基础。

（8）产生内在激励作用

根据赫兹伯格的双因素理论，促使员工在工作中产生满意或良好感觉的因素与产生不满或厌恶感觉的因素是不同的。前者往往和工作内容本身联系在一起，后者则和工作环境或条件相联系。他将前者称为激励因素，将后者称为保健因素。赫兹伯格指出，激励因素的改善，或者说这类需要的满足，往往能给员工以很大程度的激励，有助于充分地、有效地、持久地调动他们的积极性；而保健因素的满足不能直接起激励作用，只能防止员工产生不满情绪。工作分析有助于充实岗位工作内容，在原有基础

上向员工提供更具挑战性的工作，将员工的工作责任垂直深化，使员工在完成工作的过程中有机会获得能力的提升，充满成就感、责任感。

（9）设计、制定高效运行的企业组织结构

工作分析所得结果可以说明组织中各个职务的权责关系、信息流动方向等，这些信息是我们分析、解决组织内部问题的第一手资料。工作分析指出哪个部门应包含何种类型的工作，明确上级与下级的隶属关系，明晰工作流程，为调整部门职责及组织结构提供依据，为提高职务效率提供保障。

（10）重组、改善业务流程，职务再设计

工作分析可提供组织中所有工作的完整资料，清晰明确地描述各项工作的全貌，故可指出错误或重复的业务流程，以发现业务流程所需改进之处，以及各职位的工作负荷是否平均，并进行重新分配。所以，工作分析是简化工作与改善业务流程的主要依据。

1.1.4　工作分析的目的和原则

1）工作分析的目的

任何一个岗位都是由工作、岗位主持人、职责与职权、环境、激励与约束机制五个要素构成的，工作分析对这五个要素都要涉及，并且都要进行深入细致的分析，以便于提供人员甄选标准，设置培训课程，以及解决人与操作系统迅速、有效配合并优化业务流程的问题，使企业所拥有的人与物能形成经济有效的系统，达到有效利用人力、物力资源的目的。工作分析的目的是收集人力资源管理所需要的一切有关员工及工作状况的详细资料，为企业有关人力资源决策提供依据。

（1）了解工作的五大特征

① 工作的输出特征。工作的输出特征也就是一项工作的最终结果表现形式，如工作分析这项工作最终形成的职位说明书、任职说明书。员工的工作最终可能表现为产品或服务等，通过这些来具体界定每一个工作岗位的工作职责和工作任务，并以此为前提来确定绩效考核的标准。

② 工作的输入特征。工作的输入特征是指为了获得上述结果，应当输入什么内容，包括人力资源、资金、信息，以及设备和工具等物质资源，只有明确了这些才能确定工作的来源和工作条件。

③ 工作的转换特征。工作的转换特征主要指一项工作是如何从输入状态转化为输出状态的，转化的程序、技术、方法是什么，在这个过程中员工的行为起到什么作用，发生哪些影响，这些也是进行工作分析所必须了解的内容。

④ 工作的关联特征。工作的关联特征指每个职位在企业中的位置是什么、工作的职责和权限是什么、该工作与企业中的哪些部门或岗位发生联系等，这些是工作分析中界定工作关系和任职资格的基础。

⑤ 工作的动态特征。由于外部条件的变化，每个工作岗位的工作任务和职责都是不断变化的，这就是工作的动态性。在实际的工作分析过程中，要考虑到的可变因素有人员因素、时间因素和情景因素等。

（2）相关调查和分析

将工作分析的目的具体展开，可以分为8个问题的调查和4个方面的分析。

8个问题的调查是指6个“W”和2个“H”，具体包括：

① 需要什么样的人完成此项工作（who），指对从事某项工作的人的要求，也就是我们常说的任职资格，包括知识技能、工作经历、教育培训、身体素质、心理素质等方面的内容。

② 需要完成什么样的工作（what），指任职者所从事的工作的具体内容，包括任职者的工作内容、工作职责和权限，使用的工具、工作标准等。

③ 工作将在什么时候完成（when），指从事所有工作的时间安排，具体就是要说明哪些工作是有固定时间的，一般在什么时间做，并要说明例行性的工作、周期性的工作的具体时间和周期。

④ 工作将在哪里进行（where），指对工作环境和工作条件的描述，包括任职者工作的物理环境、安全环境和社会环境等。

⑤ 为什么要完成此项工作（why），指任职者的工作目的，也就是任职者从事的工作在整个企业中的作用和地位，包括该工作与企业其他组织或职位的关系、该工作对企业其他工作的影响以及该工作在企业中的地位、层次等。

⑥ 员工为谁工作（whom），指任职者要向谁请示和汇报工作、向谁提供信息以及工作结果的监督关系如何等。

⑦ 员工如何完成此项工作（how），指任职者通过什么样的途径从事工作以获得预期的结果，包括任职者从事工作的一般程序、操作的机器设备、工作中的失误分析等内容。

⑧ 员工完成此项工作所需支付的费用、报酬（how much）。

4个方面的分析包括：①工作名称分析，包括对工作特征的揭示与概括、工作名称的选择与表述的分析；②工作规范分析，包括对工作任务和责任、工作关系与工作强度的分析；③工作环境分析，包括对工作的物理环境、安全环境与社会环境的分析；④工作条件分析，包括对从事该工作的员工所必备的知识、经验、操作技能和心理素质等的分析。

2）工作分析的原则

为了提高工作分析的科学性、合理性，在企业中实施工作分析应注意遵循以下几条原则：

（1）系统原则

任何一个组织都是一个相对独立的系统。在对某一职务进行工作分析时，要注意该职务与其他职务之间的关系，从总体上把握该职务的特征及对人员的要求。

（2）动态原则

工作分析的结果不是一成不变的，要根据战略意图、环境的变化、业务的调整，及时对工作分析的结果进行调整。工作分析是一项常规性的工作。

（3）目的原则

在工作分析前，要明确工作分析的目的。工作分析的目的不同，其侧重点不一样。如果工作分析是为了明确工作职责，那么分析的重点在于工作范围、工作职能、工作任务的划分；如果工作分析的目的是招聘人才，那么重点在于任职资料的界定；如果工作分析的目的是确定薪酬的标准，那么重点在于工作责任、工作量、工作环境、工作条件等因素的界定。

(4) 参与原则

尽管工作分析是由人力资源部主持开展的工作，但它需要各级管理人员与员工的广泛参与，尤其是要高层管理者加以重视、业务部门大力配合才能取得成功。

(5) 经济原则

工作分析是一项费心费力费钱的工作，它涉及企业组织的各个方面，因此应本着经济的原则来选择工作分析方法。

(6) 岗位原则

工作分析的出发点是从岗位出发分析其内容、性质、关系、环境以及任职资格等。

(7) 应用原则

工作分析的结果、工作描述与工作规范形成工作说明书后，管理者应该把它应用于企业管理的各个方面。

1.1.5 工作分析参与人的角色

工作分析是对组织中的工作岗位进行分析，并制定工作说明书和岗位规范，在组织中涉及的范围较广，需要得到组织中诸多层次的群体的支持与配合，包括组织内高层管理人员、中层管理人员，工作分析的对象及其同事、主管，以及工作分析人员和工作分析顾问，他们在工作分析中各自扮演不同的角色。

1）组织高层管理者的角色

组织高层管理者的角色主要包括以下内容：

(1) 根据组织发展的状况提出工作分析的必要性，并在组织内发起工作分析

在实践过程中，组织高层管理者参与与否以及参与的态度如何，是决定工作分析成败的关键。高层管理者对工作分析的态度将直接影响到其他人员在工作分析过程中的态度和配合度。高层管理者对工作分析的认识和重视程度，也决定着工作分析过程的进展情况。

(2) 发布政策、指示和进行其他沟通，向组织内传递有关信息，倡导工作分析过程

组织内高层管理者对工作分析过程的倡导程度与执行决心直接影响工作分析的进展和结果。例如，由人力资源部倡导和发起的工作分析过程与由总经理直接倡导和发起的工作分析过程，对其他部门的管理人员、工作人员的配合度的影响是完全不同的。高层管理者所直接倡导和关注的工作分析过程，将受到组织内绝大多数成员的重视，从而获得更好的支持与合作。

(3) 为执行工作分析进行授权，在组织内安排相应的工作人员以协调、组织工作分析过程

进行工作分析需要投入大量的人力、物力、时间，而且经常与需要分析的岗位任

职者的工作安排有冲突，因而，需要事先决定工作分析的重要程度，在组织内选派有影响力、有权力的管理人员协调工作中可能出现的问题，组织、安排工作分析的过程。

(4) 为实施计划建立时间框架，为工作分析过程明确时间要求

工作分析最好能在一段持续的时间内完成，并能尽快产生一定的成果，以便工作分析的结果能在实际工作中得到应用；否则，可能在组织中产生不利的影响。同时，为了使工作分析的过程有计划地进行，需要在真正的工作开始前明确工作分析的进程和阶段性的工作要求。

(5) 对工作分析中发现的一些平时难以解决的问题进行协调

高层管理人员需要密切关注工作分析的全过程，并协调在工作分析过程中出现的各种冲突和问题。

组织高层管理者的角色还应包括：为工作分析提供持续的支持，包括有形的和无形的支持；作为工作分析结果的验收者，任命他人或亲自进行审核，使工作分析的结果与实际工作需要相结合。

2）中层管理人员的角色

中层管理人员即直线主管不仅要带领员工完成工作，而且在工作分析中扮演重要角色，他们的参与能够提高工作分析的质量。实际上，直线主管通过了解工作要求，可以做出明智的雇佣决策，如果他们不了解某一工作需要完成哪些任务，以及完成这些任务需要具备什么样的知识和技能，就很难招聘到合适的人员。中层管理人员的角色主要包括以下内容：

(1) 协助人力资源专家实施工作分析计划

在实际工作中，中层管理人员对各工作岗位最了解，一般也是工作分析结果最直接的使用者，因此中层管理人员最容易接受工作分析，也有能力承担工作分析的部分工作。

(2) 在必要的情况下参加工作分析，为工作分析提供相关的信息

中层管理人员也是工作分析的对象，也需要按工作分析的要求接受信息调查，向分析人员提供有关岗位的工作信息。

(3) 与涉及工作分析的员工沟通，提高员工对工作分析的认可度

信息来源是影响工作分析成败的重要因素。为了保证工作分析信息准确、有效，中层管理人员需要选择胜任工作岗位、具备一定表达能力、能配合分析人员工作的员工接受分析人员的调查。

中层管理人员对所负责的工作岗位的信息较为熟悉，在工作分析完成后也可能直接应用工作分析的结果，因此，中层管理人员需要审核并认可有关工作岗位的职责、任务、工作内容、活动及工作流程的初期分析结果。

3）专业工作分析者的角色

有些工作分析的方法需要由专业的工作分析者来实施。当然，也可以对直线主管和任职者进行培训，让他们担任专业的工作分析者。在通常情况下，这一角色都是由外部的咨询顾问或是企业人力资源部门的专业人员来担任的。专业工作分析者是受过

良好训练、从事和指导工作分析的人员，通常是专家，而且是独立工作的，既不是经理也不是任职者，而是“圈外人士”。专业工作分析者的角色主要包括以下内容：

（1）作为工作分析任务的承担者

其首要任务是根据工作分析的目的和预期结果，确定信息收集方法，以最有效的方法获得所需信息。

（2）在调查阶段收集数据、信息，分析所获结果

一个训练有素的工作分析人员，往往在工作分析中能敏锐地发现各种细小的问题，能通过有效的方式全面收集工作分析所需的信息，确保工作信息的分析过程顺利进行。

（3）提供解决问题的方案

在实际工作中遇到问题时，专业工作分析者能从人力资源专业人士的角度研究和发现可达目的的因素，提供解决问题的方案。

根据信息收集过程和信息分析过程的结果，准备或参与编制工作说明书等工作分析结果文件，也是专业工作分析者的职责。

专业工作分析者一般是团队或工作委员会的形式工作。在团队中，专业工作分析者应该做到相互沟通、交流，以监督或协调工作委员会的工作。

专业工作分析者在工作分析过程中充分了解了各方面的资料，并能从专业的角度解释工作分析的结果，在需要时应能参与工会谈判，向工会解释员工针对工作分析的过程和结果提出的有关问题。

从以上的分析可以知道，专业工作分析者能够观察到，许多处于不同工作地点的不同任职者在不同主管的管理下工作时的信息。专业工作分析者还能够阅读各种相关的组织文档与技术资料。他们可以从这些二手资料中获取非常重要的信息。还有，专业工作分析者会比较全面地考虑到与工作有关的各种法律问题。

专业工作分析者尽管在实践中有许多优势，但也存在一些局限性：①经理和任职者可能认为专业工作分析者是外人，从而对他们的知识、能力和可靠性产生疑虑。②专业工作分析者实际上也可能缺乏具体的工作知识，尤其是在工作类型很多的组织中，他们很难了解某一职务的方方面面。同时，在确定某一职务究竟应该包括哪些任务或活动时，他们常常会高度依赖自己的思维定式，通常是基于职务的头衔，而不是充分考虑各种可能的信息之后做出决定。③雇用专业工作分析者（内部员工或者是外部专家）也是比较昂贵的。

这里需要特别指出，工作分析外部顾问的角色：一是为管理层提出工作分析的建议，制订工作分析的计划，审核和检查工作流程；二是与工作分析人员一起工作或在数据收集和分析、编制工作说明书、符合法律规定、建立系统的工作流程等方面提出建议；三是参与人力资源管理的其他方面的工作（工作评价等）；四是跟踪工作分析的全过程，使之能按预定计划进行。

4）直接任职者的角色

直接任职者就是担任某一职务的人，他拥有与工作有关的最直接的知识。由于任职者最大的优点是熟悉工作任务和工作环境，也容易接受工作分析，通常通过接受面

谈或是问卷调查参与到工作分析中去。直接任职者的角色主要包括以下内容：

（1）参与数据收集（如填写调查问卷、参与工作分析面谈）

任职者清楚地了解工作分析的目的和要求后，在工作分析的过程中应给予配合，如按要求及时填写调查问卷，配合访谈过程，向工作分析人员提供其他相关的信息等。

（2）在企业政策允许的情况下，参与工作说明书草案的制订

由于任职者对于工作说明书是否合理及是否符合实际情况有绝对的发言权，所以让员工参与制订工作说明书的草案，有利于确保工作说明书的准确性，并提高员工对工作分析过程和工作说明书的接受程度。

在工作分析的过程中，一般需要组成一个工作委员会来协助、跟踪工作分析的过程。工作委员会需要有员工加入，以获得全体员工对工作分析公平性的认同。同时，还可允许普通员工参加审核委员会对工作分析的结果进行验收。

他们的参与能带来以下好处：首先，他们掌握了与职务有关的最新的、最精确的信息；其次，直线主管和任职者本人更容易就组织对该职务的期望达成一致意见；最后，有助于增强员工对于过程公平的认同，也有助于减少组织在基于工作分析的结果进行变革的过程中可能出现的员工抵触情绪。

但是，应该看到，任职者可能缺乏相关知识或必要的洞察力，特别是试用期员工和临时工。一些员工没有能力描述他们的工作任务及推断工作必需的KSAOs。另一个潜在的局限体现在他们获取信息的动机和准确性上。由于工作分析与人力资源管理活动（如绩效评价与薪酬）有关，因此任职者本人甚至他们的主管为了提高报酬水平，或者得到更多的尊重，也通常会故意夸大职务的职责。

5）顾客的角色

顾客满意是组织十分重视的一个战略目标，组织进行工作分析时应该重视顾客意见，但在工作分析实践中，这种做法并不多见。从顾客中收集信息，与其说是一项人力资源管理工作，还不如说是一项营销活动。比如说，在大多数的便利店中，收银员与顾客之间的距离比两个收银员的距离近得多，而经理人员则远离现场。对于收银员这种工作来讲，组织在进行工作分析或者对员工的工作业绩进行评价时，就要考虑到顾客的意见，并充分重视顾客的视角。

6）工会的角色

工会作为员工利益的代表，在工作分析过程中也起着一定的作用，有时能决定员工对工作分析结果的接受程度。因此，工作分析需要获得工会的积极支持，保证资料收集工作的顺利进行。在工作分析过程中，应该有工会任命的代表与工作分析人员一起参加，以保证工作分析的客观性。工会代表或工会授权的代表应该参与工作说明书的编制。工作分析的最终结果也需要工会成员参与审核和认可，表明工会对最终结果的态度，以提高员工对工作分析结果的认可度。如果工会代表认为工作分析的过程或结果会损害员工的利益，工会可能会代表员工的利益与管理层谈判。

工作分析涉及企业的各个方面，工作分析的参与人只有认真扮演好自己的角色，相互支持与合作，才能把工作分析做好。

1.2 工作设计概述

1.2.1 工作设计的含义

任何组织，包括企业，都是一个有机体。要使企业高效运作、实现目标，就必须搭建一个合理、顺畅、实用的组织结构，并最终为企业带来看得见的利益。工作设计既是人力资源管理工作的基本框架，也是组织设计与发展的核心内容之一，因为一个组织是由成千上万的任务组成的，而这些任务可以组合为工作。

工作设计（job design）是指一种以任务结构为中心的组织开发技术，是对工作的内容、方法、环境条件、人员素质和工作负荷等加以分析和组织，以达到人员、工作、环境最佳配合的过程。将任务组合构成一套完整的工作方案，也就是确定工作的内容和流程安排。最初，工作设计几乎是工作专门化（job specification）或工作简单化（job simplification）的同义语。1776年，亚当·斯密在《国富论》（The Wealth of Nations）一书中指出，把工作划分为一系列小的部分，让每个人重复执行其中的一小部分，这样可以减少工作转化浪费的时间，并提高熟练度和技能，从而提高生产率。这就是所谓的分工效益。

泰勒提出的科学管理原则，主张用科学方法确定工作中的每一个要素，减少动作和时间上的浪费，提高生产率。这实际上就是一种工作设计。从经济角度看，这种方法的确效益很高，但这种设计使工作更加机械化，忽视人在工作中的地位，结果使人更加厌倦枯燥的工作，导致怠工、旷工、离职甚至罢工等恶性事件。这提醒人们：人不是机器，不是流水线上的部件，而是有血有肉、有需求的。工作设计必须考虑人性的因素。

具体而言，工作设计就是将组织的任务组合起来构成一项完整工作的方式，它确定关于一项工作的具体内容和职责，并对该项工作的任职者所必需的工作能力、所从事的日常工作活动以及该项工作与其他工作之间的关系进行设计。

工作设计主要包含对某一职务的工作内容、工作职能以及工作关系等方面的设计。工作内容设计是解决如何确定这一职务所包含的各项工作的一般性质的问题，也就是对完成各项工作的整个过程中的多样性、复杂性、自主性、整体性、难易程度等进行设计。工作职能设计是提出这一职务的基本要求和基本方法，也就是确定这一职务的工作责任、工作权限、工作方式以及信息沟通渠道等各个方面。工作关系设计是对任职者在工作中与组织中其他人之间的各种工作关系进行设计。

有的工作是常规性的，其任务是标准化和经常重复的；有的工作是非常规性的，其任务是非标准化和多变的。有的工作限定员工要遵循非常严格的程序；有的工作给员工充分的自由空间。有的工作要求复杂和多样的技能；有的工作只需要少量简单的技能。有的工作让个人来完成可取得更好的效果；有的工作让团队做可能更好。既然工作的性质是多种多样的，那么工作设计就是必不可少的了。工作设计就是要基于对工作和员工需求的分析，对工作进行有意识的设计和安排，以反映工作的要求及员工的技能、偏好和知识水平，从而开发员工的潜力，提高工作绩效。

工作设计改变了员工和工作之间的基本关系。对于这个问题，科学管理者是这样处理的：把工作的物质要求与工人的需求特征结合，然后剔除那些不符合要求的人。行为科学家们则试图通过改进对员工的选拔和培训来完善这个过程。然而，和科学管理者一样，他们把重点放在工作的人身上，把工作看作是固定不变的。而工作设计认为工作本身对激发员工的工作热情、提高满意度和生产率都有强烈的影响，它打破了"工作是不可改变的"这一传统认识。工作设计推动员工产生积极态度，当然，工作设计不是试图首先改变员工的态度，而是假定在工作得到适当的设计后，员工积极的态度就会随之而来。同时，工作设计重新赋予工作以乐趣，"原来工作也可以这样来做"成为员工的新发现。另外，研究表明，职责分明的工作设计有利于改善人际关系，员工的工作热情也会有所提高。当然，不适当的工作设计和再设计也会起到适得其反的效果。

1.2.2 工作设计的内容和原则

1）工作设计的内容

组织产生工作，工作需要人来干，那么对谁来干、干多少、干什么、怎么干等，都要进行限定，这就是工作设计的基本内容。具体来讲，工作设计的内容包括工作内容、工作职责、工作关系、工作产出、工作结果反馈以及任职者的反应。

（1）工作内容

工作内容指工作的一般性质。这是关于工作范畴的问题，包括工作的种类、自主性、复杂性、难度、强度和工作完整性。

（2）工作职责

工作职责指完成每项工作的基本方法和要求，包括工作责任、权限、信息沟通、工作方法和协作关系，是关于工作本身的描述。

（3）工作关系

工作关系指在工作中发生的人与人之间的关系，包括与同事之间的关系、与上下级之间的关系、与其他部门之间的关系、与外部单位之间的关系等。

（4）工作产出

工作产出指工作的业绩和成果的产出情况，包括工作绩效和任职者的反应。前者是完成工作任务要达到的数量、质量和效率等具体指标，后者指任职者对工作的满意程度、出勤率和离职率等，以及组织根据工作结果对任职者所做出的奖惩。

（5）工作结果反馈

工作结果反馈指任职者本身的直接反馈和别人对任职者所做工作的间接反馈，即同级、上级、下级、客户等各方面的反馈信息。

（6）任职者的反应

任职者的反应指任职者对工作内容、工作关系、工作产出和工作结果的态度，体现为工作满意度、出勤率和离职率等。

一项好的工作设计不仅可以减少单调重复性工作所带来的不良效应，而且有利于建立整体性的工作系统，充分发挥任职者的主动性和创造性，提供更多的机会和更好的条件。

2）工作设计的影响因素

工作设计需要考虑三个方面的影响因素，即环境因素、组织因素、行为因素。

（1）环境因素

环境因素主要包括人力资源和社会期望。

① 人力资源。这是指在工作设计时要考虑到人力资源的供给情况，确保能够找到足够数量的合格人员从事组织所设计的工作。例如，亨利·福特设计汽车装配线时，考虑到当时大多数潜在劳动力缺乏制造汽车的经验，因而把汽车制造工作设计得比较简单。又如，许多不发达国家在花钱购买先进技术和设备时没有考虑到国内缺乏合格的人才从事相关工作，所以事后又不得不从国外高薪聘请专家担任相应的职务。

② 社会期望。社会期望指人们希望通过工作满足什么，这是从人们的物质需求和精神需求方面考虑的。在工业化初期，由于在城市找工作不容易，许多人可以接受工作时间长、体力消耗大甚至枯燥无味的工作。随着社会的发展和文化教育水平的提高，人们对工作、生活质量都有了更高的期望，单纯从工作效率、工作流程方面考虑组织效率往往欲速则不达，所以工作设计也必须充分考虑人性方面的因素和人们的精神需求。

（2）组织因素

组织因素包括专业化、工作流程及工作习惯。

①专业化。对工作的专业化设计，曾经创造了人类工业发展中的奇迹，在今天进行工作设计时，依然不能忘记专业化的要求。

专业化就是按照所需工作时间最短、所需努力最少的原则分解工作，其结果是形成很小的工作循环。

②工作流程。科学合理地设计工作流程，主要是考虑在相互协作的工作团体中每个岗位的负荷保持均衡，保证不出现“瓶颈”和任何等待停留现象，确保工作的连续性。

③工作习惯。习惯的力量是巨大的，它常常决定人们的行为方式。它是在长期工作实践中形成的传统工作方式，反映工作集体的愿望，这是工作设计过程中不得不考虑的制约因素。

（3）行为因素

行为科学研究要求人们进行工作设计时不能只考虑效率因素，还应当考虑满足员工的个人需要。行为因素要求在工作设计中充分考虑技能多样性、任务同一性、任务重要性、工作自主性及工作反馈。

环境、组织和行为三大因素之间往往是有矛盾的。行为因素要求工作设计增加自主权、多样性、任务的完整性、意义及反馈，从而提高员工的满意度，但往往导致组织效率低下、劳务成本上升；组织因素要求提高专业化的程度、指挥的统一性、分工的细化，但又可能引起员工不满而导致怠工、缺勤、流失。因此，只有在三者之间权衡好，才能确保工作设计的有效性。

3）工作设计的原则

（1）因事设岗

组织的发展目标决定了工作的任务，岗位是根据工作设置的，这就是因事设岗的原则。组织中不存在没有工作的岗位，否则就是“虚岗”，应该撤除。设置岗位时，既要着眼于现实，又要着眼于发展；应按照组织各部门职责范围划定岗位，而不能因人设岗；岗位和人应是设置和配置的关系，而不能颠倒、混淆因果、先后关系。越来越多的企业根据组织目标来安排工作，根据工作来设置岗位。

（2）动静结合

伴随市场的发展、组织的变迁，工作设计趋向动态，工作分析的难度也越来越大，有很多企业提出了“职位族”的工作分析方法，但“职位族”的概念太宽泛，不利于每一个员工清晰地掌握自己的工作内容，对责任的划分也会存在模糊现象。为了有效地配合组织的快速发展，工作设计必须动静结合，该动则动，宜静则静：对于基础性的工作岗位，宜采用静态为主的工作分析；对于和企业主营业务紧密相关的岗位，宜采用动态为主的工作分析，促进企业的发展，不断丰富岗位的工作内涵。

（3）工作满负荷

实行满负荷工作就是力求使员工的各项指标达到最佳状态，做到人尽其力、物尽其用、时尽其效。现在工作满负荷已经成为许多企业文化的一部分。比如，完达山乳业公司的管理理念“严、实、细、高、满”，其中的“满”就是指满负荷工作、满负荷作业。

在组织中，每个岗位的工作量都应当饱满，使有效劳动时间得到充分利用，这是改进工作设计的一项基本任务。岗位工作如果是低负荷的，必然影响成本的降低，造成人力、物力和财力的浪费；如果是超负荷的，虽然能带来高效率，但这种效率不可能得到长久的维持，既影响员工的心理健康，又会给设备带来损害。总之，在工作分析和设计中，应当重视对岗位任务量的分析，设计出先进合理的劳动定额和岗位定员。

（4）工作环境优化

工作环境即办公场所或工作地点。工作环境优化是指利用现代科学技术，改善工作环境中的各种因素，使之促进劳动者的生理、心理安全健康，建立起人-机-环境的最优系统。

首先，要优化影响工作环境的物质因素。工作环境的物质因素包括工作地点的组织，照明与色彩的设计，设备、仪器和操纵工具的配置等。工作地点的组织要符合生产工艺要求和人体活动规律，确保劳动者、劳动工具和劳动对象的关系达到最优，这样既方便员工操作、提高工效，又能保证环境安全和卫生，使员工心情舒畅、状态良好。适宜的照明和适度的色彩能够给人以舒适感，有利于稳定员工心理，促进工作效率的提高。

其次，要改善影响工作环境的自然因素，包括空气、温度、湿度、噪声及绿化等因素。

工作环境影响工作的效率和结果，良好的环境是保证工作顺利完成的条件。优化企业工作环境，为劳动者提供良好的劳动氛围，是企业重视人的情绪、人的需求的体现，也是企业能够实现目标的前提和基础。在进行工作设计的时候，企业应尽量降低工作场所的危险性，减少从事某些工作患职业病的概率，尽量避免让员工在高温、潮湿、寒冷、有异味、粉尘污染、噪声污染等环境中工作，尽量让工作环境使人感到愉快。

(5) 员工能力开发

现在的员工越来越注重个人的发展和能力的提升。员工能力的开发不仅可以通过培训完成，在工作实践中锻炼也是很有效的办法，并且往往成为员工看重这项工作的因素。因此，工作设计必须能够使员工的能力得到提升。这就要求全面权衡经济效益原则和员工生理心理需要，找到最佳平衡点，保证每个人满负荷工作。工作设计就是要让员工能够在适度的挑战中工作，在工作中不断提高自己的能力，就像制定目标要高低适中，过高则员工经反复努力也无法达到，目标就没有了激励性，过低则缺乏挑战性，容易滋长员工的惰性。由于工作设计主要是针对岗位而不是针对个人，因而一方面要打破传统岗位的界限，深化岗位的工作内涵，另一方面要考虑人员如何与岗位相匹配。

1.2.3 工作设计的程序和方法

1）工作设计的一般程序

组织所进行的工作设计包括两种情况：一种是针对组织中存在的问题进行的工作设计；另一种是针对新设组织进行的工作设计。任何组织在运行的过程中总会出现这样或那样的问题，这些问题可能是由组织结构设计不合理造成的，也可能是由部门或岗位设置不完善，抑或是部门之间的关系不合理导致的。为了解决组织运行中的这些问题，企业管理人员需要对组织结构、部门、岗位及相互关系进行调整或重新设置。对于一个新的组织而言，也要通过工作设计来设置服务于组织的部门和岗位。

无论是哪种类型的工作设计，都要从组织的角度和工作本身的角度两方面去考虑。这里的工作设计是从广义上讲的，包括组织设计（分析）部分和具体的工作设计部分。

(1) 组织任务的确定阶段

① 内外环境分析。企业总是存在于一定的环境之中，工作设计人员对它的外部环境和内部环境分别是怎样的，要有一个清楚的认识。

② 组织定位分析。确定或分析组织的目标和宗旨，组织所处的行业，组织的战略定位，组织的业务领域、范畴、核心竞争力分别是什么。组织之所以建立或存在，总是为了实现一定的目标并需要宗旨的指导。对于新设组织，需要确立其目标和宗旨；对于既定组织，则要分析其目标和宗旨是什么。组织总是存在于一定的行业之

中，有其从事的业务领域和范畴。核心竞争力是组织用来战胜竞争对手的独特优势，其他的组织是学不来的。新设组织需要确定这些内容，既定组织需要对这些内容进行分析。

③ 组织任务分析。弄清了组织的外部环境、内部优势、目标、宗旨、战略定位等问题之后，就可以确定组织的工作任务了。先明确这个新设的组织或既定的组织的总体工作任务是什么，进而对具体的工作任务开展更加详细的确定和分析工作。

（2）部门任务的确定阶段

① 分析并改进业务流程。确立或分析组织的业务流程，确定关键业务流程，对不合理的部分进行改进是工作设计的重要内容。

② 设计组织结构。根据业务流程设计组织结构、任务，确定部门以及部门职责。设计组织结构其实是确立更大范围内的工作内容。

③ 确定部门工作任务。根据上一步确定的部门进一步确定部门的职责和工作任务。部门工作任务是岗位工作任务的集合。

（3）岗位工作任务的确定阶段

① 设计部门内的岗位。部门都有一定的工作任务，而工作任务是靠岗位上的员工来完成的，所以这一阶段的工作就是根据任务设计岗位，具体包括：需要什么岗位、多少岗位，各个岗位上的工作量如何。

② 界定岗位工作。在这个阶段，要确定工作的性质，设计岗位的具体职责、职权、上下级关系和任职资格。

工作设计文件的形成是贯穿于上面三个阶段的，组织任务的确定、部门任务的确定和岗位工作任务的确定分别产生各自的文件。

2）新组织的工作设计程序

新组织的工作设计是一个从无到有、从组织设计到具体的工作设计的过程。组织设计是根据组织目标及工作的需要确定组织结构，进而确定各个部门及其成员的职责、职权范围。首先要确定组织的战略定位、文化等基本问题，进而确定组织的结构，然后对组织的工作进行细分从而确定岗位，接着就是真正意义上的工作设计：确定工作的性质、职责、职权、任职资格等。

（1）分析阶段

①组织分析。

在建立组织结构前，基础分析工作必不可少，包括分析组织所处的内外环境，确立组织的宗旨、行业及领域、战略定位、文化、核心竞争力等。

环境是组织生存的土壤，组织的内外环境分析是必不可少的。经济全球化促使市场竞争日益激烈，竞争方式多种多样，组织若想适应竞争的要求，就必须调整竞争观念，先发制人，这样才能在竞争中立于不败之地。在工作设计之初，组织需要对所处的社会、经济、政治、技术、法律等各个方面的外部环境以及组织基于现有资源所具备的优势进行详细的分析。外部环境的任何一个因素的变化都会影响组织内部深层次的调整和变革，如经济政策的调整，经济体制的变化，市场需求的变化，科技进步的影响，新产品、新工艺、新方法的出现，这些都会对组织的原有运行机制形成有力的挑战。组织所依赖的资源的变化对组织构建竞争优势的影响也是至关重要的。

组织目标是组织将来所要达到的状态或结果，目标是组织存在的前提。确定组织的目标是什么也就确定了组织的努力方向。分析组织所处的行业和领域可以从宏观的角度去理解组织。另外，对组织的发展战略、文化等的分析也是组织设计和工作设计的必要基础。工作设计者还要认真分析人员素质、人际关系、权力机制、技术水平、经营范围和经营方式等各个因素。

②组织任务分析。

将要设立的这个组织的任务是什么？只有确立了组织的总体任务才能确定更加详细的工作任务，而组织任务是根据组织目标确定的。

③业务流程分析。

实用而高效的业务流程体系是组织的核心竞争力之一，也是组织将战略转化为行动的最重要的手段。根据以上的基础分析和组织任务分析结果，工作设计人员需要对业务流程进行分析和设计，确立组织到底需要一个什么样的业务流程体系才能高效地完成任务。科学的业务流程应该符合工作的逻辑性和活动的配合性要求。

（2）设计阶段

①设计组织总体结构。

在明确组织的目标、定位等问题之后，组织的设计人员应该确定组织是应该采取扁平结构还是采取锥形结构。这两种结构各有优劣，组织在选用的时候要多方考虑。

扁平结构适合注重研究与开发的灵活型的组织。这种结构的组织层次较少，管理幅度较大，有利于缩短上下级之间的距离。密切的上下级关系使管理者具有较强的自主性、积极性和满足感，也有利于加快信息的纵向沟通，降低管理费用。但是，这种结构使上级不能严密有效地监督下级，上下级之间的协调性较差，同时管理幅度的加大也造成相互沟通的困难。

锥形结构适合传统行业的组织。锥形结构组织层次较多，管理幅度小。这种结构可以实现有效的监督，加强上下级之间的协调性，但是员工的自主权小，不利于其主观能动性的发挥。

当然，组织总体结构的确定没有一种严格的标准，任何组织在设计系统结构的时候都要根据组织的实际情况灵活选用，建立符合组织自身发展需要的结构。以下几点是必须考虑的：

第一，凡是实现组织目标和战略任务所需要的职能就是组织的基本职能，均不能遗漏，这是进一步确定承担各项职能的部门的基础。同时，基本职能之间不能重复，避免在以后的设计中出现部门职能重叠的情况而导致部门之间职责不清，相互推诿、扯皮，影响组织的效率。

第二，在对各项职能进行分析的过程中，一定要在各项基本职能中找出关键的一项或几项职能，明确其关键地位；否则，如果各项职能地位平等、不分主次，即使各项职能齐全，由于平均使用力量或各自强调彼此的重要性造成内耗和摩擦，组织管理仍然是低效的，不能切实保证组织目标有效实现。

在组织中，我们经常会看到这样的情况出现：生产部部长说："如果我们不生产，什么也不会发生。"技术开发部部长打断说："如果我们不进行设计，什么事也不会发生。"销售部部长说："如果不是我们把产品卖出去，那才真是什么都不会发生呢!"各个部门都过分地强调自身的重要性。在实际工作中，组织常采用"哑铃"形的结构：注重两头，把技术开发和市场营销作为关键职能。

弄清了各项职能之间的关系，就为部门的划分和设置奠定了科学的基础。那些紧密联系的职能应该放在同一个管理的子系统内，最好不要分开，而那些相互制约的职能则应该分开，不能由同一部门或子系统承担；否则，会影响组织的横向沟通与监督控制，导致组织管理工作的混乱。

②设计部门结构。

根据基础分析和系统结构，将组织任务组合为一个一个的部门。

组织的部门划分需要遵循少而精的原则，在保证组织目标可以有效完成的前提下，尽量设置最少的部门。各个部门工作的分配应该均衡，避免出现一个部门忙得不可开交而另一个部门无所事事的局面。部门设置并非千篇一律、一成不变，随着组织业务的变化，也要对部门进行适当的增减，实现部门与组织业务之间的对等关系。当组织的业务较多时，可以多设置一些部门；当业务较少时，可以少设置一些部门。

管理层次的设计受到组织规模和管理幅度的影响和限制。通常情况下，层次与组织规模成正比，与管理幅度成反比：规模越大，层次越多；管理幅度越大，层次越少。

管理层次的设计决定了组织中关系网络的复杂程度，当直接指挥的下级数目呈算术级数增长时，主管上级需要协调的关系呈几何级数增长。

在部门设计过程中，还要注意一点：业务部门与考核部门应该分开设立，避免考核人员的包庇行为，保证能够真正发挥考核工作的作用。

另外，在部门设计中，部门的划分和组合，横向协调方式的选择，职权的集中或分散，政策以及规章制度的制定等，都要以经过科学分析、设计并具体分解的各项业务工作为前提。

③绘制组织结构图。

在组织设计中，组织结构图的绘制是必不可少的。组织结构图是组织设计结果的体现，从中我们可以清楚地了解组织的总体结构、层次、部门及相互关系。

在组织的总体结构确立、部门及层次设计好之后，就可以确定详细的组织结构图。组织结构图用图示的方法显示组织的层次、职能部门、职务间关系、沟通机制以及控制范围等，因简明、清晰、标准和易懂而被企事业单位广泛采用。一张完整的组织结构图应该包括以下几个方面的内容：组织正式结构、管理层次和管理幅度；主要的上下级关系、工作流程和职责范围；不同部门间的基本关系。组织结构图能够成为工作分析系统和管理沟通系统的工具和基础。

组织结构图在绘制形式上也有一些具体的要求：应写明组织名称、制图日期、制图部门；用长方形框表示组织的一个部门或员工；用直线表示隶属关系；将各部门和组织名称列在框内；不同层次的组织用不同的颜色标示；结构图应尽可能简单，如需要，可对所用的专门标志加注说明。

④确定部门工作任务。

把组织的工作任务按照具体的业务流程进行分解，确定部门的工作任务，明确部门的内部结构和部门职责。

部门工作任务的确立是在部门职责的基础上进行的，但部门的划分与工作任务的确立并没有严格的先后次序，部门的设置也是依据组织的活动和工作任务性质进行的。在某些情况下，可以先分析工作任务，再将任务组合为一个个部门。组织在具体的设计过程中，也不必拘泥于严格的程序，可以从组织的目标出发多方面进行分析，最终形成一个各部分密切相连的有机整体。

⑤分解工作任务。

确立了组织和部门的工作任务后，就需将工作任务继续分解为具体的工作内容。工作任务分解就是将组织的基本职能细化为独立的、可操作的具体业务活动的过程。在分解的过程中，要考虑到工作的相近性和丰富化。组织的各项职能，如生产、营销、战略等，都有许多具体的工作内容，需要不同员工甚至几个部门共同来承担才能完成。因此，需要通过工作任务分解，列出各项基本职能的具体工作内容，指定专人或某个团队或部门负责执行，以保证组织工作任务的完成和组织目标的实现。

分解工作任务时可采取逐级分解的方法。在组织中，“逐级分解”一般可分为四个层级：基于工作任务所列出的具体职能为一级职能；为完成一级职能而必须开展的几个方面的工作为二级职能；将二级职能继续分解，可细化为业务活动；业务活动可分为具体的工作内容，由具体人员来完成。组织设计人员既可利用专门的逐级分解表格来进行工作任务的分解，也可将该表格作为工作任务分解的正式成果之一。

⑥确定岗位及工作职责。

部门总是要配备相应的岗位才能完成工作任务。部门需要什么样的岗位、多少岗位，以及岗位的体系结构都是由工作设计人员确定的。

对于工作，组织要从性质、职责、职权、任职资格等各个方面进行设计。有工作就有了相应的岗位，岗位上应有相应的工作。

（3）编制工作设计文件

工作设计文件的编制是贯穿于整个工作设计过程的。工作设计文件包括组织任务书，组织结构图和岗位关系图，部门结构图和部门职责，岗位的工作描述书、职位说明书、任职说明书等。

这里的工作描述书、职位说明书、任职说明书与前文工作分析形成的文件格式是一样的，只是形成的途径有所不同。工作分析产生的文件是在对现实的岗位进行分析的基础上编制出来的；工作设计形成的文件是从组织目标出发，综合考虑组织的任务、战略、文化、流程、环境等因素，采用科学的方法设计出来的，因而没有现实的参照物，往往也更加理想化。工作设计形成的文件在实际的运用过程中，必然要根据变化做出相应调整。

3）既定组织的工作设计程序

既定组织的工作设计主要有以下几个步骤：组织分析、工作分析、针对问题再设计。

（1）组织分析

组织分析是通过采取一定的措施了解组织目标及工作的需要，了解各个部门及其成员的职责范围、工作关系，明确组织结构。在组织分析的过程中，会发现这样或那样的问题，带着这些问题运作的组织，其效率和效益可想而知。尽管如此，很多组织还是无法意识到自己的问题，很多管理人员即使意识到了组织的问题也往往会迫于各种各样的压力而不愿做出任何改革，于是问题越积越多，组织的效率越来越低。对于组织来讲，这是十分可怕的，如果不及时进行整改是危险的。

组织分析工作是为了明确组织发展战略与目标、组织结构与层次、组织文化、岗位体系和岗位的确立状况。这些因素对于深入地了解组织的结构、工作和岗位体系是必不可少的。无论是组织自己开展此项工作，还是通过外包的形式由组织之外的人来做，都应该考虑到这些因素。组织结构是一个大的框架，组织所有的活动都是在这样一个框架下进行的。组织选择什么样的结构对于组织的正常运作是至关重要的。

对既定组织的工作设计是一个针对原有组织进行的改进过程，从组织分析开始确定业务流程。设计之前要分析组织的战略定位、目标、宗旨、业务领域、行业范畴，接着是业务流程的设计、工作任务的分解、工作的界定。

（2）工作分析

在组织分析的基础上，需要进行工作分析，进一步分析各个部门和岗位的地位和存在的问题。在实际的操作过程中，组织分析与工作分析是同时进行、相互补充的，在组织分析中会发现部门和岗位存在的问题，在工作分析中也会透视问题的组织根源。

（3）针对问题再设计

找到问题之后，下面的工作就是对症下药：采取相应的措施对组织的工作进行重新设计，从而解决问题。

4）工作设计的方法

（1）一般方法

针对存在的不同问题，采取不同的解决方法。

① 针对管理层次过少导致管理幅度过大的问题，组织可以设置中间层管理人员，实现信息的上传下达，做好上下级之间的沟通。

② 针对部门职能划分不合理、组织结构不健全的问题，组织应该对各个职能进行分析，把相近的职能划分到一个部门，把性质不同的职能放在不同的部门。

③ 针对部门职责不清的问题，组织应在进行分析的基础上，严格界定各部门的职能，明确各部门的职责。对于职责不平衡问题，要在确保能够完成任务的前提下，对各个部门的职能进行平衡，可以考虑另设新的部门，将任务过多的部门的一部分职能分解出来。

④ 针对业务流程不合理的问题，组织应在科学分析的基础上按照流程精简的原则，对其进行改进或重塑，通过改变作业或服务的顺序，减少流程周转时间。

⑤ 针对岗位设置不合理和岗位职责不清的问题，组织应在分析的基础上对不合理的岗位进行重新设置或撤销，明确各个岗位的职责和权限。

⑥ 针对员工对自己的工作职责、权限和职位晋升路线不明确的问题，组织应该绘制清晰的层次结构图。

（2）具体方法

对于既定的组织，还可以对工作岗位进行重新设计，提高员工的工作满意度和工作积极性。在现代经济管理中，对工作进行大量的再设计，其突出的特点是充分考虑了人性的因素，体现了以人为本的管理思想。下面主要介绍常见的七种方法：

①工作专业化。

工作专业化（job specialization）就是对工作内容和责任层次进行基本的改变，向员工提供更具挑战性的工作。它通过动作和时间研究，将工作分解为若干很小的单一化、标准化及专业化的操作内容与程序，并对员工进行培训和适当的激励，以达到提高生产效率的目的。它属于科学型的工作设计方法。

工作专业化的特点：机械动作的节拍决定了工人的工作速度，每个机械动作的时间几乎是一定的，工人工作的时间几乎不是他自身可以控制的；工作简单、重复，专业化的工作总是标准化的；每个工人被要求掌握的技术比较单一、简单，工人只要熟练掌握某一项技能，就不会失业，而且企业可以利用廉价的劳动力，节省了培训费用；每个工人只完成每件工作任务中很小的一道工序，所以一般的工人很难有较高的满意度，因为他无法估计自己所做的工作到底有多重要；工人长久地被固定在流水线上的单一岗位，限制了工人之间的社会交往和精神需求；工人采用什么设备和工作方法，均由管理职能部门做出规定，工人只能服从，没有权力自己决策或参与决策。

工作专业化把专业化和单一化紧密地结合在一起，最大限度地提高工人的操作效率，增加企业的经济效益。工作专业化要求低、成本低、操作简单、管理有效，因而赢得了很多企业特别是生产企业的青睐。

②工作轮换。

工作轮换（job rotation）是将员工由一个岗位调到另一个岗位以扩展其经验的培训方法。对企业而言，这种方法对员工完成更高水平的任务常常很有必要，它可以避免由员工的工作单一化而带来的企业整体工作效率下降以及企业内部缺乏活力等问题。工作轮换可以有效地帮助企业吸引人才、留住人才。工作轮换要根据每个人的不同性格和特点进行。几乎所有的年轻人都是希望有所作为的，因而他们讨厌长久地从事一项毫无变化的工作。当他们对一项工作完全胜任时，他们也就开始对这一工作产生厌倦感。当他们看到在短时间内不能有更大的进步时，就可能跳槽。这时自身的发展是第一位的，待遇反而成了次要因素。如果不改变这样的状况，企业将面临人才流失的危险。此时，对他们进行工作轮换的时机就到了。

对员工来讲，定期的工作轮换拓展了他们的工作领域，使他们获得更多的工作体验，可以防止他们的技能老化，促进他们的职业发展。定期工作轮换的突出之处在于，使员工积累各种各样的经历和经验，熟悉多样化的工作，不断面对新的挑战，避免工作一成不变带来的厌倦感。这些经历和经验对于致力于进入高级管理层的人而言，显得非常重要。另外，这种变换还能激发人的工作积极性，因为它使工作变得不再单调，也更富挑战性。IBM能留住人才的原因，就在于IBM为员工个人提供了广阔的发展空间，使他们体会到不断轮换工作以及不断学习所带来的自我价值的实现。这种工作的轮换有效地促进了企业和个人的共同发展、共同提高。

③工作扩大化。

工作扩大化（job enlargement）是指通过扩大工作的范围，即增加一项工作所完成的不同任务数目，改善工作范围狭窄、工作循环重复的情况。工作扩大化是一种广义上的工作授予，可以消除某个职位上单调重复的枯燥工作。

工作扩大化使员工有更多的事情可做，避免出现员工无所事事的情况。通常这种扩大的工作同员工原先所做的工作非常相似，因此对于扩大的这部分工作，员工可以熟练地去做，而不需要专门的培训。这一方面节省了培训的费用，另一方面提高了工作效率，因为这样做的结果是不需要把产品或任务从一个人手中传到另一个人手中，减少了交接的程序，节约了时间。此外，由于员工完成的是一项完整的任务，而不是一项任务中的一小部分工作，因而在心理上也可以得到更多的安慰和满足。总之，工作扩大化的设计方法就是通过增加某一工作的内容，促使员工掌握更多的知识和技能，丰富工作经验，从而提高员工的工作兴趣。

有很多人曾经研究过工作扩大化的设计方式，一些研究者的报告也表明，工作扩大化的主要好处是提高员工的工作满意度和工作质量。一些公司的研究报告表明，虽然工作扩大化导致公司的工资成本和设备检查费用增加，但工作扩大化带来的质量改进以及员工满意度的提高抵销了增加的成本费用。一些公司就是通过实行工作扩大化提高了产品质量，降低了劳动成本，提高了员工的满意度，增强了生产管理的灵活性。

④工作丰富化。

工作丰富化（job enrichment）是指在工作内容和责任层次上进行基本的改变，使得员工在计划、组织、指挥、协调、控制等方面承担更多的责任。如果原有的工作规范和工作程序已无法适应组织目标、任务和体制的发展要求，或现有人力资源在一定时期内难以达到工作规范的要求，或员工的社会需求与按组织效率原则拟定的工作规范发生冲突，都需要重新进行工作的设计。

工作丰富化是建立在赫兹伯格的“双因素”理论基础之上的，它强调通过提高工作的挑战性和自主性、增加工作的责任来使工作向纵深发展，以改善工作对员工的激励效果，从而不断提高劳动生产率。

与工作扩大化相比，工作丰富化的扩展范围更为广泛，主要是由于这种方法可以集中改进工作的内容，使工作内容更加丰富，使员工有充实感，从而使工作设计本身更富有弹性。随着工作扩大化逐渐产生困扰，如何丰富工作的内在层面、提高工作的分量日益受到广大企业管理者的重视。工作丰富化主要是通过增加工作的深度，利用纵向的工作扩展，使员工拥有更大的自主权、独立性和责任感去从事一项完整的工作，得到工作本身的激励。工作丰富化对员工而言，并不仅仅是被分派到更多的工作任务，它还为员工提供了获得更多的赏识、进步、成长和职责的机会。工作丰富化的基本精神就是"每一位员工都是经理人"，这就要求组织里的每一个人都自行规划、设计自己的工作，自行控制生产的速度和品质，自行负责工作的成果并承担相应的责任。在这样的架构中，每一名员工都能知道他应遵守的期限及标准。这种做法要求管理阶层信赖员工必能将工作圆满完成，没有人在后面监视他，只有他自己监视自己，这是一种高度的"自治"行为。例如，品管圈就是通过工作丰富化来鼓励员工承担更多的责任、贡献自己的智慧，而不只限于提供劳动力。

工作丰富化的优点是显而易见的，它与常规的单一性工作设计方法相比，能够提高员工的积极性和满意度，从而提高劳动生产率和产品质量。美国许多公司经常采用工作丰富化及其他改革措施来降低员工离职率和缺勤率。但是，要使工作丰富化得以实现，就必须使员工掌握更多的技能，企业因而会增加培训成本，增加整修和扩充工作设备的费用，以及需要付给员工更高的劳动报酬。

⑤社会技术系统。

社会技术系统和工作丰富化一样，也是针对科学管理使工作设计过细而产生的问题提出的。社会技术系统与其说是一种工作设计技术，不如说是一种哲学观念。其核心思想是：如果工作设计要使员工提高绩效并且满足他们的成就需要，就必须兼顾技术性与社会性。技术性任务的实施总要受到组织文化、员工价值观及其他社会因素的影响，因此，如果只是针对技术性因素设计工作，就难以达到提高绩效的预期，甚至可能适得其反。

⑥工作生活质量。

工作生活质量（quality of work life，QWL）旨在改善工作环境，从员工需要的角度考虑，建立各种制度，使员工分享关于工作的决策权。

⑦自主性工作团队。

自主性工作团队（autonomous work teams）是工作丰富化在团体上的应用。自主性工作团队对例行工作有很高的自主管理权，包括集体控制工作速度、任务分派、休息时间、工作效果的检查方式等，甚至有人事决策权，团队中成员之间互相评价绩效。一般而言，自主性工作团队有三个特性：成员间工作相互关联，整个团队最终对产品负责；成员们拥有各种技能，从而能执行所有或绝大部分任务；绩效的反馈与评价是以整个团队为对象的。

关键词

工作分析　工作分析基本术语　工作设计　工作专业化　工作扩大化　工作丰富化　自主性工作团队

即测即评

第1章单项选择题

第1章多项选择题

第1章判断题

思考与练习

（1）简述工作分析发展的趋势。

（2）工作分析的含义和特征是什么？

（3）简述工作分析的有关基本术语及其相互关系。

（4）工作分析的作用是什么？

（5）工作分析的目的和原则有哪些？

（6）工作设计的含义、内容是什么？

（7）简述工作设计的程序。

（8）简述工作设计的方法。

案例分析

A公司的工作分析

当李教授到A公司参观访问时，年轻的向导小王给他留下了深刻的印象。小王是A公司的人力资源部经理助理，主要负责工作分析工作。A公司专门指派了一位工业工程师到人力资源部来协助小王开展工作分析工作。李教授也曾被人力资源部经理请来研究该公司的工作分析体系，并提出改进意见。他曾在人力资源部办公室与小王一起浏览了所有的工作说明文件，并发现这些说明总体上是完整的，而且与所完成的工作是直接相关的。

参观访问的第一站就是焊接工厂基层主管的办公室。这是一间10平方米大的房间，位于厂房一楼，四周都装上了玻璃窗。当小王走近时，张主管正站在办公室外。“你好，小王。”他说。“你好，张杰。”小王说，“这是李教授。我们能看一看你的工作说明并和你聊一会吗？”“当然可以。”张杰说着打开了门，“进来吧，请坐。我去把它们拿来。”他们从坐的地方恰好能看到工作现场的工人。他们在查阅每项工作说明时，都有可能观察到工人实际中的工作。张杰很熟悉每项工作，对工作说明本身了解很多，因为他一直从事工作说明的准备和修订工作。“工作说明是怎样与业绩评价相联系的呢？”李教授问道。“是这样，”张杰答道，“我只是根据工作说明中规定的项目来评估工人业绩，而这些项目是经过具体的工作分析决定的。当工作发生变化、以前的说明不能再准确反映现有的工作情况时，需要及时修改工作说明。小王已经为所有主管制订了培训计划，所以我们了解工作分析、工作说明和业绩评价之间的关系。我认为这是一个很好的系统。”

小王和李教授继续参观了工厂的其他几个生产区，发现了类似的情况。小王与每位主管以及他们拜访的三位中层管理者的关系似乎都很好。当他们回到办公室时，李教授正考虑着他将向人力资源部经理提出些什么建议。

案例思考题：

（1）阐述工作分析与其他人力资源管理和开发活动的联系。

（2）如果你是李教授，你会向人力资源部经理提什么建议？为什么？

延伸阅读　工作分析在当代人力资源管理中的发展趋势

第2章 组织分析

教学目标

✓了解组织的含义、类型和组织工作的内容；

✓掌握组织结构设计的原则、依据和步骤；

✓熟悉常见的组织结构类型；

✓领会组织运营中的集权与分权、正式组织与非正式组织，以及组织整合、制度化，管理与现代公司制度的建立等问题；

✓理解组织变革的动力、阻力和变革的内容与一般过程；

✓掌握团队的特点、类型和团队建设的步骤。

教学要点

✓组织设计的依据和步骤；

✓组织变革的阻力和对策；

✓加强团队建设的方法。

导入案例　**某公司组织结构与管理中的权力分配**

福州某集团公司从成立开始就存在各种管理问题，如员工迟到早退、以追求个人利益为目标，各种岗位目标不明确、责任不清晰等。董事长急需引进一位能够帮助他解决公司管理问题的高层管理人员。经过猎头公司的招聘，王先生于2022年年中进入该公司任管理中心总监一职。该公司组织结构如图2-1所示。

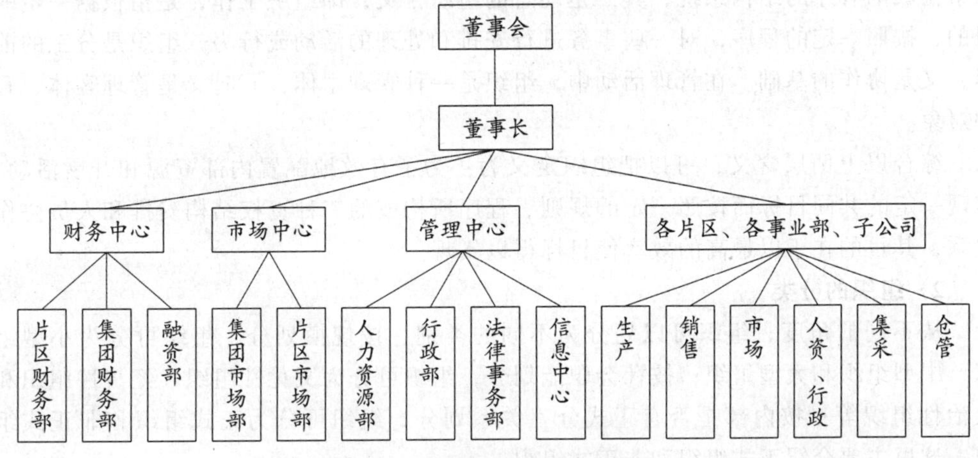

图2-1　某集团公司组织结构图

该集团公司董事长兼任总经理一职，市场中心总监岗位长期空缺。由于董事长将较多精力放在融资业务上，因此大部分的管理业务被放在管理中心，由王先生负责。这就导致管理中心需要处理的管理业务包括集团管理业务、市场中心管理业务，以及各片区、事业部、子公司经营管理业务，其中各片区、事业部、子公司管理业务又与集团财务中心关联，所以王先生有时还需要管理涉及财务中心的部分业务。下属的各片区、子公司、事业部都觉得什么事都要找管理中心总监，事无巨细，都推到王先生这里要求解决，董事长有任何需要或者指示，也是发到王先生这里，让他去执行。同时，各个股东又认为王先生是董事长招来的，其权力过大，有影响各自利益的可能，于是纷纷安插自己人在王先生手下以期分权。各种矛盾集中在管理中心，管理中心的实际业务很难开展，王先生常常被各种琐事弄得焦头烂额，并没有做出什么真正有建设性的管理成绩。王先生建议董事长对组织结构进行调整以便更好地进行集团管理，但董事长认为王先生有足够的能力胜任目前的工作，不接受整改意见。一年后，集团中的各种管理问题越来越严重，员工经常迟到早退，有事互相扯皮，找不到责任人，绩效考核无法真正开展等，没有任何好转迹象。董事长因此不停地要求王先生进行各种强势改革，甚至暗中指责王先生，对其工作表示不满，最后无奈之下，王先生只能离开该公司。

该公司的组织结构是否合理？如果董事长接受王先生的建议进行组织结构改革，可能会碰到什么情况？

2.1 组织概述

2.1.1 组织的概念与分类

1）组织的概念

组织包括两层含义：其一是静态的组织含义，即从结构上来讲，组织是指由若干因素构成的有序的结构系统；其二是动态的组织含义，即组织工作，是指根据一定的目的，按照一定的程序，对一些事务进行安排和处理的活动或行为。组织是分工的前提，又是协作的基础。在管理活动中，组织是一种管理主体，同时又是管理客体、管理对象。

综合以上两层含义，可以把组织定义为：为了有效地配置内部资源和开展活动，实现一定的共同目标而按照一定的规则、程序所构成的一种责权结构安排和人员协作关系，其目的在于以最高的效率使目标得以实现。

2）组织的分类

从不同的角度，组织可以划分为不同的类别。按规模划分，组织可分为小型组织、中型组织和大型组织；按社会职能划分，组织可分为文化性组织、经济性组织和政治性组织等；按内部是否有正式分工关系划分，组织可分为正式组织和非正式组织。这里主要介绍正式组织和非正式组织。

（1）正式组织

为了建立合理的组织结构，规范组织成员在活动中的关系，就要形成所谓的正式组织。正式组织是为实现组织目标而建立的；是按组织的章程和规程建立的；其成员有明确的编制；是建立在组织效率逻辑和成本逻辑的基础之上的。

正式组织有明确的目标、任务、结构、职能以及由此决定的成员间的责权关系，对个人具有某种程度的强制性。合理、健康的正式组织无疑为组织活动的效率提供了保证。

（2）非正式组织

非正式组织是伴随着正式组织的运转而形成的。在正式组织开展活动的过程中，组织成员必然发生业务上的联系，这种工作上的接触会促进成员之间相互认识和了解，并开始工作以外的联系，频繁的非正式联系又促进他们之间的相互了解。久而久之，一些正式组织成员之间的私人关系从相互接受、了解逐步上升为友谊，一些无形的、与正式组织有联系但又独立于正式组织的小群体便慢慢地形成了。由于其成员工作性质相近、社会地位相当、对一些具体问题的认识基本一致、观点基本相同，或者性格、业余爱好以及感情相投，因而产生了一些为大家所接受并遵守的行为规则，使原来松散、具有随机性的群体渐渐成为趋向固定的非正式组织。

（3）非正式组织的作用

非正式组织可以使员工得到在正式组织中很难得到的心理需要的满足，创造一种更加和谐、融洽的人际关系，增强员工的相互合作精神；帮助正式组织发挥一定的培训作用，规范成员行为；提供一种非正式的信息沟通渠道，有助于促进组织中信息的交流与传递，是正式信息通道的补充。

非正式组织也可能产生消极作用，主要在于：非正式组织的目标如果与正式组织的目标冲突，则可能对正式组织的工作产生极为不利的影响，并可能加重员工的抵触情绪；非正式组织要求成员保持一致性的压力，往往也会束缚成员的个人发展；非正式组织的压力还会影响正式组织的变革，成为组织发展中的障碍。

（4）正式组织与非正式组织的区别

正式组织和非正式组织都有自己的目标，但两者的目标可能一致也可能不一致，甚至相反。二者之间各有不同的特点，其主要区别见表2-1。

表2-1 **正式组织与非正式组织的区别**

项目	正式组织	非正式组织
形成原因	为了实现共同目标而有意识地组织起来	因人们的性格、爱好、交往、感情等逐渐形成，并无自觉的共同目标
表现形式	是有形的组织，表现为组织结构图、工作说明书等	是无形的组织，无任何成文的表现形式
成员范围	按组织设计规定的层次、部门配备合格的人员，人数相对稳定	自愿结合，不受正式组织规定的层次、部门、职务等的限制，人数不定
行为标准	以效率逻辑作为标准，制定明确的方针、程序、规章制度，要求严格执行	以感情逻辑作为标准，只有不成文的约定，如有违反者，则受到疏远或排斥
领导者的产生方式	按有关规定选拔产生	自然产生，往往是团体中与人交往最多者或威望最高者

（5）对待非正式组织的策略

由于非正式组织的存在是一个客观的、自然的现象，加之非正式组织对正式组织具有正负两方面的作用，所以管理者对非正式组织不能采取简单的禁止或取缔态度，而应该对它加以妥善的管理。

① 要因势利导，最大限度地发挥非正式组织的积极作用而克服其消极作用，以有效实现正式组织的目标。

② 认识到非正式组织存在的客观必然性和必要性，允许甚至鼓励非正式组织存在，为非正式组织的形成提供条件，并努力使之与正式组织吻合。

③ 注意做好非正式组织领导人物的工作，充分发挥他们的作用，使他们成为正式组织的重要助手。

2.1.2 组织工作的内容

组织的职能是组织在组织结构的基础上运作所发挥出来的功能，或者说组织的职能是通过组织工作体现出来的。组织工作是组织为实现其目标而进行的结构设计与调整、业务活动分类、管理人员职位设置、管理职权分配以及对组织成员的行为加以规范和协调等方面的工作。其具体内容如下：

1）组织结构设计

组织结构设计是组织工作中最重要、最核心的一个环节，它着重建立一种有效的组织结构。具体地说，组织结构设计包括以下步骤：

（1）在研究组织环境和内外资源条件并确定组织战略目标的基础上，明确实现组织战略目标所要完成的工作任务；

（2）对要完成的工作任务进行适当的分工和组合，从而形成职位、部门和层次；

（3）为这些职位和部门分配职责和权限；

（4）为使成员能有效地一起工作，还要设置必要的规范和协调关系。

组织结构设计的目的就是要形成实现组织目标所需要的正式组织体系。

2）组织运行

组织运行就是使设计好的组织结构运作起来。组织在运作过程中，需要权衡集权与分权，合理授权，建立制度，提高运行效率。从一定意义上说，使设计好的组织投入运作的过程是与管理工作其他方面的职能密切联系在一起的。为了使整个组织能够有机运转，不仅要设计合理的组织结构，还要选拔适当的人员，建立一系列规范、制度，采取有效的领导方式和激励手段，建立良好的信息沟通渠道，并对组织运行中出现的各种问题进行及时有效的控制等。

3）组织变革

组织变革就是对组织的调整、改革和再设计，它属于组织工作过程中的反馈与修正阶段。当组织在运行中出现了不完善之处，或者环境发生了变化而引起组织目标的调整时，原有的组织结构就需要修改，以提高组织的效能，增强组织的适应性。

组织工作的具体内容和过程可以用图2-2来表示。

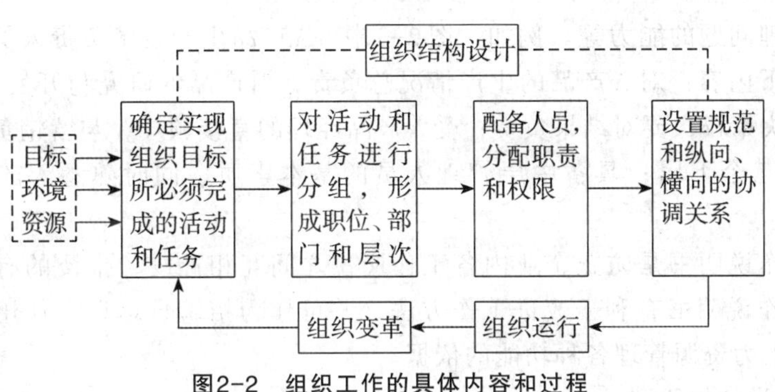

图2-2 组织工作的具体内容和过程

2.2 组织设计与运行

2.2.1 组织设计概述

1）组织设计的任务

组织设计就是进行专业分工和建立使各部门有机地协调、配合的系统的过程。具体地说，组织设计的任务是建立组织结构和明确组织内部的相互关系，提供组织结构图和工作说明书。

（1）组织结构图

设计组织结构时应该明确谁去做什么，谁要对什么结果负责，避免由于分工含糊不清造成执行中的障碍，还要提供能反映和支持企业目标的决策和沟通网络。设计合理的组织结构，其目的在于有效地实现组织的目标和计划，达到良好的组织业绩。

组织设计的结果是绘制出清晰的组织结构图，规划和设计组织中各部门的职能、职权和职责，确定组织中直线职权、参谋职权、职能职权等的活动范围及相互关系。组织结构图示例如图2-3所示。

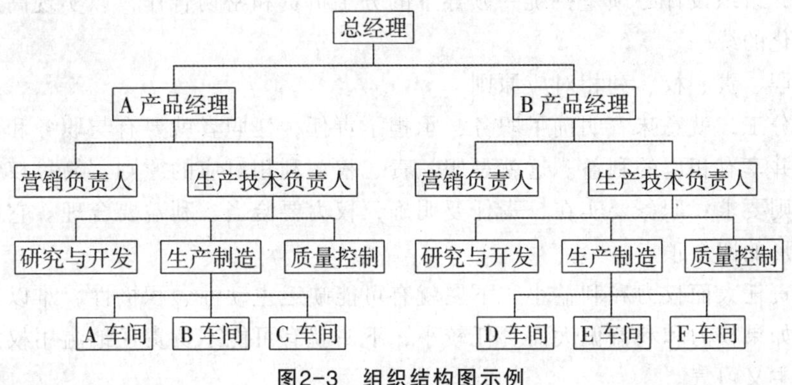

图2-3 组织结构图示例

（2）工作说明书

工作说明书要能够简单而明确地指出某职务的工作内容、职责与权力、与组织中其他部门和职务的关系，以及担任该项职务者所必须具备的基本素质、知识技能、工作经验、处理问题的能力等。例如，图2-3中，A产品生产技术负责人的工作说明书应该包括以下内容：对A产品的生产情况总负责；对产品的研究与开发、生产制造、质量控制有决策权，要对结果负责；受A产品经理的直接领导，与营销负责人是平级关系；领导三个下属；具备中层管理人员的基本素质，同时熟悉A产品的生产技术等。

编制工作说明书是防止企业内各工作岗位之间互相扯皮、推诿的有效方法。同时，编制工作说明书有利于改进工作方法，并可作为招聘、培训、任用、提升、调动、考评等人力资源管理各种功能的依据。

2）组织设计的原则

组织所处的环境、采用的技术、制定的战略、发展的规模等情况不同，所需的职务和部门及其相互关系也不同。尽管如此，在进行组织设计时，还有一些需要共同遵守的原则。

（1）目标统一原则

该原则是指组织结构的设计和组织形式的选择必须有利于组织目标的实现。组织目标层层分解，机构层层建立，直到每一个人都了解自己在总目标的实现过程中应完成的任务，这样建立起来的组织才是一个有机整体，才能为保证组织目标的实现奠定基础。组织设计要求从工作特点和需要出发，因事设机构、设职，因职用人。

（2）分工协作原则

分工是按照提高专业化程度和工作效率的要求，对组织的目标任务进行分解，明确各层次、各部门乃至个人的职责。协作是明确部门与部门之间以及部门内部的协调关系与配合方法。只有分工没有协作，分工就失去了意义，但如果没有分工，也就谈不上协作，两者是相辅相成的。

组织系统中的各部门都不可能脱离其他部门而单独运行，都必须经常与其他部门相互协调，在实现本部门目标的同时，保证整个组织目标的实现。高度分工是个人和部门取得良好绩效的基础，而高度整体化是整个组织实现目标、取得整体效益的基础。因此，组织设计必须坚持统一领导下的分工负责和密切合作，以实现高度分工与高度整体化的统一。

（3）职、责、权、利相对应原则

有了分工，就意味着明确了职务，承担了责任，任职者就要有与职务和责任对等的权力，并享有相应的利益。这就是职、责、权、利相对应的原则，简称权责对等原则。该原则要求：职务要实在，责任要明确，权力要恰当，利益要合理。它们的关系就像正方形的四个顶点。

如果责任大而权力和利益小，下属就有可能缺乏主动性、积极性，难以有效地履行责任；如果权力和利益偏大而责任较小，下属就有可能不负责任地滥用权力，容易助长官僚主义习气。

（4）统一指挥原则

统一指挥原则是指组织中的每位下属都应当有一个而且只能有一个上级主管，向一个人直接汇报工作，从而形成一条清晰的指挥链。如果一个下属有多个上级，那么就会由于上级之间彼此不同甚至互相冲突的命令即政出多门、指挥不统一，而产生无所适从之感。该原则要求如下：

① 在确定管理层次时，要使上下级之间形成等级链。从最高级到最低级的等级链必须是连续的，不能中断，并要明确上下级的职责、权力和联系方式。

② 任何一级组织只能由一个人负责，实行首长负责制。

③ 正职领导副职，副职对正职负责。

④ 下级组织只接受一个上级组织的命令和指挥，防止出现多头领导的现象。

⑤ 下级只能向直接上级请示工作，不能越级请示工作，下级必须服从上级命令和指挥，不能各自为政，各行其是。下级如有不同意见，可以越级上诉。

⑥ 上级不能越级指挥下级，以维护下级组织的领导权威，但是可以越级检查工作。

⑦ 职能管理部门一般只能作为同级直线指挥系统的参谋，无权对下属直线领导者下达命令和指挥。

（5）有效管理幅度原则

管理幅度是指一名主管人员能够有效地指挥、监督、管理的直接下属的人数。一般来说，任何主管人员能够有效地指挥和监督的下属的数量总是有限的。从理论上来讲，当直接指挥的下级数目呈算术级数增长时，主管人员需要协调的关系（可能存在的关系）呈几何级数增长。按厄威克的公式，需要协调的关系数目=n（2^{n-1}+n−1）。其中，n为管理幅度。

例如，1个主管领导2个人，他需要协调6种关系。设主管为M，2个下属为A与B，则6种关系为：直接单独2种（M对A，M对B）、直接小组2种（M对A和B，M对B和A）和交叉2种（A对B，B对A）。若增加1个下属，可能存在的关系总数就从6增加到18。

所以，每个主管都要根据管理的职责和职权，考虑各种影响因素，慎重确定自己的管理幅度。

（6）集权与分权相结合原则

集权与分权是反映组织纵向职权关系的一个特征，用于描述组织中决策权限的集中与分散程度。所谓分权，指的是组织的决策权分配给较低层次的部门或人员的一种倾向。集权则是指组织的决策权主要集中在较高层次的管理人员手中。集权和分权各有优缺点，过分集权或分权都会给组织带来问题。组织应根据自身的具体条件选择合适的分权程度，从而在集权和分权的平衡中获得良好发展。

（7）精简与效率原则

德鲁克说，组织设计要“努力用经济来维持管理，并把摩擦减至最低限度”。组织的管理机构必须精干简明、以一当十，这样才能提高效率。如果机构臃肿、层次繁多、手续繁杂，则必然导致人浮于事、效率低下。国际上著名的“帕金森定律”揭示了组织管理中的职位数与效率之间恶性循环的特征，即在金字塔结构的组织中，随着各级管理人员职位的增多，人们之间的相互关系会进一步复杂化，推诿扯皮的现象会增加，内耗也就增大，于是又要增加管理人员……如此反复，机构不断膨胀，管理效率却日益降低，从而陷入恶性循环。

（8）稳定性与弹性结构相结合原则

该原则是指组织结构及其形式要有相对的稳定性，不能轻易变动，因为组织的变动涉及人员、分工、职责、协调关系等方面的调整，人员的情绪、工作方法、工作习惯会受到影响，需要一个适应过程，同时组织为了适应多变的环境、提高竞争能力和效率，又必须能够灵活地对所涉及的结构进行动态的调整。

组织的领导必须懂得：一个一成不变的组织，是一个僵化了的组织；一个经常变化的组织，则是一个创造不出业绩的组织。因此，应该在保持稳定性的基础上进一步增强企业组织结构的适应性。

（9）执行与监督分离原则

在进行组织设计时，应将外部监督人员与执行人员分设，否则监督者与被监督者在利益上趋于一致，会导致监督职能形同虚设。比如，车间的专职质量检查员应归属总厂质检部编制，由质检部对其工作进行考核和奖惩，而不应归属车间编制、由车间考核和奖惩，只有这样才能确保其严格履行质量检查职责。

3）组织设计的依据与步骤

（1）组织设计的依据

组织设计的目的是合理安排组织中管理人员的活动，而组织活动总是发生在一定的环境中，受制于一定的技术条件，并在组织总体战略的指导下进行。此外，组织因规模及所处的发展阶段不同，也会对组织结构提出不同的要求。因此，组织设计必须考虑以下因素的影响：

① 组织目标与任务。组织设计必须从组织要实现的目标和要完成的任务出发，并优先为目标和任务服务。其设计应以组织的目标和任务为基本依据，如目标和任务发生变化，则组织结构也要做相应的调整。在不同时期，组织的战略目标和重点任务是不同的，就应该有不同的组织结构与之相适应。

② 组织环境。一个组织是一个与其外部环境相互作用、相互依存的系统。外部环境的变化程度和复杂程度，造就了它的不确定性。一个组织面临的外部环境的不确定性越大，外部环境对组织的选择和决定自身命运的自由的限制就越大。从本质上讲，在稳定的外部环境中采用机械式组织结构最为有效，而动态的不确定的外部环境则与弹性组织结构最为匹配。

③ 组织战略。组织战略是决定和影响组织活动性质及根本方向的总目标，它涉及一定时期内组织对全局方针、主要政策与任务的运筹谋划，它是制定策略和计划的准绳。组织结构是实现组织目标和战略的手段和工具，而目标产生于组织的总体战略，因此，组织结构与组织的总体战略是紧密联系在一起的，组织战略对组织结构起着决定性作用，组织结构必须服从组织战略，并与战略紧密结合。

④ 生产条件与技术状况。生产技术水平不仅影响组织活动的效果和效率，而且作用于组织工作的各个方面。采用不同的技术手段，就需要对组织活动运用不同的管理方式，因而也就必然影响组织结构的选择和设计。生产技术越高超或越复杂，组织结构垂直分工就越复杂；反之，则越简单。查尔斯·裴洛（Charles Perrow）从两个维

度说明了结构与组织的关系，即工作的变化性与问题的可分析性组合成惯性、工程性、技艺性与非惯性四种生产技术。对于惯性强的工作，可考虑采用标准化协调与控制结构，组织结构具备较强的正式性、集权性。

⑤ 组织规模及所处发展阶段。组织的规模往往是与组织的发展阶段相联系的。随着组织的发展，组织活动的内容会日趋复杂，人数会逐渐增多，组织的结构也需要随之调整，以适应变化了的情况。一般来说，规模大的组织要比规模小的组织更趋向于高度的专业化和横向及纵向的分化，规则条例也更多。美国学者托马斯·卡曼提出了"组织发展五阶段"理论，他认为组织的发展过程要经历创业、职能发展、分权、参谋激增和再集权五个阶段，不同的发展阶段要求建立与之相适应的组织结构形态。

⑥ 人员结构与素质。各级管理者及其下属人员的素质，对组织结构的各要素（层次、机构、权责分工、协作配合等）都有影响，从而导致组织结构的差别和变化。握有权力的决策者，往往会选择传统结构以降低运作过程的不确定性，其理由主要是方便控制。决策阶层偏好稳定而往往会选择机械式组织结构，即倾向复杂度低、正式且集权程度高的结构。

（2）组织设计的步骤

组织设计的整个过程可分为以下五个步骤：

①职务设计。职务设计是组织设计最基础的工作。职务设计就是将实现组织目标所必须进行的活动逐步分解，划分成若干较小的任务单元，以便于每个人专门从事某一部分的活动，而不是全部活动，这就是劳动分工。劳动分工的重要意义在于把复杂的工作分成一项项相对简单的工作，每个人不断重复地做相同的工作、利用同一种设备，从而大大提高劳动生产率。

对活动进行分工后，还要将若干工作任务组合起来构成一个完整的职务，以便由组织员工来承担相应的职务。有些职务是常规性的、包含大量重复工作的，有些职务是非常规性的；有些职务要求广泛、多样化的技能，有些职务只要求简单、单一的技能；有些职务具有严格的程序规范，有些职务则有较大的自由度和灵活性。

②部门划分。设计好职务后，就需要考虑如何将工作岗位按照一定的逻辑科学地加以安排，形成部门或工作单位，以便进行有效管理。部门是一个组织中把不同工作组织起来的基本单位，是组织中的主管人员为完成规定的任务而有权管辖的一个特定领域。部门的划分是组织的横向分工，其目的在于确定组织中各项任务的分配与责任的归属，做到分工合理、职责分明，从而组织目标的实现。

③建立层次。部门划分是对组织活动进行横向的分工，在此基础上还需要进行纵向的划分，即建立上下级报告的层次关系，构成一个多层次结构的组织系统。建立层次需要解决好管理幅度与管理层次的关系问题。

④分配责权。建立组织内各层次上下级相互作用的关系模式后，还应将组织中的责权分配到各个层次、各个部门和各个岗位上去，即规定哪个岗位应该对哪些工作负责，具备哪些权力，并最终形成组织中从最高领导层一直贯穿到最低操作层的权力线，即通常所说的指挥链。

⑤协调活动。分工和协作是组织管理中的两大要素。在把实现组织目标所需完

成的任务分配到不同的职位和部门，并进行责权安排之后，还必须在此基础上进行整合，以使组织中的个人或部门协同运作，实现组织的整体目标。根据系统论的观点，组织设计的目的就是发挥整体大于部分之和的优势，使有限的资源达到最佳的综合效果。因此，协调是组织设计的重要步骤，也是组织目标得以顺利实现的根本保障。

2.2.2 组织设计的内容

1）工作设计

在设计组织结构时，组织必须对实现目标所不可缺少的业务活动进行分类，然后对每类活动实行劳动分工，划分出许多职务或岗位，并规定每个职务或岗位所承担的任务、职责，这一工作就称为职务设计，也就是工作设计。工作设计是组织设计的基础，是划分部门和建立层次的前提。

（1）工作设计的要点

① 因事设职而不能因人设职。因事设职是指所设计的职务都来自为实现目标所不可缺少的业务活动，如不设此职务，无人从事此项活动，将影响组织目标的实现。相反，因人设职是指根据现有人员的需要来设置职务，有人就得有职，而不问此职是不是为实现目标所不可缺少的。按照前述的组织设计原则，组织显然应当因事设职、因职设人，而不能因人设职。

② 劳动分工要科学。劳动分工是组织工作的重要原则，又是职务设计的主要工作内容。过去人们对劳动分工的理解有些绝对化，认为分工越细越能提高生产率，于是将各种业务活动划分成许多极小、极为简单的部分。这样做，员工容易掌握，而且长期重复操作，易于熟练，确实收到了较好的效果，但员工会产生厌倦感，对工作不满，导致怠工、缺勤和跳槽现象增加，生产率下降。这促使人们改变对分工的理解，即分工不宜过细，必要时还要扩大或丰富工作内容。

③ 编制完善的工作说明书。工作设计的结果表现为工作说明书，它是一种书面文件，简要说明该职务的工作内容、职责与职权、与组织的其他部门或职务之间的关系、担任此职务者须具备的条件（如基本素质、技术和业务知识、处理问题的能力、工作经验）等。

（2）工作设计的方法

工作设计的方法常见的有七种：工作专业化、工作轮换、工作扩大化、工作丰富化、社会技术系统、工作生活质量和自主性工作团队。

（3）编制工作说明书

为找到合适的人才，企业对应聘人员提出各种要求是理所当然的。然而，许多企业的招聘启事存在这样的问题：对某一职务的职能，如工作内容、职责、范围、机构等描述不清楚，并很少向相应的人员做专项交代和培训。由此造成的直接后果往往是：挑选和录用的员工与工作要求不相符；绩效考核时感到缺乏依据，无从着手；培训方案不符合工作要求；造成生产力和服务质量的降低……这些问题的出现，在很大程度上是由于企业的工作说明书不完善，没有发挥其在管理中应有的作用。

①工作说明书的“成长”：工作分析。

进行科学而有效的工作分析是职务设计的前提。工作分析主要是对企业职务的设置目的、中心职责、工作内容、权限范围、结构关系、工作环境以及工作条件等进行全面的分析、描述和记录，然后形成重要文字说明——概念文件。通过工作分析可以明确每个职务在企业中所处的层次，以及该职务与其他职务之间的关系，分清每个任职者的权力与责任。

第一，工作分析的程序。一般说来，首先应由专业人员运用一定的调查手段收集职务信息，进行初步信息处理；然后通过职务现场考察和面谈，进行第二次信息收集和处理；最后根据正确而合适的信息设计工作说明书，以保证工作说明书符合企业职务要求和整体目标。

第二，工作分析的方法。工作分析的方法通常有以下几种：一是工作要素分析法；二是员工状况分析法；三是职务要求调查法；四是工作内容日记法；五是关键事件描述法。

②工作说明书的“思想”：解决问题。

通过工作分析，把每个职务的性质、任务、责任、权力、任职资格等用书面记录下来即成为企业的工作说明书。企业在制定工作说明书时必须解决以下几个问题：

第一，描述职务目标。企业中不同的职务有不同的目标。描述职务目标应遵循“3W”法：为什么要设计本职务（目的）——why；职务有多大权力（职权范围）——within；本职务主要干哪些工作（工作内容）——what。

第二，确定职务职责。光描述职务工作内容还远远不够，还需要确定能保证工作内容高效完成的职责。职责要按照由主到次的顺序书写，用关键词描述所应担负的责任。

第三，指明关键要素，即明确每一个职务最关键、最重要的要素。例如，新建企业招聘部门经理，“经验”即为该岗位的关键要素；而运转成熟的企业招聘部门经理，“创新”则成了关键要素。司机的良好心态是安全驾驶的关键，因此“良好心态”是驾驶员的关键要素。

第四，规定核心能力。核心能力是完成职务工作的前提和保证。例如，对于企业的销售人员而言，说服他人、影响他人的能力即为其核心能力，因为只有具备良好的心理素质和强大的心理承受能力，才能成为一个出色的销售人员。

③工作说明书的“骨髓”：具体内容。

一般来讲，规范的企业工作说明书应包含以下几个要素：

第一，表头格式。注明企业中各职务名称、归属部门、隶属关系、级别、编号等。

第二，任职条件。描述某职务所需的相关知识和学历要求、培训经历和相关工作经验及其他条件。

第三，工作要求。主要描述对一个合格员工来讲，该职务工作的具体要求。这主要从工作本身的性质、数量、范围、时效性等全方位考虑。

第四，责任范围。描述该职务所承担的主要责任及其影响范围。

第五，管理结构。描述实施管理的性质、管理人员或员工的性质，包括管理水平、类型，员工的多样性，职务权限，直接和间接管理员工的层次和数量。

第六，工作关系。根据职务在企业组织中的地位和与之有协作关系的职务数量，描述完成此项工作需要与企业其他部门（人员）联系的要求，以及相互关系的重要性和发生频率等。

第七，操作技能。描述该项工作对任职者的灵活性、精确性、速度和协调性的要求，以及所要求的技能水平。例如，操作技能对于此项工作的重要程度如何？应如何改善和提升技能？

2）部门划分

部门划分就是对组织总的管理职能进行科学分解，按照分工协作原则，相应组成各个管理部门，使之各负其责，形成部门分工体系的过程。部门划分主要解决组织内部如何按照分工协作原则，对组织的业务与管理工作进行分析、归类，组成横向合作的部门的问题。

（1）部门划分的原则

① 有效性原则，即部门划分必须以有利于实现组织目标为出发点和归宿。

② 专业化原则，即进行专业化分工，将相似职能、产品、业务汇集到一个部门中。

③ 满足社会心理需要原则，即划分部门不宜过度专业化，而应按照现代工作设计的原理，使员工的工作实现扩大化、丰富化，尽可能使其满意于自己的工作。

④ 精干高效原则，即部门划分要以组织目标为导向，保持适度弹性，力求精简。

（2）部门划分的方法

①按工作特征划分部门。

按工作特征划分部门是一种基本的部门划分方法，指将同一类别的岗位归入同一部门，形成明确的工作类别，有利于组织业务分配。

②按职能划分部门。

按职能划分部门是根据专业化的原则，以工作或任务的性质为依据来划分部门，如图2-4所示。

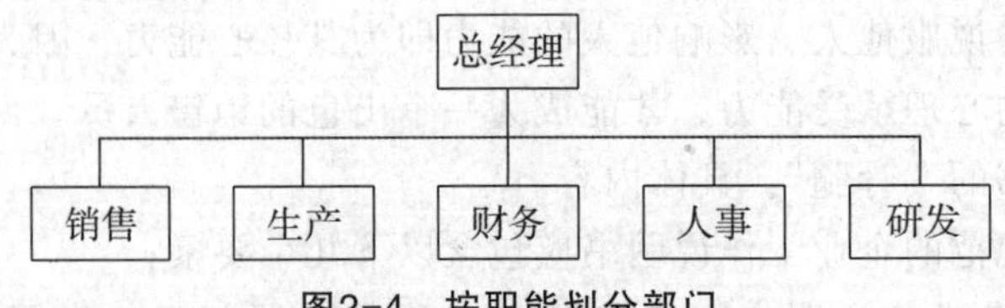

图2-4 按职能划分部门

它的优点在于：合理地反映职能，符合分工和专业化原则，有利于发挥各职能领域专家的特长，提高人员的使用效率；有利于使组织的基本活动得到重视和保证，从而有利于对整个组织活动实施严格控制。但是，这种方法也存在一些缺点：总体决策需要最高层做出，因而速度较慢；由于人员过度专业化，因此容易形成本位主义，给各部门之间的协调带来一定困难；随着组织规模的扩大，容易导致机构臃肿，缺乏对环境变化的适应能力；只有最高层对最终成果负责，因而对各部门的绩效和责任不易考核。这种方法较多用于管理或服务部门的划分。

③按产品划分部门。

按产品划分部门是根据产品或产品系列来组织业务活动，这种方法是从按职能划分部门的方法发展而来的。随着组织规模的不断扩大，管理工作越来越复杂，职能部门的管理人员的工作负担越来越重，管理幅度的限制使得他们难以通过增加直接下属的办法来解决问题，此时就有必要按照产品重新组织活动。进行多元化经营的组织常采用这种部门划分方法，如图2-5所示。

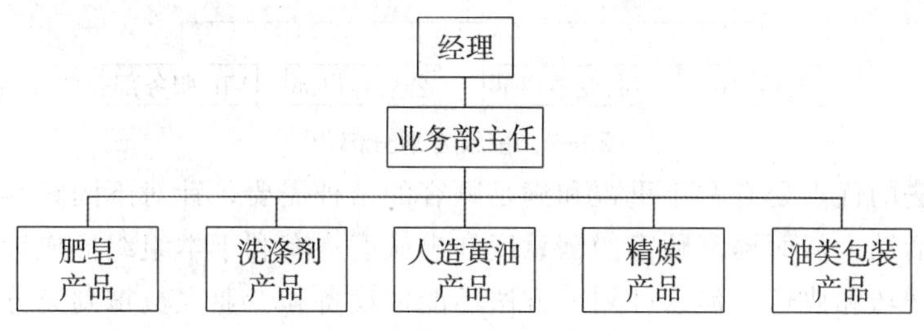

图2-5　按产品划分部门

这种方法的优点在于：能够充分利用专项资金和设备，发挥个人的技术专长；有利于部门内的协调；将利润、责任明确划分到部门一级，易于评价各部门的业绩，也便于最高主管把握各种产品或产品系列对总利润的贡献；可促进企业内部竞争，有利于产品和服务的改进和发展；有利于增加新的产品和服务；有利于锻炼和培养全面的综合性管理人才。但是，这种方法需要具备全面知识和技能的人才来担任部门负责人；总部和分部的职能部门与人员须重复设置，会导致管理成本增加；由于各产品部门的独立性较强而整体性较差，因此对高层管理造成困难。

④按区域划分部门。

按区域划分部门就是将某个区域内的业务活动集中起来，委派相应的管理者，形成区域性部门，如图2-6所示。

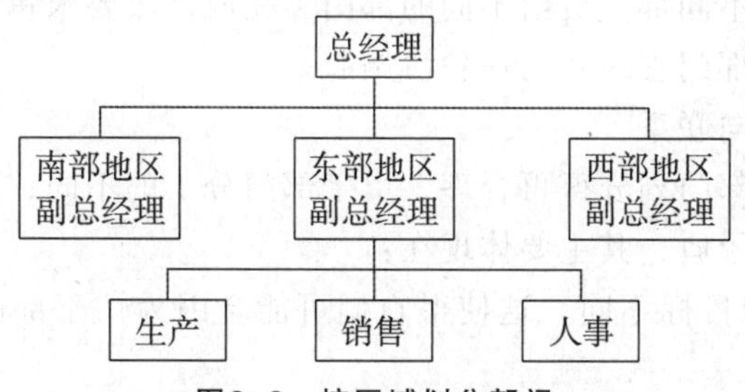

图2-6　按区域划分部门

这种方法将责任下放到区域，有利于调动各区域的积极性；便于与当地的供应商、用户进行面对面的联系，降低运输等费用，从而取得区域化经营的优势效益；有利于适应区域的特殊要求与特定环境，促进区域性活动的协调；有利于促进企业内部竞争；有利于培养能力全面的管理者。这种方法的缺点在于：由于机构重复设置而使得管理成本增加；增加了最高主管部门对区域控制的难度；要求区域部门主管人员具有全面的管理能力。这种方法主要用于空间分布很广的企业的生产经营业务部门。

⑤按顾客划分部门。

按顾客划分部门是为了更好地满足顾客的需要，将与某类顾客有关的各种组织活动集中在一起，形成部门。例如，有些企业设置了大客户部、商业客户部、公众客户部、VIP服务部等部门，如图2-7所示。

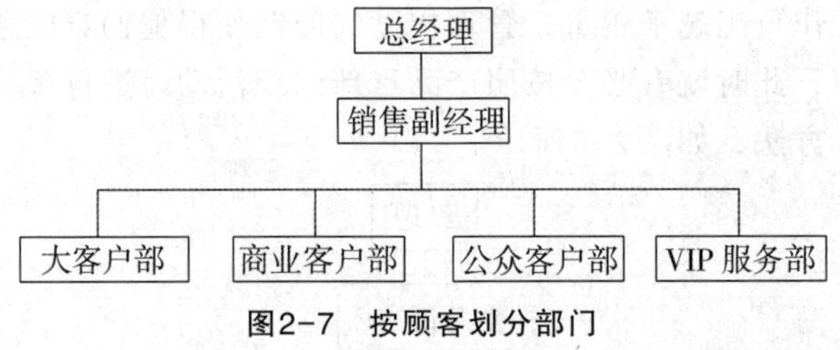

图2-7 按顾客划分部门

这种方法的优点是有利于重视和满足顾客的某种需要，针对不同顾客的特点和需要开展组织活动，从而提高顾客的满意度和忠诚度；有利于本组织形成针对特定顾客需要的经营技巧和诀窍。但这种划分方法不能使设备和专业人员得到充分利用；为满足特定顾客需要，可能导致部门间的协调变得困难。这种方法适用于服务对象差异较大、对产品和服务有特殊要求的企业。

⑥按生产过程划分部门。

按生产过程划分部门是根据生产过程中的技术作业组织业务活动，形成部门，如图2-8所示。

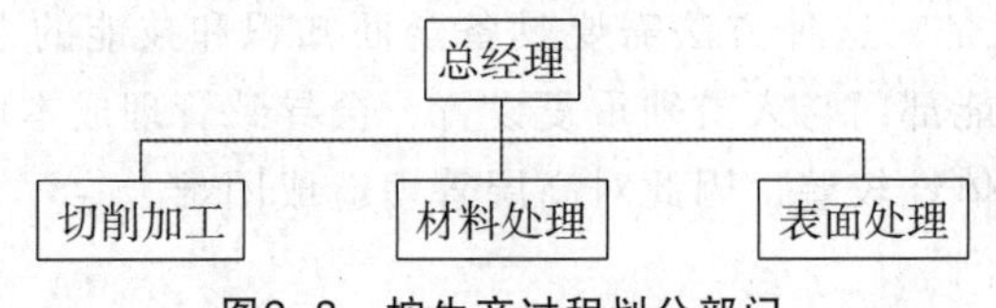

图2-8 按生产过程划分部门

这种方法是建立在特殊技能和训练的基础上的，部门内的协调工作要简单得多；但由于将工作流程的不同部分交给不同的部门去完成，故要求每个部门的管理者必须将自己的任务与其他部门管理者的任务协调起来。

（3）部门间的横向联系

一般来说，即使部门划分得再合理，由于部门分工的不同，部门之间的横向联系也必然会存在一定的矛盾，其主要体现在：

① 各部门追求的目标不同。这使得它们可能会因为忙于部门的具体任务而忽视企业的整体目标。

② 各部门的职权不同。专业化导致了职权的分散，稍微复杂一点的管理问题或许会涉及好几个部门，需要将职权汇集起来才能解决。

③ 各部门的利益不同。在处理横向关系时，部门主管人员往往会有意无意地将本部门的利益放在首位，从而贬低和排挤其他部门，在这种情况下，企业的共同任务、目标、战略就会受到冲击。

④ 各部门的思维习惯和行为特征不同。这使得它们有可能缺乏深刻的理解和共同语言，难以紧密配合、协调一致。

为了使横向联系真正达到加强协作、提高企业整体效率的目的，必须从企业整体目标出发，客观地看待横向联系存在的矛盾，加强部门间的横向协作与沟通。

首先，要正确判断企业管理组织的横向联系状况。为了改善企业组织内部的横向联系，先要正确判断横向联系的状况是否良好，是否有必要加以改善，这是企业进行组织设计必须搞清楚的前提条件。

其次，要以整体观点为指导，以分工为基础，加强横向联系。加强横向联系必须从整体出发，整体指的是企业的整体效益，以及为此而制定的企业战略目标。组织设计，特别是横向联系设计的目的就是实现企业的目标。

最后，要实行层层协调，减少“矛盾上交”。为了既保证统一指挥，又能及时解决问题，提高管理工作效率，应该由上级授权，允许下级在处理日常业务时，由有关双方直接协调解决有关问题。

3）建立层次

（1）管理跨度

管理跨度，又称管理幅度，是指一名主管人员能有效直接指挥、监督的直接下属的人数。如图2-9所示，主管人员甲的管理跨度为3，乙的管理跨度为5，丙的管理跨度为7，丁的管理跨度为8。

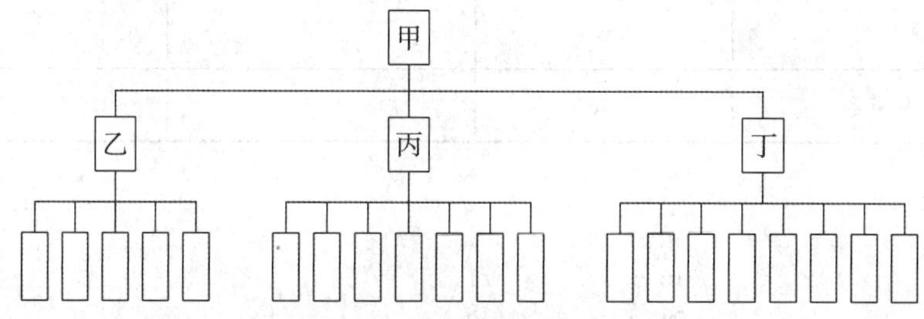

图2-9 管理跨度示意图

管理跨度是影响组织内部各单位规模大小的重要决定因素。任何组织在进行结构设计时，都必须考虑到管理跨度的问题。一般来说，即使在同一个组织中，每位主管直接管辖的下属数量也不相同。有效管理跨度的大小受到管理者本身素质及被管理者的工作内容、能力、工作环境与工作条件等诸多因素的影响，每个组织都必须根据自身的特点，确定适当的管理跨度。

（2）管理层次

由于主管人员能够直接有效地指挥和监督的下属数量是有限的，因此最高管理者的被委托人也需要将受托担任的部分管理工作再委托给另一些人，以此类推，直至受托人能直接安排和协调组织成员的具体业务活动，由此就形成了组织中最高管理者到具体工作人员之间的不同管理层次。

因此，管理层次是指组织内部从最高一级管理组织到最低一级管理组织的职位等级数目，如在图2-9中，管理层次为3。

（3）管理跨度与管理层次的关系

组织的管理层次受到组织规模和管理跨度两方面的影响。在管理跨度给定的条件下，管理层次与组织规模大小成正比，组织规模越大，成员数目越多，所需的管理层次就越多；在组织规模既定的条件下，管理层次与管理跨度成反比，管理跨度越大，所需的管理层次就越少。如果各层次的管理跨度相同的话，则一般有：

$$m=b^a$$

$$n=\sum b^j\ (j=0,\ 1,\ 2,\ \cdots,\ a-1)$$

其中：m为作业人员数；n为管理人员数；a为管理层次；b为管理跨度。

主管人员委托一定数量的人分担其管理的工作，虽然减少了他必须直接从事的业务工作量，但与此同时，也增加了他协调受托人关系的工作量。所以，增加管理层次节约出来的时间，一定要大于用于监督的时间，这是衡量增加一个管理层次是否合理的重要标准。

以一家拥有4 096名员工的企业为例，假设各层次的管理跨度相同，如果按管理跨度分别为4、8和16对其进行组织设计，那么其相应的管理层次为6、4和3，所需的管理人员数为1 365、585和273名（见表2-2和图2-10）。

表2-2 管理跨度与管理层次的对应关系表

项目	(a)	(b)	(c)
管理跨度	4	8	16
管理层次	6	4	3
管理人员数	1 365	585	273

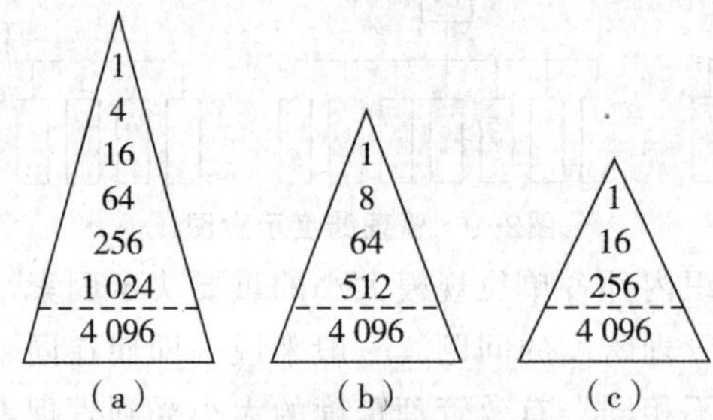

图2-10 管理跨度与管理层次的关系

管理跨度的宽窄对组织形态和组织活动会产生显著的影响。在组织中人员数量一定的情况下，管理跨度越窄，组织层次就越多，组织就表现为高而瘦的结构特征，这种组织被称为高耸型组织，如图2-10（a）所示；反之，管理跨度越宽，组织层次就越少，这种组织被称为扁平型组织，如图2-10（c）所示。一般来说，高层最适宜的管理跨度为3～6人，中层为5～9人，基层为7～15人。

（4）高耸型结构与扁平型结构

如上所述，由于管理跨度与管理层次这两个变量的取值不同，因而会形成高耸型结构和扁平型结构两种组织结构类型。

① 高耸型结构。高耸型结构是指组织的管理跨度较小、管理层次较多的组织结构。高耸型结构具有管理严密、分工明确、上下级易于协调的特点，但随着层次的增加，需要的管理人员也迅速增加，彼此之间的协调工作也急剧增加。在图2-10中，当管理跨度从16变为4时，管理人员从273名增至1 365名，增加了4倍。高耸型结构

的优点在于：有利于上级对下属及时进行指导和控制，层级之间关系较为紧密；权责关系明确，有利于工作任务的衔接；有利于增强管理者权威；为下属提供更多的晋升机会。它也存在一些缺点：过多的层次不仅会增加高层与基层之间沟通的难度，影响信息传递的速度和质量，还会因管理人员的迅速增加而增大协调的工作量和管理成本，同时由于管理严密，会影响下级人员的主动性和创造性。

② 扁平型结构。扁平型结构是指组织的管理跨度较大、管理层次较少的组织结构。其优点在于：缩短上下级距离，密切上下级关系，加快信息纵向沟通的速度，减少信息的失真，从而可以提高决策的质量、降低管理成本；管理跨度的增加促使上级授权，可以大大提高下级的积极性和自主性，增强其满足感；同时也有利于更好地选择和培训下属人员，培养和提高下级管理能力。它也存在一些缺点：由于管理跨度较大，不能严密地监督下属，上下级协调性较差，而且也加大了横向沟通与协调的难度。

随着经济的发展和技术的进步，组织结构趋于扁平化，组织通过增大管理幅度、减少层次来提高收集、传递信息和决策的效率，最终发挥组织的内在潜力和创新能力，从而提高组织的整体绩效，实现组织的战略目标。

4）职权设计

职权是构成组织结构的核心要素，是组织联系的主线，对于组织的合理构建与有效运行具有关键性作用。

（1）职权的种类

职权是管理人员在职务范围内所拥有的管理权限，是履行管理职能的前提。一个正式组织的职权有直线职权、参谋职权和职能职权三种。

①直线职权。

直线职权是指直接从事产品和业务的生产指挥、直接领导下属工作的直线管理人员所拥有的职权，包括决策权、发布命令权和执行权三个部分，也就是通常所说的决策指挥权。

直线职权是组织中一种最基本、最重要的职权。如果直线职权不能得到有效行使，整个组织的运转就会出现混乱，乃至陷入瘫痪。直线职权是循着组织等级链发生的职权关系。例如，在企业生产系统中，总裁—负责生产制造的副总裁—制造分部总经理—分厂经理—车间主任—工段长—班组长，从上级到下级构成了严密的指挥链关系。在组织的等级链中，每个管理人员都是直线人员（如公司的总裁到基层的班组长），他们都拥有各自的直线职权，但由于所处的管理层次不同，其职权大小及职权范围也就有所不同。

②参谋职权。

随着组织规模的不断扩大，高层管理者面临的管理问题日益复杂，此时仅凭直线管理人员个人的知识和经验已经无法应对，于是需要借助参谋人员来帮助他们行使直接指挥的权力。参谋职权是顾问性质或服务性质的，参谋人员为直线管理人员提供服务的形式有两种：一是个人参谋的形式，如总经理助理；二是专业化参谋的形式，如智囊团、顾问委员会等。因此，参谋职权是指作为主管人员的参谋或幕僚所拥有的辅助性职权，主要是评价直线系统的活动情况进而提出建议或提供咨询的权力，以及专业指导权。

③职能职权。

职能职权是指参谋人员或某职能部门的主管人员所拥有的、由直线管理人员授予的、在一定范围内行使的决策与指挥权。

职能职权的设立主要是为了充分发挥专家的核心作用，减轻直线管理人员的工作负荷，提高管理工作效率。

必须指出，参谋部门有了职能权力以后，虽然可以保证参谋人员专业特长和作用的发挥，但也会带来多头领导、破坏命令统一性的风险。企业中的分厂厂长或事业部经理除了有一个直线上司以外，可能还要同时接受好几个职能部门负责人的指导甚至是领导。这些职能上司的存在虽然是由解决复杂问题所必需的专业知识决定的，但同样不可忽视的是，多头领导往往会造成组织关系的混乱和职责不清。因此，组织要谨慎地授予职能权力。首先，只在必要的领域中使用它，以避免削弱直线经理的地位；其次，规定职能权力主要用来指导组织中较低层次的直线经理怎么干，而不是用于决定干什么。同时，为了避免命令的多重性，组织中较高层次的直线主管还应注意，在授予某些职能权力后，要让相应的参谋人员放手展开工作，而不能仍然频繁地使用已经授予的权力。

（2）职权分配

职权分配是指为有效履行职责，实现工作目标，而将组织的权力在各管理部门、管理层次、管理职位中进行配置。

职权分配的类型主要有两种：

① 职权横向分配，即依目标需要而将职权在同一管理层次的部门和人员之间进行合理配置。

② 职权纵向分配，即依目标需要而将职权在不同管理层次的部门或人员之间进行配置。职权纵向分配的关键是解决好集权与分权的关系问题。

（3）直线与参谋的关系

一般参谋人员的职责范围不外乎以下七个方面：

① 提供私人秘书性质的服务。比如个人参谋中的经理助理，他主要是在直线经理的指派下，协助经理本人来处理某些问题，是为经理本人提供专门服务的。

② 只对上级提供咨询服务。参谋人员仅负责对其直线主管提供咨询性意见，是否采纳则由直线主管来决定。参谋人员只与其上司发生直接关系，只有建议权和咨询权，而与下级不发生任何直接关系。

③ 提供全方位的咨询服务。参谋人员一方面要为其上司提供意见和建议，并代为制定政策与计划；另一方面也要接受下级直线人员的咨询，并为下级参谋机构和参谋人员提供业务上的帮助和指导。

④ 按规定要求提供服务。由直线主管对服务的内容、方式、时间等做出具体的要求和规定，参谋机构和参谋人员按质、按量、按时提供相应的服务。

⑤ 提供特定的专家技术服务。参谋专家提供规定的、专门领域内的、专业性很强的技术服务。例如，财务专家提供财务方面的服务，检查下属各分部的财务工作；

技术专家帮助下属各单位解决技术上的问题等。这时，参谋专家在行政隶属关系上接受专门的参谋部门主管的领导，而接受服务的单位无权直接指挥专家们的工作，但可以对其工作提出建议和要求。

⑥ 必要时行使职能职权。有一些工作本应由直线主管亲自指挥，但由于某些原因也可能授权给参谋部门或参谋人员去处理。这时，参谋部门或参谋人员不仅对其上级提供咨询意见、代拟政策与计划，还可以在其授权范围内直接指挥下级单位，享有部分的直线指挥权，甚至当直线主管因事外出时，还可代行全部指挥权。

⑦ 提供独立的监督服务。为了保证组织的良好运行和发展，建立稳定、严密的监督机制是非常必要的。例如，建立监事会、审计部等独立的监督服务机构，由它们负责对包括各级直线管理人员在内的所有机构和人员行使独立的审计、监督和检查权，这时的直线-参谋关系就变成了一种监督与被监督的关系。

直线与参谋概念除了指职权关系以外，还可以泛指部门的设置。直线部门通常被认为是对组织目标的实现直接做出贡献的单位，如大工业公司中的生产系统、销售系统都被列为直线部门，而采购、会计、人事、设备维修和质量管理系统等被列为参谋部门。从职权关系来看，无论是在生产系统、销售系统内部，还是在辅助性的参谋单位内部，只要存在上下级关系，就必定存在直线职权。生产系统和销售系统同是直线部门，但它们是两条线上的直线关系，如果销售部门主管跨系统对生产部门人员提出如包装产品这样的要求，这就不是直线关系，而是非直线关系了。我们将跨系统发生的非直线关系，以及参谋部门对直线部门提供的辅助关系，统称为参谋职权或参谋关系。

从理论上来说，设置参谋职务不仅可以保证直线部门的统一指挥，而且能够满足管理复杂活动对多种专业知识的要求。然而在实践中，直线管理人员与参谋人员的矛盾往往是造成组织缺乏效率的原因之一。考察这些低效率的组织活动，通常可以发现两种不同的倾向：或者虽然保持了命令的统一性，但参谋作用不能充分发挥；或者参谋作用发挥失当，破坏了统一指挥的原则。因此，在实际工作中，直线管理人员与参谋人员都有可能对对方产生不满情绪。

直线管理人员需要对自己所辖部门的工作结果负责，因此有时可能认为参谋人员及其部门干预了自己的工作，闯进了自己的领地，从而对他们不满。直线管理人员对参谋作用的敌视或忽视会导致参谋人员的不满。引起直线管理人员与参谋人员矛盾的另一个原因可能是参谋人员过高估计了自己的作用。

解决这对矛盾的关键是要合理利用参谋的工作，明确直线与参谋的关系，授予参谋机构必要的职能权力。为此，首先要建立清晰的等级链，其次要明确划分权责界限，然后要制定并严格执行政策、程序和规范，最后各级管理人员必须充分尊重他人的职权，同时无论是上下级之间，还是同级之间，必须注意及时沟通，在工作中相互支持与配合，以建立融洽的职权关系。

2.2.3 组织结构

1）组织结构的类型

组织结构是表现组织各部分排列顺序、空间位置、联系方式以及各要素之间相互关系的一种模式。它是执行管理任务的体制，在整个管理系统中起“框架”的作用。现实中的组织是多种多样的，每一个具体的组织都与其他组织不同，没有一种统一的、适用于任何组织的结构形式。实际中主要存在直线型、职能型、直线职能型、矩阵型、事业部型、多维立体型、网络型、控股型等基本的组织结构类型。

（1）直线型组织结构

直线型组织结构是指组织没有职能机构，从最高管理层到基层实行直线垂直领导，如图2-11所示。直线型组织结构把职务按垂直系统直线排列，各级管理者对所属下级拥有一切职权，下属必须绝对服从其上级主管。直线型组织又称“军队式组织”。

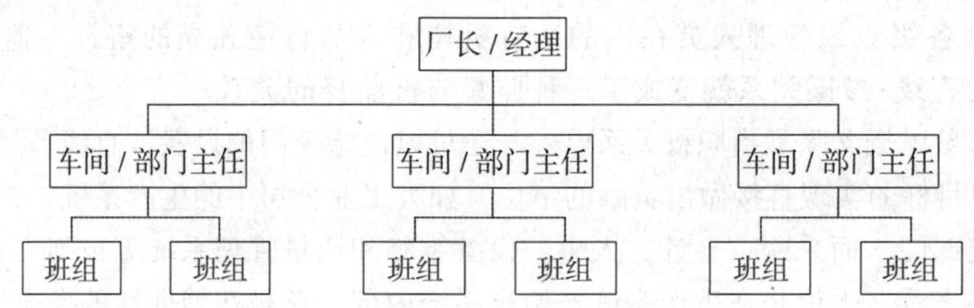

图2-11 直线型组织结构

这种组织结构简单，责任分明，权力集中，命令统一，联系简捷，沟通迅速。在组织规模较大的情况下，所有的管理职能都集中由一人承担，往往由于个人的知识及能力有限而难于应付，顾此失彼，可能会出现较多失误。此外，组织中的成员只注意上情下达和下情上传，每个部门只关心本部门的工作，因而部门间的横向联系与协调比较差，难以在组织内部培养出熟悉组织情况的全能型管理者。直线型组织结构主要适用于规模较小、任务比较单一的组织，或者是现场的作业管理。

（2）职能型组织结构

职能型组织结构的特点是采用专业的管理者代替直线型组织中的全能型管理者，即在组织内设置若干职能部门，各职能部门都有权在各自业务范围内向下级下达命令和指示。也就是，各基层组织除服从上级直接领导外，还要接受各职能部门的领导，即各级领导者都配有通晓相关业务的专门人员和职能机构作为辅助者直接向下发号施令，如图2-12所示。

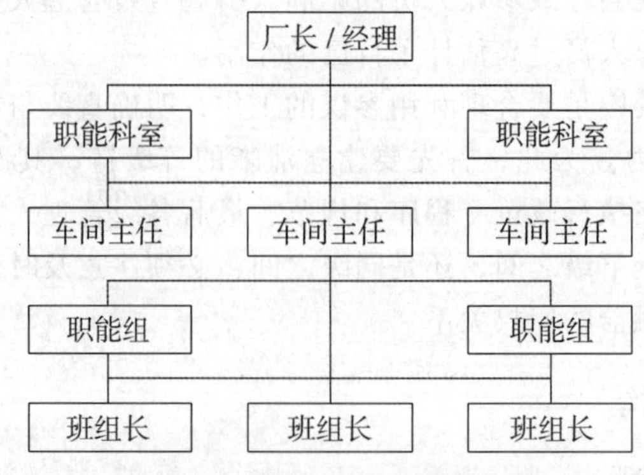

图2-12 职能型组织结构

这种组织结构适应现代组织技术比较复杂和制度管理分工较细的特点，能够发挥职能机构的专业管理作用，从而减轻上层管理者的负担。但是，它违背了集中管理和统一指挥原则，形成了多头领导，对基层来讲是“上边千条线，下面一根针”，无所适从，容易造成制度管理的混乱；各部门容易过分强调本部门的重要性而忽视与其他部门的配合、忽视组织的整体目标；对最高管理者监督协调整个组织的要求也更高。这是我国的高科技私营企业较为普遍采用的形式。

（3）直线职能型组织结构

直线职能型组织结构是对职能型组织结构的改进，是以直线型组织结构为基础，在各级直线主管之下设置相应的职能部门而建立的二维组织结构，即设置了两套系统：一套是按命令统一原则组织的纵向指挥系统；另一套是按专业化原则组织的横向管理职能系统。其特点是，直线部门和人员在自己的职责范围内有决定权，对其所属下级的工作进行指挥和命令，并负全部责任，而职能部门和人员仅是直线主管的参谋，只能对下级机构提供建议和业务指导，没有指挥和命令的权力。职能部门拟订的计划、方案以及有关的指令，统一由直线主管批准下达。直线职能型组织结构如图2-13所示。

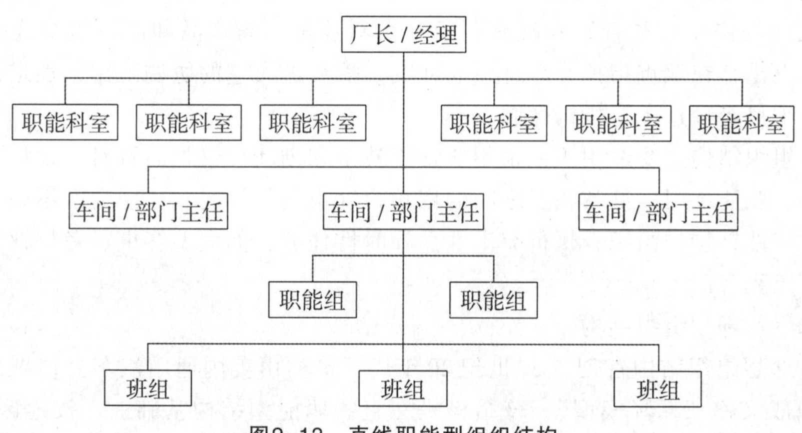

图2-13 直线职能型组织结构

直线职能型组织结构既保持了直线型组织结构的集中统一指挥的优点，又吸取了职能型组织结构的发挥专业化管理的长处，具有管理权力高度集中、任务明确、决策迅速、指挥灵活、效率高、稳定性强的优点。其缺点是权力集中于高层领导，下级缺乏必要的自主权，职能人员之间横向联系较差，目标不易统一，缺乏全局观念，信息传递较慢，难以适应环境变化。

直线职能型组织结构属于典型的“集权”式结构，是一种普遍适用的组织形式。目前绝大多数企业和非营利性组织均采用这种组织结构形式。

（4）矩阵型组织结构

这是一种把按职能划分的部门同按产品、服务、活动、研究或工程项目划分的部门结合起来的组织形式，如图2-14所示。在这种组织中，每个成员既要接受垂直部门的领导，又要在执行某项任务时接受项目负责人的指挥。两者结合就形成一个矩阵，故借助数学语言，称之为矩阵型结构。可以说，矩阵型结构是对统一指挥原则的一种有意识的违背。其特点是：在项目负责人的主持下，从纵向的各职能部门抽调人员组成项目组，共同从事项目工作；项目完成后，人员返回本部门，项目组随即撤销；每个项目负责人都是在厂长的直接领导下专门负责相应的项目。

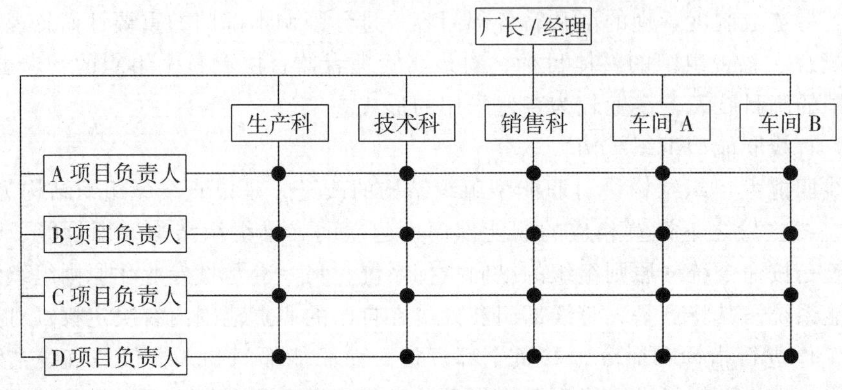

图2-14 矩阵型组织结构

矩阵型组织结构在不增加机构和人员的条件下，将不同部门集中在一起，组建方便，可实现资源在不同项目之间柔性的分配，灵活性和适应性较强，有利于加强各职能部门之间的协作和配合，并且有利于开发新技术、新产品和激发组织成员的创造性。其缺点是存在双重指挥，容易引起冲突，需要做大量的协调工作，稳定性差，还可能导致项目经理过多、机构臃肿。

这种组织结构主要适用于：采用非常规技术和创新性较强的科研、设计、项目规划等工作，职能部门内部和相互之间的依赖程度很高的情况；环境高度不确定、需要灵活的适应性结构的组织；执行突击性、临时性任务，如大型赛事、考核评估、摄制组、建筑工程等。

（5）事业部型组织结构

事业部型组织结构首创于20世纪20年代，最初由美国通用汽车公司副总经理斯隆创立，故又称“斯隆模型”。该结构是在直线职能型结构基础上，按地区、产品、项目设置独立核算、自主经营、自负盈亏的事业部，同时，事关大政方针、长远目标以及一些全局性问题的重大决策集中在总部进行，以保证企业的统一性，如图2-15所示。这种组织结构形式最突出的特点是集中决策、分散经营，这是在组织领导方式上由集权制向分权制转化的一种改革。

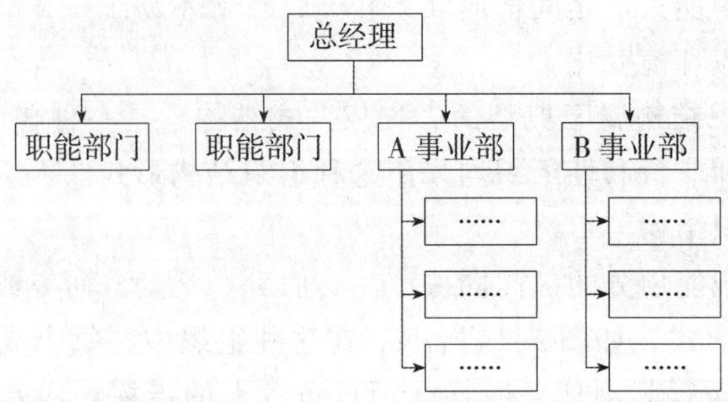

图2-15 事业部型组织结构

事业部型组织结构有利于发挥事业部的积极性、主动性；企业高层可摆脱日常事务，集中思考战略问题；各事业部高度专业化，集中从事某方面的经营，有利于提高效率和适应性；经营责任和权限明确，绩效容易考核，可促进部门间的竞争；有利于培养高级综合管理人才。其缺点在于：机构、活动和资源重复配置，管理成本高；各事业部独立经营，易形成本位主义，相互支援和协作较差；对管理者要求较高，事业部经理需要掌握全面的业务和管理知识。

这种组织结构是集权与分权相结合的形式，主要适用于生产经营多样化、面对多个不同市场或者所处地理位置差异大、要求适应性较强的大型企业。

（6）多维立体型组织结构（三维矩阵结构）

多维立体型组织结构是由矩阵型组织结构和事业部型组织结构综合发展而来的，如图2-16所示。它由三类管理系统组成：一是按产品（项目或服务）划分的事业部，是产品利润中心；二是按职能如市场研究、生产、技术、质量管理等划分的专业参谋机构，是职能利润中心；三是按地区划分的管理机构，是地区利润中心。

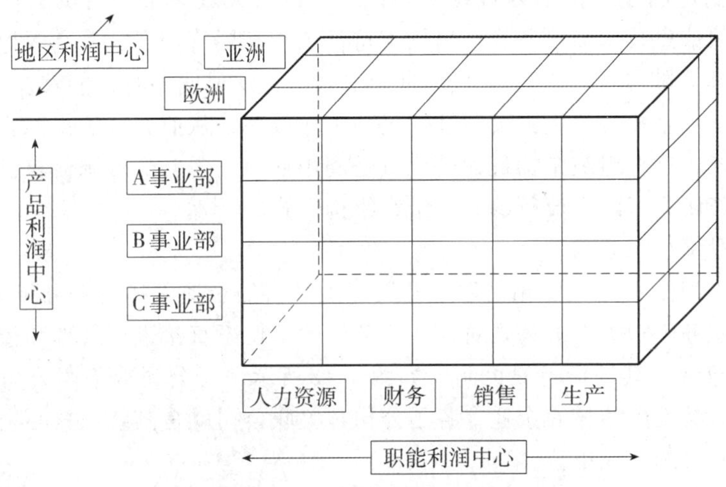

图2-16 多维立体型组织结构

每个系统都不能单独做出决定，必须由三方代表通过协商才能采取行动。这要求每个部门都要从整个组织的全局来考虑问题，以减少产品、职能、地区各部门之间的矛盾。这种类型的组织结构适用于开发多种产品、跨地区经营的跨国公司或规模巨大的跨地区公司，可以为这些企业在不同产品、不同地区方面增强市场竞争力提供组织保证。

（7）网络型组织结构

网络型组织结构是基于飞速发展的现代信息技术建立和发展起来的一种新型企业组织结构，是一种只有很精干的中心机构，基于合同（契约）关系，依靠外部机构进行制造、销售或其他重要业务经营活动的组织结构形式，如图2-17所示。被联结的各经营单位之间并没有正式的资本所有关系和行政隶属关系，只是以相对松散的契约为纽带，通过一种互惠互利、相互协作、相互信任和支持的机制来进行密切的合作。

这种组织结构的特色是将企业内部各项工作（包括生产、销售、财务等），通过承包合同交给不同的承包商去承担，而企业只保留数量有限的职员，它的主要工作是制定政策及协调各承包商的关系。其特点是企业组织结构扁平化，尽量充分向各个基层组织成员授权，只将重要的战略性决策权留在最高管理层手中，其余决策权和日常管理工作全部交给企业员工自己独立进行。

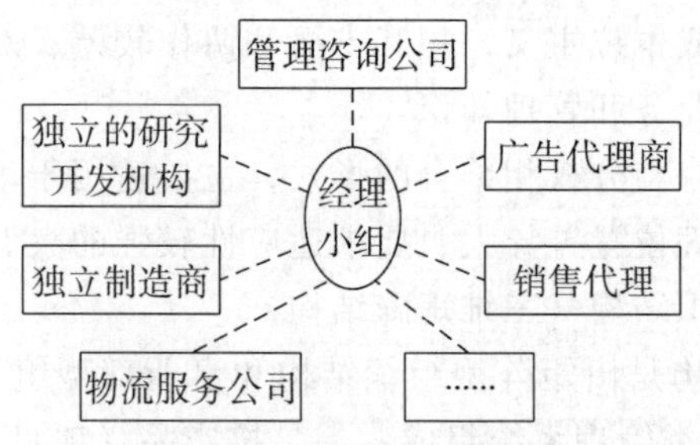

图2-17　网络型组织结构

网络型组织结构有两个大的前提条件：一是企业的员工必须分工明确并且完全有能力在企业制定的授权范围内自我管理；二是虽然大量决策是由员工自己现场做出的，但企业的信息技术与设备及环境均支持员工与高层管理者及时高效地进行管理沟通，高层管理者随时都可获取各下属的工作信息，发现偏差时，能够及时予以纠正。在网络状态下，企业可以增强灵活性和提高工作效率，从而有利于提高企业资源利用率和产出效能。这种组织结构最大的优点是利用社会上现有的资源使自己快速发展壮大，目前已经成为国际上流行的一种组织结构形式。

（8）控股型组织结构

控股型组织结构是在非相关领域开展多种经营的企业常用的一种组织结构形式。由于其经营业务不相关，大公司对这些业务经营单位不直接进行管理和控制，而是以产权关系为纽带对其进行持股控制。如图2-18所示，母公司或集团公司处于企业集团的核心层，是集团的核心企业，各子公司、关联公司就是围绕该核心企业的集团紧密层或半紧密层的组成单位。

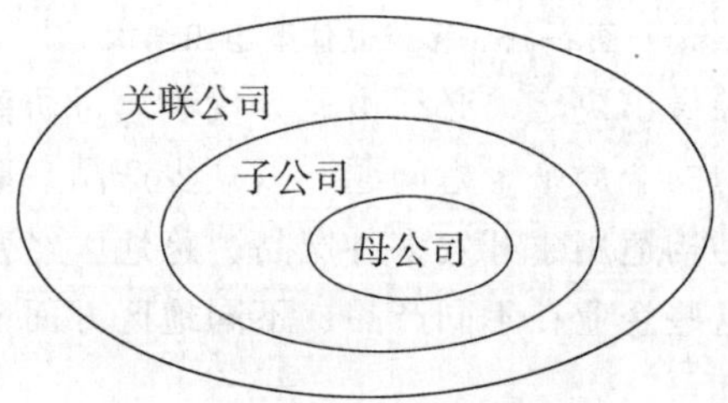

图2-18　控股型组织结构

控股型组织结构是建立在企业间资本参与关系的基础上的。母公司与它所持股的单位之间不是上下级之间的行政管理关系，而是出资人与被持股单位之间的产权管理关系。母公司作为大股东，对被持股单位进行产权管理控制的主要手段是：凭借所掌握的股权向子公司派遣产权代表和董事、监事，通过这些人员在子公司股东会、董事会、监事会中发挥积极作用而影响子公司的经营决策。

2）人员配备

组织设计仅为系统运行提供了可供依托的框架，框架要能够发挥作用，使系统有效地运转，组织结构中的每一个岗位都要有适当的人去占据，实现管理目标所必须进行的每项活动也要有合格的人去完成。人员配备就是根据组织结构中所规定的职务的数量和要求，对所需管理人员进行恰当而有效的选择、考评、培训，其目的是配备合适的人员去充实组织中的各项职务，以保证组织活动的正常进行，进而实现管理目标。换言之，它就是利用合格的人力资源对组织结构中的职务进行填充的过程。因此，人员配备是组织设计的逻辑延续，它通过分析人与事的特点，谋求人与事的最佳组合，实现人与事的不断发展。

2.2.4 组织运行

1）组织制度

（1）组织制度概述

组织制度是组织为有效实现目标，对组织的活动及成员的行为进行规范、制约和协调，而制定的具有稳定性与强制力的规定、规程、方法和标准体系。

①组织制度的特点。

第一，权威性。组织制度是由组织或其上级制定颁布的，要求其成员必须执行，具有很高的权威性。

第二，规范性。组织制度不但具有高度的统一性、标准性，而且体现规律的要求，对组织成员进行科学合理的指导与规范。

第三，强制性。组织制度就是组织中的法规，强制要求其成员执行、遵守。凡有违反者，就要受到相应的制裁。

第四，稳定性。组织的规章制度一般都是条文式的，一经制定，就具有相对的稳定性，要在一定期间内严格执行。

②组织制度的类型。

第一，组织的基本制度。组织的基本制度是指规定组织构成和组织方式，决定组织性质的基本制度。这是组织的根本制度，决定与制约组织的行为方向、基本活动范围与性质，如公司章程、公司产权制度、公司治理制度等。

第二，组织的管理制度。组织的管理制度是指对组织各领域、各层次的管理工作所制定的指导与约束规范体系，如关于职权划分与相互关系的组织制度、部门与岗位责任制度、各种工作程序与标准的管理制度等。

第三，组织的技术与业务规范。组织的技术与业务规范是指组织中的各种关于技术标准、技术规程的规定，以及对业务活动的工作标准与处理程序的规定。

第四，组织中个人的行为规范。这是针对组织中个人的行为进行引导与约束所制定的规范，如员工职业道德规范、礼仪规范等。

（2）现代企业制度

现代企业制度是指适应现代社会化大生产和市场经济要求的，产权关系明确、治理结构严谨、权责关系对等、筹资渠道广泛、制约机制健全，企业规模可以迅速扩大并稳定、持久地经营的企业制度。

①现代企业制度的特点。

从企业制度的基本含义分析可知，现代企业制度具有产权清晰、权责分明、责任有限、政企分开、管理科学的特征。现代企业的产权是清晰的，权责是明确的，出资者按投入企业的资本额享有所有者的权益，即资本受益、参与重大决策和选择管理者等权利。企业破产时，出资者只以投入企业的资本额对企业债务负有限责任。企业作为市场主体和法人实体，依法自主经营、自负盈亏、参与市场竞争，同时受所有者约束，不能损害所有者权益，不能搞“内部人控制”。现代企业都有法人治理结构，规范出资者、经营者和一般职工之间的利益关系，政府不直接干预企业经营活动，不存在政企不分的问题。现代企业为在市场竞争中求生存、求发展，必须不断改善经营管理，进行科学管理。除此之外，现代企业还具有以下几个特点：

第一，所有权与经营权的分离。早期的个人独资企业、合伙企业以及有限责任公司，由于其规模和组织结构相对简单，出资人都以企业为生存的根本，所以企业的所有者与经营者通常是合二为一的。在股份有限公司中，股东的所有权与基于公司法人产权的权利是完全分离的。当然，股份有限公司两权的完全分离，并不是说经营者可以任凭自己的意志随心所欲经营，而是在保证股东利益的前提下，经营者可以最充分地支配、调动公司法人的产权，股东非依法定程序不得加以干涉。

第二，企业行为的高度规范性。企业行为的高度规范性主要决定于企业内部组织结构的规范性，且最终要取决于企业法人治理结构的高度严谨性。这是因为法人治理结构不仅指其组织结构，还有其结构内部关系以及职权运作方式的确定，只有科学、合理地处理股东会、董事会、监事会之间的关系，使治理结构有序规范地运作，才能实现现代企业制度的高度规范性，才能够在法律调整的情况下形成有效的内在运行机制。

②现代企业制度的核心。

公司制是现代企业制度的载体，法人治理结构（又称公司治理结构）是现代企业制度的核心。没有公司治理结构，就没有现代企业。公司治理结构实质上要解决的是所有权和经营权相分离后产生的委托代理问题，它是规范委托代理各方之间关系的一种制度安排，以及由此而形成的企业组织结构、体制或制度。

公司治理结构是指所有者、经营者和监督者之间通过公司权力机关（股东大会）、经营决策与执行机关（董事会、经理）、监督机关（监事会）而形成权责明确、相互制约、协调运转和科学决策的联系，并依法律、法规、规章和公司章程等规定予以制度化的统一机制。通俗地讲，它就是公司的领导和组织体制机构，通过合理分配公司内部三个机构之间的权力，使各行为人权责明确、相互协调、相互制衡，保证公司交易安全，运行平稳、健康，使股东利益及利益相关者（董事、经理、监事、员工、债权人等）的共同利益得到平衡与合法保护。

③建立现代企业制度。

公司治理结构是现代企业制度的核心，建立公司治理结构是国有企业进行规范的公司制改革的重要内容，国有企业要按照《中华人民共和国公司法》（以下简称《公司法》）的要求，建立公司治理结构，明确股东会、董事会、监事会和经理层的职责，使它们各负其责，有效制衡。

第一，建立健全董事会制度。为了对国有资本负责，防止国有资本大量流失，需要特别重视建立健全董事会制度。董事会应代表出资人和其他相关者的利益，并对股东会负责。董事会要对公司的重大生产经营活动和发展战略做出决策，聘任经营者付诸实施，授予经理人员在一定范围内的决策权。董事会要与经营者签订经营协议，对经营业绩进行审计、考核和评价；经营者负责组织公司日常生产经营活动，按照经营业绩取得报酬。为了确保董事会代表出资人利益，避免“内部人控制”，董事会除了有内部董事外，还必须有一定数量的不属于“内部人”的外部董事。内部董事主要致力于搞好公司的生产经营，外部董事主要负责监督。

第二，通过市场选聘经理人员和建立对经营者的激励与约束机制。对公司经理人员应严格实行由董事会聘任的办法，董事会尽可能通过市场选聘经理人员。市场选聘可以促使经理人员尽心尽力搞好公司生产经营，提高竞争力。建立对经营者的激励和约束机制很重要。对业绩良好的经理人员要给予奖励；有条件的公司可试行年薪制、持股分红制、股票期权（如上市公司允许经理人员按现在市价认购一定数量股票，3年或5年后由于公司业绩好股票涨价后可获得巨额价差收入）等。继续实行稽查特派员制度，有的地方还实行由出资人或出资人代表、机构委派财务总监负责稽查的做法，也是一种有益的探索。

第三，处理好“新三会”与“老三会”的关系。目前80%以上的国有控股公司既有“新三会”（股东会、董事会、监事会），又有“老三会”（党委会、工会、职工代表大会），如何处理好它们之间的关系，是许多公司建立治理结构时碰到的难题。既然要对国有企业进行规范的公司制改革，就要按《公司法》办事，以“新三会”为主，治理公司事务；同时尽可能同“老三会”相结合，发挥好“老三会”的积极作用。为此，可以采取双向进入的办法，即在国有控股公司中，党委书记和职工代表按照法定程序进入董事会，以便形成对重大问题的统一决策机构。有条件的公司，董事长和党委书记由一人兼任。党委成员和职工代表还可按法定程序进入监事会。另外，董事长、监事会负责人和总经理，也可按党章及有关规定进入党委会。党组织继续在公司发挥政治核心作用，保证党和政府方针政策的贯彻，做好政治思想工作，搞好精神文明建设等。

（3）组织制度优化与制度化管理

①组织制度优化。

组织制度优化就是本着合理、有效、实用的原则，建立、完善配套的组织制度，以达到提高管理工作效率、增强员工主动性和积极性的目的。实施组织制度优化应遵循以下要求：

第一，要从组织的需要出发，以组织实际状况为基础。

第二，要以加强科学管理、尊重人为中心。

第三，制定的相关制度要系统、配套。

第四，组织制度的修订要有广泛的群众基础。

第五，要定期或不定期地审视组织制度。

第六，要强化制度的执行、监督和管理。

②制度化管理。

制度化管理是以系统的制度为基本手段，协调共同劳动体中各成员行为的管理方式。制度化管理是组织内部管理由“人治”转变为“法治”的具体表现。其实质就是以科学管理的制度体系为手段协调组织各层次的行为。

制度化管理的特点主要有以下四个方面：

第一，科学性。制度化管理较好地体现了相关规律的要求，使管理更科学、更可行、更有效率。

第二，客观性。制度化管理实行的是“法治”，而不是“人治”，使管理行为更具有客观性，能最大限度地排除人为因素的不利影响。

第三，规范性。制度化管理有成文的制度，有法可依，管理工作可以按程序进行，可以实现工作的标准化。

第四，稳定性。制度化管理依靠制度体系与机制进行管理，因此稳定性比较高。

制度化管理的要求体现在以下四个方面：

第一，要建立健全科学、系统的制度规范体系，特别是注重管理机制的改革与建设。这是制度化管理的前提与基础。

第二，要树立“法治”观念，在组织内树立制度规范的基本权威。“法治”是现代社会治理的基本准则之一，组织的全体成员都要牢固树立“依法办事”的观念。

第三，要加大授权力度，凭借制度化管理机制进行管理。制度化管理的实质就是以科学管理的制度体系为手段协调组织各层次的行为，这就要求以完整的制度体系为基础，实行充分授权，构建科学而权威的规范管理机制，各层次人员要以制度为准绳，自觉规范、约束、协调组织与个体的行为，维系运行秩序，实现组织目标。

第四，要将坚持制度的严肃性与尊重人、调动人的积极性和创造性有机结合起来。制度化管理注重制度规范的作用，但绝不意味着忽视人的因素，而是将制度化管理与人的积极性、主动性、创造性以及人的社会联系与情感因素有机地结合起来。

2）分权与授权

（1）集权与分权

集权与分权反映了组织的纵向职权关系，其意思是指组织中决策权限的集中与分散程度。集权意味着决策权在很大程度上向处于较高管理层次的职位集中；分权则表示决策权在很大程度上分散到处于较低管理层次的职位上。

①影响集权与分权的主要因素。

决定集权与分权的关键在于所集中或分散的权力的类型与大小。高层管理者应重点控制计划、人事、财务等决策权，而将日常业务的管理权尽可能多地放给基层；同时，应根据组织目标与环境、条件的需要正确决定集权与分权程度。

第一，组织因素，包括组织规模的大小、所管理的工作的性质与特点、管理职责与决策的重要性、管理控制技术的发展程度。根据组织生命周期理论，组织在创立初期通常采取高度集权的管理方式。随着组织逐渐成长、规模日益扩大，组织的层次增多，上下沟通的速度减慢，造成信息延误和失真，工作效率降低，组织的管理方式由集权逐渐转向分权。决策的重要程度、难度和代价的大小是决定分权程度的主要因素。通常，决策越重要、决策的难度越大，可能带来的风险也就越大，因而也越不宜交给下级人员处理。高层主管在向下级分权时，必须保证对下级工作和绩效的控制，许多主管之所以不愿意授权，就是担心失去控制，因而控制的技术与手段也是影响分权程度的一个因素。通信技术的发展、统计方法和控制等技术的改进，都有助于组织分权程度的提高。

第二，环境因素，包括组织所面临环境的复杂程度、组织所属部门各自面临环境的差异程度。组织在发展过程中，必然要受到外界政治、经济、技术等环境的影响，当组织所处的环境竞争比较激烈时，会促使组织集权化。正如戴尔所说："困难时期和竞争加剧可主张集权制。"当企业面临复杂多变的市场时，必须进行分权，以便更及时、更准确地适应市场的需要。

第三，管理者与下级因素，包括管理者的素质、偏好与个性，被管理者的素质、对工作的熟悉程度与控制能力，管理者与被管理者之间的关系等因素。管理者的个性与管理风格对组织的分权程度有很大的影响。专制、独裁的管理者通常具有较强烈的权力需求，不能容忍他人触犯其权力，因而往往采用集权式管理；反之，则倾向于分权。如果组织中的下属管理者数目充足，素质和能力较强，经验丰富，且愿负责任，则可以较多地分权；反之，则应限制分权。

②分权程度的标志。

通常，组织中分权的程度可以从以下四个方面来衡量：

第一，下级决策的数量。组织中较低管理层做出决策的数目越多、越频繁，表明该组织的分权程度越高。

第二，下级决策的范围。组织中较低管理层做出决策的影响范围越广、涉及的职能越多、参与决策制定过程的环节越多，则分权程度越高。

第三，下级决策的重要性。组织中较低管理层做出决策所涉及的费用越高，重大性质的决策越多，则分权程度越高。例如，如果下级在不请示任何上级的情况下，可以做出购买价值20万元设备的决定，显然与购买决策权被限制在2万元以内相比，其分权程度更高。

第四，对下级决策的控制程度。如果下级做决策时需要经常向上级请示与汇报，而且要受到严格监控，则表明分权程度较低；反之，上级对下级所做决策的审批手续越少，监控越少，则分权程度越高。

（2）组织授权

授权就是指上级给予下级一定的权力和责任，使下级在一定的监督下，拥有一定的自主权。授权可以使高层管理者从日常事务中解脱出来，专心处理重大问题；可以激发下属的工作热情，增强下属的责任心，并提高工作效率；使基层能自主运作，有利于更好地促进组织目标的实现；可以提高下属的才干，有利于管理人员的培养；可以充分发挥下属的专长，弥补授权者自身才能的不足。

①授权的要求。

依工作任务的实际需要授权，以保证下级能有效地开展工作；适度授权，该放给基层的权力一定要放下去，但也要防止授权过度；授权过程中，必须使下级职、责、权、利相当，真正使受权者有职、有权、有责、有利；实行最终职责绝对性原则，即上级授权给下级，但对工作的最终责任还是要由上级来承担；上级必须坚持有效监控原则，授权不等于放任自流，上级必须进行必要的控制，使所授之权不失控，确保组织目标的实现。

②授权的过程。

授权的过程如图2-19所示。

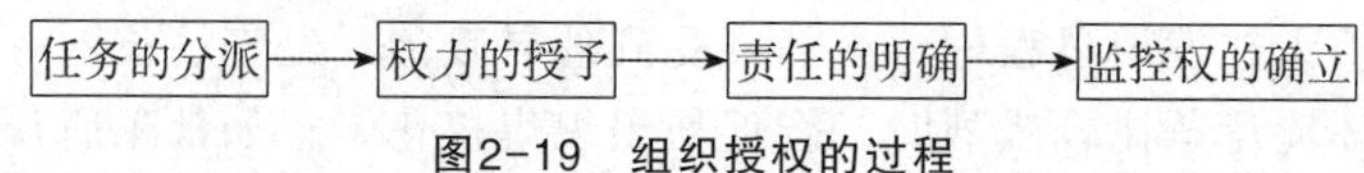

图2-19 组织授权的过程

要注意明确授权的目的，职、权、责、利相当，保持命令的统一性，正确选择受权者以及加强对受权者的监督控制。按照这个理解，分权是组织向其下属各级单位进行系统授权的过程。

3）组织整合

（1）组织整合的重要性

组织结构设计的核心问题是企业资源的配置方式和决策权的分配。有效的组织结构应当有利于企业资源的合理配置，有利于核心能力的培育与保持，加快决策速度，提高决策的科学性，为员工个人提供发展机会，增强对不断变化的环境的适应能力，支持企业的整体战略，并且有利于整体控制及整体协调。企业的组织结构必须适应企业发展各阶段特定的需要，过度的滞后与超前都会制约组织结构的有效性。目前，企业在组织整合过程中存在以下问题：

① 许多企业对组织结构的调整往往是头痛医头、脚痛医脚式的局部修补，缺少总体的规划与前瞻性，组织结构设计的随意性很大。

② 组织结构设计没有围绕企业核心竞争力进行，脱离企业所处发展阶段的需要，片面追求结构的“规范化”“国际化”。

③ 组织结构设计缺少必要的正式沟通渠道和协调方式，各业务部门之间、业务部门与职能部门之间各自为政、条块分割，企业的整体可控性和协调性较差。

④ 在设计组织结构时没有充分考虑市场竞争环境的需要，管理层次过多，决策链条拉长，降低了企业对环境变化的快速反应能力。

⑤ 很多企业往往只注重管理层级的划分，而没有明确界定各岗位在管理流程中的具体职责分工，导致责任不清。

因此，组织整合要着眼于提高组织管理效率，增强组织管理权威，降低组织管理成本，建立纵横协调、信息畅达、运转有序的组织管理机制，充分发挥组织资源对激活、配置、优化整个社会资源的作用，形成组织资源与社会资源的良性互动。

（2）组织整合的手段

为了实现共同的目标，组织必须采用有效的整合手段和方法。

①通过组织等级链直接监督。

随着组织中劳动者人数的增加和劳动分工协作关系的产生，通常需要一个人来负责指挥和监督其他人的活动，以达到行动上的配合一致。伴随组织规模的扩大，在最高管理者与作业人员之间往往又产生若干层次的中层管理者，这样就形成了组织监督管理的等级链。通过等级链逐层进行协调，是组织实现整合与协调的常用手段。

②工作程序标准化。

随着组织规模进一步扩大，单纯依靠等级链上的各层次管理者来进行监督和协调已不能满足需要。为减轻等级链的负担，可以把工作的内容、过程制定成详细的程序和规则，即建立法制程序，通过规定标准的工作方法来达到各方面行为的协调配合。

③工作成果标准化。

工作过程标准常运用于那些简单、常规的工作。对于复杂和非常规的工作，如果工作过程不易识别或不易分解，则无法规定标准化的工作内容和程序，这时就需要从控制工作过程转变为控制工作者，使其按照一定的程序从事自己的工作，通过目标管理来实现协调和整合。只要产出的成果达到既定的标准要求，就能保证前后工序的顺利衔接。

④工作技能标准化。

如果通过工作过程和产出的成果都无法预先制定出妥当的标准，就只能通过对工作者技能素质的控制来确保工作的协调进行。这种方式就是对从事某一工作所必须具备的知识、能力、经验等“投入”做出标准化规定，在招收、聘用人员时遵照执行，并在其任职过程中定期地加以检查、考评和培训，由此来保证工作达到统一要求。

⑤直接接触和信息沟通。

这是指下级工作人员之间通过直接接触和信息沟通主动调整各自的行动，以达成彼此的协调配合。比如，两人同划一条船，通过手势、面部表情、简单的语言沟通密切配合，使船划向前方。

2.3 组织变革

2.3.1 组织变革概述

1）组织变革的必要性与目标

组织变革是指对组织结构、组织关系、职权层次、指挥和信息系统所进行的调整和改变。组织是为实现管理目标服务的，当管理目标发生变化时，组织也需要通过变革自身来适应这种新的变化。即使管理目标没有发生变化，但影响组织的外部环境和内部条件发生了变化，组织也必须对自身进行变革，才能保证管理目标的实现。因此，组织不是僵硬的、一成不变的。管理目标的变化，或者影响组织存在和管理目标实现的各种因素的变化，必然会带来组织模式、组织结构、组织关系等的相应变化，否则，就无法实现管理目标。

组织变革的目标是通过在人力资源管理、管理机构和体制等方面的有计划的组织干预活动，帮助管理人员计划变革，组织和促进各级管理者与员工形成高度的承诺、相互协调，增强岗位胜任力，从而增强组织效能和员工综合胜任力。

2）组织变革的动力及阻力

（1）组织变革的动力

①外部变革推动力。

组织变革的外部推动力包含政治、经济、文化、技术、市场等方面的各种因素和压力。其中，与变革推动力密切相关的有以下几方面：

第一，社会政治、经济变化。国家的经济政策、发展战略和创新思路等社会政治、经济因素，对各类组织形成强大的变革推动力。例如，国有企业改制、外资企业竞争、各种宏观管理体制改革等，都是组织变革的推动力。

第二，技术发展。机械化、自动化，特别是计算机技术对组织管理产生广泛的影响，成为组织变革的推动力。高新技术的发展，计算机数控、计算机辅助设计、计算机集成制造以及网络技术等的广泛应用，对组织的结构、体制、群体管理和社会心理系统等提出了变革的要求。尤其是网络系统的应用显著缩短了管理和经营的时间与距离，电子商务创造了新的商业机会，也迫使企业领导人重新思考组织的构架和员工的胜任力要求。

第三，市场竞争。经济全球化形成新的伙伴关系、战略联盟和竞争格局，迫使企业改变原有经营与竞争方式。同时，国内市场竞争也日趋激烈，劳务市场正在发生深刻的变化，企业为提高竞争能力而加快重组步伐，并购和裁员大量发生，管理人才日益成为竞争的焦点。

②内部变革推动力。

组织变革的内部推动力包括组织战略、组织再造、人力资源管理、组织效率和团队工作等方面的因素。

第一，组织战略调整的要求。组织机构的设置必须与组织的阶段性战略目标相一致，当组织根据环境的变化进行战略调整时，就要求有新的组织结构和方式为之提供支持。

第二，组织再造的要求。当外部的动力导致组织兼并或重组，或者组织调整战略时，就要求对组织结构加以改造。这样往往会影响到整个组织管理的程序和工作的流程。因此，组织再造工程也成为管理学与其他学科研究的新领域。

第三，人力资源管理的要求。由于劳动人事制度的改革不断深入，员工的来源和技术背景更加多样化，组织需要进行更加有效的人力资源管理。为了保证组织战略的实现，需要对组织的任务做出有效的预测、计划和协调，对组织成员进行多层次的培训，积极挖潜和创新等。这些管理活动是组织变革的必要基础和条件。

第四，提高组织效率的要求。组织在运行中可能会出现机能失效的现象，即组织的主要机能不能发挥效率，或不能起到真正的作用，这可能是由于机构重叠、职责不明，也可能是由于人浮于事、目标冲突，造成信息沟通不畅、决策错误或迟缓，因而需要及时通过组织变革来消除这些导致低效率的因素。

第五，团队工作模式的变化。各类组织日益注重团队建设和目标价值观的更新，形成了组织变革的一种新的推动力。组织成员的士气、动机、态度、行为等的改变，对整个组织有着重要的影响。同时，随着电子商务的迅猛发展，虚拟团队管理对组织变革提出了更新的要求。

（2）组织变革的阻力

组织变革总是伴随着不确定性，并且会遇到各种阻力。常见的组织变革阻力来自组织、群体和个体三个方面。

①组织方面的阻力。

在组织变革中，组织惰性是形成变革阻力的主要因素。组织惰性是指组织在面临变革形势时表现得比较刻板、缺乏灵活性，难以适应环境的要求或者内部的变革需要。造成组织惰性的因素较多，如组织内部体制不顺、决策程序不良、职能部门眼界狭窄、部门利益冲突和文化落后等，都会使组织产生惰性。此外，组织的奖惩制度等因素以及变革的时机也会影响组织变革的进程。

②群体方面的阻力。

研究表明，对组织变革形成阻力的群体因素主要有群体规范和群体内聚力等。群体规范具有层次性，边缘规范比较容易改变，而核心规范由于受到群体的认同，难以改变。同样，内聚力很强的群体也往往不容易接受组织变革。研究还表明，当推动群体变革的力量和抑制群体变革的力量之间的平衡被打破时，也就发生了组织变革。不平衡状况“解冻”了原有模式，群体在新的、与以前不同的平衡水平上重新“冻结”。

③个体方面的阻力。

人们往往会由于担心组织变革的后果而抵制变革。一是职业认同与安全感。在组织变革中，人们需要从熟悉、稳定和具有安全感的工作任务转向不确定性较强的变革过程，其“职业认同”受到影响，产生对组织变革的抵制。二是地位与经济上的考虑。人们认为变革会影响自己在组织中的权力和地位，或者担心变革会影响自己的经济收入。三是由于个性特征、职业保障、信任关系、职业习惯等方面的原因，产生对组织变革的抵制情绪。

（3）排除阻力的方法

为了确保组织变革顺利进行并取得预期效果，管理者必须尽可能广泛地动员组织成员积极参与变革活动，化解组织变革的阻力。为此，应采取有效的途径来克服组织变革的阻力。

①鼓励员工参与和投入。

研究表明，人们对某事的参与程度越大，就越愿意承担工作责任，支持工作的进程。因此，让有关人员参与变革的设计和讨论，能够增强其工作承诺，抵制变革的情况就会显著减少。这种方法在管理人员所得信息不充分或者职权较弱时使用比较有效。但是，这种方法常常比较费时间，当变革计划不充分时，有一定风险。

②加强教育和沟通。

加强教育和沟通，是克服组织变革阻力的有效途径。这种方法适用于员工缺乏信息和对未知环境不熟悉的情况。通过教育和沟通，分享情报资料，不仅能使员工产生相同的认知，而且能使他们感到自己在变革中起着作用，从而激发一定的责任感。同时，在组织变革中加强培训和信息交流，对于成功实施组织变革是极为重要的。这既有利于及时实施变革的各个步骤，也使得决策者能够及时发现实施过程中出现的新问题、新情况，获得有效的反馈，采取有效措施排除障碍。

③把握组织变革的时间和进程。

即使不存在对变革的抵制情绪，组织也需要时间来完成变革。员工需要时间去适应新的制度，排除障碍。如果领导在条件不成熟时加快变革速度，下级会产生一种受压迫感，从而产生抵制情绪。但是，若贻误了变革时机，则可能会降低群体士气，导致变革失败。同时，管理部门和领导者要清楚地认识到人际关系影响着变革的速度。

④群体促进和支持。

许多管理心理学家提出，运用“变革的群体动力学”可以推动组织变革。例如，营造强烈的群体归属感，设置群体共同目标，创建群体规范，树立关键成员的威信，改变成员态度、价值观和行为等。这种方法在人们由于心理失衡而产生抵制情绪时使用比较有效。

2.3.2 组织变革的实施

1）组织变革的系统模型

组织变革的系统模型可分为三个部分，即输入、变革的对象和输出。

第一，输入，包括内部信息和外部信息的输入。内部信息是指组织的长处和短处；外部信息是指组织面临的外部机会和威胁。输入应与组织的战略相一致。

第二，变革的对象，包括人员、目标、组织安排、社会因素和方法。这五个方面是以人员为核心相互影响的。人员主要包括人的知识、能力、态度、动机和行为等；目标包括要达到的最终结果，优先考虑的事项、标准、资源，整个组织系统内部的相互关系；组织安排包括组织的政策、程序、角色、结构、奖励制度和物质条件等；社会因素主要有组织文化、群体过程、人际关系、信息沟通和领导方式等；方法包括工序、工作流程、工作设计和技术等。

第三，输出。输出代表了一次组织变革的最终结果。

2）组织变革的内容

组织变革是组织根据外部环境和内部条件的变化，及时地改变内在结构，以适应客观发展的需要，更好地实现组织目标。组织变革的内容涉及结构变革、技术变革、物理环境变革、人员变革和组织文化变革等方面。

3）组织变革的方式

（1）激进式变革与渐进式变革

激进式变革是指管理者力求在短时间内对组织进行大幅度的调整，以求彻底打破组织现有模式并迅速建立目标模式。渐进式变革是指对组织进行小幅度的局部调整，力求通过一个渐进的过程，实现组织模式从现状向目标模式的转变。

激进式变革虽然能以较快的速度达到目的，但容易导致组织的平稳性差，严重时会导致组织崩溃。这就是许多企业进行组织变革反而加速了灭亡的原因。与之相反，渐进式变革依靠持续的、小幅度的变革达到目的，但波动次数多，变革持续时间长，这样虽然有利于组织保持稳定，但容易产生路径依赖，导致组织长期不能摆脱旧机制的束缚。

（2）自上而下的变革和自下而上的变革

自上而下的变革是由上级推动的变革，是从组织的领导层开始的，一般来说变革的进程较快，因为它首先解决了领导层的问题。

自下而上的变革是由下级或基层率先开展的变革。例如，我国1978年在农村开展的家庭联产承包责任制改革，就是从安徽凤阳县小岗村的农民开始的，后来成为在全国范围开展的农村改革。

4）组织变革的过程

组织变革要想取得成功，必须有计划、有步骤地进行。只有根据未来可能出现的趋势，在科学预测的基础上进行变革，才能事半功倍，使组织得到不断的发展。一项成功而有效的组织变革大体上要经过以下七个步骤：

（1）充分认识变革的必要性

管理者事先要对未来有正确的预见，发现机遇或者洞察组织中潜在的问题，为了适应未来发展形势的需要，积极主动地进行组织变革。变革发动者不仅本人要对这种变革的必要性有充分的认识，也要获取尽可能多的人的认同和支持，使他们对变革持积极的态度。

（2）明确变革的目标

管理者对计划中的变革必须提出明确的目标。例如，是维持还是扩大市场？是否要引入新产品、新服务项目？如何使员工保持良好的心态，减少不确定性因素？如何选择最佳的投资方案？

（3）确定问题，提出方案

要通过具体分析，找出变革所要面对的关键问题。例如，造成员工士气低落的因素可能有：工作条件差，分配不公，管理人员素质低，或外单位工作条件、待遇更优越，或员工对本单位的许多事情都感到不满意等。在这些因素中，必须找出主要因素，制订出有针对性的变革方案。

（4）正确地选择变革方法

例如，如果员工士气低落主要是由分配不公造成的，那么就需要建立一个合理的薪酬分配制度；如果是由管理人员素质低造成的，那么就要建立管理人员培训制度。

（5）制订变革计划

通过分析找到了重点，确定了方法以后，就要具体制订推行变革的计划，要考虑变革的具体步骤、所需付出的代价，这种变革可能对其他部门带来的影响，员工对变革的认识以及所持的态度等。要预先分析在变革中可能遇到的阻力及其原因，以求掌握主动权。

（6）执行变革计划

管理者要确保变革计划按照预定的设想进行，必须采取妥善的方法不断激发变革的动力，克服变革的阻力，使变革的措施得以有效推行。

（7）评价总结

随着变革计划的执行，管理者必须对变革的结果进行评价总结，看变革是否已达到预期的效果。如果没有取得预期的效果，就应分析原因，及时采取改进措施。

2.3.3 团队建设

党的二十大报告提出，“深入实施人才强国战略”。坚持科技是第一生产力、人才是第一资源、创新是第一动力，深入实施科教兴国战略、人才强国战略、创新驱动发展战略，方能开辟发展新领域新赛道，不断塑造发展新动能新优势。推进中国式现代化，必须培养造就现代化建设需要的高素质人才，发挥人才引领驱动现代化建设的作用，使人才自身在现代化建设中得到全面自由的发展，着力探索强化人才支撑作用的实现路径。一支高素质的职业化团队，是企业在市场中赖以生存、实现高质量发展的核心支撑。

在大工业生产时期，企业大都建立传统的垂直式、功能化的组织模式，每个员工都被定位在以功能为核心的部门，分工明晰、权责明确、逐级负责，实行一种“命令型”纵向管理模式。随着经济全球化、信息化的发展，在市场竞争日益激烈、环境快速变化的条件下，一种打破僵化的分工与等级制，管理层次减少，强调合作、自主与协调的管理组织便应运而生，这就是团队。

1）团队的特征

所谓团队，是指有明确目标与个人角色定位，强调自主管理、自我控制、沟通良好、协调合作的一种扁平型组织形式。根据团队的上述定义，团队具有以下特征：

（1）团队属扁平型组织

实行团队模式的企业，管理层次较少，取消了许多中间管理层，以保证员工可以直接面对顾客和企业的总目标。

（2）团队有明确的目标，成员有明确的定位

团队成员的角色主要有三种：以工作为导向的角色，其主要任务是促进团队目标的实现；以关系为导向的角色，其主要任务是促进团队各种关系的协调与发展；以自我为导向的角色，其主要任务是注重自我价值的实现。

（3）强调自主管理、自我控制

在团队中，领导者逐步由监督者变为协调者，团队成员充分发挥主动性、创造性，为满足顾客的需要与实现企业的总目标而自觉奋斗。

（4）形成一种跨部门、功能交叉的融合体系

团队可以跨部门建立，淡化原有界限，实现功能交叉与融合，来自不同部门的成员以多种技能实现互补，实行一种高度融合的协同作战模式。

（5）构建合作、协调的团体

团队成员有共同的价值观和理念，建立良好的沟通渠道，相互之间高度信任，团结合作，整体协调，形成强大的凝聚力和战斗力。

2）团队的类型

按照团队的基本功能，可以将团队划分为问题解决型团队、多功能型团队和自我管理型团队三种。

（1）问题解决型团队

这是最基本、最普遍的团队形式，主要承担企业生产经营等基本工作任务，如研

发、制造、储运、销售、服务。问题解决型团队通常由同一部门的员工组成，围绕某一个问题，每周花一定的时间聚集在一起，对问题进行调查、分析并提出意见和建议，一般没有足够的权力付诸行动。

（2）多功能型团队

多功能型团队也叫跨职能团队，由来自同一等级、不同工作领域的员工组成，他们走到一起的目的就是完成某项任务。一系列的任务被分派给这个团队，由团队决定给每个成员分派什么具体的任务，并在需要时安排成员轮换工作。

（3）自我管理型团队

自我管理型团队可以挑选自己的成员，并让成员相互评价工作成绩，其结果是团队主管的职位变得不再重要，甚至可以取消。它具有显著的纵向一体化特征，拥有很大的自主权，有权决定工作分派、工间休息和质量检验方法等。

3）团队建设的阶段

（1）初始阶段

团队建立伊始，管理阶层所任命的正式监督者，仍会对团队的各种活动进行指挥和控制。按照现代团队的理念与模式对团队成员进行教育与培训后，这位监督者的职责会先被分派给某些团队成员，然后逐渐分散至所有的成员身上。

（2）过渡阶段

随着团队成员必须担负起更多与团队日常管理有关的职责，团队领导者的角色也逐渐由监督者变为协调者。团队成员开始接管一些较为重要的管理工作，提升团队意识，解决团队内部的冲突，在无监督者指示的情况下做决定，并且从事一些与改革政策、流程以及执行例外工作相关的活动。

（3）成长阶段

随着团队建设的深入，成员们了解了自己的角色与必须完成的任务。团队开始发展，并且利用建构好的流程与方式来进行沟通、化解冲突、分配资源，处理与其他团队的关系。在这个阶段，团队领导者（或称协调者）脱离了团队，不再直接控制团队的活动。团队成员则担负起制定例行决策的责任。

（4）成熟阶段

在这一阶段，第一线的监督者角色消失殆尽，团队成员完全负责团队的所有工作。团队有较大的自主性，有较为完整的决策权，可以按照自己的意愿行事，高效地实现团队的目标。

4）团队建设的步骤

团队建设的目的是通过团队成员的相互作用来协调员工工作的步调，促进合作，提高工作效率。团队建设分为以下几个步骤：

（1）预备活动

在团队建设正式开始之前，需要做一些预备活动。例如，一些生产班组成员在参加团队建设之前，先参加两天的训练班，讨论存在的问题。管理心理学称之为“解冻”，即把问题摆出来，准备接受变革。

（2）诊断活动

对第一线的管理人员进行调研或访谈，了解有关组织文化、工作与管理的内容，以及存在的问题等，并且与相关人员讨论所收集的资料，坦率地分析问题，提出初步的改革建议。

（3）团队参与

整个班组或部门一起参与确定解决问题的办法，制订实现目标的计划，同时还要在各班组或部门之间建立合作关系。

（4）顾问促进

在团队建设过程中，外部顾问起着重要的促进与协调作用。团队建设可以在一种开诚布公的、合作的气氛中提高班组或部门的效率，不但可以改进沟通过程，而且可以增强团队成员处理人际关系的能力。

关键词

管理跨度　管理层次　组织设计　组织变革　团队建设

即测即评

第2章单项选择题

第2章多项选择题

第2章判断题

思考与练习

（1）举例说明什么是组织，以及组织的目标是什么。

（2）什么是正式组织和非正式组织？二者有何区别？企业如何正确对待非正式组织？

（3）组织工作包含哪些内容？组织设计的任务是什么？

（4）如何理解组织设计的基本原则？组织设计应考虑哪些因素？其步骤有哪些？

（5）部门划分的原则和方法是什么？

（6）什么是管理跨度？影响管理跨度的因素有哪些？

（7）什么是管理层次？管理跨度与管理层次的关系如何？

（8）直线型、职能型、直线职能型、矩阵型、事业部型、多维立体型、网络型、控股型组织结构各有何特点？

（9）组织制度包括哪些内容？有何特点？

（10）影响集权与分权的主要因素有哪些？衡量分权程度的标志是什么？

（11）为什么要进行组织整合？有效的组织整合手段有哪些？

（12）组织变革的动力与阻力各有哪些？应如何克服组织变革的阻力？

（13）如何理解组织变革的内容和组织变革的步骤？

（14）团队具有哪些特征？如何加强团队建设？

案例分析

M公司的改革

M公司是一家企业集团，有两个产品体系，规模庞大，从高层主管到生产线，权力全部分散。M公司总部不足30人，统帅公司运转井然有序，效率非常高，发展很快。

M公司刚成立时，由王某担任董事长，公司权力集中于他一人之手，由于自主权太小，缺少有效激励，重要员工纷纷跳槽，公司发展缓慢。后来，李某接任公司董事长，并进行管理改革，致力于把权力分散到各下属单位。

M公司的上层组织采用三头马车制，公司内所有的部门主管可以直接向三大负责人汇报，后来改为每一个负责人专门负责四五种业务，在这些业务方面拥有较大的决定权。尽管每个负责人都有自己的专责，但对于公司所有决策，他们每个人都有决定权力及责任。只有三个负责人对同一问题意见相左时才产生“谁来决定”的问题。

M公司内各部门间的目标及方针基本协调，职员大部分的工作是确保每一个相关的子公司及部门都能够彻底了解公司五年计划的基本规定，同时及时地将计划付诸行动。任何计划在提交到董事长办公室之前都必须经过三个责任人的审查，五年计划第一年的实绩将作为制定第二年预算指标的主要参考。

案例思考题：

（1）该公司在初期为什么会出现发展缓慢的问题？

（2）请谈一谈该公司针对发展缓慢问题采取的解决措施。

延伸阅读　工作分析与工作评价在互联网企业薪酬设计中的实践

第3章 岗位分析

教学目标

✓了解组织架构的分析及实施步骤；

✓掌握业务流程的类型及分析步骤，业务流程的调整与优化，以及部门、岗位职能的调整；

✓了解岗位体系的构成及考察组织现有岗位的合理性的原则；

✓领会组织架构、业务流程、岗位体系与工作分析之间的关系；

✓熟悉工作岗位分类的含义和类型以及企业岗位的具体分类；

✓掌握岗位设置原则及岗位设置表的编制。

教学要点

✓业务流程的调整与优化及部门、岗位职能的调整方法；

✓工作岗位及企业岗位的分类；

✓岗位设置表的编制过程。

导入案例 **B公司的岗位设置**

B公司是一家水质检测公司，公司现有员工32人，其中有30人是检测工程师，只有一个财务主管和出纳不参与检测。自2019年1月成立以来，公司的业务发展迅速，客户量日渐增长，但同时总经理发现公司的管理越来越混乱，分配工作时常出错，于是将公司的职能工作简单分为综合管理和财务管理两块。其中，综合管理包括人力资源管理、行政管理、后勤管理、业务洽谈、客户联系、客户维护等工作。总经理又将原从事检测工作的肖经理从检测室调出来，专门从事综合管理工作，但由于肖经理对综合管理业务不熟悉，很多工作无法开展，最后总经理没有办法，只好将原本属于综合管理经理的工作再分配到其他检测岗位上。从表面上看，似乎所有管理工作都已经有人承担了，但事实上检测员对管理工作非常不熟悉，不仅效率低下，还经常出错，同时还降低了检测工作效率，员工们对此怨声载道。

从“事”出发，分析流程、落实战略，这是岗位设置的基本原则，但在考虑“事”的同时，也要适当考虑“人”的因素。只有恰当的“人”承担起合适的“事”，才能使岗位有效运转起来。因此，在设置岗位的时候，要严格按照“因事设岗”的原则进行，还要根据岗位任职资格要求来进行人员配置，这样才能有效地完成各岗位分配的任务。

3.1 岗位分析的前提

3.1.1 确定组织架构

任何一个岗位都存在于组织当中，没有游离于组织之外的岗位。岗位的职责与权限与其所在组织有着密不可分的联系。岗位分析是在组织和岗位系统都比较健全的基础上进行的。只有明确了组织中每个单位的结构、职责以及它们之间的关系等方面的内容，才能更加明确组织中的各个岗位之间的关系和每个岗位的职责。在岗位分析之前应首先对组织架构进行分析和探讨。

这里所说的组织架构不仅仅是组织的构成，还包括组织的发展战略、组织结构、组织职责和权限、组织关系等，只有明确了这些内容，岗位分析才有方向和参照，盲目地进行工作分析，对组织没有太大指导意义。

1）组织架构的分析内容

在对组织架构进行分析时，主要从以下几方面因素考虑：

（1）组织的目标

组织目标或者说是组织发展战略是一个组织发展壮大的前提和基础，组织如果想要得到更大更好的发展，就一定要明确发展目标。组织目标对岗位分析也存在很大的影响。只有在组织目标明确的前提下，岗位分析才能有的放矢。

（2）组织的成长

组织的发展需要经历哪些阶段，每个阶段的任务和目标是什么，这些都是在岗位分析之前应该考虑的问题。

（3）组织的稳定性

稳定的发展环境、稳定的组织结构和稳定的人员构成是组织发展壮大的前提和保证。同时，组织的稳定也为岗位分析提供了一个和谐的氛围，有助于岗位分析的顺利开展。

（4）组织的简单性

组织架构应遵循结构精简、保障有力的原则，能简化的尽可能简化，对组织没有用的岗位一定要撤销，能合并的岗位一定要合并。

（5）组织的弹性

组织所处的外部环境是不断发生变化的，组织架构要具有一定的弹性，以更好地适应环境的变化。

（6）组织的均衡性

在进行组织设计和组织分析时，要综合考虑组织内各部门的关系和职责的均衡性，以免出现部门间职责不均、忙闲不等的现象。

(7) 指挥的统一性

统一指挥是组织设计要遵循的一个非常重要的原则。统一指挥就是指对于下属来说，他只能接受一个直接上级的领导，不能出现多头领导的现象。

(8) 权责明确

权责明确是指组织内的每个部门都要有其明确的工作职责和相应的权限水平，并要做到权责对等。

(9) 其他

① 作业的制度化、标准化和程序化。

② 企业内部各个部门之间的关系。

③ 主要活动。这部分是对组织所从事活动的宗旨的描述及概括。

④ 组织结构。这部分要列出的是组织结构图及各个部门之间的关系。

⑤ 主要产品和市场。这部分内容包括组织的主要产品或服务、生产线、采用的技术、目前及未来的市场份额、主要顾客、预期的增长率、主要竞争者及其他外部环境因素。

2）组织职责及组织结构说明书

组织架构分析的结果要从组织职责及组织结构说明书中反映出来。组织职责及组织结构说明书对工作分析的实施有着很重要的参考价值。组织职责说明书规定了组织中一个部门的职责和使命，而工作分析就是要将部门的工作职责分解到下属的各个岗位上去。工作分析人员通过仔细研究现有的组织职责说明书，可以全面而有效地将部门的职责分解到部门内部的各个职位上。组织结构图表示的是部门或职位之间的一种静态联系，而工作关系图则表明了部门或职位之间的一种动态联系。从工作关系图中可以看出在一项工作活动中，某个部门或职位需要接受来自哪些部门或职位的信息或指令，需要对信息和指令做出哪些处理，同时又需要向哪些部门或职位发出信息或指令等。

一份完整的组织职责及结构说明书应包括以下内容：

① 组织的基本情况。基本情况包括组织名称、编号、人员编制、行政负责人、办公地点、活动范围等内容，主要是对组织进行简要的描述。

② 组织职责、权限与工作标准。这部分内容具体说明组织所具有的职责与权限，以及每项工作所对应的工作标准，这就使组织工作有章可循、有法可依。按类别分，组织职责可划分为计划类、执行类和检查总结类三部分，每一部分又根据组织的实际情况细分为若干职责。

③ 组织内部关系描述。这主要是指通过组织结构图和工作关系图确定组织的岗位构成和相应的上下级关系及岗位所处的层次。

④ 组织外部关系描述。这里所说的“外部”是指除了本组织以外的其他组织或企业外部的组织。通过描述组织外部关系，确定与本组织有关的组织定位，以确定相互关系，从一定程度上避免扯皮现象的发生。

3）组织架构分析的实施步骤

组织架构分析是对企业内各个组织的职责、权限及组织间的关系进行界定和描述的过程，具体实施步骤如下：

① 向企业内各个组织及其所属组织发放“组织分析调查表”，要求各个组织根据企业的发展战略和任务，结合本组织的实际情况进行填写。“组织分析调查表”的内容与组织职责及组织结构说明书的内容息息相关，主要有组织职责、权限和工作标准、组织上下级关系、组织结构、组织外部关系描述等。该调查表由组织负责人进行填写，要求尽量做到详细、完整。

② 各个组织将填好的调查表交给各自的上级主管部门或岗位，上级主管部门或岗位根据企业目标和该组织应承担的目标，认真审核调查表，看其内容是否准确、完整，服务与被服务对象是否清晰，确定后签字认可。

③ 工作分析小组根据格式要求，指导每个组织形成组织职责及组织结构说明书初稿。

④ 工作分析小组将各个组织修改完成的组织职责及组织结构说明书收齐，进行审核和修订，主要检查其语言表达是否通顺、格式是否符合要求、职责是否有遗漏等。检查无误后，形成正式文本。

3.1.2　明确业务流程

组织架构只有合理与不合理之分，同样的组织架构，其运作结果可能会有天壤之别，但同样的流程应该产生相似的结果。企业强调管理要面向业务流程，强调整体全局最优而不是单个环节或作业任务最优，根据业务流程管理与协调的要求设立部门，通过在流程中建立控制程序来尽量压缩管理层次，最大限度地发挥每个人的工作潜能与责任心，流程与流程间则强调人与人之间的合作精神。

1）业务流程的分析

企业的业务流程是企业进行生产（包括有形产品和无形产品的生产）和提供服务的“生命线”，业务流程的合理与否直接关系到企业的生存和发展，与企业的利润水平息息相关。

（1）业务流程的分类

从系统全局的角度，依据价值链的观点，业务流程可以分为以下几类：

① 核心流程。核心流程是基本业务操作的核心，直接涉及其服务对象，往往是价值链中的主要活动，是企业的利润中心。

② 支持流程。支持流程常常为内部客户服务，是价值链中的次要活动，它主要为核心流程提供服务和支持。

③ 业务网络流程。业务网络流程是超出内部组织边界范围（包括供应商、顾客以及同盟者）的流程。

④ 管理流程。管理流程包括企业全局的计划、组织与管理等活动，一般被称为软流程，它主要为企业核心流程提供一个良好的组织环境。

在分析业务流程时，要把焦点转移到企业内在的核心因素上，以理解和控制各类组织内部或组织间的业务流程为重点，在优化流程的同时重视与组织改进、组织变革等研究领域相结合。

（2）业务流程分析步骤

业务流程分析是业务流程重组的一项重要工作，通过对业务流程各项活动的分析，经过清除、简化、整合和自动化等环节，改进流程，减少无价值的活动，调整核心增值活动，从而提高整个业务流程的效率与效益。业务流程分析一般要经过以下五个步骤：

① 研讨、澄清和确定战略目标。企业发展战略是确定业务流程的依据，在对业务流程进行分析时首先要与企业高层管理者针对企业战略目标进行研讨、澄清，获得高层的支持，最终确定企业的发展战略。与此同时，应做好分析前的准备工作。

② 现状分析和扫描。这主要是资料和信息分析，具体涉及宏观形势分析、行业发展分析与预测以及企业内部分析等。

③ 编制现状分析研究报告。通过对相关信息和资料的分析、研究，编制企业业务流程现状分析研究报告，并与企业有关人员沟通。

④ 提出和论证改进方案。针对现状分析研究报告中提出的企业业务流程存在的问题和不合理的地方提出建设性意见和改进方案，以及实施该方案的步骤和措施，并对方案进行论证，进行合理性分析。

⑤ 培训人员和实施方案。在方案通过验证、准备实施时，还要对企业有关人员就改进流程的有关内容进行培训，辅助方案的实施。

2）业务流程的调整与优化

业务流程的调整与优化就是对现有业务流程中不合理的地方进行重新设计以及安排企业的整个生产、服务和经营过程，使之合理化。业务流程的调整与优化主要包括三个方面的内容，即现有业务流程本身的调整、流程的延伸和流程实现方式的转变。

（1）现有业务流程本身的调整

现有业务流程本身的调整包括流程中部分环节的整合、分散、废除以及事项间关系的调整，通过对组织现有生产经营过程的各个方面、每个环节进行全面的调查研究和细致分析，对其中不合理、不必要的环节进行彻底的变革。在具体实施过程中，可以按以下程序进行：

①对现有流程进行全面的功能和效率分析，发现其存在的问题。

根据企业现行的业务流程，绘制细致、明晰的业务流程图，并从以下方面分析现有业务流程的问题：

第一，寻找现有流程中增加管理成本的主要原因、组织结构设计不合理的环节，分析现有业务流程的功能、制约因素以及表现出的关键问题。

第二，根据市场、技术变化的特点及企业的现实情况，分清问题的轻重缓急，找出业务流程调整的切入点。

第三，根据市场的发展趋势以及客户对产品、服务需求的变化，对业务流程中的关键环节以及各环节的重要性重新定位和排序。

②设计新的流程改进方案，并进行评估。

在设计新的流程改进方案时，要对流程进行简化和优化，可以考虑以下几方面：

第一，将现在的多项业务或工作组合，合并为一。

第二，使业务流程的各个步骤按其自然顺序进行。

第三，权力下放，压缩管理层次，授予员工参与决策的权力。

第四，为同一种工作流程设置若干种运行方式。

第五，工作应当超越组织的界限，在最适当的场所进行。

第六，变事后管理为事前管理，尽量减少检查、控制、调整等管理工作。

第七，尽量改串行工程为并行工程。对于提出的多个业务流程改进方案，还要从成本、效益、技术条件和风险程度等方面进行评估，选取可行性最强的方案。

③制定与业务流程改进方案相配套的组织结构、人力资源配置和业务规范等方面的改进规划。企业业务流程改进方案的实施是以相应的组织结构、人力资源配置方式、业务规范、沟通渠道甚至企业文化作为保证的，所以，只有以流程改进为核心形成系统的业务流程调整方案，才能达到预期的目的。

④组织实施与持续改善。实施业务流程调整方案，必然会触及原有的利益格局，因而必须精心组织，谨慎推进，克服阻力，在组织内达成共识，才能保证业务流程重组的顺利进行。

（2）流程的延伸

流程的特点在于它的完整性。人们一般把流程分为企业内部流程和企业外部流程。外部的通常被叫作客户，而内部的却不被认为是客户，因而对内部的服务意识不强。在对流程进行分析和设计时，组织应建立起这样一种思想：只要处于业务流程中，后面的岗位都是前面岗位的客户，而前面的岗位都是后面岗位的供应商，他们既是工作盟友，也是服务与被服务的关系。同时，流程也要延伸到企业外部，如与供货商、销售商、顾客联系。他们也是价值链的有机构成部分。流程再造之后，组织的框架被打破，企业的流程延伸到供货商、销售商和顾客那里。企业可以从利益相关者那里得到有用的信息，如市场需求和材料供给信息等，从而形成利益统一体。

（3）流程实现方式的转变

流程实现方式的转变也就是流程信息化。哈默认为，“信息技术是业务流程再造的必要条件，如果没有信息技术，要谈再造，无异于痴人说梦”。信息技术为流程再造提供了强有力的手段，信息技术与流程再造之间是一种互动关系，两者有机结合才能产生最佳的效果。流程的信息化有利于实现信息共享、加快流程速度、提高工作的准确度，从而提高整个流程的工作效率。流程实现方式的转变是现代企业流程设计的一种发展趋势，在进行企业组织结构设计时同样要考虑信息化。

3）部门、岗位职能的调整

业务流程与组织架构是相辅相成、密不可分的。企业管理要面向业务流程，根据业务流程管理与协调的要求设立部门，通过在流程中建立控制程序来压缩管理层次、精简组织结构。部门、岗位都是流程的执行单位。在流程调整与优化的基础上，必然要涉及部门、岗位的调整与设计。

（1）职能的统一和集中

职能的统一和集中主要针对同一职能。在国内很多企业尤其是一些老牌的国有企业中，各职能管理机构重叠、中间层次多，不利于企业整体的协调和统一。通过业务流程重组和组织创新，利用现代信息技术完全可以实现职能的统一和集中而将部分中间层取消，使每一项职能从头至尾只有一个职能机构管理，从而做到机构不重叠、业务不重复。

（2）职能的合并

职能的合并是指将原来分别属于不同部门或岗位的职能合并为由一个部门或岗位来完成，一般有两种实现形式：一是临时性的工作小组，如工作分析小组；二是常规性的组织。设立常规性的组织，就是在横向组织方面适当简化专业分工，实行结构综合化，凡是能由一个部门或岗位完成的业务，就不再设多个部门或岗位去执行。这样通过在管理方式上实现对流程的全过程管理，解决传统管理中存在的机构设置分工过细和业务分段管理的问题。

（3）职能的转化

在业务流程调整和优化的过程中，不仅要对部分部门或岗位的职能进行调整，还涉及部门或岗位职能的转化。在传统组织中，企业职能部门更多的是发挥指导和监督的作用。然而，现代企业强调各个部门或岗位在价值创造的过程中要树立以“顾客”为中心的指导思想，每个部门或岗位更主要的职能是提供服务。这里所说的“顾客”不仅是指企业的外部客户，还包括企业内部的各个部门或岗位。在企业的业务流程中，每个部门或岗位都处于一条业务链中——它既有上游部门或岗位，也有下游部门或岗位。对于其上游部门或岗位来说，它就是“顾客”，而对于其下游部门或岗位来说，它就是提供服务的机构。这种职能的转化包括具体职能和职责的改变，更重要的是要转变观念，树立服务意识。

（4）部分职能社会化

由于市场经济的蓬勃发展，社会专业分工与协作已成为现代工业社会生产组织的基本形式。企业部分职能完全可以放给社会，由社会代为行使，这样既可以节约企业的人力、财力、物力，同时社会化管理的统一性也为企业提供了便利条件，如企业退休职工的社会化管理。

3.1.3 确定岗位体系

岗位是工作分析的客体。工作分析一定要在工作岗位已经明确的前提下进行。在进行工作分析前，首先要了解企业的岗位体系构成，研究每个岗位在组织中所发挥的作用。如果企业的组织结构比较混乱，或是企业处于机构改革过程中，有许多工作岗位还未确定，企业就应等到组织结构和工作岗位确定后再进行工作分析；否则，所获得的信息对企业几乎没有任何价值。

1）岗位的基本概念和基本特征

在特定的组织中，在一定的时间内，由一名员工承担若干项任务，并具有一定的职务、责任和权限时就构成一个岗位。岗位是保证组织正常运转的细胞，是组织的基本构成单位。正是一个个具体的岗位才构成了整个组织，也正是每一个岗位的有效运行才使组织的整体目标得以实现。

“职位”的含义与“岗位”基本相同，专指在特定组织中承担一定职责的员工工作的位置。岗位与职位的不同点在于它强调承担某类任务的人员数量以及具体劳动的地点。“职位”一词多见于机关、团体、事业单位的人事管理中，在我国企业人力资源管理中，更广泛使用的是“岗位”一词，本书在具体的论述中对“职位”和“岗位”不作严格区分。

岗位具有三个基本特征：第一，岗位是客观存在的，而不是人们的主观产物；第二，岗位是以事为中心来设置的，而不是“因人设岗”；第三，任何一项岗位都要由合适的人去担任才能实现岗位本身所拥有的功能。

2）岗位的类型

企业里的岗位按照性质的不同可以分成若干类型。

（1）生产岗位

生产岗位主要是指直接从事制造、安装、维护及为制造做辅助工作的岗位。生产岗位的员工主要从事企业基本的生产业务。

（2）执行岗位

执行岗位主要是指从事行政或者服务性工作的岗位。执行岗位的员工根据领导的安排执行自己的任务。

（3）专业岗位

专业岗位主要是指从事各类专业技术工作的岗位，如工程师、经济师、会计师或者软件设计师等。

（4）监督岗位

监督岗位主要指执行监督工作的岗位。例如，审计部门、监察部门或者其他受董事会或股东会委托监督企业各项工作的人员。

（5）管理岗位

管理岗位主要是指一些部门、科室的主管或者经理，或者是一家单位的负责人。他们的职责是管理自己所在的部门或单位。

（6）决策岗位

决策岗位主要是指公司的高级管理层，如企业的董事长、总经理、副总经理或分管各项业务的总监等。

3）岗位的组成要素

在企业中，有些岗位是比较固定的，而有些岗位总是处于变化之中，但无论是什么样的岗位都应有相应的组成要素。赵永乐教授认为，岗位应由工作、岗位主持人、职责和职权、环境以及激励和约束机制五要素组成。工作是岗位的基础要素，岗位主持人是岗位的主导要素，职责和职权是岗位的保证要素，环境是岗位的条件要素，激励和约束机制是岗位的动力要素。任何一个岗位任务的完成，都是岗位五要素共同作用的结果。

(1) 工作

工作是为了实现组织目标而要求岗位必须完成的具体任务。这些任务决定了每个岗位的主要功能和性质。工作作为构成岗位的最基本的要素，是对一个岗位的界定，包括对工作的内容、方法和质量要求所做的规定，如岗位的任务内容、工作来源、每项任务的数量和质量要求，以及完成期限、完成各项任务的程序和方法等。

(2) 岗位主持人

所有的岗位都是由员工主持的，所有的岗位工作都是由员工完成的。作为构成岗位的唯一能动要素，岗位主持人是能动的。就像电视台、电台的节目主持人一样，岗位主持人也能够在自己的岗位范畴内独立地主持岗位、完成工作。只有依靠岗位主持人的主观能动作用，岗位行为才能得以连续实现，而只有各个岗位行为都具备了实现的连续性，整个经营过程才有可能完成，企业的目标才有可能实现。

(3) 职责和职权

职责是指岗位为完成工作任务所必须尽到的责任，包括职责概要、具体职责内容和时间安排。职权是指为履行岗位的职责所必须拥有的相应工作权力。企业要从明确各个组织的职责和任务出发，确定各级各类工作岗位，再进一步明确各级各类岗位的工作任务、职责和权限。对岗位职责和工作任务要尽量做到量化，不能量化的要尽量细化。

(4) 环境

环境是对当前岗位的工作条件的概括，包括工作环境（工作地点、湿度、温度、粉尘、噪声、安全性）、岗位属性（岗位名称、岗位序号、工作性质、岗位职责、直接上级等）、岗位关系（可晋升的岗位、可转至的岗位、降级后的岗位、与其他岗位的关系及关系描述）以及所需培训（岗位任职培训、在职技能培训、脱产培训等）。

(5) 激励和约束机制

岗位本身不但需要激励和约束，而且能产生激励和约束作用。岗位一方面通过任务目标的激励和压力，对岗位主持人产生激励作用，激发主持人的活力和积极性；另一方面通过职责和职权以及业务流程和条件的规范，对岗位主持人进行约束，使岗位主持人的行为不脱离岗位的范畴（失职、越权）。激励和约束互为依存，相得益彰，使岗位成为一个活的细胞，有效实现企业的任务目标。

正是因为岗位是由这五个要素组成的，所以在对岗位系统进行分析时，就要综合考虑这五方面要素，同时，工作分析和岗位说明书的内容也应涉及这五个要素。岗位的第一个构成要素——工作——对应着岗位说明书中的岗位职责；岗位主持人对应着岗位说明书中的任职资格；职责和职权对应着岗位说明书中的工作权限和责任；环境与岗位说明书中的环境说明是一致的；激励和约束机制在岗位说明书中不能完全反映出来，而是作为企业管理的一个组成部分存在。

4）岗位的合理性检查

工作分析的对象是企业中的每一个具体的岗位，这就要求岗位一定是实际存在的，并对企业发展起积极作用。岗位具有二重属性：一是与劳动分工相联系的自然属性（技术属性）；二是与社会关系相联系的社会属性。如果岗位设置不合理，或岗位本身对企业发展没有实际价值，那么对其进行工作分析就会浪费大量的人力、财力、物力和时间。因此，在进行工作分析之前，首先要检查企业现有岗位的合理性。可以按照以下几个原则考察组织现有岗位的合理性：

（1）系统原则

系统原则是岗位设置的最基本原则。系统是由若干既有区别又有联系的要素组成的有机综合体。每个系统可以成为一个规模更大的系统中的组成部分。一个规范化的管理体系是一个大的系统，从发展战略、组织设计、职能分解、岗位设置一直到工作分析，每一个环节都要服从前一个环节研究的结果。根据战略进行组织结构设计，根据组织结构设计来进行职能分解，根据职能分解来做岗位设置，根据岗位设置来做工作分析和岗位系统检查。要判断某个岗位设置是否合理，就需把它放在所依附的组织机构系统中去进行考察，凡对组织的存在和发展有利的就是合理的岗位；否则，便应取消该岗位。

（2）整体优化原则

根据结构-功能优化原理，设置岗位时仅考虑单个岗位的功能是不够的，还需重视群体岗位结构的综合功能，以组织的整体发展战略为主线，进行总目标、子目标的层层分解落实。这样设置的岗位才是比较合理的。通过对岗位的分析和研究，最后使岗位设置、岗位职责的分配最优化，达到企业所有资源整合的最优状态。

（3）最低岗位数量原则

组织的岗位数量应在实现优化配置的前提下，以有效完成任务为准绳，尽量压到最低水平。岗位数量过多不仅会增加企业的成本，还会出现人浮于事、相互推诿扯皮的现象，但人数也不能太少，否则企业的正常生产就无法进行。

（4）能级原则

能级是物理学中的概念，这里用来研究组织系统中岗位的功能等级。所谓能级原则就是一个岗位在组织结构中处于什么样的等级、发挥什么样的功能，也就是岗位在管理中所具有的能量等级。在规范化体系里面，每个岗位在企业里所发挥的作用不一样，也就是说能量不一样。通过对每个岗位的功能进行分析，可确定其在企业里的能量等级。一般来说，岗位的能级是由所任职务的性质、任务大小、繁简难易程度、责任轻重所决定的。功能强大的岗位，能级就高；反之，则低。组织中的各个岗位应能体现其能级特性，否则岗位将缺乏合理性。

（5）统一命令原则

统一命令原则是指一个岗位只能有一个直接领导他的上级，不能出现多头领导，如果出现一个岗位同时接受几个上级的直接领导的情况，就违背了统一命令的原则，这样的岗位就不具有合理性。

根据上述五条原则，综合考虑企业中每个岗位的价值与合理性，如果岗位违背了这些原则，就应该及时撤销，否则它只会增加企业的成本。

通过对岗位合理性的考察，如果发现企业中存在不合理的岗位，在进行工作分析时，可做如下处理：第一，对于暂时没有合适的人选来担任的岗位，企业负责人应指定原来担任本岗位工作的员工或此岗位的直接上级来协助相关工作和提供岗位工作信息。第二，对于即将撤销的岗位，暂时可以不做工作分析。第三，对于即将增加的岗位，应指定企业有关人员来协助开展工作分析和提供岗位工作信息。

5）任务

这里所说的任务既包括组织的任务，也包括各个岗位的任务。任务主要有三个特征：第一，任务的输出特征，即任务应表明某个特定的岗位的最终结果表现形式，如产品、劳务等；第二，任务的输入特征，即任务应明确为了获得上述输出结果应当输入什么内容，包括物质、信息、规范等，这是界定工作来源的基础；第三，任务的转换特征，即任务中包含了把输入转换为输出的程序、方法、技术等，这些是界定工作方式的基础。明确组织任务和各岗位任务是开展工作分析的前提条件。

（1）组织任务

企业在进行组织结构设计时，一定不会设置一个没有任何工作职责的部门，现代企业制度也是不允许这样的部门存在的。因此，任何一个组织或部门都有其特定的工作任务和工作职责。在进行工作分析之前，工作分析人员一定要明确每个组织的任务和工作目标，只有这样，在进行工作分析时才能做到有的放矢，具有针对性。因此，工作分析人员在进行工作分析之前，要对与组织任务和组织职责有关的信息进行收集、整理和分析。要知道，任何一个岗位都存在于组织之内，没有任何一个岗位能够游离于组织之外单独存在，可以说组织任务的确定是确定组织内部各个岗位任务的前提。

（2）岗位任务

与企业中的部门一样，企业在设置每一个岗位时，都要考虑它的必要性和对企业的贡献，也就是因事设岗，而不是因人设岗。企业中的每项工作都有其具体的工作职责和工作任务，不过有的企业能够明确规定各个岗位的工作任务和工作职责，而有的企业并没有这方面严格的书面规定。工作分析人员在进行工作分析之前，同样要对这些与岗位任务有关的信息进行收集、分析和整理，对所要分析的工作有一个大致的认识，为以后的现场观察、问卷调查和工作分析访谈做准备。

企业在进行任务分析时，可遵循以下步骤：

① 确认一项职务，如文字操作员、维修员、计划制订者等。

② 把职务分解成若干项主要任务，如文字操作员这个职务的主要任务包括计算机初始化、安装文字处理软件、打印和编辑文本、文档管理、打印输出等。

③ 把每个任务分解成若干项子任务，如运用文字处理软件对段落、页面和文档进行编辑，开启和关闭系统，以及使用系统的每一步的要求。

④ 确定所有任务与子任务，在工作表格上用正确的术语将它们列出来，每个任务单列一项，并列出子任务（参见下文表3-1“某公司企业管理部岗位设置表”）。

⑤ 确定完成每项任务和子任务所需的技能，如要进行文字处理就要求具有打字、计算机初始化、启动文字处理软件等技能。

6）组织架构、业务流程、岗位体系与工作分析之间的关系

组织架构、业务流程与岗位体系是三个从不同侧面对企业进行分析的着眼点，它们是工作分析的起始点，同时也是工作分析的受益方。通过对组织架构、业务流程和岗位体系的分析和调整，一方面可以为工作分析做好铺垫，另一方面也可以为工作分析提供相关信息和数据。工作分析结束后形成的组织说明书和岗位说明书也为组织架构、业务流程和岗位体系提供了文本资料，它们是作为企业管理制度而存在的，因此组织说明书和岗位说明书为规范组织架构、业务流程和岗位体系提供了依据。

组织架构、业务流程和岗位体系不仅作为工作分析的着眼点而存在，它们之间也是一个统一的整体，相互依赖、互相影响。业务流程是基础，它根据企业的发展战略来构建企业的业务流向。业务流程决定了企业的组织架构，即有什么样的业务流程就要求有什么样的组织架构与之相匹配。每个组织又由功能不同的很多岗位构成，完成组织任务和使命；反之，岗位体系设置不合理将直接影响组织效能的发挥，无法有效完成组织任务。而岗位是处于企业的业务流程之中的一个环节，任何一个环节出现问题，就有可能导致整个流程的崩溃。

工作分析是从组织架构、业务流程和岗位体系三方面着手进行的，可以说工作分析是一项系统性很强的工作，必须从流程、组织和岗位三个方面综合考虑。缺少哪个环节，工作分析都不能取得成功，而且，三者的顺序也是不可颠倒的。一般而言，先进行业务流程分析，再进行组织架构分析，最后对岗位体系进行分析。由于对业务流程的调整必然会涉及组织的变化（或组织职责发生变化，或组织性质发生变化，也可能涉及部分组织的增减问题），而组织的变化则可能会对业务流程产生影响，因此有时业务流程分析与组织架构分析是同时进行的。由于组织的性质和宗旨决定组织中的岗位的性质和宗旨，因而岗位体系分析必定要在组织架构分析之后进行。

3.2 岗位设置

岗位设置的过程就是岗位设计的过程，是根据组织目标的需要，并兼顾个人的需要，规定某个岗位的任务、责任、权力以及在组织中与其他岗位关系的过程。思想政治工作是一切工作的生命线，在岗位设置中也需要做好思想政治工作。

3.2.1 岗位分类

1）岗位分类的基本含义

岗位分类也称岗位分级、岗位归级，是在工作分析、评价的基础上，采用一定的科学方法，按岗位的工作性质、特征、繁简难易程度、工作责任大小和人员必须具备的资格条件，对企业全部（规定的范围内）岗位所进行的多层次的划分。

岗位分类是工作研究的重要组成部分，它与工作分析、工作评价存在不可分割的联系。工作调查为工作分析提供各种必要的数据、资料，而工作分析又是岗位分类的重要前提，为岗位分类与工作评价奠定基础。从广义上理解，工作评价是岗位分类的一个部分，是对性质相同的岗位的相对价值进行衡量、比较和评定，而岗位分类是对一定范围内的所有岗位进行多层次的分类。从逻辑关系上看，工作评价是在按岗位性质进行初步分类的基础上，对岗位进行更详细的划分，将同类岗位划级列等，从而实现工作研究各项目标，为企业的人力资源管理提供依据。

2）横向分类和纵向分类

岗位分类包括横向分类和纵向分类。工作说明书就是在岗位横向分类和纵向分类的基础上制定的。

具体来说，岗类、岗群和岗系是横向分类中出现的概念。其分类的依据是工作性质。工作性质完全相同的岗位，就构成岗系。若干个工作性质邻近的岗系，可以划归为一个岗群。若干个工作性质大致接近的岗群，又可以划归为一个岗类。可见，岗类、岗群和岗系是按工作性质的相似程度，将岗位划分为大、中、小三类。

职级、职等是纵向分类出现的概念，其分类（分级划等）的依据是工作的轻重程度。工作的轻重程度一般由工作的繁简难易程度、责任轻重、所需人员资格条件等因素来体现和评价。因此，职级是指在同一岗系内，工作繁简难易程度、责任轻重以及所需人员的资格条件都十分相近的岗位群。职等是指岗位的工作性质虽然不同，但工作的繁简难易程度、责任轻重以及所需人员资格条件都相近的岗位群。

在把握职级和职等两个概念时要注意两点：

第一，二者所指范围不同。职级是在同一岗系内把岗位按工作轻重程度分级的结果，也就是说，这是每个岗位各自进行的分级。而职等是所有岗系（岗位的工作性质不同）的岗位按工作轻重程度分级的结果，也就是说，这是每个岗系各自进行的分级。

第二，二者都是工作轻重程度相近的岗位群。为什么是相近而不是相同？这一点可以从岗位分类的步骤中得到解释。按照预定的标准对岗位进行排序后，将按顺序排列的岗位划分为一些小组，凡工作轻重程度（相对价值或工作评价得分）“相近”的岗位就归为一组，每组就是一个职级。职等也是一样，同一职等的一组岗位或岗位群在工作评价中所得分数是相近的，所以它们的工作轻重程度是相近的。

3.2.2 岗位设置的原则

1）岗位设置的数目应符合最低数量原则

（1）岗位不要设置很多，数量要尽可能少

这样做的目的是使所有的工作尽可能集中，避免分散。从经济角度来说，这样做不必花很多人工费。每一个岗位的工作人员都应该承担足够的责任。

（2）最低数量原则的实施

在设定部门的职责以后，部门人员肯定要来分担整个部门的所有责任。那么，如何划分、确定职责，才符合最低数量原则呢？岗位责任分工的确认定过程如图 3-1 所示。

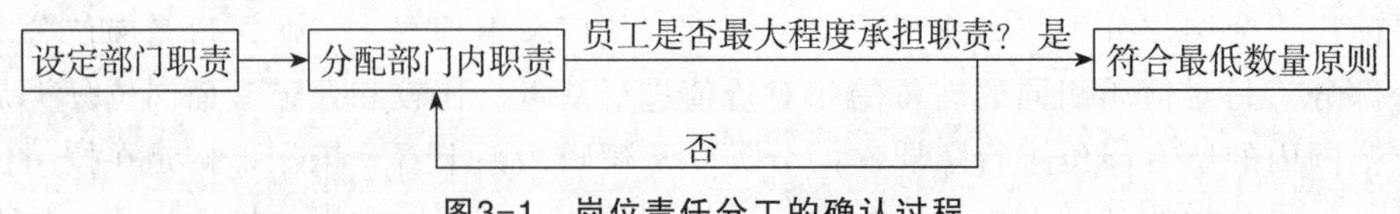

图3-1　岗位责任分工的确认过程

2）所有岗位要求实现最有效的配合

设置岗位的时候，要对承担的责任进行划分，一般将其分为主责、部分和支持三类来确定配合关系。主责是指某一个人所负的主要责任；部分是指只负一部分责任；支持是指责任很轻，只协助他人。对每个人的主责、部分和支持三类责任一定要划分清楚。

3）岗位与岗位之间的关系协调

岗位与岗位之间的关系协调是指岗位之间的责任不交叉、没有空白，避免某一项工作有两个人都是主责，或分不清两个人到底谁是主责。如果一项职能没有人负主责，就是岗位职责出现了空白。如果某一项工作既有负主责的人，又有配合的人，还有做支持性工作的人，就表示岗位之间配合得很好。

4）每个岗位在企业中发挥最积极的作用

在岗位设置中，应该使每个岗位发挥最大作用。每一个岗位都要有相应的主责，然后有部分或者支持责任。如果某个岗位的分工里没有主责，都是部分或支持责任，那么员工的积极性就会受影响；而如果每个岗位都只承担主责，没有部分或支持责任，则会出现混乱局面。

5）岗位设置符合经济、科学、合理和系统化的原则

岗位设置如果体现了经济、科学、合理和系统化的原则，对企业的经济效益应该是起积极作用的。企业都在追求自己的经济效益，对人工成本的控制也是企业成本控制的重要组成部分。如果岗位设置得特别多，参与工作的人就多，企业支付的费用就多，这不符合经济原则。如果岗位设置过少，可能某一件事情就没有人管，或者某一个岗位的员工因负担特别重而产生怨气，这项工作就做不好。所以，岗位设置要体现经济原则，要符合科学原理。企业规范化管理体系是一个大的完整的系统，岗位设置要和组织结构设计、职能分解吻合，要符合系统化原则。同时，岗位设置也为岗位描述、岗位评价、薪酬福利体系设计提供支持，它们是一体的。

6）增强领导思想素质，优化岗位设置

增强领导团队政治敏锐性，充分发挥管理团队的带头示范作用，为员工树立榜样，调动其积极性，创建积极向上的企业文化，促进员工各司其职、互帮互助，优化岗位设置。

3.2.3 岗位设置表的编制

岗位设置表是岗位设置工作的最后成果，是企业规范化管理的一份正式的、重要的文件。岗位设置表通常有部门岗位设置表和公司岗位设置总表两种形式。

1）部门岗位设置表

按照各个部门、各个单位的岗位分别做的表称为部门岗位设置表。这种表主要是介绍部门内有几个岗位及其相应的工作职责等，每个部门一张表。例如，某公司一共有5个部门，那么就要有6张表。其中，公司高层，如公司总经理、各个副总经理或者总监之间的分工要有一张岗位设置表；每个部门也要有单独的一张表。如果是地区公司或者分公司，其岗位设置表可能跟总公司一样要有两个层次：一个层次就是分公司的领导要有一张表；另一个层次就是分公司各个部门要有一张表。表3-1为某公司企业管理部岗位设置表。

岗位设置表跟岗位说明书不一样。岗位说明书是把岗位的主要职责、部分责任、支持责任全部写清楚，岗位设置表只写主要职责。

表3-1 **某公司企业管理部岗位设置表**

<table>
<tr><td colspan="2">部门名称</td><td colspan="3">企业管理部</td></tr>
<tr><td colspan="2">本部门岗位设置总数（个）</td><td>5</td><td>本部门总人数</td><td>5</td></tr>
<tr><td>岗位名称</td><td>岗位人数</td><td colspan="3">主要职责</td></tr>
<tr><td>部长</td><td>1</td><td colspan="3">全面负责集团的发展战略研究与管理、规章制度管理、企业文化建设管理、合同法律事务管理以及计算机网络和信息化管理</td></tr>
<tr><td>企划专员</td><td>1</td><td colspan="3">集团发展战略研究与管理、集团刊物编辑等</td></tr>
<tr><td>企管专员</td><td>1</td><td colspan="3">组织规章制度的编制、上报、审批，企业文化建设管理</td></tr>
<tr><td>网络信息专员</td><td>1</td><td colspan="3">网络软硬件维护、网上信息编辑发布、集团信息化管理系统筹建、办公自动化系统管理</td></tr>
<tr><td>合同法律专员</td><td>1</td><td colspan="3">集团及各子公司的法律纠纷处理、各类经济合同管理与法律咨询，参与重大合同谈判及起草，以及员工法制教育和其他法律事务</td></tr>
<tr><td>备注</td><td colspan="4"></td></tr>
</table>

2）公司岗位设置总表

公司岗位设置总表即把全公司的岗位统一排成一张大表，上面只写明岗位编号、岗位部门、岗位名称而不写岗位职责。

总表包括三个栏目：

（1）岗位编号

在规范化管理中，文件前面都有一个英文字母。例如，岗位设置用H表示，H后面的数字表示一个部门，假如公司有5个部门，分别用H-1、H-2等表示企管部、生产部等。如果是第一个部门的第一个岗位，就编号为1001，第二个为1002，以此类推。这样编号的好处是，便于实行计算机信息化管理。

（2）岗位所属部门

每个企业都由若干个部门组成，不同的岗位分别隶属于不同的部门。例如，会计员这个岗位就隶属于财务部。

（3）岗位名称

首先确定称呼方法，例如，公司的最高领导有的叫总裁，有的则叫总经理等；各部门的领导有的叫部长，有的叫经理；部长或者经理的下一级有的叫主管，有的叫专员；科员里面能承担一定责任的、级别相对高一点的可能叫主任科员，承担一般责任的可能叫员工管理员、培训员等。明确称呼后就可以把公司的所有岗位的名称统一列在岗位设置总表里。

3.3 岗位调查

3.3.1 岗位调查概述

岗位调查是企业进行工作分析时收集信息的有效手段。通过岗位调查，工作分析小组收集到与企业各个岗位有关的信息和资料，为工作分析奠定基础。

1）岗位调查的目的和作用

岗位调查是工作分析的基础工作，它为编制工作分析文件和其他企业管理工作提供相关资料，为企业管理者进行决策提供依据。

（1）岗位调查是业务流程调整和改善的基础

岗位调查是业务流程调整和改善的一个基本的方法和手段。通过对每个岗位进行调查、分析，研究岗位对于流程的重要性，然后确定岗位的存亡和职责的增减问题，进而对企业业务流程进行调整，也就是从宏观上对企业的生产（或服务）过程进行综合调整。这种调整不是管理者凭空想出来的，而是经过周密的调查研究，借鉴各方面的资料、信息，从科学的分析、总结中提炼出来的。

（2）岗位调查是组织架构调整的基础

组织架构调整是企业根据生产和管理的需要对组织架构进行的系统的调整。岗位是组织的细胞，组织架构的调整必然要涉及岗位的变化或调整。进行组织架构调整首先要对组织中的岗位进行调查分析，通过岗位调查了解组织中每个岗位的责权关系等，分析组织中所有岗位的职责是否都涵盖在组织职责之中，是否存在遗漏或超出组织职责的现象。如果出现类似情况，就必须调整组织职责或组织架构。

（3）岗位调查为工作分析提供基础信息和资料

岗位调查是工作分析过程中收集岗位信息的必要步骤之一。工作分析人员通过岗位调查，了解构成岗位的五要素，对各个构成要素进行逐一分析，尽可能多地收集岗位资料，为后续工作分析的其他工作提供充足的信息和资料。

（4）岗位调查为企业管理决策提供依据

岗位调查不仅为业务流程调整、组织架构调整和工作分析提供基础数据信息，还为企业其他相关管理决策提供依据。通过岗位调查，企业管理者可以了解企业中每个岗位的相关信息，对岗位的工作职责、任务和岗位主持人的任职资格逐一进行审查，了解岗位发展动态，根据企业内外部环境调整岗位和组织架构，并以此为基础调整企业管理的方法和手段，健全企业管理相关制度。

2）岗位调查的内容

工作分析的内容决定了岗位调查的内容。工作分析是对企业中每个岗位的目标、职责和权限关系、工作条件和工作环境、岗位主持人的任职资格等进行系统分析和研究的过程。因此，岗位调查的内容主要包括岗位的目的、岗位在整个业务流程中的地位和作用、岗位职责和权限、岗位与其他部门或岗位的关系、岗位主持人的资格条件、岗位工作环境等。

（1）岗位的目的、地位和作用

基于企业整个业务流程和组织架构对岗位进行分析，主要包括岗位在组织中处于什么样的地位、设置该岗位的具体目的是什么、岗位在整个业务流程中发挥什么样的作用等。

（2）岗位的职责和权限

它是工作分析的重点，也是岗位调查的重要内容。一个岗位存在，就一定会有相应的职责和权限与之相匹配。岗位的主要职责，具体任务的性质、内容、形式，操作步骤和方法，完成岗位任务所使用的设备、工具和操作对象，以及岗位任务在数量、质量和效率方面的规定，就是岗位工作标准。

（3）岗位的工作关系

工作关系指为保证岗位工作正常进行而必须与其他岗位发生的联系，包括与岗位的直接上级、企业内部同级部门的相关人员、岗位的直接下属或需要岗位提供指导或帮助的对象，以及企业外部的相关合作部门或岗位等之间建立的工作关系。

（4）任职资格和条件

任职资格和条件是对岗位主持人从事岗位工作的基本素质要求，包括政治素养（如爱岗敬业、品德优良、乐于助人、诚实守信等），从事岗位工作所需要的专业知识、受教育程度、工作经验、个人能力（如环境适应能力、判断能力、语言表达能力、综合分析能力等）、专业技能及其他一些个人因素（如性格要求）等。

（5）岗位工作环境

岗位工作环境是岗位主持人在从事岗位工作时所处的环境的总称。岗位工作环境调查一般包括温度、湿度、噪声、粉尘、危险性等基本内容，如有特殊需要，还可以增加其他内容。

3）岗位调查的方法和原则

为了准确无误地进行工作分析，描述岗位职责、任务、工作环境、工作关系等各方面的内容，必须采用有效的方法、遵循相关原则收集岗位信息。

（1）岗位调查的方法

收集岗位信息的方法有很多种，常用的方法有资料分析法、现场调查法、问卷调查法和访谈法等。

①资料分析法。

有些现存的背景资料对于工作分析是非常重要的，不能忽视。资料分析不但可以降低工作分析的成本，还可以为进一步调查分析奠定基础。

对于企业工作分析有参考价值的背景资料主要包括：国家职业分类标准或国际职业分类标准；同行业其他企业的相关职位描述信息；有关整个组织的信息，包括组织结构图、业务流程图、部门职责说明书等；现有的职位说明书或有关职位描述的信息。

②现场调查法。

工作分析人员直接对员工工作过程进行观察是获得工作信息常用的方法之一。现场调查法也叫观察法，是指工作分析人员在工作现场运用感觉器官或其他工具，观察特定对象的实际工作动作和工作方式，并以文字、图表、图像等形式记录下来。现场调查法成败的关键是对观察对象的选择和沟通。它需要充裕的时间和准备，适用于有大量标准化要求、工作内容简单明了的工作，尤其适用于重复性工作。另外，有些文化水平较低的工人不善于用口头描述他们的工作职责，这时现场调查法也比较适用。但是，现场调查法不适用于有许多脑力活动和不规律活动的工作。分析人员在现场调查时配以录像或录音能获得更充分的信息，但是在使用相关设备时要加倍小心，不应侵犯观察对象的个人隐私。

现场调查法适用于标准化、周期短、以体力活动为主的工作，而对于以脑力活动为主的工作，周期长、非标准化的工作，各种户外工作，以及高、中级管理人员的工作通常不适用。

③问卷调查法。

问卷调查法是收集工作信息最省钱、最省力的方法，通过由任职人员填写经过特别设计的调查问卷来获取工作信息。由于调查问卷是经过特别设计的，在任职人员填写问卷前，最好对其就填写要领进行必要的辅导，然后让任职人员独立填写。调查问卷的内容要简明、扼要，不能过于复杂、烦琐。一份设计科学、合理的问卷是在较短时间内收集大量信息的有效工具。不过，仅靠问卷并不能收集到所需的全部信息。在实践中，我们更多的是将问卷调查法与其他方法结合使用。

问卷调查法的好处是可以面面俱到，收集尽可能多的工作信息，而且可以收集到准确、规范、含义清晰的工作信息，也可以随时安排调查。但是，由于问卷中的问题事先已经设定，调查难以深入。同时，工作信息的采集受问卷设计水平的影响较大，对任职人员知识水平的要求较高。因此，岗位调查一般是以问卷调查法为主，以访谈法和现场调查法为辅。

④访谈法。

利用访谈法可获得用观察法无法获得的信息。分析人员还可利用访谈法确认通过其他途径（现场调查法、问卷调查法）获得的工作信息。工作分析人员通过与任职人员面对面交谈，可以较深入地了解他们做什么工作、为什么要做这些工作，以及如何来做这些工作。这种访谈可以是一对一访谈，也可以是集体访谈。访谈可以在工作场所进行，但如果受噪声、天气、隐私等影响，应该转换到其他场所。

由于访谈法采用工作分析人员与岗位主持人双向交流的方式进行，双方了解较深入，因而可以发现新的、未预料到的重要工作信息。然而，访谈对象在回答问题时可能比较随意，会即兴发挥，信息的准确度有待验证；工作分析人员素质的高低将对访谈结果产生重大影响，如工作分析人员的思维定式或偏见无形中会对访谈对象产生很大的影响。正是基于以上原因，访谈法不能单独使用，必须与其他方法有效结合起来。

岗位调查有很多方法，每种方法都有各自的优缺点，在实际工作中，要根据不同的岗位来选择不同的方法，或者将几种方法结合起来使用。

（2）岗位调查的原则

在进行岗位调查的过程中，收集信息的方法和分析信息适用的系统由工作分析人员根据企业的实际需要灵活选择和运用。在选择调查方法时应遵循以下原则：

① 根据工作分析所要达成的目标来选择合适的岗位调查方法。

② 根据岗位的不同特点来选择岗位调查方法。

③ 考虑企业的实际情况。

④ 多种方法结合。

3.3.2 岗位现场调查

1）现场调查的适用性

采用现场调查法可以广泛地了解工作信息，特别是一些隐含的信息，如工作中的非正式行为，工作人员的士气、价值观等，这些信息通过问卷调查法、访谈法等方法一般很难收集到。此外，采用现场调查法所取得的工作信息也比较客观和准确。

但是，如前文所述，现场调查法也具有局限性：①不适用于工作周期长和主要是脑力活动的工作。②不能得到有关任职资格和任职条件的信息。③不易观察到紧急而又偶然的工作等。

因此，在收集工作分析信息时，一般很少单独使用现场调查法，而是将这种方法与其他方法结合起来使用。

2）现场调查过程和方法

通过现场调查，工作分析人员应对岗位有一个大致的了解，包括职责、权限、工作的任务和内容、工作所使用的工具设备以及工作联系等，并且能够发现工作中存在的问题。观察一次两次往往是不够的，在对所观察的工作完全明了后观察者才能停止观察。有时它需要观察者有实际工作经验，以便与工作实践相结合进行观察。

（1）现场调查的准备工作

任何工作如果想取得预期的效果，都必须做好充足的准备，现场调查也是如此。

① 明确观察项目和观察内容，列出观察提纲。工作分析人员在进行现场调查前，先要明确观察的项目和观察内容。现场调查所需要观察的基本内容大致包括：工作目标和工作任务；日常性的工作内容；有决策权的工作项目和没有决策权的工作项目；如何能够切实完成工作，并避免在工作中出现过失；工作时使用的设备工具；工作时间的安排；工作上的联系，包括上下级关系、同事关系等，以及联系的原因；上级的监督情况；体能要求；工作环境和工作条件等。

② 提前了解要观察的岗位工作。工作分析人员在进行现场调查之前，应收集岗位有关信息，对岗位工作内容和职责有一个大致的了解，只有这样，在进行观察时，才不至于“雾里看花”，才能发现更多的用其他方法无法收集到的信息。

③ 选择观察对象。由于工作分析人员的数量、时间和精力都是有限的，因此，在利用现场调查法收集工作信息时，不可能对所有的岗位任职者的工作都进行现场观察，而必须有选择地进行观察。同时，选取的观察对象一定要具有代表性。在选择观察对象时，工作分析人员可以先和该职位的直接主管进行沟通，从直接主管那里获知哪些员工的工作行为具有代表性，其表现基本上能够反映出这个岗位的基本工作要求。只有选择了适当的观察对象，才能有效地收集工作信息，为工作分析的下一步做好准备。

④ 确定观察对象的数目。在选择观察对象的同时要确定观察对象的数目。一般来说，可以根据以下原则来确定观察对象的数目：

第一，同一类岗位有1～2名员工，则选择其中1人进行实地观察。

第二，同一类岗位有3～5名员工，则选择其中2人进行实地观察。

第三，同一类岗位有6～10名员工，则选择其中3人进行实地观察。

第四，同一类岗位有10名以上员工，则选择其中4人进行实地观察。

此外，如果不同的班组都有同一类岗位，则在确定观察对象时，要挑选不同的班组成员，使其具有一定的代表性和普遍性。

（2）现场观察过程

①观察时间的选择。

观察时间的确定是观察的一个技术问题，一般可以选择瞬间观察法、定时观察法和周期观察法等。瞬间观察法是指工作分析人员不定期、不定时地到工作现场观察岗位工作者的工作，并做出相应的记录。定时观察法是指工作分析人员每天定时到工作现场观察岗位工作者的工作，并做出相应的记录。周期观察法是指工作分析人员随着岗位工作者的工作周期的变化而改变观察的周期，如岗位工作者是三班作业制，工作分析人员则按照轮流作业制度确定观察时间到现场观察岗位工作者的工作，并做出相应的记录。

对被观察者进行周期观察时，对于工作周期在一天之内的工作，可进行若干周期的观察；对于工作周期为数天以上的工作，则可仅观察一个周期。当然，要观察多少次取决于对工作信息掌握的程度。观察开始的时机一般选择在某一天的上班之前或在上一个作业周期结束之前。

②观察位置的选择。

选择观察位置时要求保证在该位置可以观察到被观察者的全部行为，且不影响被观察者的正常工作。因此，观察地点一般选择在被观察者左前方或右前方3~5米远的地方。如果被观察者在观察期间需要变化作业场所或者是流动作业，则观察者必须事先确定好跟踪被观察者的行动路线。

③观察方式的选择。

在选择观察方式时，要考虑到企业的特色和岗位工作的实际情况，同时也要兼顾调查时间的长短和工作分析的经费等问题。在运用现场调查法收集工作信息时，主要可以采用以下两种方式：

第一，工作分析人员可以在被观察者工作期间观察并记录他的工作活动，在此期间工作分析人员不与被观察者接触或进行对话，完全凭借自己的感官记录被观察者的一切活动。采用这种方法，工作分析人员可以专心观察和记录，而且也不会干扰被观察者的工作，但要求工作分析人员对所观察的工作有一定的了解；否则，可能收集到一些次要的信息，或收集到的信息不够全面。

第二，工作分析人员可以一边观察被观察者的工作，一边和被观察者交谈，当然这种交谈是在不影响被观察者正常工作的前提下进行的。工作分析人员可以通过直接观察和与被观察者交流来确认和补充已了解的情况。

（3）按照工作流程进行观察和分析

在使用现场调查法收集工作信息时，工作分析人员可以按照工作流程对各个岗位的工作进行观察和分析整理。工作流程分析可以作为以企业为背景对工作进行考察的一种手段。工作流程分析可以分为三个步骤，即工作投入分析、工作过程分析和工作产出分析。

①工作投入分析。

工作投入分析是指确定工作单位在生产产品的时候所需要的投入。例如，一个秘书为了完成一份报告，必须完成许多工作，如向经理了解报告的内容、阅读相应的资料以及撰写报告，并将其打印出来。在这个过程中什么才是工作的投入呢？工作投入可被分解为原材料投入、设备的使用以及完成这些任务所需要的技能。对于这项工作而言，原材料就是企业现有的资料、从图书馆或企业资料室中能找到的一些有关的信息，以及以前工作中的类似报告等。设备指的是把原材料转化成产品所必需的工具及机器等。对于这项工作而言，设备指的是秘书在工作时所使用的电脑、打印机等。工作流程中的最后一项投入是完成这些任务所必需的技能及努力。在撰写报告的时候，秘书需要具备许多技能，如判断、分析和写作的技能，以及使用电脑和打印机的技能等。

②工作过程分析。

工作过程是指一个工作单位的员工在生产某种既定产品的时候所从事的各种活动，这是工作分析人员在现场进行观察的重点内容。每个工作过程都包括一个操作程序，操作程序明确说明在产品形成的每个阶段，工作应如何去做，它包括产品生产过程中必须完成的所有任务，这些任务通常会被分解为许多任务单元，让工作单位中的每个人都承担其中的一部分。

工作分析人员对工作过程进行观察分析时，应首先了解整个工作过程是什么样的，然后对每个工作岗位分别进行了解，有针对性地收集每个岗位的工作信息，明确每个岗位在整个工作过程中的地位和作用是怎样的，等等。

③工作产出分析。

无论是企业、团队还是一个个岗位，都努力生产出能够为他人所利用的某种产品。这种产品通常是某种可以被辨别出来的东西，如一份采购单、一份工作报告、一台计算机或是一种服务。工作分析人员仅仅知道工作的产出还远远不够，他还需要了解如何对工作产出进行检查和衡量，以此来反映这个工作岗位对于整个组织的真正作用，确定其在组织中应有的地位。

(4) 整理观察结果

工作分析人员要对收集到的资料进行分类整理，将同一类岗位的观察结果放在一起进行归类，并检查是否有遗漏的岗位。如果有遗漏的岗位，就要及时对其进行现场观察。

全部要观察的岗位信息都收集齐全后，工作分析人员就要对同类岗位信息逐项分析，找出其共性，剔除个别出入较大的信息，形成初步的岗位基本信息文本，以备日后编制工作分析相关文件时参考。具体的分析、整理步骤如下：

① 就观察所得资料与被观察者进行核对，让被观察者检查或核实这些记录是否准确无误。

② 就与被观察者初步核实过的资料与被观察者的直接上级进行核对，考察被观察者所反映的情况的真实性、完整性和有效性。

③ 将再次整理后得到的资料按部门进行分类，并对照观察前确定的被观察者名单，找出预先确定但实际尚未进行观察的员工重新对其工作过程进行观察，观察过程与前述相同。

④ 将之前观察所得的资料和后来补充的资料进行汇总，并按照岗位进行分类，即将同一类岗位的资料放在一起，找出其共性，剔除虚假成分。

⑤ 通过对观察所得的资料进行整理和分析，找出目前各个岗位存在的问题，形成分析报告，并将观察结果归档保存，以备日后使用。

3）现场调查应注意的细节

在使用现场调查法收集工作信息时，要注意以下一些事项或问题，并有针对性地采取措施，确保收集到的信息具有较高的准确度：

① 各个岗位工作人员的工作应相对稳定，即在一定时间内，各个岗位的工作内容、工作程序和对岗位工作人员的要求不会发生明显的变化。

② 现场调查适用于标准化的、周期较短的、以体力活动为主的工作，而不适用于以脑力活动为主的工作。

③ 要注意工作行为样本的代表性，有时，有些行为在观察过程中并没有表现出来。

④ 工作分析人员应尽可能不引起被观察者的注意，不干扰其正常工作。

⑤ 观察前应有详细的观察提纲和行为标准。

⑥ 现场观察对有些员工而言难以接受，他们觉得受到监视或威胁，从而从心里对工作分析人员产生反感，并导致操作动作变形。这样工作分析人员收集到的信息就会有偏差，进而影响工作分析人员的判断。

⑦ 通过现场调查不能得到岗位工作人员任职资格方面的信息，因此必须配合其他方法一起使用。

关键词

组织架构　业务流程　岗位分类　岗位调查　岗位设置表

即测即评

第3章单项选择题

第3章多项选择题

第3章判断题

思考与练习

（1）简述组织架构的分析及其实施步骤。

（2）简述业务流程的类型及其分析步骤。

（3）怎样进行业务流程的调整与优化及部门、岗位职能的调整？

（4）岗位体系的构成及考察组织现有岗位的合理性的原则是什么？

（5）如何理解组织架构、业务流程、岗位体系与工作分析之间的关系？

（6）工作岗位的类型以及企业岗位的具体分类有哪些？

（7）岗位设置的原则有哪些？

（8）如何编制岗位设置表？

（9）岗位调查的目的和作用有哪些？

（10）岗位调查的内容、方法和原则有哪些？

（11）简述岗位现场调查过程和方法。

案例分析

案例1

挑选合适的销售人员

某公司销售经理正考虑从实习生中选拔合适的人员担任正式的销售人员。根据平时对他们的观察和同事及用户对他们的评价，经理对他们的个人素质和工作状况进行了初步总结，以作为选拔的依据。

1）个人素质方面

赵明，今年刚满20岁，高中毕业。他精力旺盛，工作肯吃苦，但平时大大咧咧、做事粗心大意，说话总是带有一股火药味。

钱达，刚从外地调来不久，今年34岁。他为人热情，善于交际，本人强烈要求做销售工作。

孙青，是市开放大学经济管理专业毕业生，今年25岁。她工作认真，稳重文静，平时少言寡语，特别是在生人面前话就更少了。

李强，今年29岁，大学学的是公共关系专业。他为人热情，善于交际，头脑灵活，但对销售工作缺乏经验。

2）工作实绩方面

赵明，工作很主动大胆，能打开局面，但好几次将用户订购的产品规格搞错，用户要大号，他往往发给小号。尽管经理曾多次向他指出，他仍然时常出差错，用户有意见找他，他还冲人家发火。

钱达，工作效率很高，经常超额完成自己的推销任务，并在推销过程中与用户建立了很好的关系，但他常常利用工作关系办私事，如要求用户帮自己购买物品等。而且，他平时工作纪律性较差，上班晚来早走，并经常在上班时间回家做饭，公司的同事们对此颇有微词，他曾找领导说情，希望能留在销售部门工作。

孙青，负责广东省的产品推销工作，她的主管曾带她接触过所有的重要用户，并与用户建立了一定的联系，但她自己很少主动独立地联系业务。有一次，她的主管不在，恰巧有个用户要增加订货量，她因主管没有交代而拒绝了这一笔业务。

李强，负责河北省的产品推销工作，他经常超额完成推销任务，并在推销过程中注意向用户介绍产品的性能、特色，而且十分重视售后服务工作。有一次，一个用户来电提出产品有质量问题，他专程登门调换了产品，用户为此非常感动。尽管如此，但他时常难以完成货款回收率指标，致使有些货款长期收不回来，影响了公司经济效益指标的实现。

经理必须在月底以前决定哪些人将留在公司成为正式销售员。

资料来源　佚名．广州牙膏厂销售员的选拔［EB/OL］．［2020-12-10］．http：//www.mbachina.com/html/lnzt/200908/5885.html.

案例思考题：

（1）如果你是经理，根据四人的个人素质和工作实绩你将怎样决定他们的去留？

（2）谈谈工作分析原理在此处的运用。

案例2

两任处长的失败

某局机关因工作需要新成立了一个行政处，由局原办公室副主任李佳任处长，原办公室的8名后勤服务人员全部转到行政处。李佳上任后便到处物色人才，又从别的单位调进5名工作人员。这样，一个14人的行政处便开始正常工作了。李佳38岁，年富力强，精力旺盛，在没有配备副手的情况下，他领导其他13人开展工作。开始倒没什么，时间长了，问题也就多了。处里不管是工作分配、组织协调还是指导监督、对外联络，都是李佳拍板定案。即使他工作认真负责，每日起早贪黑，也适应不了如此繁杂的事务，哪个地方照顾不到都会出纰漏，行政处内部开始闹矛盾，与其他处室也发生了不少冲突。

在这种情况下，局领导决定调出李佳，派局办公室另一位副主任王强接任行政处处长。王强上任后，首先着手组建行政处内部组织机构，设置了四个二级机构：办公室、行政一科、行政二科、行政三科。其次，选调得力干将：从原来的局办公室选调两名主任科员任行政处副处长，在业务处选调3名副主任科员任行政一、二、三科的科长，其余科长、副科长在原13名工作人员中产生。王强采取这些做法，目的就是改变处里的沉闷气氛，调动大家的工作积极性，提高行政处的工作效率。

这样，一个19人的行政处在3位正副处长、8位正副科长的领导下，再次以新的面貌投入到工作之中。但是，没过多久，大家发现行政处的工作效率不仅没有提高，反而更加糟糕了。有些下属认为王强经常越权乱指挥，他们的工作没法开展；有的下属则认为王强到处包办代替，没事找事干，和科长争权；有的人认为行政处官多兵少，没有正经干活的。不到半年，行政处又陷入重重矛盾之中，不但人际关系紧张复杂，而且大家都没有干劲。王强带来的几个人也要求调回原处室。在这种情况下王强只好辞职，但他很困惑：自己工作热情很高，为什么还领导不好行政处的工作？

资料来源 佚名. 岗位设置案例材料1［EB/OL］.［2023-11-05］. https://wenku.baidu.com/view/ee5fbde432687e21af45b307e87101f69e31fbe2.html.

案例思考题：

李佳和王强失败的主要原因是什么？应如何改进？

延伸阅读 华为将来的岗位分为三个类别

第4章　工作分析流程与问题分析

教学目标

✓掌握工作分析的要素、内容和流程；

✓熟悉工作分析准备阶段、计划阶段、调查阶段等各阶段的步骤和方法等内容；

✓了解工作分析与员工胜任能力模型的关系；

✓了解工作分析中出现的误区与问题；

✓领会工作分析面临的挑战；

✓掌握如何应对工作分析面临的挑战。

教学要点

✓工作分析的要素和内容；

✓工作分析面临的问题及应对策略。

导入案例

C公司人力资源部的困惑

C公司是一家20世纪60年代建立、年产120万吨钢材、拥有3万名职工的国有大型企业。在市场经济的冲击下，C公司也进行了公司化制度改革，初步建立了现代企业制度，公司生产经营业绩显著提高，职工收入明显增加。但随着市场竞争日益激烈，公司面临降低成本的巨大压力，公司高层根据分析论证认为：产品成本太高的主要原因在于公司闲杂人员太多，人未尽其事。因此，公司给人力资源部下达了新的工作任务：在引进高层次人才的同时将企业总职工人数降至2.5万人。面对5 000人的减员计划，公司人力资源部制定了一系列的考核政策，采取下岗分流、内退、工龄买断、提前退休等措施。

经过第一季度的政策实施，公司在季度工作总结中发现减员成绩显著，仅钢铁生产部就减少了员工300人，加上其他部门，第一季度总共减员1 500人，人力资源部上下对这一成绩感到振奋，认为5 000人的裁员目标指日可待。但是，在季度生产工作总结会上，人力资源部经理却受到了各生产部门经理的责难。会上，公司总经理认为第一季度钢材产量和质量都不如从前，要求各部门经理找出原因。

生产部经理说："第一季度从我部门离职的员工有300人，其中有150人是刚毕业不久的大学生以及有5至10年工作经验的工程师，刚毕业不久的大学生都是主动要求下岗离去，而有工作经验的工程师大多是通过买断工龄或提前退休离去。年轻大学生申请离职时都反映，大学毕业后本来以为有一个很好的环境去发挥自己所长，没想到自己卖力工作拿的工资与成天闲聊的技校生没区别，真没劲。离职的工程师说，都为企业工作了十几年了，小孩都快上小学了，一家人还挤在一间屋子里。高素质的技术人员都走光了，产品质量能上得去吗？该走的没有走，不该走的全走了。我手里现在还有几个大学生的辞职报告，你说我批还是不批？”

技术部经理也反映自己部里大学生流失严重，高级技术人员抱怨得不到再学习的机会，对前途没有信心，成天对工作不投入，技术革新缓慢，更谈不上开发适应市场需求的新产品，要求人力资源部对此负责。

市场部经理抱怨，市场部业务员无论业绩多好，工资也得不到提升，仍然拿固定工资，奖金微薄，业务员工作没有积极性。

对此，公司总经理要求人力资源部经理做出书面解释，并制定有效的措施。

如果你是人力资源部经理，你会做出何种书面解释？采取哪些措施呢？

资料来源　佚名. 国企人事处长的困惑［EB/OL］.［2023-11-05］. https：//www.hrsee.com/? id=341.

4.1 工作分析的一般模式

4.1.1 工作分析的要素

工作分析的要素是进行工作分析的必备条件，也是工作分析的基础和前提。只有明确工作分析的这些要素，才能进行工作分析的具体工作。工作分析的要素大体上包括工作分析的主体、工作分析的客体和工作分析的内容。

1）主体要素

工作分析的主体共分为三个层次：工作分析小组（专家组）、工作分析对象的直接领导和工作任职者。每个层次在工作分析的过程中所起的作用和地位是不一样的，所担负的责任和具有的权限也是不一样的。在进行工作分析之前，一定要先明确工作分析的主体及其相互关系，以及各个主体在工作分析过程中的职责、权限和地位，这样才能更好地实施工作分析工作，不至于出现工作分析主体之间相互推诿、扯皮等现象。在工作分析的各个主体当中，工作任职者是最重要的主体。下面分别阐述三个主体在工作分析中的作用和地位，以及其所担负的责任和具有的权限等。

（1）工作分析小组

工作分析小组或称专家组，为整个工作分析提供指导、规划，设计工作分析的程序、步骤，安排工作分析的时间，提供工作分析所需的各种表格、范例等。工作分析小组所扮演的是一个指导者和培训师的角色。

（2）工作分析对象的直接领导

工作分析对象的直接领导，即工作任职者的直接主管，他是使工作分析能够正常、顺利进行的关键环节之一，他对工作分析支持与否将直接影响工作分析的进程和结果。如果工作任职者的直接主管对工作分析非常支持，在工作分析的过程中提供很大的便利，那么信息收集和最后的资料确认工作都会圆满完成。如果工作任职者的直接主管对工作分析持否定的态度，处处设置障碍，那么工作分析就很难顺利进行，收集上来的工作信息也会有很大的水分，最后形成的工作分析文件对企业的实际意义就会大打折扣。因此，获得工作任职者的直接主管的支持和帮助是工作分析得以顺利实施和取得最终成功的关键因素之一。

（3）工作任职者

工作任职者是工作分析最关键的主体。因为工作任职者对其所从事的岗位最了解，所以他们也是最有发言权的。在工作分析的过程中，一定要调动起这些工作任职者参与工作分析工作的积极性，得到他们的支持和帮助，同时，让工作任职者明白工作分析并不是工作分析小组的工作，也不是其直接主管的任务，而是他们自己的工作。工作分析不仅对其岗位评级定位有帮助，而且对其薪酬的确定和职业生涯的规划产生重大影响。员工只有认真对待工作分析，在工作分析小组的指导下完成工作分析各个环节的工作，最后才能形成具有真正指导作用的工作分析文件。企业利用这些文件进行员工的绩效考核、薪酬核定、职位升迁等决策时才能做到公正、公平。

2）客体要素

工作分析客体是工作分析的基本对象，只有明确了工作分析的客体，在实施工作分析的时候才能做到有的放矢，具有针对性。

工作本身就是多个任务的集合体，它包括与一个岗位相关的所有内容，具体来讲主要有工作的职责权限、工作联系、工作中使用的工具设备、考核指标和标准、监督及考核机构、任职资格和条件等。工作是企业员工日常所从事的体力或脑力活动，它涵盖了企业员工在企业中的一切与组织活动有关的活动。

企业在进行工作分析时，首先要明确的就是企业中每个岗位的工作任务有哪些，这些工作任务之间有什么关系，以及与这些工作任务相关的一系列事件和人员关系等。只有明确了这些内容，工作分析才能做到实处。

3）内容要素

工作分析的内容是工作分析人员进行工作分析的依据，是指工作分析的各项指标，即与工作有关的各方面信息。工作分析的内容是工作分析落到实处的保障。只有明确了工作分析的各项内容后，工作分析人员才能针对列出的各项工作指标有重点地收集、分析相关工作信息，最后形成的工作分析文件的信度和效度才会更高。

工作分析的内容视工作分析的目的不同而有所不同。一般情况下，工作分析的内容包括工作基本资料（如工作名称、工作代码、工作地点、所属部门、上下级关系等）、工作内容（如工作任务、工作责任、工作标准等）、工作关系（如监督指导关系、职位升迁关系、工作联系等）、工作环境（如工作的物理环境、安全环境、社会环境等）和任职条件（如教育背景、必备知识、经验、素质要求等）。

4.1.2　工作分析的内容

工作分析的内容一般包括以下几项：

1）工作基本资料

（1）工作名称

工作名称必须明确，使人看到工作名称就可以大致了解工作内容。通常按照有关职位分类、命名的规定或通行的命名方法和习惯确定工作名称。如果同一工作名称有不同的等级，则名称里可加上等级。例如，技师必须细分为何种性质、何种等级的技师。

（2）工作代码

各项工作按照统一的代码体系编码，使工作代码既能反映出工作岗位的所属部门，又能反映出工作岗位的上下级关系，如果能反映出该岗位的工作性质和在组织中的地位更好。

（3）工作地点

它指从事本岗位工作的员工的工作地点。有的岗位工作地点和办公地点是不同的，如果是这样的话，就应该分开来考虑，设置两个项目分别进行考察。

（4）所属部门

它指本岗位属于企业中的哪一个部门。

（5）直接的上下级关系

它指本岗位的直接上级和直接领导的下级的岗位名称和相应的人数。

（6）员工数目

它指企业中从事同一岗位的员工数目。如果同一岗位的员工人数经常变动，对其变动范围应予以说明；如员工是轮班工作，也应予以说明。由此可以了解员工的工作负荷量及人力配置情况。

2）工作内容

工作内容是指与员工工作有关的一切事件，具体如下：

（1）工作任务

工作任务即应该完成的工作活动是什么。应明确、规范工作行为，如工作的中心任务、工作的独立性和多样化程度、完成工作的方法和步骤、使用的设备和材料等。

（2）工作责任

工作责任即承担该工作应负有的责任，主要包括对原材料和产品的责任、对机械设备的责任、对工作程序的责任、对其他人员工作的责任、对其他人员合作的责任、对其他人员安全的责任等。应通过对工作相对重要性的了解，为其配备相应权限，保证责任和权力对应；尽量用定量的方式确定责任和权力。

（3）工作量

工作量即工作强度，目的在于确定标准工作量，如劳动的定额、工作量基准、工作循环周期等。

（4）工作标准

工作标准即用什么来衡量工作的好坏。确定工作标准可以为绩效考核和薪酬管理等人力资源管理活动提供依据。

（5）机器设备

机器设备即从事本岗位工作的员工在实际工作过程中所需要使用的机器、设备、工具等，其名称、性能、用途均应有详细的记录。

（6）工作时间与轮班

工作时间与轮班即从事本岗位工作的员工的工作时数、工作天数及一次轮班的时间长度等，这些是工作分析的重要资料。

3）工作关系

（1）监督指导关系

监督指导关系即隶属关系，包括直属上级、直属下级，该工作制约哪些工作、受哪些工作制约等。

（2）职位升迁关系

职位升迁关系即该岗位可以晋升或降级到企业中的哪些岗位，可以与哪些岗位之间进行同级调度等。

（3）工作联系

工作联系即指岗位在具体工作中会与哪些岗位或部门发生工作上的往来，联系的目的、方式是什么等。

4）工作环境

（1）工作的物理环境

工作的物理环境即工作地点的湿度、温度、照明度、噪声、振动、异味、粉尘、空间、油渍等，以及工作人员和这些因素接触的时间。

（2）工作的安全环境

工作的安全环境即从事本岗位工作者所处工作环境的劳动安全卫生条件、易患的职业病、患病率及危害程度等。

（3）工作的社会环境

工作的社会环境包括工作群体的人数、完成工作要求的人际交往的数量、各部门之间的关系、工作地点内外的文化设施、社会风俗习惯等。

5）聘用条件

聘用条件包括工作时数、工资结构、支付工资的方法、福利待遇、该工作在组织中的正式位置、晋升的机会、工作的季节性、参加培训的机会等。

6）任职条件

（1）教育培训情况

教育培训情况即从事本岗位工作的员工所应接受的教育、培训程度，教育、培训经历，学历、资格等。教育培训一般可分为内部训练、职业训练、技术训练和一般教育等几个方面。内部训练是指由企业所提供的培训。职业训练是由个人或职业学校所进行的训练，其目的在于发展普通或特种技能，并非为任何企业现有的某一特种工作而训练。技术训练是指中学以上含有技术性的训练。一般教育则指大、中、小学教育。

（2）必备知识

必备知识即从事本岗位工作的员工对使用的机器设备、材料性能、工艺过程、操作规程及操作方法、工具的选择和使用、安全技术等所必须具备的一些专业知识。

（3）经验

经验即从事本岗位工作的员工完成工作任务所必需的操作能力和实际经验，包括过去从事同类工作的年限和业绩，从事该项工作所需的决策力、创造力、组织力、适应性、注意力、判断力、智力以及操作熟练程度等。

（4）素质要求

素质要求即从事本岗位工作的员工所应具备的达到工作要求的职业性向，包括：体能性向，即任职者应具备的行走、跑步、爬行、跳跃、站立、旋转、平衡能力，以及拉力、推力、视力、听力等；气质性向，即任职者应具备的耐心、细心、沉着、诚实、主动性、责任感、支配性、情绪稳定性等素质。

以上所列分析项目，并非对所有职位进行工作分析时均需包括在内，企业可以根据实际需要来确定相关工作分析内容和工作分析指标。

4.2 工作分析流程

工作分析是一项技术性很强的工作，需要做周密的准备，同时，还需要具有与企业人力资源管理活动相匹配的、科学的、合理的操作程序。一个企业要有效地进行人力资源管理，一个重要的前提就是要了解各种工作的特点以及能胜任各种工作的人员的特点，而这就是工作分析的主要内容。一般而言，工作分析的结果可分为三部分，即工作描述书、职位说明书和任职说明书。工作描述书具体说明了工作的物质特点和环境特点，主要包括职位名称、工作活动和工作程序、工作条件、社会环境及工作关系等。职位说明书主要规定了该职位的工作职责、权限、工作内容等。任职说明书是指要求从事某项工作的人员必须具备的生理要求和心理要求，如年龄、性别、学历、工作经验、健康状况、体力、观察力、事业心、领导力、速度感等。个人工作描述加上部门职能描述很容易使管理人员明了当前企业内部人员的“性能”，即人力资源是否符合当前的工作和企业发展需要，人员是多了还是少了。

所有这些文件并不是人力资源管理工作人员或者经理拍脑袋想出来的，而是根据工作需要由经理和人力资源管理部门共同做出分析并商定的。工作分析的过程就是对工作进行全方位评价的过程，一般分为七个阶段，即准备阶段、计划阶段、调查阶段、分析总结阶段、描述阶段、运行阶段和控制活动。前六个阶段依照工作分析的流程按部就班地进行，控制活动贯穿于工作分析的整个过程，工作分析的每个步骤、每个阶段都要有控制，有效的控制能够保证工作分析的顺利进行。

4.2.1 准备阶段

这一阶段的主要任务是了解情况，建立工作分析小组，明确工作分析的目的和意义，确定分析的对象，并与相关部门和相关人员建立起良好的工作联系。由于工作分析人员在进行分析时要与各工作现场及其员工接触，因此工作分析人员应该先在办公室内研究工作的书面资料和现有文件，同时，要协调好与企业各级管理人员之间的合作关系，以免导致摩擦或误解。在这一阶段，主要解决以下几个问题：

1）明确工作分析的目的、意义和总目标、总任务

任何工作只有明确了工作的目的和意义，才能正确有效地进行下去，工作分析亦如此。只有明确了工作分析的目的和意义，才能正确确定分析的范围、对象和内容，才能选择合适的信息收集方法；同时，还可以根据工作分析的总目标和总任务对企业现状和企业内各类职位进行初步了解，掌握各种基础数据和资料。

由于企业进行工作分析的目的不同，因此工作分析的内容和对象也是不一样的。有的工作分析是为人员招聘服务的，其内容侧重于对岗位的能力、素质等任职资格要求的说明；有的工作分析是为企业的绩效考评服务的，其内容侧重于对各个岗位的工作内容、工作职责等与工作相关内容的说明；有的企业要全面了解各个岗位之间的关系、岗位工作职责、任职条件等内容，这时的工作分析要全方位、多角度进行，我们这里所讲的工作分析的程序和步骤就是这样的。正是因为如此，企业在进行工作分析时首先应该明确工作分析的目的和意义，然后再确定工作分析的总目标和总任务。

工作分析工作是整个企业良性运转的基础支撑，它并不只是企业人力资源管理部门的事情，因此工作分析工作首先要赢得企业高层领导的信任和支持。没有企业高层领导的支持，这项关系到整个企业的大事将很难顺利进行下去。开展工作分析之前要成立相应的工作分析领导小组，以确保整个工作分析工作能够顺利进行。可以邀请企业的最高领导来担任领导小组的组长，再抽取数名企业的各级管理人员共同组成工作分析领导小组。这样，由企业的各级管理人员组成的领导小组一方面可以保证工作分析的顺利进行，及时解决在工作中遇到的问题和障碍；另一方面也可以使其了解整个工作分析的过程、作用及意义，使其更加重视企业的工作分析工作。

2）建立工作分析小组

工作分析小组，有时也称专家组，通常是由工作分析专家组成的。所谓工作分析专家，是指具有工作分析专长，并对企业的组织结构及企业内各项工作有明确概念的人员。工作分析小组的任务是编制工作分析方案，收集、整理、分析工作信息，最后形成相应的工作分析文件，此外还要对各个岗位任职者进行相应的培训等。

工作分析小组成员选择得恰当与否是整个工作分析能否取得成功的关键所在。工作分析小组应具有一定的职责和权限，以保证工作分析顺利进行。工作分析专家可以来自企业内部，也可以从企业外部聘请，专家的来源和专家的数量可以根据企业的实际情况确定。

3）确定工作分析的对象

受时间、资金和人力的限制，不可能让所有的岗位任职者都参加工作分析工作，这样工作分析对象选择得合理与否与工作分析结果的准确度息息相关，因此，在选择工作分析对象时，一定要选择有代表性、典型性的工作。

4）与有关单位和人员建立起良好的工作关系

工作分析的第一步是尽可能熟悉所要分析的工作。即便分析人员是在企业人力资源管理部门工作或者是已经在本企业工作了好几年的老员工，也要在一定程度上熟悉企业的组织结构以及工作分析对象的内容。准备阶段的主要目的就是要在实地观察和访谈相关人员前尽最大可能丰富工作分析人员对工作分析对象的认识。在这个过程中，工作分析人员要与企业有关单位和人员建立起良好的工作关系，获得有关人员的支持和信赖，以使随后的工作分析能够顺利进行。

4.2.2 计划阶段

为了使工作分析顺利有效地进行，工作分析小组应制订一个工作分析方案，根据工作分析的任务、程序，将分析工作分解成若干工作单元和环节，以便逐项完成。每个单元和环节都应明确规定开始和结束的时间，以及相应的负责人，做到事事有人负责、人人都有事做。同时，在这个阶段还要确定工作信息的来源和收集信息的方法等。

此外，在这个阶段还要规划好工作分析各方面的细节。例如，分析人员必须弄清楚这些问题：①要收集哪些信息？②如何获得这些信息，怎么表现出来？③使用哪种信息收集方法？④从谁那里获得这些信息（直接上级、工作任职者等）？⑤工作分析要分析什么（what）、何时分析（when），以及需要哪些人参与（who）等。

在这一阶段应主要做好以下几项工作：

1）设计工作分析方案及职位调查方案

工作分析方案是工作分析小组开展工作的依据。因为实施一次完整的工作分析活动往往需要调动大量的资源，需要花费相当长的时间，需要来自各个方面的人员配合，所以在实施活动之前要制订一个方案，以便有计划、有条理地实施工作分析。总体实施方案也就是工作分析的蓝图。在工作分析方案中要规定好工作分析各个阶段的起止时间、主要任务和主要负责人等，将职责落实到每一个人。在制订实施方案时，还应注意使用规范用语。为了加强不同工作分析人员所收集信息的一致性，应对工作分析中的用语进行规范，以减少用语不同所造成的误差。

此外，为使研究工作迅速有效，工作分析人员还应制订一个职位调查方案。职位调查方案是工作分析人员收集工作信息的依据，所有的工作分析人员都应该遵照职位调查方案所规定的调查方法，在规定的时间内完成相关工作信息的收集任务。

在工作分析小组设计职位调查方案时，企业各级有关部门都要提供有关的信息，全力配合工作分析小组的工作，以使职位调查方案科学、合理、有效。同时，企业的各个部门还应该明确一点，即工作分析并不是工作分析小组的事情，而是各个部门、各个工作岗位自己的事情，工作分析做好了，各个岗位、各个部门将是最直接的受益者。一个完整的职位调查方案应包括调查目的、调查范围和对象、调查内容和项目、调查方式和方法、调查时间和地点，以及调查表格和填写说明等。

2）选择信息来源

在工作分析中，有些信息需要分析人员深入各个工作岗位进行实地收集，而有些现存的背景资料也是非常重要的，不能忽视。

无论是选择企业内部信息还是企业外部信息，利用现有资料还是实地收集信息，工作分析人员在选择信息来源时，都应注意：①不同层次的信息提供者提供的信息存在差别。②应站在公正的角度收集不同的信息，不要事先存有偏见。③使用各种职业信息文件时，要结合本企业实际，不可照搬照抄；对企业原工作文件要在研究分析的基础上批判地继承。

3）选择收集信息的方法

收集工作信息的方法多种多样，主要有观察法、访谈法、问卷调查法、工作日志法等。对各种方法的具体介绍可参见第5章的内容，此处仅做简要介绍。

（1）观察法

通过观察法需要了解的内容主要有：工作的对象是什么；需要完成什么样的工作；为什么要完成这些工作；用什么工具和材料完成工作；和哪些职位发生工作上的联系等。

由于观察法是对工作分析对象的实际工作进行现场调查，如果处理不好，不但不能收集到需要的信息，还会引起观察对象的不满，因此在进行观察时要注意以下几点：①取得观察对象的信任。②不要影响到其工作的进行。③详细记录有关资料，如需要努力的程度、体力的消耗、噪声、高温等。④观察完成后向工作者表示感谢。⑤和该职位的主管讨论观察的结果。⑥将观察的结果汇总整理。

（2）访谈法

采用访谈法应注意以下问题：①明确所要访谈的目标和内容，不可漫无边际地闲谈或让访谈对象完全控制话题。②信息清晰。访谈者的言辞能够正确地表达访谈提纲的内容，以免在分析信息时产生误解。③寻求真相。鼓励访谈对象正确地表达自己的全部思想，避免诱导对方根据自己的推想回答问题。④不涉及与工作无关的隐私。与工作无关的隐私问题极易引起对方的反感，破坏谈话气氛甚至使谈话无法进行。⑤提问要使对方易于回答。所提的问题应尽量清楚明白，不超过对方的知识范围。

（3）问卷调查法

在使用问卷调查法收集工作信息时，要注意以下几个问题：①调查问卷只针对可以明确回答的问题。②明确指示填表人要做具体的回答，而不是空泛的回答。③在初期要设置重要样本的分析工作，及时对调查问卷进行调整、修改。④在设计调查问卷时要注重计算机可以识别的信息，这样可以使用计算机进行统计，缩短整理信息的时间，并在以后为企业人力资源管理部门的工作提供信息资源。

（4）工作日志法

工作日志法是指员工按要求记录下他每天的工作任务与活动。与问卷调查法相比，工作日志法的结构性更差一些，但分析人员可以从中了解该工作的内容，以及员工在每项工作上所花费的时间。该方法要求员工积极主动，并能做到详略得当、突出重点。许多员工因未经培训，所记的工作日记内容混乱，语言烦琐。

（5）综合法

综合法是指将上述几种方法任意组合来收集工作信息。使用综合法所获得的分析结果会比仅用一种方法获得的结果更好。其中，观察–访谈结合法是最常用到的组合方法。事实上，观察法可与其他任何一种方法结合使用。有时，在工作现场待上几分钟所获得的信息会比好几页问卷所获得的信息丰富得多。

（6）调查方法的选择

在实际进行工作分析时，收集信息的方法和分析信息适用的系统由工作分析人员根据企业的实际需要灵活运用。在选择调查方法时应注意以下问题：

① 根据工作分析所要达成的目标来选择合适的方法。工作分析的目的不同，使用的方法自然有很大的区别。例如，当工作分析用于招聘时，应该选用关注任职者特征的方法；当工作分析用于企业的绩效考评时，应该选择侧重于工作职责和工作内容描述的方法；当工作分析是为企业的一切人力资源管理活动提供平台和支撑时，工作分析则应全面彻底。

② 根据岗位的不同特点来选择合适的方法。例如，有的岗位的活动以操作为主，容易被观察到，就可以采用观察法来收集工作信息；有的岗位的工作具有隐蔽性，以脑力活动为主，就可以采用问卷调查的方法来收集工作信息。

③ 考虑企业实际情况的限制。有些方法虽然可以收集到较多的信息，但由于花费的时间或财力较多而无法采用。

④ 多种方法相结合。由于每一种方法都有其独特之处和适用场合，并不存在一种普遍适用的或最佳的方法，因此在进行工作分析时，应该根据具体的目的和实际情况，有针对性地选择一种或几种方法，以取得较好的效果。

4.2.3 调查阶段

这个阶段的主要任务是根据调查方案，对各个职位进行认真细致的调查研究，收集相关工作信息。在调查中可灵活运用访谈、问卷、观察等方法，无论使用何种方法，所获得的信息都必须能回答下面这些基本问题：工作的职责是什么，内容是什么，要求什么样的学历、工作经验、技能、环境条件、心理、情绪和身体健康状况等。所有这些内容都将填入工作说明书中。

1）工作调查阶段的工作内容

工作调查阶段的工作内容主要包括：①准备工作调查提纲和各种调查问卷。②编制工作调查提纲。③安排工作调查日程。④设计调查问卷。⑤确定工作调查方法。⑥在多种调查方法中选择适合本次调查的方法。⑦收集有关工作的特征，以及所需的各种信息数据。⑧请任职人员就调查项目进行如实填写或回答。⑨收集任职人员必需的特征信息数据。⑩对各种工作特征和任职人员特征的重要性和发生频率做出排列或等级评估。

在这个阶段主要应做好以下几方面的工作：

（1）与有关人员进一步沟通

由于工作分析需要落实到具体的工作岗位上，在进行这项工作的过程中工作分析小组必然要同大量的任职者和管理者建立联系，因此赢得他们的理解和支持是非常必要和重要的。工作分析小组可以召集员工会议，请有关人员对广大员工进行宣传和动员，让他们了解工作分析的目的和意义，消除内心的顾虑和压力，在实际收集信息时提供支持。在工作分析的过程中有很多需要员工配合的事情，工作分析小组可以通过与员工做进一步有效的沟通，让员工了解工作分析的时间安排和进度安排，了解自己大概会在什么时候花费多少时间进行配合，便于他们事先安排好自己的工作，留出足够的时间参与工作分析工作。

（2）制订每一个阶段的具体实施计划

在计划阶段制订的工作分析方案通常只是提供了大致的计划和整个工作分析的步骤及时间安排，而没有细化到每个阶段的实施计划。工作分析小组对工作分析的每个阶段都要制订切实可行的计划，以保证及时完成每一阶段的任务。同时，在执行计划的过程中，如果外部客观环境发生了变化，还要进行计划的修订工作，并将修订好的计划及时通知相关部门和有关人员，使他们有时间安排自己的活动。

（3）确定信度和效度

在收集工作信息时，工作分析人员还应注意分辨所收集到的信息是否准确、翔实、有效，以保证工作分析结果的信度和效度达到要求。

2）工作调查信息

在确定拟分析的工作岗位之后，应开始研究每一工作岗位的情况，并将其本质内容记录下来。为了保证对所有工作岗位的情况都能进行系统的收集，需要准备规范的工作岗位分析表格，其中包括一些精心选择的问题。这种表格不一定要重新设计，可根据已确定的工作岗位测评计划，对企业原来有关各种情况的规范表格进行修改后使用。

具体来说，工作分析人员在调查中通常要了解下列基本工作要素：

（1）工作岗位信息

工作岗位的内容包括：①谁做这项工作，工作名称是什么。②工作的基本任务是什么。③怎样完成任务，使用什么设备。④为什么执行这些任务，各项任务同其他工作任务之间的关系是什么。⑤任职人员对同事、设备负有的责任是什么。⑥工作条件（工作时间、噪声、气温、光线等）如何。

（2）圆满完成工作所要求的资格条件

具体的资格条件包括：①知识。②技能，包括经验。③受教育程度。④身体条件。⑤智力水平。⑥能力（创造能力和应变能力）。

4.2.4　分析总结阶段

分析总结阶段是整个工作分析流程中的重要阶段之一，这个阶段的主要任务是对调查阶段所收集的信息进行分析、分类、整理、转化和组织，使之成为书面文字，为下一阶段的工作描述做好准备。分析总结阶段的主要任务具体包括以下内容：

1）工作名称分析

工作的名称应准确，不引起歧义，并能准确表达出该工作的主要内容，还应有美感，切忌粗俗。对工作名称进行分析时，应注意使工作名称标准化，并符合人们的一般理解，使人们通过工作名称就可以了解工作的性质和内容。

2）工作内容分析

工作内容分析是工作分析的一项核心内容，具体如下：

（1）工作职责与权限

工作职责与权限包括该岗位工作的具体内容是什么、该岗位承担什么样的责任、能够行使哪些权力等。

（2）工作关系

工作关系即在工作中发生的或与工作有关的联系，包括上下级关系、横向联系以及监督指导关系等。

（3）工作量

工作量包括体力消耗、脑力消耗以及工时利用率等。

（4）工作时间

工作时间包括工作班次、出差概率等。

3）工作环境分析

工作环境分析是指对任职者工作时所处的环境进行分析，主要包括噪声、烟尘、危险性、温度、湿度等方面。对这些指标进行分析时要借助一定的测量工具，然后根据国家有关标准，确定其所处环境的等级系数。

4）任职者的任职资格分析

在对任职者的任职资格进行分析时，要严格根据岗位工作的需要来确定任职者应具备什么经验、什么学历、什么能力，不能大材小用，也不能小材大用。

5）整理资料

通过上述分析，工作分析小组还要根据需要，对所获得的各项数据资料加以整理，通常可以采用下列方式：

（1）文字说明

将工作分析所获得的资料以文字说明的方式加以表述，列举工作名称、工作内容、工作设备与材料、工作环境及工作条件等。

（2）工作列表及问卷

工作列表是将工作的内容及活动分项排列，由实际从事工作的人员加以评判；问卷是请相关人员填写、分析工作所需时间及发生次数，以了解工作内容。列表或问卷只是处理形式不同而已。

（3）活动分析

活动分析实质上就是作业分析，通常是把工作的活动按工作系统与作业顺序一一列举出来，然后对每一项活动进一步加以详细分析。活动分析多采用观察及访谈的方法，所得的资料作为教育及训练的参考。

（4）决定因素法

这种方法是把完成某项工作的几种最重要的行为加以列表，明确工作本身特别需要的因素和亟须排除的因素。

通过上述分析，对各个职位的有关信息进行归纳，制定出等级和标准，为企业建立工作分析体系和薪酬制度等做好准备。

4.2.5 描述阶段

1）工作任务

仅仅研究、分析一组工作并未完成工作分析，分析人员必须对获得的信息进行加工，并写出报告和编制职位说明书、工作描述书以及任职说明书等，这就是描述阶段要完成的任务。具体工作如下：①仔细审核已收集到的各种信息。②创造性地分析、发现有关工作的要求和工作人员取得成功的关键原因。以销售经理为例，有些企业认为销售经理的主要工作是销售，有些企业认为销售经理要负责市场的策划、定位、细分与售后服务，还有些企业认为销售经理应注重企业文化的对外传播、注重品牌的附加值、创造和挖掘客户的潜在需求……对销售经理的"定位"不同，其取得成功的关键原因大相径庭。③归纳、总结出工作分析的必需材料和要素。在调查的基础上已经获得很多数据，对每个数据所占的百分比及权重进行排列，就得出两个数据：一是评价工作的要素；二是各要素所占的权重（如年龄占15%、相貌占13%、态度占25%等）。④编制职位说明书、工作描述书和任职说明书。

分析报告作为整个工作分析工作的总结，要对在工作分析过程中发现的问题进行探讨，并提出相应的改进意见和建议，最好能够有针对性地提出组织与岗位的改进方案，以使企业的各个组织和岗位运行得更加顺畅。

2）注意事项

编制职位说明书、工作描述书和任职说明书时，要注意以下几点：

（1）内容界定要明确、详细

工作描述书要对任职者工作的环境、工作关系等内容做出清楚的描述；职位说明书要对任职者的工作内容、工作职责和权限以及相应的工作标准做出严格的界定；任职说明书要对任职者的知识、技能、学历、经验和相应的素质要求做出详细的规定。对所有细节性的方面都必须做出详细的描述，不能有任何遗漏、夸张的地方，一切都要从实际出发。

（2）语言要通俗易懂，不会使人产生任何异议

工作描述书、职位说明书和任职说明书并不是学术报告，其用词一定要通俗易懂，不能使用模棱两可的词语，要保证企业中的普通员工也能明确知道说明书上各项内容的含义。

（3）与岗位工作息息相关

不同职位的说明书应该有所区别，切忌千篇一律的形式主义。说明书并不是装饰品，而是企业员工在实际工作中遵循的准则，因此，一定要量体裁衣，针对每个岗位的特色具体编制各类说明书。

4.2.6 运行阶段

此阶段是对工作分析结果的验证，只有通过实践的检验，工作分析的结果才具有可行性和有效性，才能不断适应外部环境的变化，进而不断地完善工作分析的运行程序。一些大型的企业往往并不是一次对所有的岗位都进行分析，而是先选定一个或几

个有代表性的部门进行试点，然后按照试点单位的工作分析结果试运行，找出试点单位工作分析中存在的缺点和不足，为下一步在整个企业铺开运行做好准备，以免到时产生不必要的损失或出现一些本可以避免的问题。另外，在全面做好工作分析之后，也要对本次工作分析的结果及运行状况进行检查，为今后再进行工作分析做好准备。

运行阶段的工作主要有两部分：

1）培训工作分析结果的运用人员

工作分析结果的运用人员在很大程度上影响着分析程序运行的准确性、速度及费用，对这些人员进行培训，既可以保证工作分析的结果得到恰当的运用，增强管理活动的科学性和规范性，也可以为企业再次进行工作分析打下坚实的基础。

2）制定各种具体的应用文件

工作分析只是企业人力资源管理的一项基础工作，它为企业的人员招聘、员工培训、绩效考评、薪酬管理等提供依据和指导。但是，工作分析所形成的职位说明书、工作描述书和任职说明书等都是一些基础性的文件，要保证企业人力资源管理活动的正常进行，还必须制定一系列的具体应用文件，如招聘制度、绩效考评制度、薪酬管理制度等，以使企业的人力资源管理活动能够规范、科学、有效地进行。

4.2.7 控制活动

控制活动贯穿于工作分析的始终，是一个不断调整的过程。随着时间的推移，任何事物都在变化，工作分析也不例外。组织的生产经营活动是不断变化的，这些变化会直接或间接地引起组织的分工协作体系发生相应的调整，从而也相应地引起工作的变化。因此，一项工作要有成效，就必须因人制宜地做些改变。另外，工作分析文件的适用性只有通过反馈才能得到确认，工作分析人员还要根据反馈修改其中不适应的部分。所以，控制活动是工作分析中的一项长期的重要活动。工作分析控制的主要任务是保证企业工作分析工作能够按照计划进行，不偏离企业的主题，保证工作分析及时、有效地完成，还要使企业的岗位设置和各个岗位的工作职责与企业外部环境保持一致。

控制活动贯穿于整个工作分析过程，存在于企业进行工作分析的各个阶段，其主要表现如下：

1）在准备阶段

准备阶段的控制活动主要表现在：使工作分析与企业文化、组织大环境相和谐、一致，明确工作分析的目的和意义，制定工作分析的目标和任务，根据企业的人力、财力、物力来选择合适的工作分析专家（外聘或是选择本企业的人员）、工作分析方式和方法，确定工作分析的期限等。

2）在计划阶段

计划阶段的控制活动主要是按照企业的实际情况设计合适的工作分析方案，并将工作分析的整体任务进行分解，将责任落实到人，同时根据企业的实际情况和工作分析需要选定合适的工作信息收集方法和手段等。

3）在调查阶段

在该阶段，企业的工作分析领导小组及工作分析小组首先要选定信息的来源，确定信息收集对象的数量和人员名单，并实际进行信息的收集。

4）在分析总结阶段

分析总结阶段的控制活动主要表现在对所收集到的信息进行分类、汇总，由于所有的信息未必都是准确可靠的，因此还要对其进行筛选，去伪存真，保证工作分析信息的准确性和有效性。

5）在描述阶段

描述阶段的控制活动主要表现在对职位说明书、工作描述书和任职说明书等一系列工作分析文件的形式、用语进行规范，使所形成的工作分析文件具有实际指导作用。

6）在运行阶段

运行阶段的控制活动主要表现为规范企业的各种应用文件和规章制度，保证工作分析文件在企业人力资源管理活动中的基础地位和实际用途，使最终形成的工作分析文件发挥应有的作用，而不是工作分析结束了，一切还是按照老样子进行，这样的工作分析对企业来说是没有任何意义的。

4.3　工作分析面临的问题及应对策略

工作分析是人力资源管理的一项核心基础职能，简单来讲，它是一个应用系统方法，收集、分析工作信息，确定组织中职位的定位、目标、工作内容、职责权限、工作关系、业绩标准、人员要求等基本因素的过程。工作分析的主要成果是形成工作说明书及工作分析报告。前者既是一般员工工作的指南，也是企业确定人力资源规划，以及进行绩效考核、薪酬管理、培训开发等人力资源职能管理的参考依据。后者则是通过工作分析发现企业经营管理过程中存在的问题，为诊断组织的有效性提供依据。

工作分析以组织中的职位以及任职者为研究对象，它所收集、分析、形成的信息及数据是有效联系人力资源管理各职能模块的纽带，从而为整个人力资源管理体系的建设提供理性基础。同时，组织由各种各样的员工角色构成，通过工作分析可以详细说明、了解并从整体上协调这些角色的关系，避免工作重叠、劳动重复，提高个人和部门的工作效率及和谐性，奠定组织设计和工作设计的基础。从这个意义上讲，工作分析也是中国企业走向管理规范化的一项基础性的工作。

4.3.1　工作分析与员工胜任能力模型

人力资源管理的核心是建立职位与人之间的动态匹配关系，这也衍生出了基于职位的人力资源管理与基于胜任能力的人力资源管理两条思路。前者是此领域的传统路径，到目前为止已经形成了较为完整的方法与流程，包括信息收集的方法、处理数据的工具、工作说明书的模板等。随着人日益成为企业经营管理的核心，对人的内在素质，包括知识、技能、行为、个性趋向、内驱力等因素与工作绩效之间的联系的研究日益深入，基于胜任能力模型的人力资源管理越来越受到理论界及实践界的关注。有的学者甚至认为，胜任能力模型将取代工作说明书，成为人力资源管理的基础。关于工作分析与员工胜任能力模型的关系，可归纳出以下内容：

1）胜任能力模型研究目前还不甚成熟，应用基础还不够广泛

应该看到，工作分析产生于泰勒的科学管理时代，虽然经历了上百年的实践验证与持续改进，但到目前为止还存在诸多需要完善的地方。可见，任何管理工具，除了具备理论与研究基础之外，还需要有广泛的实践基础与丰富的操作经验才能走向成熟，而这一点恰恰是目前胜任能力模型欠缺的地方。胜任能力模型最早于20世纪70年代在美国提出，到目前为止还只是一些管理基础较好的跨国大公司在应用，工具本身还有待于理论体系的进一步完善和实践的检验。同时，在胜任能力模型的应用中，使用行为事件访谈、信息编码、建模等方法的成效还在很大程度上依赖于操作者本身的能力与经验，技术门槛较高，难以为大多数人力资源管理从业人员和管理者所掌握，应用成本也很高。这决定了胜任能力模型在现阶段虽然可以成为人力资源管理的一项新的基础性工具，但实际应用的基础还不够广泛，还需进一步完善。

2）胜任能力模型无法根本取代工作分析在人力资源管理中的基础工具地位

胜任能力模型并没有也不能取代工作分析在人力资源管理中的基础工具地位，甚至胜任能力模型本身的建立离不开工作分析所提供的信息。①从胜任能力模型研究过程来看，从选取需要建立胜任能力模型的职位，到提出绩效标准，再到选取绩效出众和绩效一般的任职者，都离不开通过工作分析所得到的职位目的、工作内容和绩效标准等信息；②目前许多胜任能力模型的研究对象是职类（如研发人员、销售人员）或职层（如高级管理层），而职类、职层的划分依据及标准需要通过对职位要素的分析与总结而提取；③从结果来看，胜任能力是对工作说明书内容的丰富，它弥补了工作本身表层、外向的特征描述的缺陷，转而关注职位对人的内在要求的描述，但这种要求也是基于职位的目的与要求而设计的。

因此，从根本上讲，胜任能力模型是一种完善人力资源管理基础工具的方法，它与工作分析之间相互补充，共同构成人力资源管理体系建设的两项基础性工作，二者的根本目的都在于提高人与职位的适应性，提高人力资源开发与管理的有效性。

4.3.2 工作分析中出现的误区与问题

尽管工作分析是人力资源管理乃至整个企业管理系统中的基础性环节，对提高管理的精确性和有效性发挥着重要的作用，但工作分析在企业人力资源管理的实际操作中却成为最容易被忽略的一个环节。究其原因，并非工作分析本身不重要，或者说缺乏实践价值与操作的可行性，而是企业在工作分析的实践过程中存在的误区与问题导致工作分析的价值难以实现。这些误区与问题主要归结为以下几个方面：

1）工作分析缺乏系统思考与整体思维

工作分析缺乏系统思考与整体思维，即对战略、组织、流程的整体缺乏适应能力。职位是组织中的基本单元，它存在的价值在于帮助企业实现整体目标。职位目标是组织目标的分解和细化。有效的工作分析必须理顺职位与组织、组织目标、目标实现的手段之间的关系，而这一点，正是被企业常常忽视的原则。其问题具体表现在：

（1）工作分析缺乏战略导向

如前所述，职位不能脱离企业的战略、文化、组织与流程等而独立存在和运行，工作分析也不例外。然而，在实际操作过程中，许多企业却本末倒置，不是遵循先确定战略、组织与流程，再开展工作分析的逻辑次序，而往往是将工作分析作为战略、组织与流程变革之前的先导步骤。因此，我们常常看到的现象是，企业在耗费大量的资源完成了工作分析之后，才发现需要进行战略调整、组织重构与流程再造，继而伴随着大规模的职位变迁，原来煞费苦心形成的工作说明书却成了形同虚设的文档。

要以战略为导向进行工作分析并非意味着企业在没有进行战略设计和组织调整的情况下就不能开展工作分析。工作分析一方面要以战略为导向，要明确地体现职位对战略的价值和贡献，另一方面也要充分考虑到企业目前的组织管理模式和职位的历史与现状。因此，以战略为导向的工作分析在实际操作中应该是一个理想与现实、战略要求和职位实际紧密互动的过程。

（2）工作分析不能适应组织变革的需要

随着全球化竞争的到来，市场的不确定性因素日益影响企业的生存和发展。现代企业的组织设计更加强调对外部环境的反应能力与灵活性，渐进性的组织优化与调整逐步成为企业日常的管理模式与运行方式的副产品。在这样的情况下，势必要求工作分析在稳定中保持灵活，在严密中保持弹性，要求企业根据不同职位所受到的组织变化的冲击与影响，来展开分层分类的工作分析。大多数企业在进行工作分析时却无视这一点，不顾职位本身的特点，一味强调工作说明书的系统性与稳定性，忽视工作说明书的分层分类与动态管理，从而难以满足持续的组织优化的内在需要和要求，造成组织变革与工作分析的脱节。

（3）工作分析缺乏对流程的衔接与磨合

现代企业越来越重视通过面向市场与客户的流程变革，提高为客户创造价值的能力。作为流程衔接与传递的节点，任何职位必须在流程中找到自身存在的价值和理由，必须根据流程来确定其工作内容与角色要求。这要求工作分析必须与流程相呼应。中国企业在开展工作分析时，大多缺乏对流程的系统分析，没有把握流程中职位与周边的互动联系，而是片面强调对职位内在要素的详尽描述，结果将完整的流程分割得支离破碎，大大削弱了流程的速度与效率，导致工作分析与流程的脱节。

2）重结果，轻过程

工作说明书是工作分析的结果，也是许多企业进行工作分析的主要目的，但这仅仅是工作分析对企业所具有的成果价值，即为组织与人力资源体系的设计提供基础性的信息。其实，工作分析对组织来讲还有另一层价值贡献，即过程价值：帮助企业对组织的内在各要素包括部门、流程和职位进行全面系统的梳理，帮助企业提高组织及流程设计、职位设置的合理性，并帮助任职者形成对职位及周边环境的系统理解。相比后者，工作说明书更是一种可见可触的结果，因而往往更容易得到重视，而在工作分析过程中反映的更多信息、产生的更大价值，却很少得到企业的关注。其问题具体表现在：

（1）忽视工作分析过程本身的价值与贡献

国内很多企业在开展工作分析时单纯用工作说明书本身的形式来评价整个项目的价值与意义，造成工作说明书片面追求文本形式的美观与漂亮，最终成为“中看不中用的花瓶”，而缺乏对真正有效信息的分析与关注，导致耗费大量资源形成的工作说明书与工作分析报告不能为实际的管理决策提供支持，成为大量束之高阁的文本文件，工作分析项目也成为毫无意义的“造文件运动”。

（2）忽视对工作分析过程的管理与控制

整个工作分析项目的效果，在很大程度上取决于对项目过程的控制与管理。国内的很多企业在进行工作分析时：一是片面追求成果表现形式上的美观，忽视过程本身的价值；二是过分强调对外部专家的依赖，不去从项目过程中学习、研究；三是缺乏过程控制的意识与经验，造成企业的内部人员对整个项目的参与不足，进一步造成信息失真、分析肤浅，整个项目流于形式，效果大打折扣。

3）重描述，轻分析

工作分析的核心环节在于对职位要素的系统分析，而非对其进行简单的罗列与描述，这常常需要对信息去粗取精、去伪存真，而这一点恰恰又是很多企业在工作分析中的通病。其问题具体表现在：

（1）忽视对工作职责之间的内在逻辑关系的系统把握

任何职位的工作职责都是一个有机的系统，而非简单的拼凑与组合。对职责之间内在逻辑的把握，一是有利于形成对职责的系统理解，使任职者能够按照职责的逻辑来安排工作，而非无头苍蝇似的找不到头绪；二是有利于把握不同职责对整体目标的贡献，找到努力的方向，优化资源的配置；三是有利于找到职责履行中的难点，为绩效的改进找到突破口和切入点。目前国内企业在进行工作分析时，一方面由于任职者本身的参与不够，另一方面由于工作分析人员缺乏系统性的训练，往往难以形成对职责逻辑的把握，而仅仅进行简单的罗列与描述。

（2）忽视对职责与业绩标准、胜任能力之间关系的把握

职位可以看作一个投入产出系统，而员工的胜任能力就是投入，职责就是过程，业绩标准就是产出。只有在对三者的内在关系进行系统分析的基础之上，才能真正实现胜任能力与业绩标准的科学化与标准化。国内企业在进行工作分析时，往往割裂了它们的内在联系，仅仅依据感觉与经验来建立业绩标准与胜任能力，使得工作说明书本身的系统性、准确性和可信度受到影响，进而使工作说明书在招聘、录用、考核等人力资源管理职能中的运用受到限制。

4）工作分析操作滞后，目的、方法、工具之间脱节

在整个组织与人力资源管理体系中，工作分析是最为基础的管理工具，但同时也是技术含量最高、操作难度最大的板块之一。工作分析是否成功在很大程度上取决于

是否采用科学、实用的工作分析技术与方法。另外，由于我国企业管理的基础较为薄弱，工作分析技术的开发与应用尚缺乏丰沃的实践土壤，对工作分析的研究大都停留于对国外理论与技术的引入，缺乏基于本土实践的系统性的工作分析理念、技术与方法的创新，致使我国企业的工作分析在假设系统、框架体系、技术方法上存在诸多矛盾和问题，在一定程度上制约了我国企业工作分析项目的有效开展。其问题具体表现在：

(1) 工作分析技术缺乏假设系统

假设系统是经济与管理科学的前提和基础，是科学区别于经验的关键要素。工作分析技术的假设系统，是指在构建工作分析技术体系之前，技术的构建者和使用者对于职位内在各要素以及职位与其外部环境要素之间的相互关系的抽象理解。综观西方发达国家的各种工作分析方法，其背后都有一套完整并经过了检验的关于职位的理解和诠释，从而保证了工作分析方法的系统性与科学性。与此相反，国内的管理学者和企业管理实践者在对国外的工作分析方法加以引进、消化、改进和创新，以及开发本土化的工作分析技术时，往往忽视了隐藏在技术背后的假设系统，形成对技术的孤立而片面的理解，使工作分析技术的有效性大打折扣。

(2) 工作分析的操作缺乏明确的目标导向，造成方法失当，成果缺乏针对性

一方面，工作分析在企业的战略、组织与人力资源管理中有着非常广泛的应用；另一方面，任何一种工作分析方法都有其优势与不足，都只能在一定范围内针对一定的目的而展开，而无法满足组织与人力资源管理的所有要求，如以考核为导向的工作分析和以薪酬为导向的工作分析的侧重点与方法就不同。因此，必须建立目标导向的工作分析技术，即明确工作分析在本企业运用所要针对的具体目标，在此基础上，确定工作分析信息收集的重点、信息收集与处理的方法、工作说明书的内容与形式。很多企业对这一问题尚缺乏足够的重视，往往将工作分析视为包治百病的良方，不顾企业的病症而胡乱服用，导致工作分析方法失当，信息收集分散，工作说明书缺乏目标针对性，这在很大程度上导致了工作分析在组织与人力资源管理实践中的作用不够显著的结果。

(3) 缺乏成熟的职位信息收集与处理技术

信息收集与处理技术是工作分析技术的核心。国内企业所采用的职位信息的收集与处理技术还停留在较为初级的阶段。一方面，缺乏定量化的技术与方法；另一方面，对传统的、定性的信息收集与处理方法（如观察法、访谈法、问卷调查法）缺乏系统性的总结。工作分析专家在实践中所获得的经验性认识还仅仅停留于自身的脑海中，尚未进行总结，以对人力资源管理人员进行有效的培训。这导致工作分析的效果在很大程度上还取决于工作分析人员的个人能力及对工作的感性认识，这是目前国内企业中的工作说明书形式五花八门、质量参差不齐的重要原因。

上述四大误区、十大问题在中国企业中并不鲜见。要解决这些问题就需要我们对工作分析进行系统的思考。思考的内容包括但不限于：作为人力资源管理的基础工具，工作分析如何实现与战略的衔接和传递；工作分析的动态与静态管理；工作分析与企业战略转型、组织变革与流程再造的关系；如何管理与控制工作分析的过程、工

具、方法；如何应用工作分析的结果等。可以说，工作分析在当代面临一系列的挑战，需要从一种历史的角度来分析工作分析存在的价值及应该做出的调整。

4.3.3 工作分析面临的挑战

人类社会步入21世纪，知识经济已成为一种新的经济形态。知识创新型企业的竞争环境和运营模式发生了根本性的变化，同时也对企业的战略、组织与人力资源管理产生了巨大的冲击。工作分析作为现代组织与人力资源管理的基础，在知识经济时代面临着巨大的挑战。

知识经济时代给人力资源管理带来的最大挑战是，知识型工作与知识型员工成为企业价值创造的主体，进而成为人力资源管理必须把握的重心和关键点。知识型工作相对于传统工作，在工作内容的确定性与可重复性、工作的性质（个人工作或团队工作、专业性或非专业性）和基础、对技能的要求、职责边界、与周边关系的协调等要点上都发生了变化。这对工作分析本身及工作分析的方法都提出了挑战。

1）对工作分析本身提出的挑战

工作分析以职位为研究对象，它是对职位中稳定的、确定性的内容进行规范化、标准化的描述，因此职位内容本身的确定性、可重复性是工作分析的前提。随着工作本身从确定性向不确定性、从重复性向创新性的转变，职位内容本身的变异程度将大大提高，工作说明书中可以加以规范和标准化的内容将变得越来越少。因此，工作分析本身的存在价值将会面临严峻的挑战。

明确规定某一个职位工作与其他职位工作之间的内在差异——主要是职位目标与职责之间的不同——是工作分析的重要手段。传统的工作分析强调对职位职责的明确界定，通过厘清职位之间的职责、权限的边界来为组织与管理的规范化提供基础。但是，随着工作本身从重复性向创新性的变化，知识型工作不再强调这一点，而是允许甚至鼓励职位与职位之间的职责与权限的重叠，以打破组织内部的本位主义与局限思考，激发员工的创新能力与意识。在边界模糊的条件之下，什么样的工作内容（例行的还是例外的，甚至以多大频率例外的）应该包含于工作说明书中？如何避免因职责的明确界定进一步加深任职者的视野固化、抑制其创造性与活力？这些问题都将对工作说明书本身的存在价值与意义提出挑战。

在知识经济时代，团队工作和项目型工作取代传统的个人职位，个人工作向团队工作、职能型工作向项目型工作转变。这使得知识型员工对组织所做出的贡献不再取决于其个人直接的工作成果，而是依赖于其所在团队的整体工作业绩。这种状况就使得知识工作的成果难以衡量。另外，团队成员都是按照角色界定来开展工作的，过程难以监控。团队成员工作交叉、职能互动，这种交叉与互动是团队创造力的源泉之一。因此，在团队中将不再有固定的、稳定的职位，传统的工作分析也就失去了研究与分析的对象。

2）对传统工作分析方法提出的挑战

在知识经济时代，工作的外显行为特征逐步被任职者的内在思维过程和思维创新取代。传统的观察法、访谈法和问卷调查法等工作分析方法，都是以收集任职者的行为特征和外在工作活动信息为基础来展开的。将这些方法运用于知识工作的分析时，将难以收集到职位内在的、本质的、核心的信息。传统的工作分析将面临方法失效的危险。

现代的工作分析方法需要扩大职位信息的来源，从上司权力转向顾客权力，从上级协调转向同级协调，这就使通过传统的以对任职者本人及其上级进行调查来收集职位信息的方法无法全面把握职位的工作内容与任职要求。工作分析发展的一大趋势是将职位的内在顾客与外在顾客、业务流程的上下游环节都纳入工作分析的信息来源之中，形成对职位全面的信息收集与判断。

3）如何认识工作分析面临的挑战

如前所述，工作分析在实践过程中出现的问题及在新经济条件下面临的挑战，使工作分析本身存在的价值与作用遭到了质疑，理论界和企业界出现了“抛弃工作分析”“我们不需要工作说明书”的呼声：在知识经济时代，我们不再需要工作分析。为了与知识经济接轨，今天的中国企业或者说今天的高科技企业需要抛弃工作说明书吗？事实上，中国企业非但不能抛弃工作说明书，而且恰恰要扎扎实实地做好工作分析这一基础性的管理工作，为管理的规范化提供支持。

（1）工作说明书仍然具有适用性

任何职位的内在结构都可以归结为三个层次，即目标、职责与任务。这三个不同的层次形成了一个自上而下逐步分解的体系。因此，针对工作内容的稳定性与不确定性，可以从这三个层次的稳定性与不确定性来进行度量。

对传统工作内容与知识性工作内容的分析对比也应该从这方面来展开。其中，传统工作在这三个层次上都是稳定的、标准化的，一旦工作目标确定之后，完成这一目标的手段、步骤与方法都被固化下来。知识性工作在这三个层次上都将变得模糊，均具有典型的不确定性与不稳定性，从而给任职者本人的创新留下了巨大的空间。但是，现实中的工作介于这两者之间，表现在工作目标稳定不变，工作任务则随着工作情景、人员风格的差异而存在很大的灵活性，而工作职责的灵活性与稳定性则受到职位类别和管理层级的影响。可见，今天的企业中的大部分工作都是稳定与不稳定、确定与不确定的统一体，虽然有的职位稳定性更强，有的职位更富于变化，但对于大多数职位，还是可以通过工作分析来抓住其中最为核心、最为稳定的部分，来界定其工作内容，从而形成标准化/规范化的工作说明书。

（2）中国企业管理呼唤工作分析

职责重叠、权限不明，缺乏职业化管理队伍，人力资源管理缺乏理性基础与技术平台，是中国企业经营管理中存在的典型问题。“人人负责，人人无责”“机构臃肿，人浮于事”，管理者与普通员工普遍缺乏职业素养，人力资源管理停留在传统人事管理的阶段，被大量的缺乏价值的行政事务性工作缠身等现象，从一定程度上来说都源于以上的管理困境。正确应用工作分析的过程及结果，对摆脱这些管理困境有事半功倍的效果：首先，通过工作分析，明确职位职责与权限，确立职位之间的互动关系，优化职位设置与组织流程，提高组织效率。其次，通过对工作目标、工作内容的明确，规范对任职者的任职能力及行为方式的要求，引导员工建立职业规范与职业意识，做到“以此为生，精于此道”。最后，工作分析以事实分析为依据，凭借系统化、专业化的工具、手段、流程构建人力资源管理平台，从而提高人力资源管理的理性程度，提升人力资源管理的战略价值。

4.3.4 如何应对工作分析面临的挑战

根据中国企业的管理现状，面对知识经济时代对工作分析本身及方法提出的挑战，工作分析在理念与操作上必须进行变革与创新，才能响应时代要求，以不变应万变。

1）建立分层分类的工作说明书

不同层级、不同类别的职位在职位本身的稳定性与不确定性方面存在很大的差异，稳定性较差而创造性要求较高的职位对传统的标准化的工作说明书提出了挑战。因此，需要根据职位类型的差异来建立分层分类的工作说明书。

2）建立交叉互动式的工作分析方法

为适应个人工作向团队工作、职能型工作向项目型工作的转变，工作成果由完全对上级负责转向同时需要对顾客负责的转变，在工作分析中，不仅要收集来自任职者本人及其上级的信息，还要收集来自同事与内外部客户的信息。在这样的前提下，就需要建立以流程为基础的、交叉互动式的工作分析方法，即在对某一职位进行分析时，不仅要考虑该职位本身的现状与职位上级的要求，还要考虑该职位与同事之间的互动以及该职位与其他部门的相关职位在流程上的衔接关系，通过在工作分析中树立流程观念，将流程上下游环节的期望转化为该职位的目标与职责，从而帮助组织克服本位主义，提高流程的效率与效果，同时，也有利于组织在产品、服务与管理模式上的创新与改进。

3）建立适应团队工作的工作分析方法

由于知识工作更加趋向于采用团队而非个人的工作方式，因此工作分析方法必须适应提高团队运作效率的内在要求，并为团队绩效的提升提供支持。因此，基于团队的工作分析必须实现以下几种转变：

① 用角色分析来代替工作分析。团队基于明确的目标而产生，它是一种面向结果的组织，因此组织关注的是团队的整体输出而非其内部各个因素的个别输出，这使得团队成员的任务与职责范围不再固定于某一个点上，其工作流程、工作手段也不再固定，而常常处于变动之中，并由一个点延伸发散至一个区间。在团队中往往不强调对成员之间的职责的明确界定与区分，因此宽泛的角色定位比严格界定的职位更能满足个体及团队整体的要求。

② 用角色间分析来代替角色内分析。“整体大于部分之和”是团队存在的价值和目的，而这一结果的产生依靠团队成员的协调与互动、沟通与信息共享，在交流中突破个人力量的限制实现整体的目标。团队绩效依赖于协同，而协同的基础是要识别不同的角色之间在工作职责与任务层面上的相互依赖性。对这种相互依赖性的分析则必须通过分析角色之间的流程关系来实现。

③ 用团队素质结构分析来代替职位任职资格分析。对团队而言，单个成员的任

职资格将逐步被团队整体的素质要求所取代，即需要按照实现团队整体目标与提高团队整体绩效的要求去确定不同成员之间如何形成具有差异性、互补性与协调性的素质结构。

4）强调工作说明书的动态管理

战略转型与文化再造是企业适应不确定性的市场环境和宏观环境的必然选择，这势必对企业组织中的所有要素造成影响。职位的动态性决定了工作分析的动态管理原则。这一原则在知识经济初露端倪的时代，在知识工作本身缺乏稳定性的前提下，显得尤为重要。对工作说明书的动态管理，其核心在于根据内外部条件的变化，及时地对工作说明书进行更新。然而，工作说明书的大规模调整是费时费力的事情，也难以协调职位变动时机的不同步与变动程度不一致之间的矛盾，因此工作说明书的动态管理应该成为任职者本人及其上级主管的责任，而非仅仅是企业人力资源管理部门的责任。由人力资源专业人员向员工及直线管理者提供工作分析的培训及示范，培养他们对工作说明书的自我管理、自我更新能力，是更好地适应职位动态要求的一条捷径。

5）提倡“组织公民行为”来弥补工作说明书的不足

利用工作说明书实现对职位要求的规范化，并非解决所有组织与管理问题的灵丹妙药。现代管理学已经证明，员工对组织的贡献不仅来自其正式职责范围内的绩效与成果，还包括员工超越其职位对组织所创造的价值，比如向同事提供无偿的帮助、向组织提出合理化的建议、主动维护组织的形象与声誉等。这些行为就构成了员工的“组织公民行为”（organizational citizenship behavior，OCB），它是对工作说明书内在不足的良好补充与润滑。

4.3.5　深入学习领会党的二十大精神，开启企业管理创新新征程①

工作分析作为企业人力资源管理的基础性工作，已被越来越多的企业所重视。许多企业花费大量人力和资金实施这项工作，效果却不理想。究其原因，一是企业在实施工作分析之前没有对业务流程以及部门与岗位设置进行充分分析和优化，在实施后又经常对部门和岗位设置进行较大规模的调整，导致工作说明书系列经常被调整和修订，不仅增加了工作量，还降低了工作说明书的权威性和信服力，从而影响了工作分析的实施效果；二是企业对工作说明书的功能、用途认识不深入，形成的工作说明书内容空泛，对招聘、培训、薪酬核定、绩效考评、员工职业发展等工作起不到有效的支持、指导作用。党的二十大站在民族复兴和百年变局的战略制高点，科学谋划了未来五年乃至更长时期党和国家事业发展的目标任务和大政方针，为新时代坚持和发展中国特色社会主义提供了新的战略指引，也为我们推进企业管理创新（包括工作分析等人力资源管理工作）提供了根本遵循，我们要深入学习领会，全面贯彻落实。

1）以党的二十大创新理论指引新时代企业管理创新

党的二十大报告指出，继续推进实践基础上的理论创新，坚持好、运用好贯穿其中的立场观点方法。一是以人民至上为引领。摒弃西方企业片面强调利润最大化和股

① ［1］朱宏任．贯彻党的二十大精神 开创企业管理新时代［J］．现代企业，2023（08）：4-6.［2］李兆兵．工作分析应注意的问题［J］．中国人力资源开发，2003（03）：35-36.

东至上的企业管理原则，通过持续不断的管理创新，推动企业成为股东、员工、客户、社会等利益相关者共建共享共治的平台。华为公司自成立以来就秉承共创共享共治的理念，最大限度激发员工的创造力和活力，推动公司持续成长。二是以自信自立为方向。破除“西方至上”、全盘吸收西方企业管理经验的错误观念，坚持道路自信、理论自信、制度自信、文化自信，走出一条符合当今时代发展方向、具有中国特色的企业管理创新之路。三是以守正创新为原则。一年企业靠产品，十年企业靠管理，百年企业靠文化。坚持守正创新就是要带领企业走正路、干正事、扬正气，合规经营，开拓创新，营造风清气正、干事创业的管理机制和文化氛围。四是以问题导向为标准。将解决企业实际问题作为企业管理创新的出发点和落脚点，瞄准企业高质量发展面临的重点难点问题和薄弱环节开展创新实践，以问题的解决作为衡量管理创新效果的标准。五是以系统观念为根本。从系统管理角度整体谋划思考新时代企业发展战略，注重管理创新的体系性、协同性，从战略高度和全局视野谋划管理创新，探索构建适应时代发展的新管理模式。六是有胸怀天下的格局。在推进管理创新的过程中将以我为主和兼收并蓄结合起来，秉承“以我为主，博采众长，融合提炼，自成一家”的方针，充分汲取世界各国企业管理先进经验，探索形成独具特色的企业管理模式。

2）以中国式现代化的新使命定位新时代企业管理创新

党的二十大开启了以中国式现代化全面推进中华民族伟大复兴的新征程。这是国家发展新的历史方向，也是企业管理创新的基本遵循。我们要深刻认识国家发展阶段变化带来的新特征和新要求，准确识变、科学应变、主动求变，将管理创新的主战场和着力点放在落实国家战略部署上，以管理创新推进企业发展融入国家大局，紧跟时代发展步伐。海尔创业近40年来，管理创新的脚步从未停止：从“管理13条”到当众砸毁76台“问题冰箱”，在国内率先开展全面质量管理；从OEC管理法、“市场链”经营到人单合一。正是这种“咬定青山不放松”的持续创新精神，使海尔快速发展成为全球化经营的企业，一步步走到世界管理前沿。

3）以高质量发展为首要任务推进新时代企业管理创新

高质量发展是全面建设社会主义现代化国家的首要任务，新时代推进企业管理创新要聚焦于此。过去10年，我国企业发展虽然取得了显著成绩，但也面临许多短板和薄弱环节。从美国500强制造企业和中国制造业500强的数据来看，2018年到2022年，美国企业的营收利润率从8.3%增长到12.75%，增长了4.45个百分点，而中国企业的营收利润率从2.31%增长到2.89%，仅增长0.58个百分点，美国企业的净资产收益率从15.7 %增长到25.87%，增长了10.17个百分点，而中国企业的净资产收益率从8.72%增长到10.97%，仅增长2.25个百分点。尽管存在许多不可比因素，但因管理水平差距导致的经营绩效差距是不争的事实。为此，我们要正视不足，全面加大管理创新力度，按照构建现代化产业体系的要求，培育一大批创新能力强、盈利能力强的世界一流企业和领先的专精特新企业。

因此，企业要把管理创新作为核心，顺应时代发展大势和产业发展趋势，遵循企业成长客观规律和市场经济规律，在市场竞争的洗礼中不断总结、不断反思，不断否定自己，不断提升自己，不断开拓进取。只有具备这样的持续创新精神，我们才有可能建成基业长青的世界一流企业。

关键词

主体要素　客体要素　内容要素　控制活动

即测即评

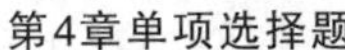
第4章单项选择题

第4章多项选择题

第4章判断题

思考与练习

（1）工作分析的要素和内容有哪些？

（2）简述工作分析的流程。

（3）工作分析的准备阶段、计划阶段、调查阶段、分析总结阶段、描述阶段、运行阶段和控制活动如何具体进行？

（4）工作分析与员工胜任能力模型的关系如何？

（5）工作分析中出现的误区与问题主要有哪些？

（6）工作分析面临哪些挑战？如何应对工作分析面临的挑战？

案例分析

远天公司的工作分析方案

1）企业背景

远天公司是一家已有近30年历史的国有企业，主要从事进出口贸易，其年进出口总额在全行业中名列前茅，享有很高的知名度。

但是，随着国际经济形势的变化，进出口贸易的状况有了很大的变化，远天公司也面临很大的经营压力。目前，远天公司的平均营业收益率仅为5%，而且存在较大的交易风险。

从远天公司的经营状况来看，其销售收入逐年大幅下降，收益率越来越低，而且近年来投资失误接连不断，法律纠纷也时有发生，银行信用大打折扣。企业经营出现问题，员工的收益自然也受到影响，个人收入年年下降。收入下降导致员工情绪低落，纪律涣散，并且谣传公司即将破产，很多员工在暗中寻找“退路”。

为了应对公司出现的这些情况，远天公司特地聘请了某知名咨询公司的专家进驻，以对公司的组织结构进行诊断，并对组织职务进行重新设计。远天公司期望通过外部专家的介入和工作，形成新的组织结构、职能权限体系和业务工作流程。

通过调查分析，咨询公司专家认为远天公司存在以下问题：

（1）公司高级管理人员定位失误，片面理解集中管理的优点，过分纠缠于操作管理和管理决策，这必然造成管理的战略性薄弱，决策失误的风险加大。授权的失效也禁锢了多数中低层管理者和员工工作的积极性和创造性。

（2）管理层次太多，造成组织效率低下，信息渠道严重受阻。高层管理者代行中层管理者的职能，出现权责混乱，进一步加深了组织效率的恶化。

（3）因人设岗，造成机构臃肿。全公司副经理级别及以上人员有31人，接近全体员工的30%。非生产性人员过度膨胀，达到50%以上。

（4）职能部门，包括经理办公室、行政部、人力资源部、财务部等未尽其责，致使高层管理者在决策过程中缺乏政策参考、统计支持和相关信息基础。

（5）职能部门人员无绩效考核标准，而且工作得不到其他部门人员的认可，被认为是吃“闲饭”的，相关员工缺乏工作积极性。

（6）忽视人力资源综合开发。由于职责划分模糊，组织功能不健全，员工普遍存在多个角色，操作失去专业化和专人化，效率和效果都不理想。

（7）以人为控制为主要内容的财务制度、人事制度、考勤制度、奖励制度等随意性严重，无“制”可依，有“制”不严，导致基层员工失望、不满。

（8）激励敏感点的观念淡薄，保持着原始的极端激励观念和方式。经济责任制考核到个人，又与所在部门整体效益挂钩，仍然不能彻底解决“大锅饭”的弊病。

总之，远天公司的主要问题是组织机构职能不清，岗位职责不明，需要进行工作分析以重新划分职能部门，确定工作流程。

2）远天公司人力资源状况和工作分析计划

在制订工作分析的计划之前，我们先来看看该公司人力资源的状况。该公司现有员工107人。其中，16人服务于7个国内外机构，4个直属专业分公司共有经理人员及业务员42人，储运部4人，财务部11人，房地产公司6人，后勤5人，总经理办公室8人，人力资源部2人，行政部5人，企划部4人，副总经理3人，总经理1人。全体员工中65%以上具有大专及以上文凭，这些员工主要集中在业务部门和管理层。员工很少参加在职培训，主要通过招聘筛选。

该公司在各外部机构设经理1名，4个分公司各设经理1名及副经理2名，下属有关分支机构各设负责人1名，其他部门各设经理1名。3名副总经理中有1人由党委书记兼任，实行总经理（法定代表人）负责制。

通过调查分析，咨询公司希望通过工作分析进一步细化远天公司的组织结构设计，将部门的工作职能分解到各个职位，明确界定各个职位的职责与权限，确定各个职位主要的工作绩效指标和任职者基本要求，为各项人力资源管理工作奠定基础。

经过仔细研究，确定工作分析将要完成以下内容：

（1）了解各个职位的主要职责与任务；

（2）根据新的组织结构运行的要求，合理清晰地界定职位的职责、权限以及职位与组织内外部的密切关系；

（3）确定各个职位的关键绩效指标；

（4）确定对任职者的基本要求。

工作分析的最终成果形成具体的工作说明书。

在工作分析中，由咨询公司团队与远天公司有关人员一起组成工作分析项目组，采用资料调研、工作日志、访谈、职位调查表和现场观察等方法开展工作。

本次工作分析主要分为三个阶段进行，即准备阶段、实施阶段和整合阶段。

第一阶段：准备阶段

（1）成立工作分析领导小组（远天公司总经理任组长，咨询公司派人参加）；

（2）成立工作分析工作小组（由远天公司员工和咨询公司员工组成）；

（3）对现有资料进行研究；

（4）选定拟分析的职位；

（5）设计调研用的工具。

第二阶段：实施阶段

（1）召开员工会议，进行宣传动员；

（2）对参加工作分析工作小组的远天员工进行培训；

（3）制订具体的调研计划；

（4）记录工作日志；

（5）实施访谈和现场观察；

（6）发放调查表。

第三阶段：整合阶段

（1）对收集来的信息进行整理；

（2）向有关人员确认信息，并做适当的调整；

（3）编写工作说明书。

工作分析之后，得出各个职位的工作说明书。表4-1是其中的一个例子。

表4-1 工作说明书举例

职位名称	薪酬福利主管	职位代码		所属部门	人力资源部
职　　系		职等职级		直属上级	人力资源部经理
薪金标准		填写日期		核准人	

职位概要：协助上级完成薪酬、福利的各项日常工作

工作内容：

• 起草公司年度薪酬规划及福利计划
• 参与制定、调整薪酬福利政策
• 定期收集市场薪酬信息和数据
• 根据公司业务发展情况和市场水平，制定合理的薪酬调整实施办法
• 按时完成人工成本、人工费用的分析报告并及时更新维护员工资料库
• 制作公司每月的工资报表，按时发放工资
• 办理养老保险、医疗保险、失业保险、工伤保险、住房公积金等社会保险和基金业务
• 考勤、管理休假
• 其他与薪酬相关的工作

续表

任职资格： 教育背景： 人力资源管理、劳动经济学、心理学、工商管理等相关专业本科及以上学历 培训经历： 接受过现代人力资源管理技术、劳动法律法规和财务会计知识等方面的培训 经验： 2年以上薪酬管理工作经验 技能技巧： 熟悉国家人事政策、法律和法规 熟悉与薪酬相关的法律法规 熟悉薪酬、福利管理流程 人力资源管理理论基础扎实 熟练使用相关办公软件 态度： 良好的职业操守，细致、耐心、谨慎、踏实、稳重 强烈的敬业精神与责任感，工作原则性强，人际沟通、协调能力强
工作条件： 工作场所：办公室 环境状况：舒适 危险性：基本无危险，无职业病危险

案例思考题：

（1）远天公司在管理上存在的问题应该如何改进？

（2）你认为远天公司的这一工作分析计划可行吗？有哪些问题？

（3）如果你是该工作分析工作小组的成员，你会怎么做？

延伸阅读　A公司一次失败的工作分析

第5章 工作分析方法

教学目标

✓掌握工作分析的基本方法；
✓掌握工作分析方法比较、评价和选择的相关内容。

教学要点

✓工作分析的基本方法；
✓工作分析方法选择和评价的依据。

导入案例

工作分析的未来发展方向

自从进入21世纪以来，世界的发展速度令人瞠目结舌，昔日酒店接待人员中，除需要一个人验证来访者的身份证外，还需一个人帮助填写单据，然后由另外一人向来访者介绍酒店的入住制度，而现在只需一个人就可以了。接待人员将来访者的身份证件靠近电脑设备，立刻就会打印出一张酒店入住单据，上面有入住者的姓名、身份证号码、照片、入住酒店说明、房间号码、线路图等。昔日需要三个人才能完成的工作，今天，一个人就可高效率地完成了。技术的发展如此之快，以至于不可能进行工作分析，企业希望每一个员工都能适应企业的所有工作，希望员工是服务于企业而不是服务于岗位本身，所有这些，均要求人力资源管理工作者具备灵活性和适用性。也就是说，人力资源管理工作者必须有足够的能力和勇气面对21世纪日新月异的技术发展所带来的工作分析方面的挑战。打破原有思维框架，彻底进行思维转换，毋庸置疑，这是非常痛苦的，却是必需的。

1）工作分析这杆大旗能打多久

在人力资源管理界也有这样一种声音："工作分析是否有存在的必要呢？""工作分析在走下坡路吗？""工作分析这杆大旗能打多久？"为什么业界有那么多质疑呢？主要是因为：随着科技的发展，企业越来越强调团队合作，用于编制工作说明书的参数越来越少，而工作之间的共同点越来越多；传统的工作分析强调严格界定和区分工作职责，而现实中的工作又是紧密联系在一起的，这种冲突导致原有的工作分析与工作的大趋势已严重不符；传统的工作分析的前提与新型的员工管理有明显的区别，这种区别使人力资源管理工作者对这个工具产生了担忧。虽然担忧不无道理，但可以肯定地回答：工作分析是需要的，不仅今天需要，将来一定还需要。工作分析是人力资源管理实践存在的土壤，没有土壤哪里还有结果呢。由于时代的快速变迁，人力资源管理工作者对“以能力为模式”的工作分析的偏爱程度要高于传统的工作分析，但非常可惜，这种新型的工作分析模式还未能以法律的形式规定下来。另外还有一层含义，劳动合同法的出台亦对企业的员工劳动合同管理提出了高水平的要求，凡是遵纪守法的公司都会向聘用的员工提供职位说明书，这也是未来证明自己遵纪守法的书面文件。

2）从“我为岗位工作”向“我为公司工作”转换

现在流行的工作分析多是在企业和岗位发展比较稳定的时代里进行的，为某一既定岗位而招来的员工一直在该岗位上工作，这份工作可以维持几个月甚至几年不变，这是企业所希望的，这对管理人员和员工来讲都是不错的结果。现在情况已发生变化，再用旧的眼光和思维考虑这类问题，将会导致高级人才的流动。从中石油、中石化、华为等知名公司的员工轮岗用工制度的实践，我们不难发现，员工已经不再是多年前所提出的“螺丝钉”概念，他们不再愿意坐在自己的岗位上一动不动，他们是有想法的，他们希望为公司做出更大贡献，他们想做不同的工作，其实这也是企业希望见到的，企业希望员工是“多面手”（generalist）而不仅仅是“一面手”（specialist）。因此，企业的人力资源管理工作者在进行工作分析时，就不能只考虑过程而不注重结果、只重视完成业务而忽视人才育成的长远发展理念。为此，我们可以将“工作作用”作为分析的重点，这与时下重视结果的观点是一致的。

以团队形式出现的企业，关注“工作作用”而非“工作岗位”将是大势所趋，这是因为，一个人在团队中工作，我们要考察的是团队是否已完成工作，我们关注成员在完成工作过程中所起的作用将比关注成员是否完成本岗位规定的工作更有意义。

关注“工作作用”而非“工作岗位”也是长在红旗下、活在互联网时代的新生代的一大期许，从新闻报道、企业调研实际以及家庭自我体验与感知中可以发现，新生代脑门上挥之不去的是“这工作有意义吗”“这件事情有价值吗”“这项业务能为我们带来什么改变”，足见关注“工作作用”远比关注“工作岗位”更符合与时俱进的时代的呼唤。

3）面向未来进行工作分析

传统的工作分析是面向现有工作进行分析，形成对现有工作的描述，缺乏前瞻性，事实上企业的长远规划通常是期限比较长的计划，是对未来的展望，即我将来能成为什么。比如说，企业需要裁员，我们可以先用传统的工作分析来确定企业现有多少工作岗位，需要裁多少岗位，然后面向企业的未来进行工作分析，即将来企业可能会保留多少岗位、需要新增什么岗位，以此作为企业制定招聘、绩效、培训、薪酬、晋升等人力资源政策的基础。

面向未来进行工作分析的结果将作为企业战略的一部分，企业的人力资源战略从而与企业的发展战略保持高度一致，HR与CEO自然也能保持一致，不管如何，具备前瞻性和灵活性将是未来对HR提出的较大挑战。

资料来源　史为建．浅析工作分析的未来发展方向［EB/OL］．［2023-11-05］．http：//blog.ceconlinebbs.com/BLOG_ARTICLE_747.HTM.

5.1 工作分析的基本方法

工作分析的方法有很多，但是没有一种绝对正确的方法，各种方法都有其优缺点。工作分析的目的和用途决定工作分析的内容，因此不同的企业所进行的工作分析，其侧重点会有所不同，相应地，所选取的分析方法也会大不相同。

工作分析的方法，一般可分为通用性工作分析方法、基于人的工作分析方法和基于工作的工作分析方法，也可分为定性分析与定量分析两类方法。下面介绍工作分析的几种基本方法。

5.1.1 访谈法

访谈法是目前企业运用最广泛、最成熟并且最有效的工作信息收集方法，也是人力资源管理系统中的重要步骤和信息收集方法。行话有云："碰到问题怎么办，通过访谈找答案""好问题等于好答案"。访谈法就是一种通过工作分析者与被访人员就工作相关内容进行面对面沟通来获得工作信息的方法。访谈法比较适用于脑力工作者，如开发人员、设计人员、高层管理人员等。这就要求访谈人员具备很强的沟通能力。

访谈可分为个人访谈、群体访谈、主管人员访谈、180°访谈与360°访谈。个人访谈一般指单独进行的访谈；群体访谈指对从事同类工作或在同一生产线上工作的所有人员进行的访谈；主管人员访谈一般指对被调查岗位直接上级进行的访谈，要求被访谈的主管人员熟悉该岗位的工作；180°访谈通常指对横向协同部门人员进行的访谈；360°访谈通常指对上级、下级与横向协同部门人员进行的全方位立体化的访谈。

1）访谈法的优缺点

（1）访谈法的优点

① 内容有深度。访谈是双方面对面地交流，因而对工作方面的信息了解得更深入，尤其可以对被访者进行心理特征分析，对其工作态度、工作动机等深层次内容有较详细、深刻的了解。

② 信息有广度。可以简单而迅速地收集多方面的工作分析信息，为明确工作效用奠定基础。

③ 困惑易消除。便于双方沟通，能够及时进行控制和引导，消除被访者对调查内容的疑虑与困惑。

④ 信息可验证。访谈者可根据实际情况及时地修正访谈提纲中的信息缺陷，并通过态度及个性特征判断信息的真实性及准确性，筛选信息，使得到的信息具体、准确，直观性强。

⑤ 用意可传递。能够使被访者更了解工作分析的目的和必要性，同时对工作进行系统性的思考、总结与提炼。

（2）访谈法的缺点

任何一种方法都不是完美的。访谈法也有一定的缺点：

① 信息易失真。容易受到被访者个人因素的影响。被访者易将个人利益与访谈联系起来，尤其是对任职者本人进行访谈时，他们往往会夸大工作的重要性与难度。

② 成本比较高。费时费力，工作成本较高。多轮访谈一般会占用被访者的正常工作时间，可能造成一定程度上的生产损失。

③ 素质要求高。对访谈者本人要求较高，需要访谈者接受有关访谈技巧的专项训练。如果访谈者不具备良好的访谈沟通技巧，则易导致工作信息收集不完全甚至失真。

2）访谈时应遵循的原则

① 营造良好的氛围，注意选择访谈时的地点。通常建议使用非正式的会议室（如公司休息室或茶室），如果使用正式会议室，则应尽量避免使用长条形会议桌。良好的环境能减轻被访者的心理负担，使其尽量给出准确的回答。

② 让被访者畅所欲言。在访谈时尽量不打断被访者说话，任由被访者自由地对其工作进行描述，并允许被访者对工作或领导抱怨，缓解工作压力。

③ 提问要简洁，防止对被访者的诱导，同时提问时态度要诚恳。在提问时不使用拗口的问句或带有个人观点的提问，不能让对方从中猜测提问目的从而顺应提问目的回答问题。

④ 在进行访谈前要制定好提纲，以便把握整个访谈过程，当被访者偏离本次访谈中心过远时，可以委婉地将其拉回到访谈中心来。

3）访谈过程中的技巧

掌握一定的访谈技巧，可以扬长避短，更好地为工作分析服务。下面从访谈准备、访谈实施、访谈整理三个阶段来谈。

（1）访谈准备阶段

①获得企业中、高层管理者的支持。这是工作分析能否成功的关键因素。工作分析不是人力资源管理部门单独可以完成的，它涉及企业每一个部门、每一级管理者，甚至需要每一位员工的大力协助才能顺利开展。企业管理层的支持对访谈的效果影响甚大。工作分析人员可通过参与企业会议等方式与中、高层管理者沟通，传达工作分析及访谈的意义和重要性，获得支持。

②了解背景材料。

第一，通过培训、登录企业内部网和企业微信公众号以及查看现有的企业内部文件等方式获得一手和二手资料，尽可能从企业历史、文化、经营范围、主要产品、部门设置及主要工作流程等方面了解企业。事先了解和分析背景材料，加深对企业的了解，有助于找到访谈重点，有的放矢。

第二，对资料、信息进行有效整合。例如：查看企业花名册，不是为了简单统计人数和职位，而是可以为每个部门绘制组织架构图，并标明职位和人数；通过翻阅其他书籍准备次日的访谈资料，可以将工作职责进行整合，包括流程和绩效指标，尽可能使访谈的准备工作全面且细致。总之，对于已有的一些资料，不能把信息简单拼凑，而应该进行合理分析，将其整合成系统的、价值高的信息资源。

③制订访谈计划。

第一，确定访谈目标。访谈是为工作分析服务的，其目标有两点：一是直接目标，即编写工作分析成果，如工作说明书、部门职责说明书；二是最终目标，即工作分析的目标。根据企业发展的情况，每阶段工作分析的侧重点都会有所不同。如果工作分析的目标是制定科学合理的薪酬体系，那么访谈就要着重于对企业薪酬制度的了解。

第二，了解访谈对象。毛泽东同志说过："必须注意不打无准备之仗，不打无把握之仗，每战都应力求有准备，力求在敌我条件对比上有胜利之把握。"[①]诚然，我们并非将访谈对象作为敌人来看待，但是我们对访谈对象的了解程度将决定我们访谈的深度与输出的有效度。先了解访谈对象有哪些，有多少，他们的综合素质及个体差异程度如何，然后确定具体的访谈对象。例如，对基层员工进行访谈前，可通过与主管领导的密切配合，找出最了解工作内容和最能客观描述自己工作的员工。

第三，选择访谈方法。访谈者通过非结构化访谈可以根据实际情况灵活地收集工作信息，但信息缺乏完备性，而通过结构化访谈虽能够收集全面的信息，但不利于任职者进行发散性思维。在实践中，往往将两者结合使用。

第四，建立时间框架。为访谈过程制定明确的时间表，以便合理掌握和控制时间。

第五，逐步分层、分阶段实施。一般来说，访谈的顺序为：高层—中层—基层；部门组织结构分析—工作流程设计—岗位分析。

第六，安排访谈的时间、地点。时间安排以不打扰被访者正常的工作为宜，并要事先通知对方以便做好准备及安排工作。要选择合适的访谈环境，保持安静和整洁，在无人打扰的环境中进行访谈效果更佳。

第七，准备访谈所需的材料和设备。例如，做记录所需的笔和笔记本；为防止遗漏信息可携带录音笔，但须事先向被访者解释清楚。

④组建访谈小组。

第一，对工作分析团队进行分组。成立多个访谈小组，明确小组工作任务、目的及时间安排。

第二，确定小组每个成员的角色。由两人或两人以上同时对一个被访者进行访谈时，要确定主问和次问。访谈时可由主问负责整个访谈过程，其他成员负责整个过程的记录并在主问结束访谈时及时进行补充，也可给小组各成员分配不同的题目内容，如对部门进行访谈时，可由一人负责关于部门职责的访谈，另一人负责关于部门主要流程的访谈。

第三，培训访谈人员。工作分析访谈是一项富有系统性的、技术性的工作，在准备阶段，应对访谈者进行系统的培训，内容包括访谈的目的、意义及时间安排，访谈过程中容易出问题的地方以及纠偏的技巧和方法。必要的时候可以形成标准的话术供访谈人员参考。

并不是每个人都可以主持好访谈，访谈需要一系列技巧，比如收集访谈的相关背

---

① 毛泽东．毛泽东选集：第4卷［M］．北京：人民出版社，1966：1176.

景信息、积极倾听与沟通、引导被访者提供真实信息、对访谈内容随时进行准确记录等。应该事先有针对性地对访谈人员进行访谈技巧培训，尤其是专门针对工作分析的访谈技巧培训，这对获得有效的工作信息而言是非常重要的。

一般来说，培训宜集中进行，在培训过程中可进行示范与模拟演练，既省时省力又能互相启发。

⑤编制访谈提纲。

访谈过程中涉及的问题往往较多，为了避免遗漏，保证采集信息的质量，最好事先拟定一份较详细的访谈问卷或访谈提纲，这样便于记录、归纳和比较信息，并能更好地将访谈内容限制在与访谈目的有关的范围内。

第一，针对不同的被访者设计不同的访谈提纲。对高层管理者的访谈，主要目的是了解企业的历史、文化、战略愿景、市场竞争状况、优劣势、机遇及挑战等。对中层管理者的访谈提纲，可根据直接目的稍做改变，如为编写部门职责说明书，可根据部门职责说明书的模板套用，只需稍微调整先后顺序及提问方式（见表5-1、表5-2、表5-3）。

表5-1 **企业______部门职责说明书**

部门名称		部门编号		分管领导	

职责概述：

职责详述	关键考核指标及权重
1 1.1 1.2 2 2.1 2.2 3 ……	

部门职权		参与流程	

职位设置

职位名称	核准人数	备注

编制人：______ 编制日期：______ 审核人：______ 审核日期：______

表5-2 中层管理者访谈提纲（部分）

(1) 您所在部门的工作目标是什么？为了更好地实现工作目标，贵部门的具体职责是什么，以及关键考核指标是什么？
(2) 组织赋予部门的权限（知情权、参与权、建议权、执行权、决策权、审核权、监督权）有哪些？您认为是否合理？哪些需要改进和重新界定？
(3) 贵部门的工作流程有哪些？您认为在这些工作流程当中有哪些是不顺畅的，哪些可以清除、简化、整合以及实现自动化？
(4) 贵部门和哪些部门存在工作联系？在这些具体的工作中，贵部门处于怎样的地位（建议、协调、配合、监督、控制等）？同时，您认为和其他部门进行工作联系的时候，哪些工作受到阻碍，应怎样修改？
(5) 您所在的部门有哪些岗位？这些岗位对于部门工作目标的实现起哪些作用？您又是如何来考核这些岗位工作完成状况的？
(6) 您如何协调这些岗位之间的关系？您在协调内部岗位之间关系时有无阻碍？如果有阻碍的话，您是如何来调整的？
最后，非常感谢您接受我们的访谈！

表5-3 访谈法工作岗位分析表

岗位名称：________ 主管部门：________
所属部门：________ 工作地点：________
间接主管：________ 监 督 者：________
直接主管：________

一、岗位设置的目的

企业为什么要设置本岗位，它的使命与基本性质是什么？

____

____

二、基本职责描述

按顺序列举说明本岗位的工作责任及其重要性：
（工作责任分为每日必做的、一定时间内必做的与偶尔需要做的三种类型）

1.每日必做的工作 完成该任务花费的时间占全部工作时间百分比
(1) ________ ________
(2) ________ ________
(3) ________ ________
(4) ________ ________

2.一定时间内必做的工作（季/月/周） 完成该任务花费的时间占全部工作时间百分比
(1) ________ ________
(2) ________ ________
(3) ________ ________
(4) ________ ________

3.偶尔需要做的工作 完成该任务花费的时间占全部工作时间百分比
(1) ________ ________
(2) ________ ________
(3) ________ ________

续表

三、教育状况基本要求

对于本岗位的工作来说，哪些知识或技能是必需的？这些知识或技能可以从学校获得，也可以通过自学、在职培训或工作实践获得。请确定下列知识或技能哪些是必要的，并在每条开头的横线上打“√”：

________任职者能够读写并理解基本的口头或书面指令

________任职者能够理解并执行工作程序，以及理解上下级的隶属关系，能够进行简单的数学运算和办公室设备的操作

________任职者能够理解并完成上级交给的任务，具备每分钟打50个字的能力

________任职者具备本岗位工作需要的专业知识

________任职者具备相近专业领域的一般知识

________任职者具备商业管理与财务方面的基础知识与技能

________任职者具备商业管理与财务方面的高级知识与技能

________其他方面的要求：

____

____

四、岗位工作经验要求

本岗位要求任职者具备哪些工作经验？请用“√”标明下列哪些经验是必需的：

________1个月的相关实习期或在职培训期

________1~3个月的相关实习期或在职培训期

________4~6个月的相关实习期或在职培训期

________7~12个月的相关实习期或在职培训期

________1~3年的相关实习期或在职培训期

________3~5年的相关实习期或在职培训期

________5~8年的相关实习期或在职培训期

________8年以上的相关实习期或在职培训期

________其他方面的经验要求：

____

____

五、担负的管理职责

任职者担负的管理职责有哪些？下列每项工作所花费时间的百分比是多少？

1.指导工作 ____

2.布置工作 ____

3.检查工作 ____

4.制订计划 ____

5.目标管理 ____

6.协调活动 ____

7.解决雇员的问题____

8.评价下属 ____

任职者直接管理的员工人数____

续表

六、工作关系

本岗位有哪些工作联系？在描述这些联系时，要考虑以下问题：这些联系是怎样建立的？在部门内部还是部门外部？联系是否频繁？联系包括信息收集、判断，还是仅仅作为一种服务形式？哪些联系对部门有用？这里的联系对象包括本部门与外部的所有人员

____

____

七、本岗位所受到的监督与管理

本岗位需要接受哪些监督和管理？接受的程度如何？通过下列情况加以确定并在每条开头的横线上打"√"：

________直接。任职者的工作简单重复进行，工作处于明确、具体的指导下，基本上每天都接受指导

________严格。任职者要求按程序工作，从上级部门接受任务安排

________一般。任职者可以有计划地安排自己的工作，但需要不定期地与上级商讨例外的、复杂的问题

________有限。任职者在一定的目标与指导下，计划自己一定时期（每月）内的工作

________宏观。任职者可以独立地计划与实施自己的主要工作，只需要在目标方向上与主管的要求保持一致

________自主。任职者可以自主地确定工作目标。绩效标准只需与他人协商即可，不需要征得上级同意

八、决策责任

任职者独立决策的权限与范围有多大？他做出的决定是否要由他人审核？如果要，那么由谁审核？

____

____

九、错误分析

1.最易犯的错误有哪些？举例说明，并指出它们是操作上的，还是观念上的，或两者皆有

____

____

2.这些错误多长时间才能被发现，谁能发现，常在哪些工作环节上被发现？

____

3.这些错误存在哪些障碍？在纠正错误过程中可能出现什么枝节问题？

____

____

十、数据保密

任职者是否要对一些数据加以保密？保密的程度如何？保密对公司的利益有无影响？请对下列情况予以确定并在每条开头的横线上打"√"：

________不保密。工作中没有任何数据需要保密

________有一点保密。偶尔有些数据需要保密

________一般保密。一般情况下需要保密，泄密将对公司起负面作用

________绝大部分工作都需要保密，泄密将对公司有重大影响

________完全保密。稍加泄露，便有损公司的名声和地位

续表

十一、工作条件

描述使工作顺利进行必需的生理条件、物理条件，如：任职者工作期间站立、行走、负重的时间各是多少？

____

____

十二、心理要求

为了使岗位工作顺利进行，对任职者在心理方面有哪些要求？

____

____

十三、岗位工作中所使用的机器或设备

	一直使用	经常使用	偶尔使用
______	______	______	______
______	______	______	______
______	______	______	______

十四、附加说明

本岗位还有哪些方面需要补充说明？请列出：

____

第二，重视最终目标，即工作分析的目的。如果最终目标是制定科学合理的薪酬体系，则访谈提纲必须包含对组织现有的薪酬结构包括薪资水平、等级和构成，以及市场同行业的工资水平等薪酬状况的了解。

第三，查阅相关信息，包括企业内部及市场同行业甚至同部门、岗位的信息。在尽量熟知的情况下力争把握细节，针对细节提出问题。例如，对某企业供应部访谈时，了解到该企业还有一个物流部，两者之间看似有些职责交叉，所以可以加问“本部门和物流部的工作会有交叉的现象吗”这一问题。再如，通过查看同行业有关供应部的资料可以了解到，在流程方面一般有物资采购流程、紧急订单采购流程、供货合同签订流程、退货流程及招标流程等，在绩效方面有库存成本控制等指标，所以应把这些内容列入访谈提纲内，加以访问。

第四，合理设置访谈问题。访谈提纲中的问题分为开放式和封闭式两种，一般通过开放式问题收集各方面信息，作为打开被访者思路的依据，通过封闭式问题收集与职位相关的职责和任务信息，两者结合使用。在访谈提纲中可设置如“您先自我介绍，可以吗？”“谈谈您的学习和工作经历”等问题，了解被访者的个性特征等，这样更能准确地判断被访者提供信息的准确性和真实性。

（2）访谈实施阶段

访谈者运用访谈法来收集工作信息，需要具有一定的专业素养和实际操作经验，了解访谈过程中一些具体的注意事项和访谈技巧，对于访谈者更好地进行访谈和工作分析是很有帮助的。

①正式访谈之前的沟通。良好的开始能使访谈成功一半。沟通的目的在于与被访者建立良好的合作关系，打消其疑虑，取得信任。

第一，自我介绍，感谢被访者（××经理、××主管，如果是普通职员可称其为××工，亦可按照当地习俗称呼，如北方人们喜欢被尊称老师，此时也可以称其为××老师）抽空接见，通报访谈时限。例如："您好，我叫××，来自××单位（如有其他成员，也要顺带介绍），这次我们是同项目组长××过来给我们××（企业）做一个××项目，现在想向您了解××方面的情况，耽误您××时间，好吗？"

第二，事先告知被访者，访谈过程中需要记录或录音，说明记录或录音的用途并重申将严格为访谈内容保密。

第三，向被访者介绍工作分析及访谈的目的，消除被访者的疑虑，使其提供最真实的信息。一般来说，介绍工作分析的目的时，应尽量避免反复提到大多数被访者不是很了解也不感兴趣的"工作分析""职责"之类的话语，尽可能谈到"薪酬""晋升""培训"之类他们感兴趣的最终目标。

②尽量遵循访谈提纲。在整个访谈过程中，应根据具体情况不断修改和完善访谈提纲。

第一，当被访者跑题时，可用"不好意思，您刚才说的……是怎么一回事呢？"等语句，委婉地打断他并扭转话题，重新让讨论重点回到既定的主题上。

第二，当被访者提出一个与访谈目的关系紧密的问题时，可加以追问，如"您能否举一些例子说明呢？"学会质疑，获得事例证明，鼓励被访者提出新观点。

③应对被访者不同反应的策略。

第一，当被访者出现紧张或焦虑情绪时。先消除被访者的顾虑及其他情绪，建立相互信任的关系。向被访者明确解释工作分析及访谈目的，尤其是被访者将获得的益处。在可能时适当让步，让被访者尽量详细描述他的工作，甚至允许有些夸大，然后通过其他信息判断访谈信息的真实性并进行筛选。

第二，当被访者充满敌意拒绝回答时。首先，勇于承认错误，稳定对方的情绪，如说"真抱歉，可能我有些急躁，表达不全面，让您误会了"。然后，向他解释项目背景等内容，告诉他访谈的目的是合理地调整员工的工资，现在先要尽可能了解他的工作，才能在此基础上确定工作的重要性和薪资水平。

第三，当被访者滔滔不绝时。避免提很广泛的问题，将大的问题分解成具体的小问题，并清晰、明确地向对方表达。重点是要缩小被访者的思维范围，问题要小，要明确，并提醒对方时间有限。当被访者远离主题时，委婉地扭转话题。

第四，当被访者沉默不语时。这类被访者大都性格内向或不善于表达，访谈前可以适当地闲聊，找出共同语言及共同经历，建立良好的合作关系。提问时避免使用专业术语，尽量口语化，鼓励被访者提供信息。例如，如果直接问部门主管"员工满意度高吗"，他只会说"还好"，不能获得更有效的信息。如果将问题转变为"就我们公司而言，员工在哪些方面比较满意""……哪些方面不如意"，减少"有无""行否"的单一回应，让被访者有话说，打破沉默，则能有效地获得所需信息。

④两人或两人以上访谈时，应注意以下两点：

第一，确定主问和次问。在访谈期间，由主问负责整个访谈过程，其他小组成员在过程中最好不要插问，到结束时再一一补充；根据情况不得不插问时，也要控制次数，不能太频繁，建议插问总数不超过三次。如果访谈时不分清主问和次问，会造成不良后果，产生极差的影响。小组成员各自提问，将使主问的权力丧失，导致主问访谈思路混乱，容易遗漏重大问题和重要细节，同时妨碍对访谈的记录，而且会扰乱被访者的思路，使之回答不全面。在访谈中扯远话题，会浪费时间，甚至会出现几个人一同出声发问的情况，造成尴尬局面。一般来说，几个人一起访谈的对象最好是中层以上的管理人员，目标是了解大概信息，对细节的把握最好是由一两个人慢慢访谈了解。工作分析团队内部首先要分清职责，做到既不耽误工作进度，又能让被访者放松心情，慢慢诉说。

第二，如果成员的身份悬殊，如资深、经验丰富的人员和新进、无经验的人员（下面简称资深专家和助理专家）一起访谈，尤其要注意：其一，当助理专家主问时，资深专家最好不要插问，时不时通过眼神对助理专家给予鼓励，让助理专家自信地完成访谈工作。若资深专家频繁插问，则会给助理专家造成很大的心理压力，使之产生挫败感，无法成功投入访谈工作。其二，当助理专家初次去各部门访谈时，必须由资深专家带领引见，向部门主管介绍项目组的大致工作安排，并说明以后本部门的各项工作将由这位同仁负责，请部门主管支持。这样，在以后的访谈过程中，助理专家将更有信心并积极投入工作，被访部门也会因为受到尊重和重视而更加配合工作。

⑤有效聆听并记录。

第一，细心聆听，学会从被访者的长篇大论中发现有价值的信息。注意被访者的潜台词，广泛地联想，找出没有用语言表达的线索。

第二，记录要点，不要奢求记住被访者说的每一句话，用关键词总结听到的信息。若记录不清楚或发现遗漏、含糊之处，应大胆地询问被访者，请对方补充或澄清，对重要信息可逐字重复，检验理解是否正确。

⑥结束访谈。

第一，提出最后一个开放式问题，如："有什么没谈到的问题您需要补充的吗？"

第二，总结要点，请被访者浏览核对访谈记录，并及时修改补充。

第三，起立，握手，把对方送到门口，感谢被访者："谢谢您！以后有不懂的还要向您请教，还希望能得到您的支持！"同时，向对方表达访谈很有意义，并就下一步工作达成共识。和对方建立融洽的关系以获得支持，为今后进一步访谈奠定基础。

⑦其他注意事项。

第一，初期对高层管理者访谈时最好让项目组所有成员都参与，充分了解高管的意图，让每位成员对组织的运营情况、战略及相关问题有较全面的了解，有利于后期工作的开展。

第二，对同一部门或同一被访者的访谈次数最好不超过三次。顺序为访谈—核对补充—敲定。一般对部门主管（访谈内容包括部门职责、流程及部门内岗位职责的核对）才需要进行三次访谈，第一次访谈时间可稍长，但最好控制在两个小时之内，第三次访谈则要尽快，十几分钟即可完成。这就要求访谈提纲的设计要尽量细致，有针对性。

第三，通过点头或语气词表达自己的态度，如"对""嗯""我知道了"。与被访者保持适当的眼神交流，并重视非语言信息的交流，集中注意力，保持微笑，态度友好，营造良好的访谈气氛。

第四，尊重被访者，处处为被访者考虑，访谈时不迟到，注意对时间的控制，尽量不超时。

第五，注意提问方式。要采取启发式提问，避免命令式提问，学会旁敲侧击，使被访者有交谈的意愿。

第六，故意或敢于将自己的某些错误理解暴露在被访者面前，由被访者给予解答，这样会收到查缺补漏的效果，也能激发被访者表达的欲望。

第七，对重大的原则问题，如当被访者对工作内容或管理者不满，向访谈者诉苦时，应避免发表个人观点和看法，要做到“引而不发”，但要认真倾听，并及时将谈话内容引回正题。

第八，如需借用某些资料文件，应事先通知被访者，并及时、完好无损地返还。

（3）访谈整理阶段

①及时兑现承诺。对被访者提出的难题要尽快做出解答和回复，本人无法解答的，在访谈后与项目组沟通，共同解决并及时回复，尤其必须在再访时给予明确答复或解释，不要让被访者就同一问题讲述多次，对无须回访的人员（一般对员工个人的访谈无须回访），可通过部门主管传达。

②及时整理访谈记录。访谈时所做记录由于时间紧迫等原因，缺乏条理，不全面，访谈结束后应及时（最好是当天）整理并分析，筛选出有价值的信息。

第一，确保访谈信息的真实性和客观性，要能充分反映出被访者的主观看法。

第二，访谈纪要的内容包括：其一，背景介绍：访谈目的；参加人员、主问、地点、时间始末；被访者的背景，包括学习、工作经历，所在部门，岗位等；访谈气氛。其二，总结关键成果：被访者的判断和结论；访谈者的结论；支持结论的事实论据。

第三，遵循20/80原则记录访谈要点，即80%有价值的信息来源于20%的访谈内容。

第四，在访谈纪要中提及被访者对问题的反应和态度，不能仅仅局限于被访者的回答。

第五，引用被访者原话，以此强调重要观点。

第六，对被访者的观点和评论持必要的怀疑态度，根据对其个性特征、访谈时的态度及非语言信息的分析，筛选访谈信息，确定其真实性和准确性。

③与项目组分享访谈结果。向项目组介绍访谈纪要，找出访谈所反映的共同问题，讨论这些问题存在的背景、原因，思考解决方案。对问题分层分类，确定哪些需要进一步证实，哪些迫切需要解决，并讨论解决方案的可行性，明确下一步工作。

访谈法作为收集工作信息的一种主要手段，在工作分析中应用最广泛。其作用，一是获得通过观察法所不能获得的信息，二是对已获得的信息加以证实，三是可以为其他工作分析方法提供资料，如通过访谈法获取的信息有助于开发工作分析问卷等。它具有不可替代的作用。

总之，工作分析访谈是一项富有系统性的、技术性的工作，访谈者必须熟知工作分析理论与技术，了解、掌握访谈技巧，必须牢记理论知识，多实践，丰富工作经验，提高专业素养，才能获得访谈的成功，继而为工作分析提供有价值的工作信息。

5.1.2 问卷法

问卷法是先请有关员工对有关工作内容、工作行为、工作特征和工作人员特征的重要性和频率做出描述或打分，然后对结果进行统计与分析，找出共同的有代表性的回答，并据此写出工作描述，再结合该职务工作者的反馈意见，进行补充和修改。

1）工作分析问卷法

工作分析问卷如表5-4所示。

表5-4　**工作分析问卷**

日期：__________

公司名称：________________职位与职称：________________

所属部门：________________所属科室：________________主管姓名：________________

总公司、分公司、地区办事处：________________________________

1）说明工作的主要职责：

____

____

2）其他较不重要的职责：

____

____

3）请列举你所用的工具：

	持续使用	经常使用	偶尔使用
________	________	________	________
________	________	________	________

4）做此工作需要何种文化程度？

□高中以下

□高中

□大专

□大专以上

5）担任此工作需要多少年的相关工作经验？

□不需要经验　□1～3年　□10年以上

□3个月以下　□3～5年

□3个月到1年　□5～10年

6）你个人认为要做好或熟悉此工作，需要接受多长时间的培训？

□2周或少于2周　□6个月　□2年

□3个月　□1年　□3年

7）做好此工作需要的监督程序如何？

□经常性的监督。除去琐碎的事务，其余一并由主管处置

□每日几次即可。包括接受指导意见及指派的工作，按照一定的方式与程序进行

□偶尔。由于多数工作相互重复且有牵连，因此只要制定规则与标准进行指引、管制即可

□有效监督。工作一经指派即由自己全权负责，虽有若干方法可供采用，但不妨有自己的一套

□确定大目标即可。评估工作绩效的方式有多种，重在整体成效

□少量或没有直接监督。对工作方法的选择、发展与协调，只要在一般政策的范围内皆可任意行之

8）你所做的任何独立的决策的范畴与性质如何？

____

你认可的事项在生效前是否经常要经过复核？________如果要，由谁复核？________________

你拒绝的事项在生效前是否经常要经过复核？________如果要，由谁复核？________________

9）此工作需要哪一方面的才能、创意，以及（或）进取的精神？

例如：____

续表

10）在此工作中可能会出现哪些差错？

____

11）做此工作时，你如何与他人进行联系？

____

	持续不断	频繁	偶尔	从不	方法（电子邮件、电话等）
其他部门的员工	____	____	____	____	____
公司政策执行部门	____	____	____	____	____
社会大众（或同业公会）	____	____	____	____	____
政府机关	____	____	____	____	____
其他（请指出）	____	____	____	____	____
请举例说明联系之目的：	____	____	____	____	____

12）试说明会导致疲劳的肌肉动作、身体移动、工作位置与姿势的改变等情况。请估计每项因素的时间长短：

____

13）请指出你厌恶的不良工作环境，如脏、嘈杂、潮湿、污浊、闷热、易受天气影响、单调及危险事故等：

____

你每个月整晚开车的天数约为多少？怎么安排？

____

每个月你大约要跑多少千米？

____

如果你负责他人的工作，请回答下列问题：

14）本项工作有下列哪些监督职责？

□指导 □分派人员

□派工 □解决员工的问题

□核工 □甄选新员工

□规划别人的工作 □调动（□推荐；□核准）

□订立标准 □奖罚（□建议；□核准）

□协调业务 □革职（□建议；□核准）

□加薪（□建议；□核准）

请列举在你直接监督下的工作名称及所属人员的数目：

____

汇总由你指挥的员工数目：______________________________

评语：______________________________

____

填写人：____________

主管人员注意事项：你的签名表示你已核阅上面的工作描述。如有必要修正，请以红笔于适当位置填附，希望能就上述各项分别加以评述。在这个项目定案前，我们仍然会与你交流意见

在你手下担任此项工作的人员有几个？____________

核阅人：____________

职 衔：____________

2）职位分析问卷法

（1）职位分析问卷的内容

职位分析问卷（position analysis questionnaire，PAQ），是以个人特征为重点的分析方法，是1972年美国普渡大学麦考密克（John McCormick）等人的研究成果，是一种结构化的、定量化的分析方法，共包括187项工作因素和7个与薪酬有关的问题。虽然PAQ的格式已定，但仍可以用来分析许多不同类型的工作。PAQ本身必须交由熟悉此分析工作的工作分析人员填写。

职位分析问卷有194个问题，共分为6个部分：①资料投入（员工在进行工作时获取资料的来源及方法）；②用脑过程（如何去推理、决策、计划及处理资料）；③工作产出（员工应该完成哪些体能活动，使用哪些工作器材）；④与他人关系（与工作本身有关人员的关系如何）；⑤工作范畴（包括实体性工作与社交性工作）；⑥其他工作特性（其他有关工作的活动、条件与特征）。

问卷调查人员首先要熟悉问卷及工作的内容，方可约谈员工并填制问卷。填写完所有工作项的问卷后，调查人员就能够以5个基本尺度去测量、剖析所有工作。这5个基本尺度分别是：①决策、沟通与社交能力；②执行技术性工作的能力；③身体灵活度；④操作设备与器具的技能；⑤处理资料的能力。表5-5是职位分析问卷中的一页。

表5-5 **职位分析问卷（部分）**

1 资料投入

1.1 工作资料来源

1.1.1 肉眼可见工作资料来源：

1）书面资料（书、报告、笔记、短文、工作指令等）

2）数量性资料（所有涉及数量或金额的资料，包括图形、账目、规格、数字表等）

3）图片资料（例如草图、蓝图、地图、照片、X光胶片及电视画面等）

4）铸模及有关的工具（模板、型板、铸具等。大凡必须作为样板使用者皆可为资料来源，但不包括上面第3项中的资料）

5）指示器（拨号盘、仪表、信号灯、雷达、计速器等）

6）测度计（尺、弯脚规等，用来收集物体的测试资料，但并不含上面第5项中的器具）

7）机具（工具、设备、机器及其他在作业时所用的机械性器具）

8）在制原料（零件、原料等，凡是可经修饰、加工处理者皆可作为资料来源）

9）非在制原料（未经加工处理或修饰过程的原料、零件，凡正受检验、包装、配售、选品的原料，亦可作为资料来源）

10）自然特征（风景、原野、地质、植物、气候等方面可以观察到的自然特征皆可作为资料来源）

11）人为的环境特征（房屋建筑、水坝、公路、桥梁、船坞、铁道及其他人工刻意改造的户内外设施，但不包含第7项所述之设备、机器等）

（2）职位分析问卷法的优缺点

优点：PAQ同时考虑了员工与工作两个变量因素，并将工作所需要的各种基础技能与基础行为以标准化的方式罗列出来，从而为人事调查、制定薪酬标准等提供了依据。PAQ还具有不需修改就可用于不同组织、不同工作的优势，使得工作分析更加准确与合理。

缺点：时间成本很高，非常烦琐；要求问卷的填写人是受过专业训练的工作分析人员，而不是任职者或上级；它的通用化或标准化的格式导致了工作特征的抽象化，所以不能描述实际工作中特定的、具体的任务活动；对于工作描述与工作再设计来说不是理想的工具。

3）管理职位描述问卷法

（1）管理职位描述问卷的内容

管理职位描述问卷（management position description questionnaire，MPDQ）是托诺（W. W. Tornow）和平托（P. R. Pinto）于1976年针对管理工作的特殊性而专门设计的，定型于1984年，与PAQ类似。它是利用工作清单专门针对管理职位而设计的一种工作分析方法，对管理者的工作进行定量化测试，涉及管理者所关心的问题、所承担的责任、所受的限制以及管理者的工作所具备的各种特征。在美国，它所分析的内容包括与管理者的主要职责密切相关的208项工作因素。这208项可以精减为13个基本工作因素：

① 产品、市场和财务计划：进行思考，结合实际情况制订计划以实现业务的长期增长和公司稳定发展的目标。

② 其他组织单位和员工之间的相互协调：管理人员对自己没有直接控制权的员工个人和团队活动的协调。

③ 内部事务控制：检查与控制公司的财务、人力以及其他资源。

④ 产品和服务责任：控制产品和服务的技术，以保证生产的及时性，并保证生产质量。

⑤ 公众和顾客关系：通过与人们直接接触的办法来树立和维护公司在用户与公众心中的良好形象和声誉。

⑥ 高级咨询：发挥技术水平解决公司遇到的特殊问题。

⑦ 行为主动性：在几乎没有直接监督的情况下开展工作。

⑧ 财务计划的批准：批准公司大额的财务流动。

⑨ 职能服务：例如，保存记录，便于上级查询。

⑩ 监督：通过与下属员工面对面地交流来实施计划、组织和控制。

⑪ 复杂性及压力：在很大的压力下工作，在规定时间内完成所要求的任务。

⑫ 高级财务职责：制定对公司绩效构成直接影响的大规模的财务投资决策和其他财务决策。

⑬ 广泛的人力资源职责：公司的人力资源管理和影响员工的具有重大责任的其他政策活动。

管理职位描述问卷法是一种注重工作行为内容研究的技术方法。管理职位描述问卷的工作分析结果，对评价管理工作、决定该职位的培训需求、管理工作分类、薪酬评定、设计绩效评估方案等人事决策活动具有重要的指导作用。

MPDQ涉及管理者的工作职责、对他们的要求和限制以及所具备的各种特征等方面。使用MPDQ进行工作分析时，首先要评定重要性，指出每项活动对职位的重要程度，以0~4分的区间记分，写在每个项目后面的空白处。注意，分析者要考虑的是该活动和其他职位活动相比的重要程度和发生次数的多少。其次，要进行评论，在后面的空白处写下分析者认为在该维度中还应该包括的其他工作。

(2) 管理职位描述问卷法的优缺点

优点：考虑了两个特殊问题，弥补了PAQ难以对管理职位进行分析的不足：一是管理者常使工作内容适应自己的管理风格，而不是使自己适应承担的管理工作，面谈时总谈自己做的，忘了应该做的；二是管理工作具有非程序化的特点，常随着时间变化而变化。

缺点：在分析技术性、专业性强的职位时不够具体，受工作类型及工作技术的限制，灵活性差；耗时太长，工作效率较低。

5.1.3 观察法

观察法就是工作分析人员在不影响被观察人员正常工作的条件下，通过观察将有关工作的内容、方法、程序、设备、环境等信息记录下来，最后将取得的信息归纳整理为适合使用的结果的过程。利用观察法进行工作分析时，应力求使观察结构化，根据工作分析的目的和组织现有的条件，事先确定观察的内容、时间、位置、所需的记录单等，做到省时高效。

在分析过程中，分析人员应经常携带员工手册、分析工作指南，以便参考运用。分析人员观察工作时，必须注意员工在做什么、如何做、为何要做，以及做得好不好。对于可以改进、简化的工作事项，也应予以记录说明。观察完某工作场所人员如何执行某工作后，最好在其他两三处工作场所再予以观察，以证实其工作内容，避免因所观察员工的个人习惯不同而产生的错误。分析人员应注意的是，研究的对象是工作而不是员工个人的特性。

1）观察法的类别

(1) 直接观察法

直接观察法即工作分析人员直接对员工工作的全过程进行观察。直接观察法适用于工作周期很短的职位。例如保洁员，他的工作基本上是以一天为一个周期，工作分析人员可以一整天跟随着保洁员进行直接工作观察。

(2) 阶段观察法

有些员工的工作周期较长，为了能完整地观察员工的所有工作内容，必须分阶段进行。比如行政文员，他需要在每年年终时筹备企业总结表彰大会。工作分析人员就必须在年终时再对该职位进行观察。有时由于时间跨度太长，工作分析工作无法拖延很长时间，这时采用“工作表演法”更为合适。

(3) 工作表演法

该方法对于工作周期很长和突发性事件较多的工作比较适合。例如保安工作，除了有正常的工作程序以外，还有很多突发事件需要处理，如盘问可疑人员等，工作分析人员可以让保安人员表演盘问的过程，来对该项工作进行观察。

2）观察法的使用原则

第一，被观察者的工作应相对稳定，即在一定的时间内，工作内容、程序、对工作人员的要求不会发生明显的变化；

第二，适用于大量标准化、周期较短的以体力活动为主的工作，不适用于以脑力活动为主的工作；

第三，要注意工作行为样本的代表性，有时，有些行为在观察过程中可能未表现出来；

第四，观察人员尽可能不要引起被观察者的注意，不应干扰被观察者的工作；

第五，观察前要有详细的观察提纲和行为标准；

第六，观察时思考的问题应结构简单，并反映工作有关内容，避免机械记录；

第七，观察前，应用适当的方式将工作分析人员介绍给员工，使之能够被员工接受。

3）观察法的观察提纲

表5-6是一个观察提纲的例子。

表5-6 工作分析观察提纲（部分）

被观察者姓名：________________ 日期：________________
观察者姓名：________________ 观察时间：________________
工作类型：________________ 工作部门：________________
观察内容：________________________________
1）什么时候开始工作？________________
2）上午工作多少小时？________________
3）上午休息几次？________________
4）第一次休息时间从________到________
5）第二次休息时间从________到________
6）上午完成多少件产品？________________
7）平均多长时间完成一件产品？________________
8）与同事交谈几次？________________
9）每次交谈约多长时间？________________
10）室内温度是多少摄氏度？________________
11）上午抽了几支香烟？________________
12）上午喝了几次水？________________
13）什么时候开始午休？________________
14）出了多少次品？________________
15）搬运了多少次原材料？________________
16）工作地噪声是多少分贝？________________

4）观察法的操作

采用观察法时，有两种方式：一种是工作分析人员可以在员工工作期间观察并记录员工的工作活动，然后和员工进行面谈，请员工进行补充，也可以一边观察员工的工作，一边和员工交谈；另一种是通过问卷调查获得基本信息，再通过访谈和直接观察来确认和补充已了解的情况。

5）观察法工作分析的程序

（1）初步了解工作信息

① 查阅现有文件，形成对工作的总体认识：工作使命、主要任务和作用、工作流程。

② 准备一个初步的任务清单，作为面谈的框架。

③ 为在数据收集过程中涉及的还不清楚的主要项目做一个注释。

（2）进行面谈

① 最好首先选择一个主管或有经验的员工进行面谈，因为他们了解工作的整体情况以及各项任务是如何配合起来的。

② 确保所选择的面谈对象具有代表性。

（3）合并工作信息

① 在合并阶段，工作分析人员应该随时补充资料。

② 检查最初的任务或问题清单，确保每一项都已经得到回答或确认。

（4）核实工作描述

① 在核实阶段应该以小组的形式进行。把工作描述分发给主管和工作的承担者。

② 工作分析人员要逐字逐句地检查工作描述的所有内容，并在有遗漏和含糊的地方做出标记。

6）观察法的优缺点

在从事动作研究的时候，观察法常为工业工程师所运用，但在工作分析中，如果仅运用此方法，所获得的资料往往不足以供撰写工作说明或工作规范之用。实际上，观察法多用于了解工作条件、危险性或所使用的工具及设备等方面。其优缺点如下：

优点：通过对工作的直接观察和工作者的介绍，分析人员能够更详细、更深刻地了解工作要求，从而使所获得的信息比较客观和正确。

缺点：不适用于工作周期很长的工作，难以收集到与脑力劳动有关的信息；不易观察紧急而又偶然的工作，如处理紧急情况；要求观察者具有一定的实际操作经验，分析人员具备较高的素质。

5.1.4 写实分析法

写实分析法主要通过对实际工作内容与过程的如实记录，达到工作分析的目的。

1）工作日写实

（1）工作日写实的概念

工作日写实是在工作现场对岗位任职者整个工作日所有的劳动及其时间消耗，按时间先后的顺序连续观察、记录，并分析、整理、统计以及研究工作时间实际利用情况的方法，是最基本、最精细的时间研究方法。工作日写实主要针对劳动可量化的工作岗位进行，记录单个员工或一组员工整个工作日的工作情况。

（2）工作日写实的类型

工作日写实根据观察对象和目的的不同可分为五种，即个人工作日写实、工组工作日写实、多机床看管工作日写实、自我工作日写实和特殊工作日写实。

① 个人工作日写实。个人工作日写实是以单一岗位任职者为对象，由观察人员实地观察记录的一种情况，是工作日写实的一种基本形式。个人工作日写实的目的侧重于调查工时利用率、确定定额时间、总结先进工作方法和经验等。

② 工组工作日写实。工组工作日写实以工组为对象，由观察人员实施。一般工组写实人数为5～6人。

③ 多机床看管工作日写实。多机床看管工作日写实以多机床看管工人为对象，由观察人员实施。此种写实主要用于研究多机床看管工人作业内容、操作方法、巡回路线等的合理性，以及机器设备运转，工作地的布置、供应、服务等情况，以发现并解决多机床看管存在的问题，为充分地发挥工人和设备的效能提供依据。

④ 自我工作日写实。自我工作日写实是由岗位任职者自己实施的工作日写实。此种写实，有特定的写实记录表格，由作业者做原始记录，专业人员做分析改进，主要用于研究在组织层面造成的工时损失的规模和原因，目的是为改进企业管理、减少停工时间和非生产时间提供依据。

⑤ 特殊工作日写实。特殊工作日写实以研究特定现象为目的，以个人或工组为对象，由观察人员实施。其特点是只观察、记录、分析研究工作班内与研究目的有关的事项及其消耗时间。例如，调查繁重体力劳动工人的休息与生理需要时间，调查材料、能源缺乏引起的停工时间损失，调查长期完不成生产定额者的工作状态等，都可通过特殊工作日写实获得所需的情况和资料。

（3）工作日写实的程序

工作日写实的程序分为写实前的准备、写实观察记录和写实资料的整理与分析三个阶段。

①写实前的准备。

第一，根据写实的目的选择对象。为了分析和改进工时利用的情况，找出工时损失的原因，可以分别选择先进、一般和后进工人为对象，便于分析对比。为了提供制定定额的数据资料，应选择介于一般和先进之间的工人为对象。为了总结先进经验，应选择具有代表性的先进工人为对象。

第二，事先调查写实对象和工作地情况，如设备、工具、劳动组织、工作地布置，工人技术等级、工龄、工种等。如果写实是为了提供制定定额的数据资料，需要消除生产和管理方面不正常的因素，以便使测定资料具有代表性。

第三，写实人员要把写实的意图和目的向写实对象讲清楚，以便取得工人的积极配合。

第四，明确划分写实事项，并规定各类工时的代号，以便记录。

②写实观察记录。

写实应从工作班开始，一直到下班结束，并将整个工作日的工时消耗毫无遗漏地记录下来，以保证写实资料的完整性，如表5-7所示。在观察记录过程中，写实人员要集中精力，在工人的配合下，按顺序判明每项活动的性质，并简明扼要地记录每一事项及其起止时间。如果发生与机动时间交叉的活动项目，应记清其内容。

表5-7 个人工作日写实记录表

时间段	工作内容	时长（分钟）
8：00—8：30	查看交接记录	10
	DMS1	5
	安排每天的工作任务	10
8：30—9：00	考勤审核	10
9：00—9：30	准备数据更新DMS2看板	15
9：30—10：00	DMS2	25
10：00—10：30	现场巡检	60
10：30—11：00		
11：00—11：30		
11：30—12：00	了解生产计划完成情况	10
12：30—13：00		
13：00—13：30		
13：30—14：00	现场巡检	60
14：00—14：30		
15：00—15：30		
15：30—16：00		
16：00—16：30	了解生产计划完成情况	10
16：30-17：00	班后会议	15
合计		230

③写实资料的整理与分析。

第一，计算各项活动事项消耗的时间。

第二，对所有观察事项进行分类，通过汇总计算出每一类工时的合计数。

第三，编制工作日写实汇总表，如表5-8所示，在分析、研究各类工时消耗的基础上，分别计算出每类工时消耗占全部工作时间和作业时间的比重。

第四，拟定各项改进工时利用率的技术组织措施，计算通过实施技术组织措施后，可能提高劳动生产率的程度。

第五，根据写实结果，写出分析报告。

表5-8 工作日写实汇总表

每班		每天		每周		每月		每季度		年度	
工作内容	所需时间（分钟）	工作内容	所需时间（分钟）	工作内容	所需时间（分钟）	工作内容	所需时间（分钟）	工作内容	所需时间（分钟）	工作内容	所需时间（分钟）
DMS1	5	DMS2	25	与经理的一对一沟通	30	确认量具长期研究	5	晋级评估	30	预算	120
确认控制图录入	15	考勤审核	10	后道标准化检查	40	PD报告会	90	安全检查	60	KPI制定	180
确定首件检查	8	员工培训	30	周会	60	质量会议	60	CI经理巡检	30	年终奖审核	60
5S+三定	15			经理巡检	30	沟通会	30	季度报告	30	员工年度考核	400
安全关键控制点	10			CTQ会议	30	部门报告	30	优秀员工审核	30	内审	30
确认设备点检	15			CI审核	30	午餐会	90	优秀培训师审核	30	文件审核	60
组长工作检查	10			周报	30	质量巡检	30	优秀组长审核	30		
不良品处理	30			CI报告会	15	项目回顾	30				
查看交接记录	10			与组长的一对一沟通	30	学习分享会	30				
了解生产计划完成情况	10			与员工的一对一沟通	60	OJT审核	30				
查看邮件	60					员工晋级考核	30				
班后会议	15										
合计（分钟）	203		65		355		455		240		850
合计（小时）	3.4		1.1		5.9		7.6		4.0		14.2
每天总计（小时）		4.5		1.2		0.4					
每天工作占比（%）		56.25		15		5					
每天占比总计（%）		76.25									

根据写实的主体是任职者还是主管人员，写实分析法还可以分为工作日志法和主管人员分析法。

2）工作日志法

（1）工作日志法的概念

工作日志法指任职者按时间顺序详细记录自己的工作过程，然后经过归纳、分析，达到工作分析目的的一种方法。

（2）工作日志法的优缺点

工作日志法的优点主要有：信息可靠性强，适于确定有关工作职责、工作内容、工作关系、劳动强度等方面的信息；所需费用小；用于分析高水平与复杂的工作时，比较经济有效。

工作日志法的主要缺点是：将注意力集中于活动过程，而不是结果；从事这一工作的人必须对工作的情况与要求最清楚；使用范围小，工作状态要稳定；整理新鲜数据的工作量大，归纳工作烦琐；任职者在填写时可能会因为不认真而遗漏很多工作内容，从而影响分析结果，同时，若工作日志上有时间节点的记录，记录者担心被扣以摸鱼之帽，则会出现将一天的时间记录满的现象，这点是工作日志法最难化解的地方；若由第三者进行填写，人力投入量会很大，不适于处理大量的职务；存在误差，需要对记录分析结果进行必要的检查。

（3）工作日志实例

根据不同的工作分析目的，需要设计不同的“工作日志”格式，这种格式常常以特定的表格体现，见表5-9。

表5-9 **某公司员工工作日志实例**

工作日志填写说明： （1）请您在每天工作开始前将工作日志放在手边，按工作活动发生的顺序及时填写，切忌在一天工作结束后一并填写 （2）要严格按照表格要求填写，不要遗漏那些细小的工作活动，以保证信息的完整性 （3）请您提供真实的信息，以免损害您的利益 （4）请您注意保存，防止遗失 感谢您的真诚合作
工作日志 姓名： 年龄： 岗位名称： 所属部门： 直接上级： 从事本业务工龄： 填写日期自　　月　　日 　　　　至　　月　　日

续表

序号	工作活动名称	工作活动内容	工作活动结果	时间消耗（分）	备注
1	复印	协议文件	4页	6	存档
2	起草公文	贸易代理委托书	8页	75	报上级审批
3	贸易洽谈	玩具出口	1次	40	承办
4	布置工作	对日出口业务	1次	20	指示
5	会议	讨论东欧贸易	1次	90	参与
⋮	⋮	⋮	⋮	⋮	⋮
16	请示	贷款数额	1次	20	报批
17	计算机录入	经营数据	2屏	60	承办
18	接待	参观	3人	35	承办

5月19日　　工作开始时间：8：30　　工作结束时间：17：30

3）主管人员分析法

（1）主管人员分析法简介

这种方法是由主管人员基于日常的管理权力来记录与分析所管辖人员的工作任务、责任与要求等因素。

（2）主管人员分析范例

主管人员分析范例见表5-10。

表5-10　**某公司食品加工厂工作分析表**

1）职位名称：

部 门：　　　　　　　　工作地点：

任职者姓名：　　　　　　日期：

主管姓名：　　　　　　　签字：

2）基本职责

____

____

3）能够用于确定本职工作范围的各种指标，包括定性角度和定量数据

____

4）填写下面的内容，以表明各职位间的工作关系

监督职位名称：

直接主管职位名称：

同一直接主管之下的其他职位名称：

直接下级职位名称：

简要说明下属的主要职能：

____

5）列举主要职责活动与代表性的工作项目

____

6）如果上述栏目无法说明，请在此举出几个典型的事例或任职时所遇到的事例

____

7）说明本职位的工作权限与自主性

____

8）完成本职位工作需要说明的其他情况与要求

____

5.1.5 关键事件法

关键事件法又称关键事件技术（Critical Incident Technique，CIT），是指工作成功或失败的行为特征或事件。它是由美国学者弗拉纳根（J. C. Flanagan）在1954年发展起来的，其主要原则是认定员工与职务有关的行为，并选择其中最重要、最关键的部分来评定结果。它首先从领导、员工或其他熟悉职务的人那里收集一系列职务行为的事件，然后描述“特别好”或“特别坏”的职务绩效。这种方法考虑了职务的动态特点和静态特点。对每一事件的描述内容包括：导致事件发生的原因和背景；员工的特别有效或多余的行为；关键行为的后果；员工自己能否支配或控制上述后果。

在大量收集这些关键事件以后，可以对它们做出分类，并总结出职务的关键特征和行为要求。通过关键事件法既能获得有关职务的静态信息，也可以了解职务的动态特点。

1）关键事件法的优缺点

关键事件法研究的焦点集中在职务行为上，因为行为是可观察的、可测量的。同时，通过这种职务分析可以确定行为产生的任何可能的利益和作用。它的主要优点：被广泛用于人力资源管理中，比如，制定招聘标准及确定培训需要，尤其应用于绩效评估的行为锚定与行为观察中；由于是在行为进行时观察与测量，所以描述职务行为、建立行为标准更加准确。

这个方法也有两个主要的缺点：需要花大量的时间去搜集那些关键事件，并加以概括和分类；由于关键事件是那些显著的对工作绩效有效或无效的事件，因而遗漏了平均绩效水平。对工作分析来说，最重要的一点就是要描述“平均”的职务绩效，利用关键事件法，难以涉及中等绩效的员工，因而无法完成全面的工作分析。

2）注意事项

第一，调查的期限不宜过短。

第二，关键事件的数量应足够说明问题，不能太少。

第三，正反两面的事件都要兼顾，不得偏顾一方。

5.1.6 功能性工作分析法

功能性工作分析（Functional Job Analysis，FJA）又称职能工作分析，它是美国培训与职业服务中心（U.S. Training and Employment Service）开发的一种以工作为中心的职位分析方法，以员工所需发挥的功能与应尽的职责为核心，列出加以收集与分析的信息类别，使用标准化的语言来描述工作内容。美国的企业在人力资源管理中，常用到功能性工作分析方法。按照这套方法，工作分析人员应对该工作的特点和担任该工作的员工特点进行分析。

1）FJA依据的理论

FJA依据的是共同的人与工作关系理论。简而言之，这一理论认为所有工作都涉及任职者与数据、人、事三者的关系，任职者与数据、人、事发生联系时的工作行为，可以反映工作的特征、目的和人员的职能。数据、人、事这三个基本要素是这样定义的：

① 数据，指与人、事相关的信息、知识、概念，可以通过观察、调查、想象、思考、分析获得，具体包括数字、符号、思想、概念、口语等。

② 人，指人或者有独立意义的动作，这些动作在工作中的作用相当于人。

③ 事，指人控制无生命物质的活动特征，这些活动的性质可以用物质本身的特征反映出来。

2）FJA系统的分析要素

（1）FJA的职能等级

作为一种职位分析系统，FJA的核心是分析职位的职能。它对职能的分析是通过分析任职者在工作中处理数据、人、事的特征进行的。工作特点包括工作职责，工作的种类，以及材料、产品、知识范畴三类。员工的职能是指员工在工作过程中与人、事、数据打交道的过程。

任何工作都离不开人、事、数据这三个基本要素，而每一要素所包含的各种基本活动又可按复杂程度分为不同的等级。行为的难度越大，所需的能力越强，也就说明了任职者的职能等级越高。表5-11是FJA的职能等级表，每项职能描述了一种广泛的行为，概括了与数据、人、事发生联系时任职者所做的工作。

表5-11 **员工的基本职能**

数据	人	事
0.综合	0.监控	0.创建
1.配位	1.协商	1.精密作业
2.分析	2.指示	2.运行的监控
3.汇编	3.监督	3.运行的启动
4.计算	4.引导	4.操作
5.复制	5.劝说	5.供应
6.比较	6.交流	6.进料及取货
	7.服务	7.处理
	8.接受指示	

那么，如何进一步操作这些职能呢？表5-12给出了它们的标准。

表5-12 **职能分析及其标准（部分）**

职能名称及等级	标准
1.比较	选择、分类或排列数据、人和事，判断其已具备的功能、结构或特性与原定的标准是类似还是不同
2.抄写	按纲要和计划召集会议或处理事务，使用各种工具，抄写、编录、邮寄资料
3A.计划	进行算术运算，写报告，进行有关的预算和筹划工作
3B.编辑	遵照某一方案或系统但又有一定的决定权去收集、比较、划分数据、人、事
⋮	⋮

按照上述内容与步骤，工作分析者可以有针对性地收集信息并按以上各项对所收集到的信息加以比较、分类及组织，最后形成详细的工作分析记录表（如表5-13所示）。

表5-13 **福利措施检查员工作分析记录表**

职位资料：
在职人员姓名：王平
所属单位：福利局
职务：福利措施检查员
日期：12月11日
约谈者：钟文

工作内容简述：
主持访谈工作；填写申请表；决定受检单位措施的合格性；向社会各界提供有关食品的资料；公布不合格的厂家，让其他相关单位知悉
任务：
主要任务已于前面简述，具体任务如下：

任务1 确定合格标准，使厂家有所遵循
必备知识：
——标准里的项目的含义与内容
——食品安全法令政策
——其他与上述法规有关的政令
必备技巧：
——无
必备能力：
——能够阅览并理解复杂的指示
——能够阅览并了解各种手续及口头与书面的指示，同时将之转化为适宜的行动
——能进行简单的算术运算（如加法与减法）
——能够将申请条件明白地告知外行人
体能要求：
——惯于久坐
环境条件：
——无
额外工作：
——除下达或接受指示外，善于与同事相处
兴趣范围：
——传递资料
——和他人的业务联系
任务2 为客户解说其他有用的相关政策规定，并将满足客户需要或便于其获得作业常识的社会团体推荐给客户
必备知识：
——各个协助部门的功能
——其他可资推荐的社会团体及其地址
——引荐手续
必备技巧：
——无
必备能力：
——能从口头交谈中辨明客户的需要
——有下达简单的口头和书面指示给他人的能力
体能状况：
——耐于久坐
任务3 应申请人要求解释政令规定，以确定其措施的合格性
必备知识：
——上级颁行的合格标准的要点、规定与政策
必备技巧：
——无
必备能力：
——对于各项有关的政令措施能解说、应用
——能以口头方式进行简单的算术运算

（2）职业域

职业域是对同一领域的职位共同的工作任务、方法、程序等的总结，说明该领域内职位的共同特征。研究职业域对职位分析很有必要，可以把职位分析放在一个广泛的框架内，以便了解职位的基础特征。

（3）句法分析技术

在FJA中，这是一种用文字精确描述职位的方法，常用一个句子来表达有关职位内容的信息，即一个工作人员要做什么（使用一个动词和一个直接宾语），他为什么要做这项工作或他已经做了什么，以及最终结果是什么。

（4）人员指导的程度

根据人员指导的程度可以将工作任务分成两类：一类是指定的任务；另一类是自由决定的任务。对于指定的任务，任职者无法选择要干什么、如何干，这类任务一般是例行的、程序化的。对于可自由决定的任务，任职者在执行任务时需要自行判断、计划、决策。这类任务越多，说明工作的自由度越高。一般而言，管理层人员的工作自由度高，不确定性强，而执行操作层人员的任务一般是例行的、确定的。

（5）人员特性

FJA列出了任职人员所需的几种特性，分别是接受过培训的时间（包括普通教育时间和专业技术培训时间）、性格、气质、兴趣、体能等。每项因素又细分为几个元素，每个元素均有定义和相应的等级。

3）FJA的结果表达

FJA作为一个职位分析系统，从职能等级、职业域、句法分析技术、人员指导的程度和人员特性5个方面对职务进行了系统分析和描述。通过这5个方面的定量和定性说明，可以了解一个职位的职能层次、任职人员的特点、工作任务的内容和类型等。对这些职位信息进行汇总、加工，可以以一定形式把结果表达出来，这种表达一般采用表格的形式，也有文字说明，如表5-14所示。

FJA的优点是能对工作内容提供一种非常全面的描述，对人员培训和绩效评估极其有用。但是，FJA对每项职位都要求做详细分析，因而相当烦琐和费时。同时，FJA并不记录有关工作背景的信息，对于员工必备条件的描述也并不理想。

5.1.7 其他方法

1）参与法

参与法是指工作分析人员直接参与某一岗位的工作，从而细致、全面地体验、了解和分析岗位特征及岗位要求的方法。

与其他方法相比，参与法的优势是可获得岗位要求的真实、可靠的第一手数据资料，获得的信息更加准确。但是，由于分析人员本身的知识与技术的局限性，其适用范围有限，只适用于短期内可掌握的工作或专业性不是很强的职位，不适用于需进行大量的训练或有危险性的工作。

表5-14 FJA工作分析结果表

1.所分析职位的名称：面粉搅拌工
2.所处行业：烘烤制品业
3.标准产业分类代码及名称：2051 面包及其他烘烤制品
4.工作简述：根据操作程序的要求，操纵搅拌机，将面粉和配料混合、搅拌成松软的生面团；指导其他工人发酵面团，并用刀具将其切成小块
5.对所执行工作的等级评估：

D	P	T
数据	人	物
5	6	2

工作范围：烘烤、食品准备
6.对工人能力要求的评估（由工作分析人员填写）：
要求的培训时间
能力
性格
兴趣
身体要求
环境条件

2）交叉反馈法

交叉反馈法，即由工作分析专家与任职于被分析岗位的骨干人员或其主管人员交谈、沟通，按企业经营需要确定工作岗位，然后由这些主管人员或骨干人员根据设立的岗位按预先设计的格式草拟工作规范初稿，再由工作分析专家与草拟者和其他有关人员一起讨论，并在此基础上起草第二稿，最后由分管领导审阅定稿。访谈对象最好是比被分析岗位高一个层级的岗位工作人员或从事该项工作的关键人员，这样反映问题比较全面、客观。

该方法的优点在于：工作规范描述准确，可执行性强；工作关系图、工作流程的描述相对清晰；能够较好地与实际工作相吻合。不足之处在于，所需时间较多，反馈周期较长，工作任务量大。

这种方法适合于发展变化较快或职位职责还未定型的企业。由于企业没有现成的观察样本，所以只能借助专家的经验来规划未来希望看到的职位状态。

5.2 工作分析方法的比较、评价和选择

5.2.1 工作分析方法的比较

1）工作分析方法适用的人力资源管理职能领域的比较

工作分析是整个人力资源管理的基础。它的目标是为人力资源管理中的人力资源

规划、招聘与选拔、绩效评估、培训与开发、薪酬设计、职业生涯规划等服务。不同工作分析方法适用的人力资源管理职能领域如表5-15所示。

表5-15 **不同工作分析方法适用的人力资源管理职能领域的比较**

工作分析方法 人力资源管理职能领域	观察法	主管人员分析法	访谈法	工作日志法	关键事件法	PAQ	FAJ	MPDQ
工作描述	√		√	√			√	
工作分类			√			√	√	
工作评价							√	√
工作设计							√	
人员招聘		√						
绩效考评					√		√	
人员培训			√		√		√	√
人员流动						√	√	
工作效率改进		√		√				
人力资源规划						√	√	

2）工作分析方法适用的工作类型的比较

通常，工作分析人员在实践中并不仅仅使用一种方法，而是将各种方法结合起来，这样使用效果更好。选择工作分析方法时，关键要考虑到方法与目的的匹配性、成本可行性以及该方法对所研究情况的适用性。比如，就成本来说，问卷法成本最低，而关键事件法成本最高。就对工作情况的适用性而言，管理职位描述问卷法最适合分析较高层次的工作。但是，考虑适用性时，必须注意工作中行为的相似性可能掩盖工作之间实际存在的任务差别。

工作分析方法适用的工作类型的比较如表5-16所示。

表5-16 **工作分析方法适用的工作类型的比较**

方法	适用的工作类型
访谈法	各类工作
观察法	工作简单、标准化、重复性的操作类工人与基层文员
写实分析法	各类工作
PAQ	操作类工人与基层管理职位
FJA	各类工作
MPDQ	中高层管理职位
关键事件法	可被观察的工作

3）工作分析方法的关注点的比较

工作分析方法的关注点的比较如表5-17所示。

表5-17 工作分析方法的关注点的比较

项目		访谈法	观察法	问卷法	关键事件法	写实分析法	FJA
关注点	职能多样性	×		×		×	×
	样本规模			×		×	×
	标准化					×	
	成本			×		×	
	时间	×		×			
	信度					×	

5.2.2 工作分析方法的评价

进行工作分析，面临多种方法之间的选择问题，而这一选择涉及对各种方法的适用范围和应用价值的评价。

1）非结构化工作分析方法的评价

从理论上分析，非结构化的工作分析方法普遍存在以下一些不足：①耗费时间和资金，所获资料往往只适用于一定时期和一定用途；②收集的资料往往以叙述性的内容偏多，会因主观因素产生偏差；③以数据进行说明的不多，缺乏量化指标；④着重于对工作本身的细分和叙述，属于以工作为本的分析，对人员特质的了解有限；⑤只能比较不同工作实际内容的异同，不能详细了解其工作性质与对人员特质的要求。

从实际而言，各种方法都有其比较适用的场合，鲁佩（J. G. Rupe）于1956年在美国空军人事与训练研究中心（Air Force Personal and Training Research Center）所做的一项研究中，对12项工作应用5种不同方法，即集体访谈、个别访谈、观察与面谈、讨论会以及问卷调查来收集有关资料，结果发现：

① 个别访谈是最有效的、最值得信赖的收集信息的方法。分析员的人工时成本为中等，大致相当于5种方法的平均值。

② 讨论会是人工时成本最高的方法，而观察与面谈次之。二者在获取工作信息（尤其是实际表现的工作活动）的效果上实际并无区别，但稍逊于个别访谈。

③ 在报告工作活动的成绩上，集体访谈与问卷调查最不理想。前者得分约为个别访谈的2/3，而后者只有个别访谈的1/3。同时，问卷调查所获答案可信度较低。

④ 就人力成本来看，问卷调查最节约，其次是集体访谈，个别访谈、观察与面谈、讨论会的成本依次提高。就数字的比较来看，如果问卷调查所耗费的人工时为1，则其他四种方法各为5（集体访谈）、5.6（个别访谈）、6.5（观察与面谈）、8.5（讨论会）。

⑤ 综合运用这5种方法可显著提高收集资料的效率和效果，但也同时提高了人工时成本。

2）结构化工作分析方法的评价

国外学者通常依据服务目的和实用性这两类标准对功能性工作分析方法、问卷法及关键事件法进行评价，如表5-18所示。

表5-18 工作分析方法的评价

<table>
<tr><th colspan="2">方法
标准</th><th>FJA</th><th>MPDQ</th><th>PAQ</th><th>CIT</th><th>附注：表中分值说明</th></tr>
<tr><td rowspan="6">目的</td><td>工作描述</td><td>5</td><td>4</td><td>4</td><td>3</td><td rowspan="6">目的栏说明：
1表示不能适用于该目的
2表示不太适用于该目的
3表示适用于该目的
4表示很适用于该目的
5表示十分适用于该目的</td></tr>
<tr><td>工作分类与评价</td><td>5</td><td>4</td><td>5</td><td>2</td></tr>
<tr><td>招聘和任用</td><td>4</td><td>4</td><td>4</td><td>2</td></tr>
<tr><td>绩效考核</td><td>3</td><td>3</td><td>3</td><td>4</td></tr>
<tr><td>培训和发展</td><td>4</td><td>3</td><td>3</td><td>4</td></tr>
<tr><td>人力资源规划</td><td>4</td><td>4</td><td>4</td><td>4</td></tr>
<tr><td rowspan="10">实用性</td><td>变通性和适应性</td><td>5</td><td>4</td><td>4</td><td>5</td><td rowspan="10">实用性栏说明：
1表示非常有限程度
2表示有限程度
3表示一般程度
4表示一般以上程度
5表示很大程度</td></tr>
<tr><td>标准化</td><td>5</td><td>5</td><td>5</td><td>3</td></tr>
<tr><td>使用者接受性</td><td>4</td><td>4</td><td>4</td><td>4</td></tr>
<tr><td>使用者理解和参与性</td><td>4</td><td>4</td><td>4</td><td>5</td></tr>
<tr><td>必要的培训</td><td>3</td><td>3</td><td>3</td><td>4</td></tr>
<tr><td>使用设备</td><td>5</td><td>5</td><td>5</td><td>3</td></tr>
<tr><td>完成时间</td><td>4</td><td>4</td><td>4</td><td>3</td></tr>
<tr><td>信度和效度</td><td>4</td><td>4</td><td>4</td><td>3</td></tr>
<tr><td>服务目的</td><td>4</td><td>3</td><td>4</td><td>3</td></tr>
<tr><td>效用</td><td>4</td><td>4</td><td>4</td><td>3</td></tr>
</table>

服务目的主要有：工作描述、工作分类与评价、招聘和任用、绩效考核、培训和发展、人力资源规划等六项。这六种目的并不必然存在并列关系。一般情况下，工作描述、工作分类与评价是工作分析的直接目的。最能满足这些服务目的的工作分析方法是功能性工作分析法、访谈法、职位分析问卷法。招聘和任用、绩效考核、培训和发展、人力资源规划是工作分析的间接目的，但在某些情况下，它们也可能成为工作分析的直接目的。更能满足这些间接目的或单项目的的方法是关键事件法，而就招聘和任用目的而言，各种方法都可以应用。

实用性中各项标准及其含义如下：

① 变通性和适应性，指分析各种不同工作时的适用程度；

② 标准化，指对不同时间和不同来源收集到的岗位分析数据进行比较时的规范化程度；

③ 使用者接受性，是实际使用者对该方法及其收集信息效用的接受程度；

④ 使用者理解和参与性，指该方法的使用者或受该方法结果影响者对该方法的知晓程度和在收集工作信息中的参与程度；

⑤ 必要的培训，是使用者在运用该方法时需要接受培训的程度；

⑥ 使用设备，是该方法用于某种岗位分析时对设备的需要程度；

⑦ 完成时间，是完成岗位分析任务并获得岗位分析结果所花费的时间；

⑧ 信度和效度，是该方法所获得结果的一致性和描述工作特点及任职资格的准确性；

⑨ 服务目的，是指该方法能为目的栏中的几种目的服务；

⑩ 效用，是使用该方法在比较成本与收益之后得出的总的收益水平。

表5-18中对各种工作分析方法的评价只有相对意义，因为每种方法的分值是依据某一种具体的标准来评定的，一种按照某一标准评定为高分值的方法，按另一标准评定则可能获得低分值。

5.2.3 工作分析方法的选择

在选择工作分析方法时，主要从组织整体的角度、所分析工作的角度、工作分析方法的角度和工作分析信息的角度进行选择。

1）基于组织整体的角度

（1）组织结构与技术

组织结构与技术对工作分析方法的选择有一定程度的影响。组织结构复杂的企业，应采用一个综合多种方法的体系，因为用简单的方法对分散在许多部门之中的可比岗位进行分析将难以切合实际，此外还需系统地采用定义更加清楚的要素。对一个只有单个车间的小企业而言，采用任务分析方法或许就够了。如果企业中体力和非体力工作之间界限分明，则需要同时选用不同的方法，一个用来分析体力工作，另一个用来分析非体力工作。

技术因素也不容忽视，例如设备和产品本身的技术要求对岗位内容的决定程度，或者岗位操作者决定岗位内容的程度。同时，在研究开发部门和工厂采用的分析方法也应有所不同，不仅要考虑现在的技术情况，也要考虑本产业技术进步的步伐和方向，因为不断更新的技术会迅速改变工作岗位的内容。

（2）劳资关系

企业的劳资关系中第一重要的是经营者和员工代表的关系——是否存在正常的相互信任的气氛。如果缺乏这种气氛，要让员工接受工作分析将会格外困难。如果全体员工（或者部分员工）对分析抱怀疑态度，并且把它作为一种管理游戏，那工作分析几乎不能解决任何问题。实际上，有许多分析方法仅仅是由于遭到员工代表的反对而被放弃。因此，企业必须让员工参与工作分析方法的选择，以取得良好的效果。

（3）管理方式

企业内部的管理方式也是影响选择及运用工作分析方法的一个因素。领导者的行为方式可以分为专制型和民主型两种。民主型倾向于在整个企业中采用综合型的工作分析方法，因为它鼓励员工关心总体的组织结构。专制型主要体现为以领导者的意志为主要考虑因素，更喜欢运用非量化的工作分析方法。一般认为，管理方式对选择和运用工作分析方法的主要影响是在多大规模上允许员工参与方案的设计和应用。

2）基于所分析工作的角度

（1）考虑所分析工作的特点

进行工作分析时，要依据企业每一项工作自身的特点，选择适合它的工作分析方法。观察法适用于大量标准化的、工作内容和工作程序相对稳定的、工作周期较短的、以体力活动为主的工作，如装配工人、保安人员等，不适用于工作周期长和脑力劳动比较多的工作、户外工作，以及需要处理紧急情况的工作，如设计师、律师、急救站的护士、经理等。它常用于分析对抽象思维和推理能力的要求低、行为产生的影响较明显的工作。问卷法对于简单的体力劳动工作、脑力劳动工作、不确定因素很大的工作、复杂的管理工作都适用。访谈法则适用于对脑力劳动工作和体力劳动工作的分析。MPDQ适用于对组织内部不同层次的管理职位的分析。FJA是针对非管理性工作最常使用的一种方法，既适用于对简单工作的分析，也适用于对复杂工作的分析。PAQ适用于工作任务多和工作情境不同的工作。CIT主要适用于周期较长、员工的行为对组织任务的完成具有重要影响的工作，目前主要应用于绩效评估与岗位培训，尤其应用于绩效评估的行为锚定与行为观察中。

（2）结合企业业务流程

现代企业越来越重视通过面向市场与客户的流程变革，提高为客户创造价值的能力。作为流程衔接与传递的节点，任何职位都必须在流程中找到自身存在的价值和理由，必须根据流程来确定其工作内容与角色要求。然而，企业在开展工作分析时，大多缺乏对流程的系统分析，没有把握流程中职位与环境的互动联系，片面强调对职位内在要素的详尽描述，将完整的流程分割得支离破碎，造成工作分析与流程的脱节。因此，在选择恰当的工作分析方法时，要求工作分析必须与流程相呼应，有效梳理企业流程，明确当前对职位的要求以及每个职位在整个流程中的作用与定位，强调在企业关键流程中每个职位的意义与职责，以有效避免职责重叠与重新界定问题。通过和企业业务流程相结合的工作分析，企业可以对组织的内在各要素，包括部门、流程和职位，进行全面系统的梳理，提高组织与流程设计以及职位设置的合理性。

3）基于工作分析方法的角度

（1）考虑各方法的优缺点

工作分析的方法可以分为结构化方法和非结构化方法两大类。前者收集的有关工作信息以非计量的、叙述性的居多，主要目的是对工作信息做出书面记事性描述，主要有观察法、访谈法和工作日志法。后者一般采用问卷的形式，最大的特点是可以利用计算机对工作信息进行定量分析，主要有管理职位描述问卷法、功能性工作分析法、职位分析问卷法、关键事件法。不同的工作分析方法各有优缺点，在选择工作分析方法时，应该综合考虑，在其优缺点之间找到平衡。

（2）考虑选择方法的成本效益

各种方法所要求的时间和费用不一样，所要求的分析人员的素质也不一样，由此产生成本差异。简言之，在选择一种工作分析方法时，必须明确以下几个方面的要求：①究竟需要花费多少时间；②如何获得能解决有关问题的资深专家的帮助；③如何证实专家的判断；④需要进行什么样的人事培训；⑤活动所需的总成本是多少。

4）基于工作分析信息的角度

（1）考虑工作分析信息的最终用途

工作分析信息的最终用途不同，选择的方法也有所不同。比如，当工作分析信息用于招聘时，就应该选用以工作者为导向的工作分析方法，它最适于确定与工作有关的活动类型，如人际关系等，而不是工作者实际所做的细节。而以工作为导向的工作分析不仅包含了工作者实际所做的细节，还包含了工作者必须将工作做到什么程度的信息，这是最为传统的一种工作分析形式。当工作分析关注薪酬体系的建立时，就应该选择结构化的工作分析方法，这样有利于对各工作的价值进行比较。

（2）确保收集信息的客观性和动态性

国外的研究已表明，工作者导向的工作分析方法和工作导向的工作分析方法，因其具有标准化、结构化的性质，已被用户证实其收集的信息是可靠的、可接受的，具有较好的客观性。而非结构化的方法因其主观色彩较浓，客观性较差。

随着科学技术的发展、社会经济环境的变化以及组织结构的改变，工作所包含的任务、流程、所采用的技术以及对知识和技能的要求也会随之改变。工作分析必须反映出现实的种种变化，通过工作分析方法收集的信息应该变静态为动态。

5.2.4 结论

不同的工作分析方法各有利弊，组织的很多方面都会对其产生影响。通常，工作分析人员在实践中综合考虑各方面因素，不只用一种方法，而是将各种方法结合起来使用，以获得最好的效果。比如，在分析生产性工作时，可能采用访谈法和观察法来获得必要的信息。工作的性质不断变化，对工作者的知识、技能提出了更高的要求，因此选择工作分析方法时要综合考虑影响工作的诸多因素，实现多种方法的有机结合。

关键词

工作分析方法　访谈法　问卷法　观察法　写实分析法　关键事件法　功能性工作分析法

即测即评

第5章单项选择题

第5章多项选择题

思考与练习

（1）工作分析的基本方法有哪些？

（2）简述访谈法、问卷法、观察法、写实分析法、关键事件法和功能性工作分析法的内容和优缺点。

（3）简述参与法和交叉反馈法的内容和优缺点。

（4）简析对工作分析方法进行比较的内容。

（5）如何进行工作分析方法的评价？

（6）如何进行工作分析方法的选择？

案例分析

迈向科学管理的奇强科技有限公司

1）奇强公司背景

创立于2007年的奇强科技有限公司（简称奇强公司）隶属于X集团，是一家从事机械制品的研发、生产、销售的制造服务型企业，根据客户需求，提供各类产品抓取解决方案，所涉行业主要包括智能制造、汽车钣金冲压、包装、通信电子、锂电、光伏、木材、石材、机器人、食品、医疗等。

公司自成立以来就特别注重聚焦客户难点、围绕客户痛点化解难题，始终以“倾听客户之声音及做出其期望”为宗旨，关注前沿，品质为本，有效创新。迄今，产品件号累计逾2 000种，海内外用户近千家。公司注重研发，荣获多项国内、国际专利。公司始终坚持以客户为导向，持续努力，不断完善，贡献其专业知识、服务和价值。

因长期致力于解决行业难题，公司在行业里被称作“小而美”的企业，用行业最为流行的评价就是“隐形冠军”——看似不显山不露水，却在行业中具有绝对话语权的骨干企业。

2）奇强公司管理状况

奇强公司属于典型的自我摸爬滚打成长起来的企业。公司创立之初仅有3人，分别是李奇、王冰、赵于，他们既是亲戚又是合伙人，遇到产品质量问题大家一起上，遇到销售问题大家一起聊，遇到生产问题大家不分彼此。这样的运作模式，在公司规模不大的时候问题不大，但是随着公司规模扩大、业务增多，问题就暴露出来了。

2012年，公司的人数达到60人，并且成立了营销部（5人）、计划物流部（3人）、生产制造部（38人，6个小组）、工艺技术部（3人）、综合管理部（6人），共五大部门。此时每个业务单元人数并不多，尽管时不时出现部门之间的衔接问题和争议，但是在3位创始人的调停之下，一切都可以轻松回归常态。同样，遇到客户的质量与交期要求无法匹配合同规定等比较棘手的问题时，3位创始人通过私人交情号召大家站在客户的立场合作，也可以把问题化解掉。

到了2019年，公司规模再次扩大，员工人数暴增到300人，此时遇事靠交情、协调靠老板的管理方式显然已经难以为继。频频爆发的部门分工问题、协作问题一而再再而三地被放到了台面上，尤其是2020年突如其来的疫情让订单交期变得飘忽不定，时而不紧张、时而要命催，一时间让部门与部门之间的纷争变得更加明显。制造部门为了快速拿到原材料以满足赶工的需要，甚至跳过采购人员直接联系供应商进行物料催缴，结果是订单交付了，但是计划部门不开心了，一纸报告提交到3位创始人那边。创始人是打不得，骂不能——一个是为了订单交付，一个是为了流程严谨……

疫情期间员工有时无法及时回到公司办公，人员非常紧张，各部门存在一人兼多职现象，甚至出现现场赶工作业期间，只要看到是个闲着（实际上不见得）的人，都可以随意叫到车间进行生产作业……

在现场遇到问题时，工艺技术部分派任务有很大的随意性，只要在技术方向上沾边，基本上是看见谁就派谁去。一旦摸清了这种规律，一些责任心不强的工程师就躲着领导，领导看不见时就得清闲、不做事，而有一些工程师经常处于忙碌状态。工程师们忙闲不均，其表现对收入、奖惩并没有什么影响，干多干少一个样。用员工的话就是“忙的忙死、闲的闲死——反正都是死”，“躺平”“摸鱼”现象极其严重……

由于公司常年都是有活儿大家一起干，遇事好商量，所以各部门没有明确的工作任务安排，都是按照自己对业务工作的理解展开工作，貌似大家都很忙，但是一天下来常常都不知道在忙什么，遇到紧急突发任务需要响应的时候，却“人到用时方恨少”。人人都抱怨“忙得跟啥一样，但是啥结果都没有”……

高新技术行业以前是高工资领域，但是疫情期间经营困难，大家的工资都略有调整。在工资调整的过程中，有不少员工反馈调整不太合理，相对而言干得多的反而拿得少了，干得少的反而拿得多了……一时间，管理者得不到信任，面对的只是大家审视而鄙夷的目光。

屋漏偏逢连夜雨，一方面内部治理出现问题，另一方面客户的不确定因素增多，加之合伙人王冰、赵于由于身体原因急于退到二线安心养病，一下子让担任公司总经理的李奇一筹莫展。2021年6月，经正在读MBA的李总之子李晓涵的引荐，人力资源专家李中斌老师和精益高级顾问柳草老师决定为该公司提升管理水平赋能。经过初步判定，奇强公司存在“情感管人、经验做事”“推诿扯皮、职责不清”“方法各异、效能不足”等因为工作任务分析与岗位职责不清引发的问题，迫切需要借助于岗位职务说明书明确其岗位责任制。

3）奇强公司赋能过程

李中斌老师和柳草老师考虑到奇强家族企业的特殊性以及李晓涵的专业背景和独特身份，建议李晓涵作为企业内部的窗口联络人，负责处理项目实施过程中的内部人事与工作开展问题。赋能的具体过程如下：

（1）搭建组织，明确职责

通过协调，构建工作分析赋能小组，其中工作写实组通过详细记录员工的工作过程、工作要求、工作环境等，获取关于工作的详细信息，聚焦生产制造工作；关键事件组通过收集员工在工作中所遇到的关键事件，以及他们对这些事件的看法和应对方式，获取关于工作的详细信息，主要聚焦营销工作；访问组以访谈和问卷调查方式展开，通过与员工进行面对面的交流，获取关于他们的工作职责、工作流程、工作环境、工作要求等方面的信息，通过发放调查问卷，让员工填写他们对工作的看法、感受、建议等信息。同时，考虑到整体工作量比较大，五个部门分别选择了工作分析专干（如图5-1所示），负责衔接本部门的工作分析工作的开展。

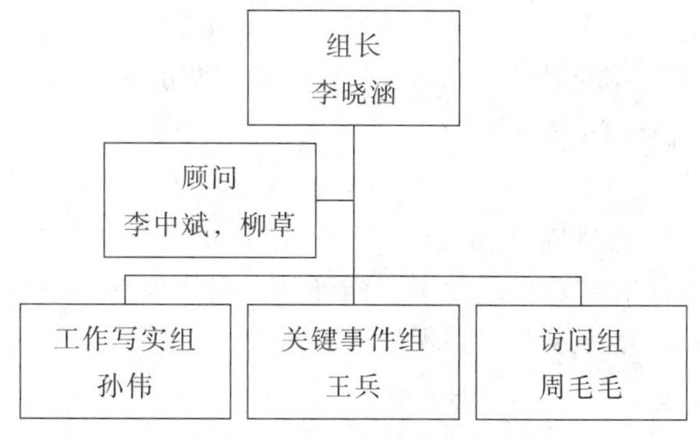

图5-1　工作分析赋能小组成员

（2）编制计划，明确节点

为了有序推进工作分析，赋能小组编制了工作分析阶段性推进计划表，见表5-19。

表5-19　**工作分析阶段性推进计划表**

工作分析阶段性推进实施内容		工作月份				
		6	7	8	9	10
计划	1.1 组织构建					
	1.2 编制项目主计划，明确节点					
	1.3 召开项目启动会					
	1.4 召开员工会议，进行宣传动员					
	1.5 各部门签订军令状					
执行	2.1 开展问卷法、工作日志法、访谈法、写实法等培训					
	2.2 展开现场工作写实					
	2.3 回收及整理问卷					
	2.4 完成任职资格说明书初稿					
	2.5 完成生产管理岗位管理者标准化初稿					
检查	3.1 最终确认任职资格说明书与岗位人员					
	3.2 敲定管理者标准化初稿					
改进	4.1 持续向未覆盖的岗位推进					
	4.2 在工作中持续优化已完善内容					

（3）有序推进，执行分析

①方法应用。

在工作分析的过程中，赋能小组不局限于使用工作写实、关键事件、访谈与问卷的方法，可谓全方位立体化地捕捉信息。在考虑成本及时间因素的基础上，为使资料收集较为容易，避免占用员工太多的工作时间，公司借助了问卷星进行调查。为避免通过问卷法收集的资料不足或有误，同时借助了个人访谈、群体访谈、主管人员访谈、180°访谈与360°访谈的方法。

②回收整理资料。

对于收回的资料，小组成员首先确认资料是否完整，并仔细查看是否有不清楚、重叠或冲突之处，然后由人力资源专家一同确认。对于概念不清的地方，判断是否对此任职者或其主管采取充分遵循“到现场、看现物、把握现状”的方法进行确认，以保证资料的正确性。

③现场观察。

在生产管理岗位管理者标准化的过程中，李中斌老师和柳草老师首先向被观察对象介绍了工作观察的价值和意义，重点从“隐形管理显性化”“工作效能扩大化”“业务协同顺畅化”“员工企业共赢化”四个方面展开。

④工作输出。

基于大量的工作，现场一共输出了120份资料，并最终为公司五大部门十大关键岗位建立了岗位职务说明书。其中，岗位任职资格说明书范例见表5-20。

表5-20 **岗位任职资格说明书范例**

<table>
<tr><td colspan="4">基本信息</td></tr>
<tr><td>所属部门</td><td>生产制造部</td><td>岗位编码</td><td></td></tr>
<tr><td>岗位名称</td><td>制造部长</td><td>岗位层级</td><td></td></tr>
<tr><td>岗位族群</td><td>管理</td><td>岗位序列</td><td>管理</td></tr>
<tr><td colspan="4">岗位核心价值</td></tr>
<tr><td colspan="4">为完成公司制定的各项目标，在厂部的制度和政策指引下，通过合理利用、调度工厂范围内各种资源，推进工厂各项管理规章制度实施，指导并监督相关人员开展新品开发、质量控制及提升、样品试制、成本优化等各项工作，以有力的技术支持确保工厂生产工作顺利完成</td></tr>
</table>

<table>
<tr><td colspan="4">工作关系</td></tr>
<tr><td>直接领导</td><td colspan="3">总经理</td></tr>
<tr><td>直接下级</td><td>产品技术岗、技术资料岗……</td><td>人数</td><td>10</td></tr>
<tr><td>对内关系</td><td colspan="3">工厂内：各部门、各车间
公司内：研究院、质量管理中心、成本管理中心等各职能部门</td></tr>
<tr><td>对外关系</td><td colspan="3">委外加工厂家、零部件供应商</td></tr>
</table>

续表

工作职责	
序号	工作职责描述
1 技术开发管理（紧急、重要）	1.1 参与设计过程中制造工艺、设计合理性讨论并向设计部门提出修改意见 1.2 指导并审核（必要时亲自参与）工装模具的设计、制作、工艺流程确定及样件制作等工作 1.3 参与制造新工艺、新方法探索
2 质量管理（紧急、重要）	2.1 负责质量目标的实施、监督 2.2 参与市场、总装等质量信息的分析处理，列出整改对策，回复相关质量部门，在工厂内落实整改并跟踪监督 2.3 参与内部质量会议，收集问题，分析整改 2.4 参与市场三保旧件质量问题解剖、原因分析及整改
3成本管理（重要）	3.1 参与结构优化、降成本措施的讨论，并落实方案初步的造型图纸设计、工装模具优化设计及样品试制等 3.2 自动化改造工作协调、推进、落实
4 新品开发管理（紧急、重要）	落实并跟踪新品开发、样品试制至批量生产期间所有相关事项，比如工装模具、工艺技术文件等
5 日常技术、工艺、BOM物料清单管理（重要）	5.1 监督因技术更改等“归零五转化”工作的完成情况 5.2 按“三统一”计划，主持“三统一”工作
6 流程制度管理（重要）	负责各项制度、流程编制、完善、落实及运行情况的监督
7 改善提案管理（重要）	协助改善提案的收集、汇总、有效性确认工作

任职资格		
准入条件	准入学历	本科
	专业要求	管理类、机械类相关专业
	外语/级别要求	英语/四级
	工作经验	10年以上制造业相关工作经验，5年以上管理经验
	资格证书	中级工程师职称

续表

技能要求	(1) 熟悉IATF16949等质量体系 (2) 会应用各种质量分析工具 (3) 熟悉Microsoft Office等办公软件及PROE、CAD等制图软件 (4) 熟知摩托车法律法规 (5) 熟悉摩托车基本原理及制造技术，可独立主持产品工艺设计及相关工装等设计 (6) 熟知各类工作相关的制度、工作流程 (7) 具备独立分析和处理生产过程中出现的质量、技术问题的能力
素质要求	(1) 工作态度端正，有良好的沟通协调组织能力、领导能力，有团队协作精神 (2) 诚实敬业，能吃苦耐劳，愿意接受挑战，能承受压力 (3) 能够准时、按要求完成公司安排的工作任务 (4) 具有较强的安全、质量意识，行为表现良好 (5) 能用正确的方法方式进行工作，公平公正对待每一位员工，对于一些不符合公司的行为做法能及时进行纠正 (6) 认可公司文化，服从安排，遵守公司的规章制度
特殊说明	
行为禁忌	(1) 禁止泄露本公司产品数据资料等机密 (2) 禁止泄露本公司工艺、工装、模具等相关设计资料和文件资料
工作环境	
(1) 办公室，车间生产现场（粉尘烟雾、玻璃纤维、强光环境） (2) 正常工作时间8小时/天，5天/周外，频繁加班 (3) 偶尔出差	

4）奇强公司赋能效果

在进行工作分析的过程中，李奇和李晓涵忐忑不安，不知道实施岗位标准化后会不会挫伤老职工的积极性、公司会不会水土不服，但是随着项目的推进，这些问题都不存在了。

通过此次赋能工作分析的导入应用，各部门明确各岗位职责，有效地解决了部门职责重叠、互相推诿的问题，为公司的发展奠定了基础，避免了机构臃肿、人浮于事现象的出现，也克服了疫情期间人员不足的问题。

业务部门反馈显示，通过明确岗位职务说明书，各业务口的工作清晰了，避免了多头共管、多头不管的现象，让业务流程更顺畅，让选择更有针对性，让工作更有参照性，让业务评价更具公正性。

在整个过程中，“高层重视，中层引领，基层参与”，加上专业而规范化的引导，让员工认为岗位职务说明书就是工作必不可少的一部分。

通过推行岗位责任制，公司各岗位有了“统一的语言”，实现了相同价值前提下的工作准则。这次赋能工作分析给奇强公司带来了明显的经济效益。2021年，在经营紧张的形势下，公司实现了人均产值80万元的目标，客户满意度提升了3个百分点，为公司度过疫情期间奠定了基础，也为再创辉煌做好了准备。

案例思考题：

（1）奇强公司应用了哪些工作分析的方法？你有何建议？

（2）在编写岗位职务说明书时应注意哪些方面？请参照奇强公司的工作说明书，为你所了解的企业的某一职位编制一份工作说明书。

（3）思考奇强公司为什么要编写岗位职务说明书。

（4）奇强公司在应用岗位职务说明书、实行岗位责任制方面是否存在不足？如果存在不足，如何改进？

（5）联系实际谈谈如何把工作分析落到实处。

延伸阅读　沃尔玛的人力资源计划与工作分析

第6章 工作说明书

教学目标

- 掌握工作说明书的含义和内容；
- 了解工作说明书的作用、编制原则和发展趋势；
- 掌握编制工作说明书的步骤、问题与策略；
- 领会和掌握工作说明书填写常见的问题；
- 熟悉和掌握工作说明书编制的格式及撰写要点。

教学要点

- 工作说明书的编制原则；
- 编制工作说明书的步骤、问题与策略。

导入案例 **工作说明书为何变成"纸上谈兵"？**

"小宋，我真不知道你到底需要什么样的会计！"奇龙公司人力资源部经理丁力说，"我已经送去了四个人给你面试，而且这四个人看上去都大致符合工作说明书的要求，可是，你却将他们全部拒之门外。"

"符合工作说明书的要求？"小宋颇为惊讶地回答，"可我要找的是那种一录用就能够直接上手做事的人，而你送给我的人，都不能胜任实际操作工作，并不是我要找的人。再者，我根本就没瞧见你所说的什么工作说明书。"

听闻此言，丁力二话没说就为小宋拿来工作说明书的复印件。当他们将工作说明书与岗位现实所需人员的资格要求逐条加以对照时，才发现问题所在：原来这些工作说明书已经严重地脱离实际，也就是说，工作说明书没有将实际工作中的变动写进去。例如，工作说明书要求从业人员具备手工记账的工作经验，而实际工作已经采用ERP的技术，因此为了更有效率地记账，员工必须具备会计电算化的知识。

在听完小宋描述会计工作所需的技能以及从业人员需要履行的职责后，丁力喜形于色地说道："我想我们现在能够写出一份准确描述该项工作的工作说明书，并且以这份工作说明书为指导，一定能够找到你需要的合适人选。我坚信，只要我们的工作更加紧密地配合，上述那种不愉快的事情，决不会再发生了。"

资料来源 佚名. 岗位分析及岗位说明书培训教材［EB/OL］.［2023-11-05］. https://www.globrand.com/2009/181402.shtml.

6.1 工作说明书概述

6.1.1 工作说明书的含义和内容

1）含义

工作说明书是关于工作是什么以及工作任职者具备什么资格的一种书面文件。

工作说明书是工作分析的直接结果之一。在工作分析的各阶段，编制工作说明书的工作最复杂，它不是人力资源经理凭空想象出来的，而是在工作调查和分析的基础上，根据实际情况科学、合理地设计出来的。

2）内容

工作说明书并没有一个标准的格式，但是大多数的工作说明书都包括以下内容：

（1）工作标识

工作标识包括工作名称、工作编号、所属部门、直接上级主管等。工作名称应与实际的工作内容相符，避免产生误解。

（2）工作概要

工作概要从总体上描述工作的性质和目的，即陈述该岗位怎样促进组织业务计划和目标的实现。工作概要只需列出工作的主要活动和结果，不必细分工作职责与工作任务。

（3）工作职责与任务

工作职责与任务表明任职者所从事的工作在组织中承担的责任以及所需完成的具体工作内容。在有些工作说明书中，工作职责和工作内容还可以分开来写，工作职责指对工作行为的结果应负的责任，而工作任务则具体描述工作行为的内容。

（4）工作权限

工作说明书还应当明确工作任职者的权限范围，包括决策的权限、对他人实施监督的权限以及经费预算的权限等。

（5）工作绩效标准

这项内容说明组织希望员工在执行说明书中每一项工作任务时要达到的标准。

（6）工作条件

工作条件主要列明工作岗位所需要的设备以及环境条件。设备如计算机等，环境包括温度、噪声、粉尘等因素。在有些工作说明书中，可能还要标明存在的危险或对任职者身体健康有害的因素等。

（7）工作规范

工作规范说明为完成工作说明书中所列出的各项工作任务，任职者应该具备何种知识、技能、身体条件、心理素质、工作经验及能力要求等。具体包括以下几个方面：

① 体能素质要求。该项包括身体素质和心理素质两个方面。身体素质即从事体

力或脑力劳动所需要的身体条件，如身高、体型、耐力等；心理素质包括视觉、听觉等各种知觉能力，记忆、思维、语言等应变能力，兴趣、爱好、性格类型等个性特点等。

② 知识要求。知识要求指任职者胜任某项工作应具有的知识结构和知识水平。知识要求一般由六项组成：某一工作岗位的最低学历要求；胜任某项工作要求具备的专业理论知识；应具备的政策法律方面的知识；应具有的业务管理知识；根据工作需要，对相关的外语水平的要求；其他相关的知识要求。

③ 能力要求。能力要求包括理解判断能力、学习能力、决策能力、组织协调能力、交际能力、语言文字能力以及解决问题的能力等。

④ 工作经历要求。工作经历主要指工作年限和相关的工作经验两方面。不同的工作岗位对经历的要求也不一样，技术性强或较高层的管理工作对工作年限、相关经验的要求往往比较高。

⑤ 职业道德要求。除了具备上述的能力要求外，任职者往往还要具备良好的职业道德。加强职业道德建设，对个人而言，意味着砥砺职业操守、恪守职业本分、干好本职工作，每件事、每个细节、每项产品力求无愧本心；对社会而言，需要弘扬道德楷模精神，营造爱岗敬业氛围，形成学有榜样、行有示范的良好风气；对国家而言，也需要完善政策、搭建平台、健全机制，让广大劳动者敢想敢干、敢于追梦。把崇高的职业道德落实为掷地有声的职业行动，实现中国梦就有了强大的精神力量和道德支撑。

由于工作分析的目的不同，工作说明书的内容往往与上面所说的并不完全一致，应结合具体情况有选择地进行描述。例如，对于人员招募与甄选而言，工作职责与任务、工作条件和工作规范是重点，不可缺少，而工作绩效标准就不是必需的内容。

工作说明书根据组织的具体情况制定，组织可以根据自身的管理特色在工作说明书中增加绩效标准、工作特征等内容。工作说明书的编制最好由组织高层主管、典型任职者、人力资源部门代表、工作分析人员组成工作小组，协同工作，共同完成。随着组织规模的不断扩大，工作说明书要在一定的时间内进行修正和补充，以便与组织的发展保持同步。

6.1.2 工作说明书的作用

1）工作说明书有助于实现组织优化

在编制工作说明书之前，有一个职位分析的过程，即对部门职责进行列举和归类，对工作流程、各职位间的职责分配进行分析和规划，从而最大限度地发挥组织效力。在此过程中，要重点思考的是：人员配置是否冗余？职责是否相互重叠？部门职能是否细化到每个岗位上？职责介绍是否得当？这些思考都将有利于实现组织优化。

2）工作说明书是员工进行目标管理的依据

首先，工作说明书清晰地列出了员工的职责范围，员工根据自己的工作说明书可以大致了解自己的工作目标，进行自我管理；其次，工作说明书囊括了岗位所需要的能力，员工可以对照了解自己在这些方面发展得如何，哪些能力还需要进一步提高。一份好的工作说明书可以使员工了解组织的目标、自己在组织中的作用、相应的责任和职权，全体员工各司其职，上下目标一致。

3）工作说明书是制定绩效管理标准的依据

好的工作说明书，既要按照重要性的先后顺序列明每项职责的主要内容，又要说明该职责是承担全部责任还是部分责任，抑或是辅助性的工作；同时，要列明相应的考核方法。考核指标可以是反映质量的，也可以是反映数量的。

4）工作说明书是进行职位评价从而确定薪酬的前提

职位评价的内容通常包括职责范围大小、工作难易程度、劳动强度、劳动条件等要素。有了职位评价才便于确定每个职位的薪酬水平。而职位评价的基础是工作分析和工作说明书。如果没有工作说明书，就无法进行职位评价。因此，工作说明书是制定薪酬政策的间接依据。

5）工作说明书是进行人员招聘、制订培训计划和个人发展计划的依据

人力资源管理部门在发布招聘启事、甄选面试、确定培训内容、设计员工的职位升迁路线时，都离不开工作说明书。不仅如此，根据工作说明书的具体要求，企业才能对任职条件不够的员工进行培训，对条件优秀的员工进行提升，实现培养计划。

知识链接

工作描述常用动词

（1）针对计划、制度、方案、文件等：编制、制订、拟定、起草、审定、审核、审查、转呈、转交、提交、呈报、下达、备案、存档、提出意见。

（2）针对信息、资料：调查、研究、收集、整理、分析、归纳、总结、提供、汇报、反馈、转达、通知、发布、维护管理。

（3）关于某项工作（上级）：主持、组织、指导、安排、协调、指示、监督、管理、分配、控制、牵头负责、审批、审定、签发、批准、评估。

（4）思考行为：研究、分析、评估、发展、建议、倡议、参与、推荐、计划。

（5）直接行动：组织、实行、执行、指导、带领、控制、监管、采用、生产、参加、阐明、解释、提供、协助。

（6）上级行为：许可、批准、定义、确定、指导、确立、规划、监督、决定。

（7）管理行为：达到、评估、控制、协调、确保、鉴定、保持、监督。

（8）专家行为：分析、协助、促使、联络、建议、推荐、支持、评估、评价。

（9）下级行为：检查、核对、收集、获得、提交、制作。

（10）其他：维持、保持、建立、开发、准备、处理、执行、接待、安排、监控、汇报、经营、确认、概念化、合作、协作、获得、核对、检查、联络、设计、测试、建造、修改、执笔、起草、引导、传递、翻译、操作、保证、预防、解决、介绍、支付、计算、修订、承担、谈判、商议、面谈、拒绝、否决、监视、预测、比较、删除、运用。

6.1.3 工作分析常见的误区及解决对策

1）常见误区

工作分析对于人员招聘与甄选的重要作用已无须赘言，然而在现实中，多数经理人对工作分析的理解和运用仍停留在表层，难免走入工作分析的误区，往往事倍功半。

（1）重技术，轻理念

很多经理人认为，工作分析是一项技术性很强的工作，需要在工作描述中清晰界定每一职位的工作范围、工作职责以及任职资格等，因而认为只要掌握工作分析的各种方法，如访谈法、问卷法、观察法等，便可以把工作分析做好，从而陷入“重技术，轻理念”的实用主义误区。任何的管理活动都不能没有相应管理理念的支撑，否则再高超的管理技巧与管理方法都只能是无本之木、无花之果，没有灵魂和持久的生命力。

（2）重结果，轻过程

工作分析的结果是工作说明书。实践中，一些经理人认为工作分析的重要性和工作成果只体现在最后生成的工作说明书上，恨不得整个工作分析工作在十几个工作日之内完成，主观认为只要最后得出一套工作说明书，工作分析的过程如何进行并不重要。事实并非如此。工作说明书只能代表工作分析的实体结果，工作分析过程本身亦即进行人力资源管理、理顺工作职责、明确任职资格的过程的意义同样重要。

（3）重繁复，轻简洁

一直以来，众多人力资源管理书中讲述的工作说明书都是比较繁复的，现今流行的几种版式的工作说明书一般都包括工作识别、工作摘要、工作职责、工作关系、工作标准、关键业绩指标（KPI）、工作环境条件、任职资格说明等。经理人在实际操作中往往参照这几种版式，无视企业的具体特点和个性需求，以为只有繁复的工作说明书才能最大限度地说明问题、解决问题，一味求多求全，陷入“重繁复，轻简洁”的形式主义误区。

（4）重形式，轻应用

实际工作中，一些经理人虽然进行了工作分析，得出了一套工作说明书，但束之高阁，权当曾经完成的一项工作任务，从未有效利用工作分析的结果进行人员招聘及其他人力资源管理工作。只把工作说明书当成一种形式，不重视其应用，就好比病人去医院开了治病良药却将之供奉起来，以为只要良药在手，即使不服用也能“药到病除”。但是，纵使仙丹妙药在手，也需切实服用才能真正发挥作用，否则闲置的良药只能是一种资源的浪费，于病情毫无疗效可言。

（5）重现状，轻战略

有人认为，工作分析就是描述出每一职位目前实际承担的职责和任职资格等，只要在工作说明书中如实描述实际情况即可。事实上，工作职责、任职资格的分析依据是企业的人力资源战略，如果工作分析只注重对企业现状的描述而忽略对企业未来发展的前瞻性调整，丝毫不对现有人力资源状况提出改进建议，则会陷入“重现状，轻战略”的误区，很可能刚刚写就的工作说明书很快就不能适应企业发展的需要。

2）解决方略

了解了工作分析中常见的问题和误区后，还得知道如何解决问题和避免误区，以下是一些具体的解决方法：

（1）在管理理念和具体工作目标指导下开展工作分析

理解企业的管理理念或管理目标，比如，“以人为本”“以职位为核心的人力资源管理整体解决方案”等，或依据企业自身特点而定的“激励头鸟”“实现人岗匹配”“明确职责权限”等目标。

（2）积极配合和充分沟通

配合人力资源部与企业高层充分沟通，使工作分析的价值性和必要性获得高层的认可，力求获得高层的鼎力支持；召开工作分析启动会议，亲自宣讲工作分析的重要意义、理念与目的，让员工认同工作分析的价值；通过工作分析过程促使员工思考自己的工作内容、职责权限、工作能力要求等信息，并加强与员工的沟通。

（3）具体问题具体分析，避免“一刀切”

如果工作说明书是用于人员招聘，那么可以在明确工作职责的基础上，重点说明具有何种资格的人才能适应职位的要求，其他部分可以适当弱化分析，化繁为简。应考虑不同工作职位的特点，例如，对于一般员工和操作工人，工作说明书更是要力求简洁通俗，尽量使用任职者能够理解的语言表述。

（4）注意工作说明书的应用

要注重在招聘工作中切实应用工作说明书，与人力资源部进行人员需求沟通；依据工作说明书优化招募、甄选方案；依据工作说明书进行人员聘用决策。

（5）积极更新和完善

工作分析应随组织的发展变化而随时更新；应以人力资源战略为导向，以企业未来发展对人员的需求为目标，不应单纯拘泥于事务性工作。

（6）其他锦囊要义

在形成工作说明书之前，应对收集的信息进行科学分析与整理。工作说明书并没有统一固定的模式，应根据分析的目的选择不同的内容和形式。描述时，对信息的整理应按一定的类型和标准进行。在撰写工作说明书之前，应确定统一的书写格式。工作说明书中的语言，应尽量按照常规的要求撰写，便于使用者理解。了解工作分析中的常见误区，采取一定的方法加以避免。

6.1.4 工作说明书的改进与发展

1）改进传统工作说明书

工作说明书在一系列人力资源管理制度中依然保留着很高的价值。就形式而言，它对职位管理更有效，而不是人们所期望的员工管理。有什么更好的方法使它更适合管理者及员工们的需要呢？如果工作说明书能够澄清组织对员工的预期是什么，理顺组织任务、绩效标准和最低资格条件之间的联系，那么它会更有价值。改进了的工作说明书应包含以下五个方面的信息：

① 任务。对工作而言，什么职责最重要？

② 工作条件。哪些事情可以使工作更容易（比如封闭式监督或者为工作提供书面指南）或更困难（如面对愤怒的顾客或处在恶劣的物理环境之下）？

③ 绩效标准。是否能够从数量、质量或服务时限等方面为每一项任务设立客观合理的（与组织目标相关的）绩效水平？

④ 知识、技能和能力。在上述条件下，从最低标准意义上讲，履行每项任务需要什么样的知识、技能以及能力？

⑤ 资格。为确保员工获得必需的知识、技能和能力，需要什么样的教育背景、工作经验及其他资格？

以上这些变化均十分重要，因为它们澄清了任务、工作条件、绩效标准、知识、技能和能力，以及资格条件之间的互动关系。

综上所述，对传统工作说明书的改进强调了工作管理和员工管理的关系，而不是以往所强调的职位管理。它更加关注组织产出（某项工作所产生的实际效果）而非投入（组织当中应设置哪些职位）。

2）工作说明书的发展趋势

（1）结合工作流程编制“履行职责”

随着外部竞争环境的日趋激烈，传统的以“命令-执行”为特征的工作方式正在转变为以“服务”为特征的工作方式。在这种工作方式下，企业内部的每一个职位都以服务者和被服务者的双重身份出现，需要接受上游职位的工作输入，又要对下游职位进行工作输出，工作的链条关系越来越重要。为了反映这种关系，结合工作流程编制“履行职责”已成为一个趋势。

（2）企业越来越重视工作规范

企业越来越重视工作规范已成为另一个趋势，尤其是其中的能力和素质要求，以“素质模型”为主要标志的新的招聘标准正在逐步形成。

6.2 工作说明书编制

6.2.1 工作说明书编制的常见格式及原则

1）工作说明书编制的常见格式

在编制工作说明书时，一般都要按照一定的格式来进行。工作说明书的格式见表6-1、表6-2和表6-3。

表6-1 工作说明书范例一

<table>
<tr><td>工作名称</td><td></td><td>部门</td><td></td></tr>
<tr><td colspan="4">1）工作内容
（1）
（2）
（3）</td></tr>
<tr><td colspan="4">2）任职资格
（1）学历要求
（2）工作经验要求
（3）必要的知识和能力
（4）综合素质要求
（5）其他要求</td></tr>
<tr><td colspan="4">3）工作环境
（1）工作地点
（2）工作条件</td></tr>
</table>

表6-2 工作说明书范例二

<table>
<tr><td>职位名称：
职位编码：
职位概要：</td><td colspan="2">所在部门：

编制日期：</td></tr>
<tr><td colspan="3">职位职责
1（职责一）
1.1
1.2</td></tr>
<tr><td colspan="3">关键绩效指标（KPI）</td></tr>
<tr><td colspan="3">任职资格</td></tr>
<tr><td>项目</td><td>必备要求</td><td>期望要求</td></tr>
<tr><td>学历与专业要求
所需资格证书
工作经验
知识要求
技能要求
能力要求
个性需求</td><td></td><td></td></tr>
</table>

续表

主要关系		
关系性质		关系对象
直接上级 直接下级 内部沟通 外部沟通		
职位环境和条件		
工作场所 工作设备 工作条件 工作时间 备注		

表6-3 **工作说明书范例三**

职位编号		职位名称		所属部门	
职位类型		上级职位		编制日期	
职位概要					
履行职责及考核要点					
履行职责			占用时间	绩效标准	
工作关系	直接下属人数		间接下属人数		
	内部主要关系				
	外部主要关系				
工作条件	工作场所				
	工作时间				
	使用设备				
职位关系	可转换的职位		部门： 部门：	职位： 职位：	
	可晋升的职位		部门： 部门：	职位： 职位：	
	职位关系图				

续表

任职资格要求				
一般条件	最佳学历		最低学历	
	专业要求			
	资格证书			
	年龄要求		性别要求	
必要的知识和经验	必要知识			
	外语要求			
	计算机要求			
	工作经验			
必要的业务培训				
必要的能力和工作态度	能力			
	态度			
其他事项				

表6-1是一种相对简单的描述式的工作说明书，而表6-2和表6-3则是相对复杂的表格式的工作说明书，此外还有其他格式的工作说明书。不管格式如何变化，工作说明书都要包括两大部分的内容：一是工作描述，反映某项工作的任务（task）、职责（responsibility）以及责任（duty），也叫作TRD；二是工作规范，反映从事某项工作的任职资格，包括知识（knowledge）、技能（skill）、能力（ability）和其他个性特征（others），也叫作KSAOs。

2）工作说明书编制的原则

工作说明书编制的原则包括以下几点：

（1）清晰性

要清楚地描述出职位的工作职责，每一种职责都应描述一个明确的领域，避免出现笼统性描述。应运用规范用语，字迹要清晰。

（2）全面性

全面罗列职位信息，使职位界定更清楚，利于员工明确工作目标及范围。同时，在编制程序上要保证全面完整，由现职人员自我描述，主管领导审定，人力资源部及其他部门工作人员协助完成描述工作。

（3）简单性

简单明了、一目了然，使员工读后都能对今后的工作有所了解。

（4）实用性

任务明确好上岗，职责明确易考核，资格明确好培训，层次清楚能评价。

6.2.2 工作说明书编制步骤及内容撰写要求

1）工作说明书编制步骤

（1）动员

人力资源部门组织召开工作说明书编制说明会议，讲解编制的意义、注意事项以及范例。

（2）获取工作信息

首先，分析已有的资料，对企业已有的各种管理制度，各职位的主要任务、主要职责及工作流程有个大致了解；其次，通过文件查阅、现场调查、面谈等收集信息。

（3）沟通

针对工作说明书编制过程中遇到的问题，及时与公司的管理人员和某一职位的工作人员进行沟通。

（4）处理工作信息

将各类信息进行分类，得到每一个职位所需要的各种信息。

（5）撰写

落实编制任务，编制顺序从上级到下级逐级分解，最终由指定专家与指定部门完成编制，人力资源部修改后交由总经理审定。

2）工作说明书内容撰写要求

一份内容比较完整的工作说明书要包括以下几个具体项目：①职位标识；②职位概要；③履行职责；④业绩标准；⑤工作关系；⑥使用设备；⑦工作环境和工作条件；⑧任职资格；⑨其他信息。下面将结合这些项目来具体解释应该如何编制工作说明书。

（1）职位标识

这就如同职位的一个标签，让人们能够对职位有一个直观的印象，一般包括以下几项内容：职位编号、职位名称、所属部门、直接上级和职位薪点。设立职位编号主要是为了方便职位的管理，企业可以根据自己的实际情况来决定职位编号应该包含的信息。确定职位名称时要简洁明确，尽可能地反映职位的主要职责内容。职位薪点是工作评价所得到的结果，反映了这一职位在企业内部的相对重要性，是确定这一职位基本工资标准的基础。

（2）职位概要

职位概要就是用一句或几句比较简练的话来说明这一职位的主要工作职责，要让一个对这一职位毫无了解的人一看就知道他大概要承担哪些职责。

（3）履行职责

履行职责就是职位概要的具体细化，要描述这一职位承担的职责以及每项职责的主要任务和活动。首先，将职位所有的工作活动划分为几项职责，然后再将每项职责进一步细分为不同的任务，这一过程可以用图6-1来表示。

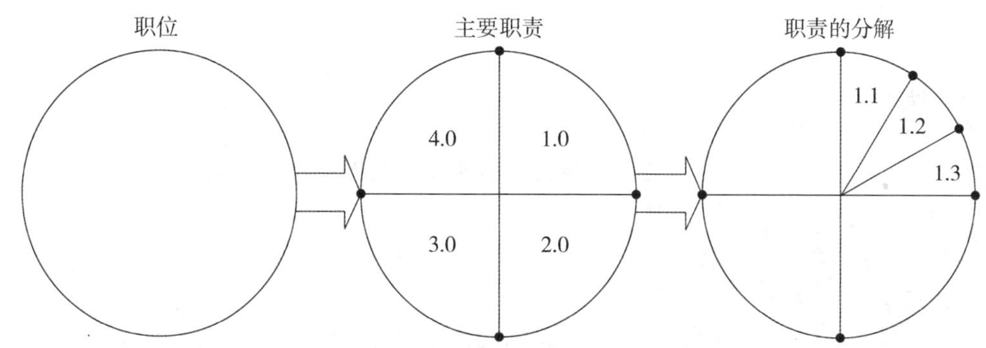

图6-1　职位履行职责的分解示意图

将职位的职责分解完之后，就要针对每项任务来进行描述。描述时一般要注意下面几个问题：

① 要按照动宾短语的格式来描述，即按照“动词+宾语+目的状语”的格式进行描述。

② 要准确使用动词。使用动宾短语进行描述时，动词的使用是最为关键的部分，一定要能够准确地表示出员工是如何进行该项任务的，以及在这项任务上有哪些权限，而不能过于笼统。

③ 在履行职责部分，还有一个问题需要注意：如果某一职位是由多项职责组成，那么就要将这些职责按照一定的顺序进行排列，而不能胡乱地堆砌。在排列职责时有两个原则：按照这些职责的内在逻辑顺序进行排列；按照这些职责所占用时间的多少进行排列。

（4）业绩标准

业绩标准就是职位上每个职责的工作业绩衡量要素和衡量标准。衡量要素是指对于每项职责应当从哪些方面来衡量它完成得好还是不好。衡量标准则是指这些要素必须达到的最低要求。这一标准可以是具体的绝对数，也可以是百分比。

（5）工作关系

工作关系是指某一职位在正常工作情况下，主要与企业内部哪些部门和职位发生工作关系，以及需要与企业外部哪些部门和人员发生工作关系。

（6）使用设备

使用设备就是工作过程中需要使用的各种仪器、工具等。

（7）工作环境和工作条件

它包括工作的时间要求、工作的地点要求以及工作的物理环境条件等。

（8）任职资格

任职资格应包括以下几项内容：所学专业、学历水平、资格证书、工作经验、必要的知识和能力以及身体状况。不管任职资格包括什么内容，其要求都是最基本的，也就是承担这一职位工作的最低要求。

（9）其他信息

这属于备注的性质，如果还有其他需要说明但又不属于工作描述和工作规范范围的，可以在其他信息中加以说明。

知识链接

工作说明书填写常见的问题

1）岗位基本描述常见问题

（1）“岗位名称”一项

错误填法：较为随意，不规范。

正确填法：应与公司最近一次定编时的名称保持一致。属于新增岗位的，还应先得到人力资源部的确认。

（2）“直接上级岗位”一项

错误填法：填成了人名，如“张大民”。

正确填法：填岗位名称，如某部门经理。

（3）“执行人”一项

错误填法：在有员工在岗的情况下，将此项空缺不填。

正确填法：必须准确填写承担本岗位职责的员工的姓名。

2）岗位目的常见问题

岗位目的常见问题主要是未按格式填写。

错误填法：没有按照格式的要求填写。如，管理岗位的目的：使公司的长远发展得到管理上的基础性支持。

正确填法：按照格式“为了……，在……下，做……”填写。如，上述岗位的目的为：为了给公司的长远发展提供管理上的基础性支持，在部门职责的要求和部门经理的指导下，做岗位责任制的推进落实、岗位分析等工作。

3）岗位职责常见问题

（1）岗位职责不同的，岗位名称应有所区别

错误填法：在不同的岗位名称下，出现岗位职责相同或基本相同的情况。如，“研发主管”和“资深研发主管”的岗位职责被填写成基本相似的内容。

正确填法：不同岗位，职责一定不同。如上例中，一方面，资深主管所负责的工作的深度和广度，以及他的管理职责，一定应与普通主管有所不同。在岗位职责中应明确说明资深主管有别于普通主管的责任范围。另一方面，如果资深主管与普通主管在职责上确实没有区别，则证明二者是同一岗位。例如，研发主管的一项职责为：遵循原理设计规范，设计出准确无误的原理图和网络连接表等文件。资深研发主管的一项职责为：负责组织工作原理图和网络连接表等的设计工作，并检验其准确性。

（2）岗位职责不包括模糊、笼统的内容

错误填法：填写的职责模糊不清。如，“其他日常工作”“完成临时交办的工作”“完成上级下达的各项任务或完成上级委派的各项工作”等。

正确填法：岗位职责中不包括此类内容。

（3）经理的岗位职责如何填

错误填法：经理的岗位职责是下属各岗位的岗位职责的集合。

正确填法：经理的岗位职责≠下属岗位的岗位职责的集合。各岗位职责的汇总构成所在处或部的职责。经理的岗位职责应是在更高的层面上所负有的职责，尤其是经理的管理职责是下属岗位所不具有的。例如，某经理的一项岗位职责为：合理进行岗位分工与绩效管理，确保所辖岗位分工合理、工作量饱满。

4）工作关系图常见问题

（1）“指导”一项

错误填法：填成人名，如“张大民”；填成临时指导人，如“新员工指导人”。

正确填法：填写直线、虚线上级岗位，如“某经理”。

特殊岗位，包括来自跨部门或越级上级的指导。

（2）“客户需求”一项

错误填法：未填写成客户对该岗位在工作上的需求；填写不全。

正确填法：准确反映客户对岗位在工作上的需求。一般而言，这种需求是对应于岗位职责的。将个人的岗位职责进行归类和汇总，可以得到个人的主要工作内容，客户需求就是针对这些主要工作内容提出来的。要仔细对照职责，不能将客户需求遗漏。例如，岗位管理岗位的客户需求为：①完善的岗位责任体系；②岗位责任体系在业务中的具体应用。

（3）“工作产出”一项

错误填法：未对应于客户需求。

正确填法：一般而言，工作产出对应于客户需求。如，岗位管理岗位的工作产出为：①不断完善的岗位责任体系；②岗位责任体系建设的及时、到位的落实。

5）任职要求常见问题

（1）“基本条件”一项

错误填法：不按照要求，填写混乱，或有所遗漏。例如，某经理岗位的基本条件为：学历在大学本科以上，一年以上电脑公司工作经验，熟悉公司的组织结构、部门的职能。

正确填法：严格按照“基本条件是指五个方面的要求：年龄、性别、学历、专业、工作经验”的格式填写。例如，上例中的基本条件可描述为：年龄、性别不限，大学本科以上学历，管理类专业背景，一年以上电脑公司工作经验。

（2）“知识技能”一项

错误填法：容易将“技能”与“能力”混淆。例如，将“沟通能力”“分析问题能力”等归入知识技能中。

正确填法：正确区分“技能”与“能力”，请参见表6–4“工作说明书撰写要点注释”中的相关说明。例如，“熟练运用公文写作”“熟练操作办公软件”等均为技能，“创新能力”“组织协调能力”等均为能力。

（3）“知识技能”与“所需能力”的普遍问题

错误填法：泛泛而填，明显不是该岗位所必需的技能或能力或不是对该岗位而言最为重要的技能或能力。例如，研发类岗位所需知识技能中有“熟练操作办公软件”“沟通能力”。

正确填法：“熟练操作办公软件”和“沟通能力”均为基本技能和能力，对公司大部分岗位均有此要求。对于研发类岗位而言，最重要的知识技能应是相关的专业知识技能，故“熟练操作办公软件”可以不填，其最重要的能力应是分析能力、解决问题能力、创新能力三项，故“沟通能力”可以不填。

6）绩效考核常见问题

“考核岗位”一项

错误填法：填成了人名，如“张大民”。

正确填法：填岗位名，如“某部门经理”。

6.2.3 工作说明书的编制要点

工作说明书的编制要点如表6-4所示：

表6-4 **工作说明书撰写要点注释**

部门：×××部	处（中心）：×××处	执行人：×××
直接上级岗位：×××岗位	管理范围：×××部/×××处（×××岗位）	制定时间：××××年××月××日

（1）部门、处、岗位的名称应与最近一次定编时的名称保持一致；新增岗位的名称应事先得到人力资源部的确认

（2）几个人的岗位名称、岗位职责完全相同时，只需撰写一份岗位说明书

（3）管理范围的填写，对处级经理以上（含处级经理）的干部，只需列出下属部门或处的名称；对处级副经理，需列出下级岗位的名称

1 岗位目的（存在价值）

1.1 用一句话简要概述该岗位的存在价值

1.2 标准格式为：为了……，在……下，做……

（例如：咨询业务经理岗位的目的是：为了使公司客户得到亲和、规范的咨询服务，在部门职责的要求下，规划并不断完善咨询业务）

2 岗位职责（按职责的重要性排序）

2.1 岗位职责的定义

岗位职责是指为实现公司及部门宗旨，该岗位应承担的工作责任和应承担的工作项目

2.2 岗位职责描述

2.2.1 每一句话只完整表达一项基本职责（语言要求规范、准确，不可模棱两可）

2.2.2 岗位职责要按本岗位的要求来制定，不能按现在本岗位工作人员的工作内容或该人员能不能完成来制定

2.2.3 各岗位职责的汇总构成所在处的职责，各处职责的汇总构成所在部门的职责（检查各岗位的职责是否全面、岗位间职责是否有重复或整个处的职责是否有遗漏）

2.2.4 列出的岗位职责最好不超过八项

2.2.5 岗位职责中不应包含模糊、不确定的内容（如临时分派工作等）

续表

3 工作关系图

3.1 工作关系图旨在描绘影响一个岗位的上下左右的各种工作关系和工作对象

3.2 输入和输出

输入包括：

指导：对该岗位进行工作上的指导的岗位，一般包括直线上级和虚线上级，以及上级指定的指导人。对于没有虚线上级的岗位，可以空缺虚线上级一项

客户需求：相对于该岗位而言，客户对其提出的工作上的需求，这种需求一般会与岗位职责相对应

外部信息：公司外部会影响到该岗位工作的信息来源，如客户、供应商、竞争对手、政府机关等

输出包括：

工作产出：该岗位工作产出的结果，一般与客户需求相对应

影响对象：该岗位的工作产出将影响到的各种对象，一般包括公司内部客户和公司外部包括客户在内的各种对象

协同：该岗位在履行本岗位职责的过程中，需要一起协同工作的岗位或部门。本项一般采用列举法

3.3 描述简洁

不要求对描述的对象进行细化

---

4 任职要求

4.1 基本条件

4.1.1 完成岗位基本职责所必须具备的年龄、性别、学历、专业、工作经验等方面的要求，如某项无特定要求，可空缺该项（如性别）

4.1.2 对每一项描述要求明确，不能要求过高或过低，也不是条件越多越好

4.2 知识技能

4.2.1 知识技能是指为正确完成本岗位职责所必须具备的专业知识或技能（如LINUX研发工程师岗位的LINUX相关知识、人力资源专员岗位的人力资源理论基础知识、财务人员岗位的财会知识等）

4.2.2 知识技能要从两个方面来描述：

• 知识技能的范围，即要求列出需要什么样的知识和技能

• 知识技能要有等级或水平的描述（如研发人员要求英语四级以上，打字员要求每分钟打字150个等）

4.3 所需能力

4.3.1 描述或列举出，为了正确履行岗位职责，该岗位所必须具备的能力

4.3.2 能力要求一般是指对该岗位而言最重要的能力。如对于研发类人员而言，分析问题的能力和解决问题的能力非常重要，应是必备的能力；对于客服类人员来讲，沟通与协调的能力是最为重要的能力

4.3.3 对该岗位而言只具有普遍意义的一般能力则不做要求

4.3.4 能力描述一般不超过三项

注意：技能与能力的区别

技能：具有习得的、熟练掌握的、可重复的等特点，如打字

能力：可预期的潜质，能在不同环境下综合运用，其心智过程不可完全重复，如创新能力

续表

5 岗位权限

5.1 权限是为保证岗位职责的完成所必须具备的权力，是其他岗位所不具备的，至少不是必备的

5.2 岗位的权力是有一定范围的，即在什么范围内享有此项权力（要描述准确）

5.3 要注意岗位行政职责与权限的区别，行政职责不是此处规定的权限（如对下属进行岗位定级是干部负有的管理职责）

5.4 建议用下列三种权限来描述

5.4.1 建议权：不是泛指的建议，而是指为保证岗位工作完成必须提出的（别的岗位可以不提的）、有关方面为使本岗位工作完成必须研究或考虑的一种建议

5.4.2 调查权：为保证本岗位工作完成必须具备的了解一定范围、一定业务内容的权力，是其他岗位不具备的

5.4.3 决策权：为保证本岗位工作完成必须具备的对岗位职责范围工作最终的审批、裁决的权力

6 岗位的轮换

6.1 岗位的轮换是为员工将来的职业发展打下一个良好的基础

6.2 用列举法列出该岗位将来可以轮换到何种岗位

7 岗位绩效考核

7.1 考核岗位：岗位的虚线、实线直接上级岗位，不是某个人

对工作地点不在编制所在地的岗位，应明确指出其虚线、实线上级；对其他岗位，列出直线上级即可

7.2 考核内容：对岗位从哪几方面考核

考核内容：工作表现、工作能力、工作业绩三项，本内容对公司所有员工均一样

7.3 考核方式：以什么形式进行考核（自评或上级评分等），什么时间（多长时间）进行考核等

6.2.4 工作说明书的部分范例

表6-5、表6-6和表6-7列举了工作说明书的部分范例，以供参考。

表6-5 财务经理工作说明书

职位名称	财务经理	职位代码		所属部门	财务部
职　　系		职等职级		直属上级	财务总监
薪金标准		填写日期		核准人	

职位概要：

主持公司财务预决算、财务核算、会计监督和财务管理工作；组织协调、指导监督财务部日常管理工作，监督执行财务计划，完成公司财务目标

续表

工作内容：
(1) 根据集团公司中、长期经营计划，组织编制集团年度综合财务计划和控制标准
(2) 建立、健全财务管理体系，对财务部门的日常管理、年度预算、资金运作等进行总体控制
(3) 主持财务报表及财务预决算的编制工作，为公司决策提供及时有效的财务分析，保证财务信息对外披露的正常进行，有效地监督检查财务制度、预算的执行情况以及及时进行适当调整
(4) 对公司税收进行整体筹划与管理，按时完成税务申报以及年度审计工作
(5) 比较精确地监控和预测现金流量，确定和监控公司负债和资本的合理结构，统筹管理和运作公司资金并对其进行有效的风险控制
(6) 对公司重大的投资、融资、并购等经营活动提供建议和决策支持，参与风险评估、指导、跟踪和控制
(7) 参与确定公司的股利政策，促进与投资者顺畅沟通，保证股东利益的最大化
(8) 与财政、税务、银行、证券等相关部门及会计师事务所等相关中介机构建立并保持良好的关系
(9) 向上级主管汇报公司经营状况、经营成果、财务收支及计划的具体情况，为集团高级管理人员进行决策提出有益的建议

任职资格：

教育背景：
◆会计、财务管理或相关专业本科及以上学历

培训经历：
◆受过管理学、战略管理、管理能力开发、企业运营流程、财务管理等方面的培训

工作经验：
◆5年以上跨国企业或大型企业集团财务管理工作经验，有跨行业财务工作经历者优先考虑

技能技巧：
◆具有全面的财务专业知识、账务处理及财务管理技能
◆精通国家财税法律规范，具备优秀的职业判断能力和丰富的财会项目分析处理经验
◆擅长资本运作，有证券融资以及兼并收购的实际经验和综合投融资方案设计能力，并有多次投融资成功经验
◆谙熟国际和国内会计准则以及相关的财务、税务、审计法规、政策
◆熟悉境内外上市公司财务规则，从事过兼并、重组、上市等相关项目的具体实施工作
◆有良好的中英文口头及书面表达能力
◆有较强的沟通协调能力

态　度：
◆为人正直、责任心强、作风严谨、工作仔细认真
◆有良好的纪律性、团队合作以及开拓创新精神 t

工作条件：
工作场所：办公室
环境状况：舒适
危险性：基本无危险，无职业病危险

直接下属：________ 间接下属：________
晋升方向：________ 轮转岗位：________

表6-6 **总经理工作说明书**

一、基本资料　　文件编号：001

1.职务名称：总经理　2.直接上级职位：董事长

3.辖员人数：4人　4.定员人数：1人

二、工作概要

1.工作摘要

拟订公司的发展规划和经营目标，主持日常经营管理，实施董事会决议，签订合同，任免高级经理，研究经营法规、协调外部关系，塑造企业形象、确立企业文化

2.职务说明

编号	工作任务的内容	权限	管制基准	工作规范
1	拟订公司的发展规划和经营目标	需报审后承办		
2	主持日常经营管理	承办		
3	实施董事会决议	承办		
4	签订合同	承办		
5	任免高级经理	承办		
6	研究经营法规、协调外部关系	承办		
7	塑造企业形象、确立企业文化	承办		

三、任职资格

1.学历要求

所需最低学历	专业
大学本科	管理类

2.所需技能培训

培训科目	培训期限
人力资源管理，战略管理，市场营销，财务管理，公共关系，生产管理，质量管理，管理心理学，客户关系管理	2年
国家薪资、福利政策，劳动政策	半年

3.工作经验要求

从事管理工作3年以上

4.职位关系

可直接晋升的职位	董事

表6-7 销售工程师工作说明书

一、基本资料 文件编号：002

1.职务名称：销售工程师	2.直接上级：客户总监	3.所属部门：客户中心
4.工资等级：B职系四等	5.工资水平：	6.分析日期：2020年7月
7.辖员人数：	8.定员人数：1人	9.工作性质：业务人员

二、工作内容

1.工作概要

负责客户中心IBM产品的销售

2.职务说明

编号	工作内容及职责	权限	耗时（%）
1	与市场部共同组织IBM产品市场策划	协助	
2	开发有IBM产品需求的用户：电话联系、演示、安装试用软件	负责	
3	对有IBM产品需求的用户进行跟踪	负责	
4	做好工作日记和客户档案	执行	
5	为普通用户制作方案说明书和价格	负责	
6	协同技术中心工程师为特殊需求用户制作方案说明书及报价	协助	
7	处理顾客的售后服务、技术支持事宜。将不能解决的问题提交给技术中心，并协助其工作	协助	
8	完成岗位目标和上级下达的其他任务	执行	

3.工作关系

所施监督	在规定的权限内，自行处理有关的工作，遇特殊情况向部门主管请示	
所受监督	客户总监	
职位关系	可直接升迁的职位	部门经理
	可相互转换的职位	销售代表
	可升迁至此的职位	

三、任职资格

所需学历及专业	最低学历	专业	其他说明
	大专及以上学历	计算机	其他专业同等学力也可
所需技能培训（方可上岗）	培训时间	培训科目	
	3个月	企业文化、计算机	

续表

所需经验	1年以上相关工作经验

一般能力	项目	激励能力	计划能力	人际关系	协调能力	实施能力	信息能力	公共关系	冲突管理	组织人事	指导能力	领导能力	沟通能力
	需求程度（满分为5）	3		3	3	3	3	3				3	3

基本素质		个性特征	
	1.大学本科及以上学历 2.计算机及相关专业 3.认同公司的企业文化和经营理念 4.有敬业精神 5.团队合作精神强 6.遵守公司的各项规章制度		1.性格开朗、自信、热情 2.有较强的沟通能力、口才好 3.心理承受力强 4.敢于接受挑战和压力 5.有开拓创新精神 6.有合作精神 7.心胸开阔

体能要求：身体健康，能承受快节奏、满负荷的工作，能保证经常加班

四、工作场所

工作时间	工作环境和条件	工作均衡性
早9：00至晚6：00，经常加班	室内、室外工作时间各一半	比较忙碌

五、考核标准

1.工作绩效	2.工作态度	3.工作能力	4.专业知识	5.责任感
6.企业文化	7.发展潜力	8.协调合作	9.品德言行	10.成本意识

六、备注

关键词

工作说明书　编制　工作规范　工作绩效标准　工作条件

即测即评

第6章单项选择题

第6章多项选择题

思考与练习

（1）工作说明书的含义和内容是什么？

（2）工作说明书的作用有哪些？

（3）工作说明书编制的原则是什么？

（4）编制工作说明书常见的问题与误区有哪些？

（5）简述编制工作说明书常见问题的解决方略。

（6）简述工作说明书的发展趋势。

（7）简述工作说明书编制步骤。

案例分析

兴华公司的工作分析

1）兴华公司进行工作分析的背景

兴华公司当初仅有100万元创业基金，员工也只有38人，但是全体同仁勠力同行，业绩逐渐成长，尤其是2010年以后，规模大幅扩张，分支机构一一增设，同时陆续购入自有办公厅舍，继而奠定了日后蓬勃发展的坚实基础。兴华公司目前主要营业项目有存放款、代收、汇兑、信托、信用卡、外汇等。截至2019年底，共有67个营业网点，员工有2 000余人。鉴于外商公司的竞争威胁，加上国内同行的发展优势及本公司所遇到的瓶颈，兴华公司面对的竞争更加激烈，若仍采用现有经营方式将无法在多变、不确定的环境中求生存，更不用说永续发展。因此，为了提升竞争力，兴华公司积极制订改善计划以顺应环境变化，期望以最有效率的方式引领组织迎接未来的挑战。在此计划下，公司进行了一连串的问题分析及诊断，发现在营运上若继续采用守株待兔而非主动出击的方式招揽客户，在竞争对手强势激进的营销手法下，将会丧失许多客户。有鉴于此，公司决定改变以往被动的做法，而以实际行动来主动争取客户，并在人员管理上以个人工作表现作为未来晋升及调薪的基准，借以激励员工勤奋努力，创造出高品质的服务来满足客户需求。但是，若要实现公司所规划的目标，现行人力资源管理制度无法支持公司新政策的推行，所以必须对公司的人力资源管理制度进行调整。

2）目的

此次进行工作分析的主要目的是配合公司进行各项制度的制定与修正。要达到这一目的就需要借由工作分析来了解各职位的工作内容、职责与权力，工作环境，以及担任此职位所必须具备的知识、技术、能力等，以便为公司修正人力资源管理制度提供依据。

3）重要性

（1）在薪资制度上：工作分析是建立合理、公平的薪资制度的重要参考依据。

（2）在工作分配上：借由工作分析可了解各职位间工作内容有无重复、疏漏及各职位的工作负荷是否平均，重新进行工作的调整与分配。

（3）在招募遴选上：可依照工作分析确定的任用资格来甄选新进人员。

（4）在绩效考核上：工作分析清楚地规定各职位的工作职责，让主管与员工充分了解工作的内容，同时可根据各职位的工作内容、职责及职权来决定绩效考核的项目与方法。

（5）在训练与晋升发展上：新进员工可依据工作说明书的引导快速适应该职位。员工可以依据工作说明书上的任用资格所要求的知识、技术与能力等，了解自己必须提升及培养的能力有哪些，进而增强参与培训的意愿，同时，也可按照担任各职位所需具备的资格条件，根据自己的兴趣与能力来规划自己的未来发展路径。

4）工作分析方法

工作分析方法主要有：工作表现法；实地观察法；面谈法（interview）；关键事件法；问卷调查法。主要应以问卷调查法为主，辅以必要的面谈法。

5）工作分析的流程

（1）填写个人工作分析问卷；

（2）完成后交由部门各级主管复核（主管复核后需在问卷最后一页签章）；

（3）各级主管复核后，由员工对问卷建立电子文档，并用磁盘保存；

（4）连同磁盘与原始书面问卷交由人力资源部门最后复核（填写不完整者，退回补填）。

6）各单位主管配合事项

（1）将工作分析问卷交由任职者填答（含部室经理、科长及其他员工），若有部分任职者担任相同的职位（即其工作内容是完全相同的），请主管依照工作内容的重要性选择其中一人填写问卷。

（2）请各位主管协助任职者填答工作分析问卷，请特别注意，工作分析所要了解的是担任“该职位”的工作内容、必须具备的任用资格等，而非目前担任该职位的任职者的工作内容或资格。重点是“工作本身”，而非“人”。

（3）任职者填答完问卷后，请各级主管负责复核，检查任职者是否有漏填或填答错误之处（特别是工作职责及担任该职位的资格条件），同时，在问卷上进行更正，审核无误后，发还给任职者修改，并保存。

（4）任职者建档完成后，请交回人力资源部。

7）工作分析的结果：工作说明书

以人力资源部经理工作说明书为例：

（1）负责公司的人力资源管理，并按绩效考评情况实施奖罚；

（2）负责统计、评估公司人力资源需求情况，制订人员招聘计划并按计划招聘员工；

（3）按实际情况完善公司“员工工作绩效考核制度”；

（4）负责向总经理提交人员鉴定、评价的结果；

（5）负责管理人事档案；

（6）负责本部门员工工作绩效考核；

（7）负责完成总经理交代的其他任务。

案例思考题：

（1）结合本案例，你认为企业在什么条件下要进行工作分析？工作分析的核心内容是什么？工作分析对于企业的人力资源管理有什么意义与价值？

（2）结合本案例，你认为工作分析应该包括哪些步骤？工作分析的计划又应该由谁来倡导？由谁来管理执行？

（3）你认为这份人力资源部经理工作说明书的内容科学吗？为什么？企业每个职位的工作说明书一般包括哪些内容？工作说明书的内容是通过什么方法得出的？

延伸阅读 工作分析能否这样进行?

第7章 公共部门工作分析

教学目标

✓理解并掌握公共部门组织设计的原则、影响因素以及公共部门的组织结构类型；

✓掌握公共部门组织管理层次与管理幅度的内涵及影响因素；

✓理解并掌握公共部门工作分析、工作评价以及人力资源分类管理。

教学要点

✓公共部门组织设计的原则和影响因素；

✓公共部门工作的评价方法；

✓品位分类管理和职位分类管理的区别和评价。

导入案例 2023年国家公务员考试人数比去年多50万

2023年国家公务员考试（以下简称“国考”）是近10年来招录人数最多的一年，同时也是近10年来报名人数最多的一年。2023年国考计划招录3.71万人，相比2022年扩招18.7%。截至2022年11月3日17时55分，此次国考报名人数达到了2 502 540人，相比去年增长了50万人，同比增长25%。

在招录人数、报名人数“双高”的形势下，2023年国考平均竞争比也处于高位。2023年国考过审平均竞争比为60.31∶1。在此之前，2022年国考平均竞争比为68∶1，2021年为54∶1，2020年为53∶1。

2023年国考“最热门”的岗位是国家税务总局青海省税务局一级行政执法员（三），此岗位仅招录1人，报名人数高达6 764人，其中5 872人过审，竞争比达5 872∶1。

这个岗位何以成为热门？该岗位属于西部地区和艰苦边远地区职位，为吸引考生，国考对于该类职位有政策倾斜，会适当降低招录门槛。这个岗位的学历要求为大专以上，专业要求为数学类、电子信息类、计算机类、管理科学与工程类、电子商务类，其他招录条件没有限制。因此，在报名第三日该岗位报名人数奋起直追，成为竞争最激烈的岗位。

排名第二的热门岗位是广东海事局一级行政执法员（二十九），竞争比为4 193∶1。

排名第三的热门岗位是国家统计局珠海调查队业务科室一级科员，竞争比为2 746∶1。

2023年国考中比较热门的岗位主要集中在税务、海事、国家统计局调查总队及某些中央部委岗位等领域。这些报名人数较多、竞争激烈的热门岗位，多不限专业或专业包容性比较强，不限基层经验，不限政治面貌，不限应往届，因此吸引了大量考生报考。

“冰火两重天”的情况在2023年国考报名中再次出现。截至2022年11月3日17时55分，还有158个岗位无人报考，其中排名前十的“遇冷”岗位中，铁路公安岗位占了大头。

为何这些岗位“遇冷”？一方面，很多岗位限制条件相对较多，比如要求中共党员、2年基层工作经验、基层项目服务经历等；另一方面，由于铁路公安工作地点大多在偏远地区，且公安岗位在考试阶段不但要参加公共科目笔试，还需参加专业科目笔试，在面试阶段要参加体能测试，考试难度较大。

资料来源　梁雯，吴军林．近十年新高！2023年国考人数比去年多50万［EB/OL］．［2023-11-05］．https：//china.zjol.com.cn/202211/t20221105_25011386.shtml.

7.1 公共部门组织设计

7.1.1　公共部门组织类型

公共部门组织按照提供物品（服务）的不同，区分为公共行政组织和公共事业组织，前者以提供各类公共物品为已任，后者以提供准公共物品为主。

1）公共行政组织

公共行政组织是一个庞大、复杂的组织体系，其作为公共行政的载体，是一个国家的治理水平的体现，它的核心目标是如何管理好国家，如何使社会全面快速地发展，使人民安居乐业，它有助于保证人民意志得到执行，公共利益得到实现。其组织类型可以从不同角度来划分。例如：根据组织权限范围的大小，公共行政组织可以分为中央公共行政组织和地方公共行政组织；按照公共权力强制性的大小，公共行政组织可以分为强制型行政组织、半强制型行政组织、非强制型行政组织；根据组织内部行使最高决策的人数，公共行政组织可分为首长制组织、委员会制组织和混合制组织。公共行政组织按其功能和作用，又可分为以下几种类型：

（1）领导机关

领导机关的职能是对辖区内的重大行政管理问题进行决策，并指挥督导决策的实施。它是各级政府领导统辖全局的决策核心，是各级政府的首脑机关，是公共行政组织的中枢，是提高政府管理效能的关键。

（2）职能机关

职能机关指各级政府机关分管专业行政事务的执行机关，如中国国务院所属的各部、委、办以及直属机构，各地方政府负责专业行政管理的厅、局、处、科等。职能机关的主要职能是执行领导机关制定的方针、政策和方案，具有执行性、专业性、局部性的特点。

（3）监督机关

监督机关是对各种行政机构及其管理活动进行监督检查的执法性机关，如监察机关、审计机关等。它是建立健全行政组织制衡机制的重要组成部分，是促使行政机构及其工作人员依法行政、忠于职守的重要保障。

（4）咨询参谋机关

它是由具有权威的专家学者组成的辅助机关，有时也吸引富有经验的资深政府官员。在西方国家，这种为政府出谋划策的机构往往叫“智囊团”“思想库”等，有的是私人营利性组织，有的是政府建立的。咨询参谋机关具有独立性，不受政府政策和行政首长意志的干扰。现代政府管理面临日趋复杂的各种问题，政府首脑在日理万机的情况下无暇对某些问题进行深入系统的研究，往往委托给咨询参谋机关进行研究，让其提供可供参考的种种决策方案。它是现代行政决策体制必不可少的组成部分，已经越来越受到各国政府的重视。

（5）辅助机关

辅助机关指为使行政首长或专业职能机关顺利进行管理活动，在机关内部承担辅助性工作任务的机构。它对各专业职能部门没有直接指挥和监督权力。辅助机关可分为政务性、事务性、综合性、专业性辅助机关。在中国，国务院和地方政府办公厅（室）就是综合性辅助机关，它参与政务、协助领导决策、沟通协调各方面的关系、管理机关日常事务等。各机关的人事、财务等部门是专业性辅助机关，政策研究室是政务性辅助机关，机关事务管理部门则是事务性辅助机关。

（6）信息机关

信息机关是专门负责信息的收集、加工、传递、贮存，为领导机关和有关部门提供各种行政信息、沟通情况的情报服务机构，如统计局、信息中心、情报室、档案室、资料室等。信息机关也是现代行政决策组织体制的重要组成部分，是行政组织科学化、现代化的重要保证。

2）公共事业组织

公共事业组织是依照一定的规则（法律法规或有关政策），以独立、公正为原则，凭借其特有的功能为社会提供各种服务的组织。在中国，公共事业组织包括事业单位、社会团体（不包括民主党派等政治组织）和民办非企业单位。根据国务院颁布的《事业单位登记管理暂行条例》第二条的规定，事业单位是指国家为了社会公益目的，由国家机关或者其他组织利用国有资产举办的，从事教育、科技、文化、卫生等活动的社会服务组织。根据《社会团体登记管理条例》第二条的规定，社会团体是指中国公民自愿组成，为实现会员共同意愿，按照其章程开展活动的非营利性社会组织。所谓民办非企业单位是指企事业单位、社会团体和其他社会力量以及公民个人利用非国有资产举办的，从事非营利性社会服务活动的社会组织。

公共事业组织与公共行政组织都以满足社会共同需要作为存在的依据，部分公共事业组织在公共行政组织的授权下可以履行其部分职能。但是，二者又表现为以下四个方面的区别：首先，公共行政组织具有抽象行政行为，享有决策权，而公共事业组织只是执行公共行政组织做出的决策，一般情况下不具有抽象行政行为；其次，公共行政组织的具体行政行为是无偿的，而公共事业组织所实施的具体行政行为在法律上允许收取合理的费用；再次，公共行政组织因履行职能而与行政相对人发生争议的，必须通过行政仲裁或诉讼的方式解决，而公共事业组织在具体行政行为中因执行职务行为而发生争议的，则需要进行民事诉讼；最后，公共行政组织中公职人员的身份为国家公务员，而公共事业组织中公职人员一般不享受国家公务员待遇。

7.1.2 公共部门组织结构

公共部门组织结构是指构成组织的各要素的配合及排列组合方式。它包括公共部门组织各成员、单位、部门和层级之间分工协作以及联系、沟通的方式。结构合理、运转灵活的公共部门组织是提供高质量物品（服务）的重要组织保证。

1）公共部门组织结构的类型

在组织的变革、发展过程中，形成了一些比较成熟、稳定的结构形态，这些结构类型主要有：直线式、职能式、直线职能式、矩阵式和事业部式。其中，事业部式为企业特有模式，公共行政组织则以直线职能式为主，而公共事业组织的组织结构则比较灵活。下面着重介绍公共部门所采用的组织结构类型。

（1）直线式类型

直线式组织结构是一种垂直领导的结构形式，它产生最早，结构也最为简单。在直线结构中，各级机构和人员沿一条垂直线分属于不同的层次上，每个机构和人员都只有一个直接的领导。他们之间是指挥和服从、命令与执行的关系。同一层次的机构和人员之间不发生任何领导关系，少有意见沟通协调关系存在，有关信息沿着垂直线上下传递。

直线式结构的优点是单一领导，机构简单，权力集中，命令统一，决策迅速，领导效率高。但是，这种结构形式要求各项工作都由部门领导亲自处理，导致上级工作人员工作繁忙，容易陷于日常行政事务中，而且，部门领导受专业、能力、精力的限制，难以保证领导、指挥工作不出现失误。信息在传递的过程中只能沿直线上下传递，这既增加了信息的传递时间，也容易使信息在传递过程中发生偏差，同时难以实现左右的沟通与协调，同一层次单位之间的合作受到阻碍。

直线式结构的适用范围很窄，它一般只适用于那些规模小、管理业务简单、工作程序少、各种规章制度明确、各级管理者训练有素、同一层次单位合作要求较少的组织系统。另外，组织的领导必须有足够的决策、沟通能力，学识、经验丰富。

（2）职能式类型

随着公共管理活动的内容日渐繁杂，仅有直线式的组织结构已经无法适应管理的需要了。新的组织结构类型产生出来，这就是职能式结构。这种结构类型的特点是，在首长的领导下，按专业分工设置若干职能部门，各个职能部门在其管辖的范围内有权向其下级下达行政命令，下级行政部门既要听从直接上级领导的指示，又要服从组织领导的指挥。

同直线式结构相比较，职能式结构有其优点：专业分工的精神被高度发挥，各级管理者分工明确，可以利用自己的专业特长和技能集中精力去处理较复杂的问题；有一定的决策效率和组织效率，能适应日趋复杂的公共管理的需要。职能式结构也有其不足的地方：容易形成多头领导或多重领导，管理分散，各单位自主性低；各职能机构从自己的专业出发，缺乏整体观念，对于众多综合性的组织和管理问题，由于其专业界限并不明显，在实际处理过程中，容易出现令出多门、指示冲突、互相推诿等现象。这种组织结构形式只适用于专业区分极为明确的组织。

（3）直线职能式类型

直线职能式组织结构是一种垂直领导与水平领导有机结合的结构形式，这种组织结构以直线式结构为基础，在各级组织首长领导下设立相应的职能部门，形成组织首长统一指挥与专业部门管理的有机结合。在这类组织结构中，既有纵向的垂直领导隶属关系，又有横向的水平领导隶属关系和权责关系。其中，直线隶属是基础，职能结构起一种辅助性的作用。直线管理者各有其单一的直接领导者，有独立的指挥权，但在决策、监督和有关的职能工作方面受到职能机构的限制。

直线职能式组织结构吸收了直线式和职能式两种结构类型的优点，是公共部门组织中常见的组织结构类型。这种组织结构有利于直线管理者集中精力处理本职权范围内的主要任务，培养、发展专门知识技能，也有利于职能管理者通过最高层领导参与决策的监督，实现全局考虑和统一领导。但是，由于直线职能式组织结构包含两种结构形式，容易在两者之间出现矛盾：如果职能机构的权力过大，会干扰、限制直线管理者的正常工作；如果直线管理者的权限过大，将职能机构置于可有可无的地位，也会给组织的发展带来不好的后果。因此，采用直线职能式组织结构的公共组织，应处理好两方面的关系，充分发挥这种组织结构的优点。

（4）矩阵式类型

前面所讲的几种组织结构类型大多是以纵向分布为主，矩阵式组织结构则是将纵向与横向联系起来形成纵横两套管理系统。在组织的矩阵中，一套是职能系列，另一套是项目。矩阵式结构常常用来对某项突击性的事务进行快速、及时的管理。纵向的结构有利于集中各个管理层级的人员进行协调，而横向的结构则可以将并列的职能部门结合起来，这样既有利于集中领导，又有利于各专业相互配合，取长补短。这种组织结构同样也有缺点：容易出现行政层级之间的矛盾或相互推诿现象，使下级无所适从，从而降低行政效率。

（5）事业部式类型

事业部式组织结构也称分权式组织结构，是一种在直线职能式组织结构基础上演变而来的现代企业组织结构形式。它遵循集中决策、分散经营的总原则，实行集中决策指导下的分散经营，按产品、地区和顾客等标志将企业划分为若干相对独立的经营单位，分别组成事业部。

事业部式组织结构主要具有四个方面的优势：一是权力下放，有利于最高管理层摆脱日常行政事务，集中精力于研究外部环境和制定长远的、全局性的发展战略规划，使其成为强有力的决策中心。二是各事业部主管摆脱了事事请示汇报的限制，能自主处理各种日常工作，有助于增强事业部管理者的责任感，发挥他们搞好经营管理活动的主动性和创造性，提高企业的适应能力。三是各事业部可集中力量从事某一方面的经营活动，实现高度专业化，整个企业可以容纳若干经营特点迥异的事业部，形成大型联合企业。四是各事业部经营责任和权限明确，物质利益与经营状况紧密挂钩。

事业部式组织结构的主要不足有：容易造成组织机构重叠、管理人员膨胀现象；各事业部独立性强，考虑问题时容易忽视企业整体利益。

2）公共部门组织结构的管理层次与管理幅度

纵向结构中的层级被称为管理层次，横向结构中的机构或职位数量被称为管理幅度。公共组织的纵向结构和横向结构相结合，是当代公共组织结构的特点之一。组织结构的基本问题是要确定各层级之间的隶属关系，要确定好这一关系，就要解决好管理层次和管理幅度的问题。

（1）管理层次和管理幅度

管理层次是指公共组织系统划分管理层级的数额。层级化主要的问题是管理层次必须适当。管理层次过多会造成信息沟通不畅、程序复杂、浪费时间和人力、劳动重复、官僚主义等；管理层次过少则会造成分工不明确、责任和权力不清，不能调动人的积极性。管理幅度是指直接管辖下属的数额。管理幅度必须合适，过宽会造成疲于应付的局面，过窄则会造成对下属干涉过多、无法主动开展工作的弊端。

管理幅度与管理层次有密切的关系。一般来说，在条件不变的情况下，管理层次与管理幅度成反比，加大管理幅度，管理层次会相应减少，缩小管理幅度，管理层次则相应增多。因此，管理幅度与管理层次是影响机构形态的决定性因素，两者必须兼顾，做到幅度适当，层次少而精。

（2）影响管理幅度的因素

一位上级主管人员能有效地监督和指挥多少下级工作部门或工作人员呢？这就是管理幅度所涉及的问题，在设计一个组织的部门体系时，这是不可回避的问题。很难找到一种理想的管理幅度，可以适应不同公共组织的需要。因此，每个公共组织只能按照本组织的特点及外界环境情况而确立适合自己的管理幅度。一般来说，影响管理幅度的因素主要有以下几个方面：

① 下级工作的复杂难易程度。下级工作的复杂难易程度对管理幅度的影响很大，一般来说，下级的工作越简单，工作的循环性、机械性越强，管理幅度就越宽。

② 权力模式的影响。一般来说，集权组织中的管理幅度较窄，分权组织中的管理幅度较宽。

③ 下级工作人员的素质。如果下级工作人员的业务素质高，工作积极主动，那么上级的管理幅度就可以宽一些，反之管理幅度就较窄。

④ 工作条件。如果上级配备助理，组织拥有先进的信息沟通设备，员工工作地点距离近，那么上级的管理幅度就可以宽一些。

⑤ 组织环境。组织环境稳定与否会影响组织活动内容和政策的调整频度与幅度。环境变化越快，变化程度越大，组织中遇到的新问题越多，下属向上级的请示就越有必要、越频繁，各层主管人员的管理幅度就越受限制。

(3) 影响管理层次的因素

合理划分公共组织中的管理层次，应该首先本着层次精简的原则，其次还要具体问题具体分析，在划分管理层次时应当着重考虑以下几个方面：

① 分散和减轻无法承受的工作负担问题。公共部门管理社会公共事务的活动往往任务复杂、工作量很大，所以不可能只由一个或少数主管人员去完成。因此，为了分散和减轻公共部门领导的工作负担，就必须设立相应的管理层级。组织领导负责重要问题的决策、指挥工作以及监督下属的工作。

② 管理经费的支持能力。管理层次设置得越多，所需经费也会随之增多，比如增设主管人员，同时须增加辅助人员，增设下级工作部门，也会增加上级协调部门的工作。这些人员和工作均需行政经费的支持，在经费紧张的时候，压缩管理层次就成为一种常用的手段。

③ 信息沟通的灵敏程度。管理层次越多使得信息沟通的渠道越复杂，不管是上行信息还是下行信息，凡流经一个环节，就会经过一次筛选或过滤，信息失真的现象就越容易出现。从信息沟通的角度考虑，管理层次不宜划分太多。

④ 组织规模。在管理幅度给定的条件下，管理层次与组织的规模大小成正比，组织规模越大，包括的成员数越多，需要的管理层次就越多。

7.1.3 公共部门组织设计

众所周知，公共组织是一种由多种形态的结构和运作过程所交织而成的开放性社会系统。它的本质就是与外界环境进行不断的输入输出循环交换，即从组织的外界环境中输入各种物资、情报、人力和能源，随后又将获得的外界资源，以产品和服务的方式输出，并进行权威性的社会价值分配，因此，公共组织设计不仅仅是关于组织结构的设计，同时也是关于组织功能、地位、行为方式的设计。

1）公共组织设计的原则

公共组织作为管理社会公共事务的机构，其设计原则既要遵循一般组织设计的原则，又有特殊要求，具体体现在：

(1) 法治化原则

这条原则是由公共组织的性质决定的。公共组织是管理国家及社会公共事务的组织，因此它的设置及行为必须配合法制，符合国家的法律规定。法治化原则要求公共组织的结构、职能、地位及行为方式的建立和调整必须纳入严格的法治轨道，通过行政立法明确规定组织机构设置的数量、程序、职权范围、隶属关系、人员编制等，并在实践中维护法制的权威和尊严。

① 组织的机构设置要依据宪法和相关法律。世界各国都通过宪法和行政组织法对组织的结构、编制、职权等做出原则规定，有的以列举的方式规定应设的机构，任何组织与个人不得另设机构，有的规定机构设置的原则和程序，任何组织和个人不得

随意增减。

② 完善组织管理的法规政策。由于行政组织中各地区、各部门的情况极其复杂，宪法和法律还授权各级国家权力机关和行政机关可以根据需要设置一定的工作部门。实践中，如果没有具体的法规政策约束，极易产生人为增设机构的现象。因此，各级国家权力机关和行政机关在遵守宪法和法律的同时，还应依据宪法和法律，从本地区、本部门的实际情况出发，制定具体的法规政策，完善行政组织建设的法规体系。

③ 依法调整组织结构及职能等内容。公共组织应适应管理职能的转变、政府工作重心的转移和行政管理对象的增减、变更的需要，依据国家的宪法、法律及各项法规政策进行调整，消除主观因素的影响与作用。

（2）高效运行原则

效率是一切管理活动最重要的目的，也是任何组织设计必须考虑的原则之一。对于公共组织而言，高效体现在三个方面：一是机构运行高速；二是机构工作质量高；三是整个行政系统运转灵活。为了提高效率，应该从以下两个方面着手：

① 重视专业分工。一般认为，效率会随着专业化程度的增强而提高，不同的专业需运用不同的知识，而人们所掌握的知识、能力是有限的，依据人员所掌握的不同专业知识，对其进行分工，做到专才专用，同时在人员分工的基础上对组织进行分工被认为是提高行政组织工作效率的途径之一。

② 促使机构和人员数量合理、精干。首先，在保证实现组织目标的前提下，依据最低职位数量原则确定人员编制，使得组织内所有职位都是依据组织的目标任务、职权范围和责任轻重设置的，不存在多余职位，并且所有的在职人员都有满负荷的工作量。其次，组织系统层级设置、部门配备科学合理，没有多余的层级和部门，且各层级、部门之间保持良好的配合协作关系。最后，建立"廉价政府"，反对官僚主义，在组织活动中精打细算，厉行节约，有效利用财物、资源。

（3）完整统一原则

对公共组织的设计是一个庞大、复杂的系统工程，不仅要求每一个机构各自形成一个有机的整体，而且整个国家的公共组织也要形成一个既有最高统帅又有逐级指挥官，既有纵向控制又有横向联系，既有分工又有协作，既相互制约又相互补充，完整的、协调的有机管理体系。为此，组织的设计必须服从整体性的原则，确保系统功能的发挥。完整统一原则的基本要求是：

① 领导指挥要完整统一。组织系统应相对封闭，有利于内部协调与外部合作。任何部门、单位、人员在同一时间内只接受某一组织的领导，以保证他们明确对谁负责、向谁请示或汇报工作，防止因政出多门使下属单位及人员无所适从。

② 机构设置要衔接配套。上下机构之间应相互衔接，有决策机构，就要有相应的执行机构，并做到信息传递畅通，上情下达，下情上传，有令则行，有禁则止；机构之间要连接配套，布局合理，分工明确，既不能重复，也不能遗漏。

（4）以人为本的原则

以人为本是深化行政体制改革的目的价值。面对全球化的态势，要深化行政体制改革，就要坚持以人为本、执政为民，把政府主要职能转变到公共服务、经济调节、市场监管和社会管理上来，实现从以阶级统治为主要职能的统治型行政到以公共服务为主要职能的服务型行政的转变。现代的管理科学不仅追求最大效率，也重视人的心理和生理特点，重视人与人之间的相互交往和情感的沟通。从组织设计的角度来看，符合人性就是要创造一种使员工乐意在其中任职的组织，为此要做到以下两点：

① 工作分配要符合人员的才能与兴趣。每一个人员对不同的工作感兴趣的程度是不一样的，因此主动性也不同。这就要求在进行工作分配时要把人员看成是行政的主体，以人为中心，把人员安排到最适合的岗位上去。

② 组织要有助于人员的发展。组织与人员是一种相互依赖的关系，人员为组织的目标努力，组织也要为人员的发展创造条件。对于公共行政组织的人员而言，发展主要意味着晋升、升职，因此组织就要多为人员创造晋升的机会。除了晋升之外，也可以通过扩大调任范围，为人员的发展创造条件。扩大调任范围，意味着人员有更多从事新职务的机会，对新职务产生的新鲜感容易使调任者在新职务上产生新的希望和新的工作热情，进而创造出最佳的工作业绩。

2）公共组织设计的影响因素

（1）公共组织目标

组织设计是实现组织目标的工具和手段，组织设计必须根据组织管理对象在不同时期的活动情况和实施管理的目的，制订合理的、具体的、切实可行的建设或发展方案。公共行政组织目标是对整个公共行政组织的活动及发展所提出的要求、使命、目的、对象、指标、定额和时限的总和。公共事业组织以提供准公共物品（服务）为组织发展的终极目标，既区别于公共行政组织，又区别于营利性组织，主要是为满足社会部分成员的共同需要而存在的。组织目标对于组织来说是很重要的，它影响着组织与环境大系统及其他分系统之间的相互作用。因此，组织目标一般具有整体性和相对稳定性的特点，同时也应因时、因地、因管理对象不同而发生变化。在我国公共组织应以提供公共产品和公共服务为根本职责，以实现社会公众利益、服务于社会公众的生活为根本宗旨，将集体和他人的利益摆在核心地位，不考虑自身得失，体现出服务社会、造福大众的价值追求，不断满足人民群众日益增长的物质文化需求，重点发展科技教育、公共卫生、社会保障等公共服务。

（2）公共组织环境

公共组织总是处在与周围环境的相互作用之中，特别是具体环境和社会团体环境对公共组织的产生和运行有着较大和较为直接的影响。在公共组织的设计过程中，要从一个国家的政治、经济、文化、科技、教育的现实状况和未来的发展总趋势出发，寻找科学的组织结构形式和发展模式。

（3）公共组织人员的素质

公共组织是由组织人员及其行为构成的，在设计公共组织时，就必须充分考虑这些工作人员的思想、文化、心理、知识等方面的情况。不同的人有着不同的思维方式和行为方式，组织要根据自身的性质和整体目标，通过公开考试或公开招聘，分不同层级选贤任能，因事择人，从而保证整个组织的人员有较高的素质。

（4）公共组织规模

对于不同规模的公共组织，其设计的方法是不一样的。有些组织是综合性的，成员多、规模大、结构比较复杂，设计时就要考虑增加管理层次，适当分配公共组织权力，同时要注意设置相应的协调机制，使整个组织的运行畅通无阻。对于规模较小的公共组织，则可以选择平行式的结构，尽量减少纵向上的层级，并设置一些综合性的部门，使成员与成员之间、层级与层级之间的沟通线路简单明了，在公共权力的配置上，强调权力相对集中。

3）公共组织的设计程序

公共组织的设计程序可以分为两大步：一是公共组织的法律创意与审批程序；二是公共组织具体构建的设计程序。

公共组织的法律创意与审批包括下列程序：一是由政府或立法机关提出创意案，说明设置特定公共组织机关的法律依据和现实原因；二是由立法机关或政府领导机关审议其合法性和合理性；三是由立法机关或政府领导机关决定设置与否；四是由批准机关以法定的形式向社会颁布其产生与成立的审批决定，并赋予其相应的公共权力。

公共组织具体构建的设计程序包含以下几个步骤：一是明确某一公共组织建立的总目标和公共管理任务，将总目标逐层加以职能分解，职能分解要细化到各个项目和各个活动以及活动之间的关系。二是设立相应的职位和机构。在职能分解的基础上，先根据各个项目和活动序列，设置相应的职位，并对职位加以分类，组成各个部门和单位，然后再为各个部门和单位配备合适的人员。三是划分公共组织的管理层次和管理幅度。先根据各个部门和单位的工作职责与特点，划分出一定的组织管理层次，明确各个层次的责权和相互间的关系，并确定不同层次的管理幅度；再区分出首脑机关、职能机关、幕僚机关、咨询机关和派出机关的类型；最后依据公共组织的管理层次和管理幅度及机关类型，画出公共组织系统图。四是根据系统图制定组织机构及其成员活动的行为准则，即组织规范，以保证组织有序和稳定运行。组织规范必须简明易懂、切实可行、相对稳定，并督促执行。

7.2 公共部门工作分析与评价

7.2.1 公共部门工作分析

1）公共部门工作分析的内涵

公共部门工作分析，是指对公共部门中某个特定工作的目的、任务或职责、权力、隶属关系、工作条件和任职资格等相关信息，进行相应的收集与分析，以便对该工作做出明确规定，并确定完成该工作所需要的行为、条件、人员的过程。

工作分析的直接结果就是形成工作说明书，为人力资源其他管理环节提供支持。国外学者将工作分析需要明确的问题归纳为“6W1H”，即做什么（what）、为什么做（why）、谁来做（who）、何时做（when）、在哪里做（where）、为谁而做（for whom）和如何做（how）。通过这种划分，能够明确工作分析的必要问题，比较全面地收集人力资源管理开发的各项工作所需要的各方面信息。

2）公共部门工作分析的流程

工作分析的全过程，因组织类型和结构的不同、所要分析的各种工作岗位的不同、人力资源管理要求的不同、组织管理基础尤其是岗位资料多少和详细程度的不同，以及工作分析工作人员的不同，而有一定的差异。一般来说，公共部门工作分析的主要环节可以分为以下四个阶段：

（1）准备阶段

在准备阶段，要做好各项准备工作，诸如制订方案、准备前期材料、选择对象样本和搞好宣传等。

（2）推进阶段

推进阶段即开始进行调查的阶段。在这一阶段，要完成工作分析资料的收集任务。

（3）形成阶段

形成阶段即对已经取得的资料进行审核、分析，归纳已经取得的材料，进而撰写出工作说明书。

（4）应用阶段

应用阶段包括将最后完成的工作说明书投入使用。在工作说明书的应用过程中，可能要进行一定的反馈和调整。必要时，还要对工作说明书重新进行修订。

工作分析的一般流程如图7-1所示。

3）工作说明书

（1）工作说明书的主要内容

工作说明书作为组织重要的文件之一，是对某类职务的工作性质、任务、责任、权限、工作内容和方法、工作环境和条件以及任职人员资格条件所做的书面记录。工作说明书的编写并无固定的模式，需要根据工作分析的特点、目的与要求具体确定编写的条目。一般来说，公共部门的工作说明书有以下内容：

① 工作标识。它包括工作的名称、编号、工作所属部门、工作地位、工作说明书的编写日期等项目。

② 工作综述。描述工作的总体性质，即列出主要工作的特征以及主要工作范围。

③ 工作活动和工作程序。它包括所要完成的工作任务、工作责任、所使用的材料以及机器设备、工作流程、与其他人的联系、所接受的监督以及所施予的监督等。

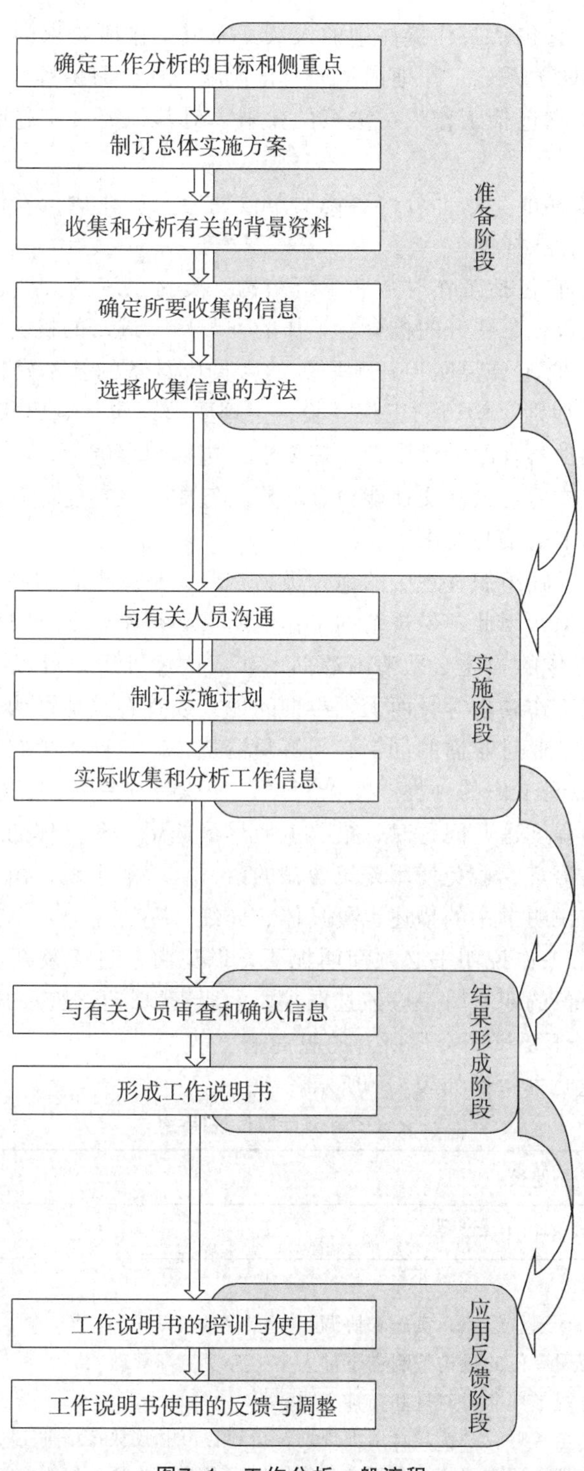

图7-1　工作分析一般流程

④ 工作条件与物理环境。罗列有关的工作条件，包括工作地点的温度、湿度、光线、噪声水平、安全条件、地理位置等。

⑤ 社会环境。它包括工作群体中的人数、完成工作所要求的人际交往的数量和程度、各部门之间的关系、工作地内外的文化设施、社会习俗等。

⑥ 工作权限。它包括工作人员决策的权限、对其他人员实施监督的权限以及经费预算的权限等。

⑦ 工作的绩效标准。这部分内容说明单位期望人员在执行工作中的每一项任务时所达到的标准是什么样的。

⑧ 聘用条件。它包括工作时数、工资结构、支付工资的方法、福利待遇、该工作在组织中的正式位置、晋升的机会、工作的季节性、进修的机会等。

⑨ 工作规范。它主要说明担任此职务的人员应具备的基本资格和条件，如一般要求，包括年龄、性别、学历、工作经验；生理要求，包括健康状况、力量与体力、运动的灵活性、感觉器官的灵敏度；心理要求，包括观察能力、学习能力、解决问题的能力、语言表达能力、人际交往能力、性格、气质、兴趣爱好等。

（2）工作说明书的编写要求

由于工作说明书在组织管理中的地位极为重要，是管理者招聘人员和考核绩效等重要决策的参考依据，因此一份规范的工作说明书必须符合下列要求：

① 清晰。对工作的描述必须清晰透彻，让人读过以后，可以准确地明白其工作内容、工作程序与工作要求等，而无须再询问他人或查看其他说明材料；避免使用原则性的评价，对较专业且难懂的词汇必须解释清楚，以免产生理解上的误差。

② 具体。在说明工作的种类、复杂程度、任职者须具备的技能、任职者对工作各方面应负责任的程度这些问题时，措辞上应尽量选用一些具体的动词，尽量使用能够准确表达要求的语言，避免使用笼统含糊的语言。一般来说，由于基层人员的工作更为具体，其工作说明书中的描述也更具体、详细。

③ 简短。整个工作说明书必须简明扼要，以免由于过于复杂、庞大而不便于记忆。在描述一个岗位的职责时，应该选取主要的职责以符合逻辑的顺序进行描述，一般不超过6～8项，不要试图穷尽所有的职责。

具体的工作说明书举例如表7-1所示。

表7-1 ××省××厅职位说明书

职位名称：人事教育处处长
职位代码：130000-008-001
工作项目： （1）负责全处工作的计划、组织、实施和协调 （2）负责厅机关及所属单位的机构编制、干部人事、劳动工资管理 （3）指导全省财政系统干部队伍建设和精神文明建设 （4）制订并组织实施全省财政系统教育培训规划，指导各市财政教育培训工作 （5）负责厅内目标管理考评和国家公务员（工作人员）考核、奖惩的组织实施工作 （6）完成领导交办的其他事项

续表

工作概要：

本职位在厅长和分管副厅长领导下进行工作

(1) 根据有关政策法规，制定本厅人事教育规定、办法，主持制订处工作计划，经厅领导审批后组织实施

(2) 主持、协调厅机关及所属单位工作人员的录用、选拔、考核、奖惩、晋升、劳资、福利、退休退职、教育培训等工作，协调解决出现的问题，重大事项及时向厅领导请示汇报

(3) 对厅机关和全系统财政教育培训工作进行业务指导，组织编制财政教育中长期发展规划，制订年度干部教育培训计划，经厅领导批准后组织实施

(4) 安排部署全省财政系统队伍建设和精神文明建设各项活动，组织调查研究和经验交流；落实系统先进表彰计划

(5) 拟定厅领导班子及成员总结述职、厅内目标考评和国家公务员（工作人员）考核管理的制度、办法，报厅领导批准后组织实施；对厅属事业单位目标考评和考核奖惩工作进行指导

(6) 根据上级要求，主持召开处务会和全处大会，研究贯彻落实意见；审定处内文件资料，审批经费开支和处公章使用；做好处内人员思想政治工作

工作标准：

(1) 坚持原则，公道正派，不徇私情；严格遵守保密规定

(2) 开展人事教育工作要符合党的方针、政策，善于抓住重点，讲求工作方法，有明确的指导原则，考核评价干部客观公正

(3) 指导系统精神文明建设和队伍建设要注重调研，能及时提出改进工作的方法措施

(4) 经常布置安排各项工作，定期检查工作质量，确保各项工作任务的完成

所需知识能力：

(1) 具有大学专科以上文化程度，共产党员

(2) 具有较高的政策水平和组织领导能力，有丰富的人事教育工作理论知识和实践经验

(3) 熟悉国家财政工作方针、政策，了解机关工作程序和管理特点

(4) 具有起草、审核重要文稿的能力

转任和升迁方向：

(1) 升任副厅长、助理巡视员

(2) 转任其他职责程度相当的职位

(3) 本职位由副处长、助理调研员及相当职务升任

7.2.2　公共部门工作评价

1) 工作评价的原理

工作评价，又称工作评估或工作测评，是在工作分析的基础上，对工作岗位的责任大小、工作强度、所需资格条件等特性进行评价，以确定工作岗位相对价值的过程。它有三大特点：第一，对岗不对人，即工作评价的对象是组织中客观存在的工作岗位，而不是任职者。第二，工作评价衡量的是工作岗位的相对价值，而不是绝对价值。工作评价是根据预先规定的衡量标准，对工作岗位的主要影响指标逐一进行测定、评比、估价，由此得出各个工作岗位的量值，使工作岗位之间有对比的基础。第

三，工作评价是先对性质相同的工作岗位进行评判，然后根据评定结果再划分出不同的等级。

在一个组织中，工作岗位的名称很多，人们常常需要确定一个岗位的价值，比如想知道办公室主任与财务处处长相比，究竟谁对组织的价值更大，谁应该获得更多的报酬。为了协调各类岗位之间的关系，进行科学规范的管理，就必须进行工作岗位评价，明确工作岗位级别。通过评价，可以明确各个工作岗位的门类、系统、等级，使工作性质、工作职责一致，把工作上所需资格条件相当的工作岗位都归于同一等级，这样就能保证组织对人员进行招聘、考核、晋升、奖惩等管理时具有统一的尺度和标准。

同时，工作评价还可以使公职人员之间、领导与普通公职人员之间对报酬的看法趋于一致和满意，使各类工作与组织给予的报酬相适应，使组织内部建立一些连续的等级，从而使公职人员明确自己的职业发展和晋升途径，理解组织的价值标准，引导公职人员的工作朝更高的效率发展。

另外，对公共事业组织而言，工作评价还是确定岗位工资的重要基础，可以更好地体现同工同酬和按劳分配的原则。虽然有人认为网络时代的组织变化越来越快，组织内部的组织结构、岗位构成也在不断发生变化，工作岗位和以工作岗位为基础的付酬方式不合时宜，应代之以技能为基础的付酬方式、以能力为基础的付酬方式或以绩效为基础的付酬方式，但从实践看，目前最常见的薪酬形式仍然是结构工资制。它包括基本工资、岗位工资、工龄工资、学历工资和绩效工资等。岗位工资是其中的重要组成部分，也是设计难度最大的部分。因此，工作评价依然有它存在的价值，如果在设计薪酬体系时，把工作评价与技能评价、绩效评价有效地结合使用，就可以取得更好的效果。

2）工作评价的原则

（1）系统原则

所谓系统，就是由相互作用和相互依赖的若干既有区别又相互依存的要素构成的具有特定功能的有机整体。其中各个要素也可以构成子系统，而子系统本身又从属于一个更大的系统。系统的基本特征有整体性、目的性、相关性、环境适应性、开放性等。

（2）实用性原则

工作评价还必须从公共部门的客观实际出发，选择能促进公共部门提高各类公共物品（服务）和准公共物品（服务）质量的评价因素。尤其要选择目前组织开展人力资源管理基础工作需要的评价因素，使评价结果能直接应用于公共管理实践中，以提高工作评价的应用价值。

（3）标准化原则

工作评价的标准化就是对衡量劳动者所耗费劳动的依据以及岗位评价的技术方法和特定的程序或形式做出统一规定，作为评价工作中共同遵守的准则和依据。岗位评价的标准化具体表现在评价指标的统一性、各评价指标评价标准的统一性、评价技术方法的统一规定和数据处理的统一程序等方面。

（4）能级对应原则

在管理系统中，各种管理功能是不相同的。根据管理的功能把管理系统分成多个级别，把相应的管理内容和管理者分配到相应的级别中去，各占其位，各显其能，这就是管理的能级对应原则。一个工作岗位能级的高低，是由它在组织中的工作性质、繁简难易程度、责任轻重等因素所决定的。功能大的岗位，能级就高，反之就低。各种工作岗位有不同的能级，人也有各种不同的才能。现代的科学管理必须使具有相应才能的人处于相应的能级岗位，这就叫人尽其才、各尽所能。

一般来说，一个组织或单位中，管理能级层次必须具有稳定的组织形态。稳定的管理结构应呈正三角形。对于任何一个完整的管理系统而言，管理三角形一般可分为四个层次：决策层、管理层、执行层和操作层。这四个层次不仅使命不同，而且标志着四大能级差异。同时，不同能级对应不同的权力、物质利益和精神荣誉，而且这种对应是一种动态的能级对应。只有这样，才能获得最佳的管理效率和效益。

（5）优化原则

所谓优化，就是按照规定的目的，在一定的约束条件下，寻求最佳方案。上至国家、民族，下至组织、个人，都要讲究最优化发展。组织在现有的社会环境中生存，都会有自己的发展条件，只要充分利用各自的条件发展自己，每个工作岗位、每个人都会得到应有的最优化发展，整个组织也将会得到最佳的发展。因此，优化的原则不但要体现在工作评价的各项工作环节上，还要反映在岗位评价的具体方法和步骤上，甚至落实到每个人身上。

（6）客观性原则

工作评价应该基于事实和数据，而不是主观偏见或个人情感。评价者应该依据客观的标准和指标对员工的工作表现进行评价，而不是凭借个人喜好或偏见做出判断。评价者应该收集充分的信息和数据，对员工的工作进行全面、客观的评估。

（7）一致性原则

工作评价应该在一定的标准和指标下进行，评价者应该对每个员工采用相同的评价标准和流程。评价标准应该明确，评价过程应该一致，避免主观性评价的偏差。评价者应该对不同员工的工作表现进行公平、一致的评价。

3）工作评价的方法

常用的工作评价方法有工作岗位参照法、工作岗位排列法、工作岗位分类法、因素比较法和因素计点/评分法等。其中，工作岗位分类法、工作岗位排列法属于定性评估，工作岗位参照法、因素计点/评分法和因素比较法属于定量评估。除此以外，这里还简要介绍国际上著名的工作评价方法——海氏（Hay Group）三要素评估法。

（1）工作岗位参照法

工作岗位参照法，顾名思义就是用已有工资等级的工作岗位来对其他工作岗位进行评估。具体的步骤是：

① 成立工作岗位评价小组；

② 评价小组选出几个具有代表性并且容易评估的岗位，对这些工作岗位用其他方法进行评价；

③ 如果组织已经有评价过的岗位，则直接选出被公职人员认同价值的岗位即可；

④ 将②、③选出的岗位定为标准岗位；

⑤ 评价小组根据标准工作岗位的工作说明书所提供的信息，将类似的其他岗位归类到这些标准工作岗位中来；

⑥ 将每一组中所有工作岗位的价值设置为本组标准工作岗位价值；

⑦ 在每组中，根据每个工作岗位与标准工作岗位的工作差异，对这些工作岗位的价值进行调整；

⑧ 最终确定所有工作岗位的价值。

（2）工作岗位排列法

工作岗位排列法是有关人员组成合格的专门机构，如工作岗位评定委员会，根据工作岗位调查资料或工作说明书做出简洁的、易于对比的工作岗位描述，确定评定标准，对各个工作岗位打分，汇总评定结果，计算平均得分，进而得出各个工作岗位的综合相对次序。

这种方法易出现主观倾向，应通过培训提高评价人员的价值判断力，或可通过对一个岗位重复评价三次取平均值的方式来消除主观误差。

（3）工作岗位分类法

分类法与参照法有些相像，不同的是，它没有可供参照的标准工作岗位。它是将公共组织的所有工作岗位根据工作内容、工作职责、任职资格等方面的不同要求分成不同的类别，一般可分为管理工作类、事务工作类和技术工作类等。然后，给每一类确定一个工作岗位价值的范围，并且对属于同一类的工作岗位进行排列，从而确定每个工作岗位的价值。

（4）因素比较法

因素比较法不关心具体工作岗位的职责和任职资格，而是将所有的工作岗位的内容抽象为若干个要素，根据每个工作岗位对这些要素的要求不同，而得出工作岗位价值。比较科学的做法是将工作岗位内容抽象成下述五种因素：智力、技能、体力、责任及工作条件。评价小组首先将各因素区分成多个不同的等级，然后根据工作岗位的内容将不同因素和不同的等级对应起来，等级数值的总和就为该工作岗位的价值。

因素比较法的步骤为：①成立工作岗位评价小组；②确定工作岗位评价所需要的因素，即智力、技能、体力、责任和工作条件；③选出若干具有广泛代表性的标杆岗位或关键岗位；④将各种标杆岗位按照各因素对各岗位的要求和重要性依次排列，形成标杆岗位分级表；⑤将各种标杆岗位的现行工资，按前面所确定的五项标准进行适当的分配，编制标杆岗位工资表和因素工资分配尺度表；⑥将除标杆岗位以外的其他岗位逐项与建立起来的标杆岗位工资表和因素工资分配尺度表进行比较，逐个对要素进行判定，找到最类似的相应标杆岗位，查出相应的工资，再将各项因素工资相加，便得到该岗位的价值。

（5）因素计点/评分法

因素计点/评分法是目前最流行的工作评价方法，国内比较知名的咨询组织，如和君创业、北大纵横等，在向企事业单位、公共部门提供咨询时都采用此方法进行工作评价。因素计点/评分法要求组建评价机构后，首先确定影响所有工作岗位的共有因素，并将这些因素分级、定义和配点（分），以建立评价标准，之后依据评价标准，对所有的工作岗位进行评价并汇总每一个工作岗位的总点数（分数），最后将工作岗位评价点数转化为货币数量，即岗位工资率或工资标准。这种方法可避免一定的主观随意性，但操作起来较烦琐。

（6）海氏三要素评价法

海氏三要素评价法是国际上使用最广泛的一种工作岗位评价方法，通过三个方面对岗位的价值进行评价，并且通过较为正确的分值计算确定工作岗位的等级。海氏评价要素体系如下：

① 知能（know-how，KH），包括专业技能（specialized know-how）、管理技能（managerial know-how）和人际关系技能（human relations skills）。

② 解决问题的能力（problem solving，PS），包括思考的环境（thinking environment）、思考的挑战性（thinking challenge）。

③ 应负责任（accountability，AC），包括行动的自由（freedom to act）、职务承担责任的大小（magnitude）和工作后果的作用（job impact）。

该评价法认为，一个岗位能够存在的理由是它必须承担一定的责任，即该工作岗位的产出。那么，投入什么才能有相应的产出呢？那就是担任该岗位人员的知识和技能。那么，具备一定“知能”的人员通过什么方式来取得产出呢？如图7-2所示，他们投入“知能”通过“解决问题”这一生产过程来获得最终的产出“应负责任”。

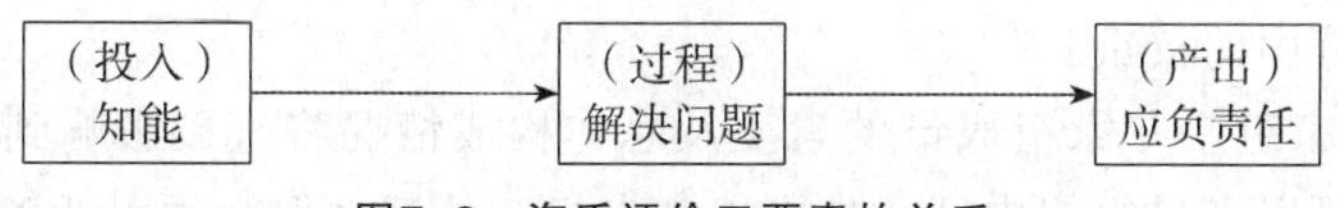

图7-2 海氏评价三要素的关系

海氏评价法对所评价的岗位按照以上三个要素及相应的标准进行评价打分，得出每个岗位的评价分，即岗位评价分=知能得分+解决问题得分+应负责任得分。其中，知能得分、应负责任得分和最后得分都是绝对分，而解决问题得分是相对分（百分值），要对其进行调整，最后得到绝对分。

利用海氏评价法在评价三种主要付酬因素的不同分数时，还必须考虑各岗位的“形状”构成，以确定该因素的权重，进而据此计算出各岗位相对价值的总分，完成工作岗位评价活动。岗位的“形状”主要取决于知能和解决问题的能力这两个因素的影响力与工作岗位责任这一因素的影响力的对比与分配。从这个角度去观察，组织中的工作岗位可分为三种类型：一是“上山”型。此工作岗位的责任比知能与解决问题的能力更重要，如各级行政组织和公共事业组织的领导。二是“平路”型。知能和解决问题的能力在此类工作中与责任并重，平分秋色，如会计、人事等职能干部。三是“下山”型。此类岗位的责任不及知能与解决问题的能力重要，如公共事业组织中从事科学研究的公职人员。

在实践过程中，通常要由工资福利设计专家分析各类岗位的“形状”构成，并据此给知能、解决问题的能力这两个因素与责任因素各自分配不同的权重，即分别向前两者与后者指派代表其重要性的一个百分数，两个百分数之和应恰为100%。举一个简单的例子：某公共行政组织某个岗位的知能得分为1 000分，解决问题得分为700分，应负责任得分为1 000分。这个工作岗位知能和解决问题的能力的权重为40%，责任的权重为60%，那么这个岗位的最终评价得分为1 280分。

当然，海氏评价法还涉及每个因素的评价标准和程序，以及评价结果的处理和形成一个组织的岗位等级体系等，在此不再一一赘述。

4）工作评价的步骤

具体来讲，工作评价是在工作描述的基础上，对工作本身所具有的特性（比如工作岗位对组织的影响、职责范围、任职条件、环境条件等）进行评价，以确定工作岗位的相对价值。工作评价的过程可以分为以下四个阶段：

（1）准备阶段

① 清岗。理顺组织结构和岗位设置，确定参加评价的岗位。

② 完成工作说明书。通过问卷调查法、资料分析法和访谈法等方法进行工作分析，确定每个岗位的职责、任务、权限、协作关系、任职资格和工作环境等基本内容，撰写工作说明书。

③ 确定岗位评价方法。根据不同方法的优缺点和适用条件以及公共部门的特殊性选择切实可行的评价方法。

④ 确定评价因素。根据业务的实际情况确定岗位相关的因素，一般可以分为岗位的责任因素、需要的知识技能因素、岗位性质因素和工作环境因素等，每个主因素又可划分为若干子因素。给出每个子因素及不同得分档次详细的定义描述，同时确定各个因素在总分中的权重。

⑤ 确定专家组。专家组成员的素质及总体构成情况将直接影响到岗位评价工作的质量。专家可以来自组织内部，也可以来自组织外部，但必须对业务和内部管理有一定的了解。一个好的专家组成员必须能够客观地看问题，在打分时能尽可能摆脱局部利益。专家组的成员在很大程度上决定岗位评价的结果。同时，应考虑专家在人员中是否有一定的影响力，这样才能使岗位评价的结果更具权威性。

⑥ 确定标杆岗位。因为参与评价的岗位可能分属不同的业务板块，每个岗位的工作性质和内容又可能不相同，所以对岗位价值的衡量也就大不一样。这时候，为使每个岗位的工作在一定的程度上具有可衡量性，就需要建立一个参照系，而标杆就是这个参照系。也就是说，标杆岗位是衡量其他一般岗位相对价值的“尺子”。

（2）专家组的培训阶段

培训的目的是提高工作岗位评价的效率，确保工作岗位评价的效果。对专家组进行组织结构调整和岗位设置思想的培训，可以使他们对各个岗位的职责和性质有一定的了解。

① 针对岗位评价本身进行培训。培训内容主要是介绍岗位评价的原因、岗位评价的方法、选择评分法的原因、岗位评价的流程、岗位评价常出现的问题及解决方法、岗位评价的结果与薪资结构的关系等。培训时，应强调岗位评价针对的是岗位而不是人。岗位评价结果是建立薪酬体系的重要依据，但不是全部依据，从评价得分到最后建立薪酬体系还有很长的路要走。除此之外，应重点向专家们解释评价表的因素

定义和权重，使各位专家清楚各评价因素的内涵和评分分级的标准。

② 标杆岗位试打分。专家组对照工作说明书，对标杆岗位的不同因素分别进行打分。各因素得分乘以权重之后加总，可以得到岗位的总分。通过对标杆岗位的试打分，可以使专家组成员熟悉岗位评价的流程，还可以发现问题并及时进行解释，消除专家组成员对评价表中各项指标的理解差异，建立合理的打分标准。在打分过程中，如果大家对某岗位某因素的打分值相差过大，则说明大家对该岗位的理解存在较大分歧，为了得到比较准确的结果，需要重新打分。对标杆岗位的打分结束后，专家组要对标杆岗位的得分结果进行综合分析，投票选出大家公认不合理的结果，并重新进行评价。大多数专家一致认为标杆岗位的得分符合组织的价值取向后就可以进入正式的评价阶段。

(3) 评价阶段

在取得标杆岗位分值表后，专家组对照工作说明书并以标杆岗位的得分为标准，对其余岗位进行打分，其间要同步进行数据统计和分析工作。

(4) 总结阶段

这一阶段主要对岗位评价得分进行排序和整理，得出各个岗位的相对价值得分，以便进行综合分析。至此，整个岗位评价工作结束。

在进行岗位评价工作时，有以下问题需要特别注意：

第一，组织的领导者特别是第一领导者的重视以及充分的准备工作是岗位评价成功的必要条件。

第二，对专家组成员的选择至关重要。

第三，评价过程中既要强调专家的独立性，又要强调专家建立相对统一、合理的评判标准，避免产生太大的偏差。

第四，针对不同的岗位，应确保评价标准的一致性。

第五，岗位评价结果并不是一成不变的。当组织经过一段时期的迅速发展及新工作产生以后，或是在经历了大范围的工作职能重组之后，或是在岗位职责发生较大面积调整时，就应该进行岗位评价。同时，组织应注意修改过时的评价机制。

7.3 公共部门人力资源分类管理

公共部门的任职人员是一支规模庞大的队伍，要对其实施一系列有效的管理，就必须按一定的标准将其划分成不同的类别，进行科学分类基础上的管理。人力资源分类确立了公共部门的职位序列和体系，也为不同类别人员的成长和发展提供了规律性的条件。

7.3.1 公共部门人力资源分类管理概要

1）公共部门人力资源分类管理的内涵

公共部门人力资源分类管理是指将公共部门中的工作人员或职位按工作性质、责任轻重、资历条件及工作环境等因素划分类别，设定等级，为人力资源管理的其他环节提供相应的管理依据。

由以上定义我们得出，公共部门人力资源分类的依据是工作性质、责任轻重、资历条件及工作环境等因素，而这些因素的相关内容是由工作说明书提供的，也就是说工作分析和工作评价是人力资源分类的前提和基础，没有科学的工作分析和工作评价，公共部门人力资源的分类管理将成为空中楼阁。

由以上定义我们还可得出，人力资源分类的对象是公共部门中的工作人员或职位，由此形成了两种典型的人力资源分类制度：一是以工作人员的官阶为中心的品位分类管理；二是以职位为中心的职位分类管理。

2）公共部门人力资源分类管理的意义

公共部门人力资源分类管理是公共部门人力资源管理现代化的基础，其具体意义体现在：

（1）人力资源分类管理有助于实现公共部门人力资源管理的简明、高效

公共部门的任职人员是一支庞大的队伍，其涉及的工作任务性质也繁杂多样，没有一定的分类就无法实现管理的目标。从某种程度上讲，没有分类就没有管理。对公共部门的人力资源进行分类，可以使公共部门人力资源政策做到有的放矢，政出有因，政出有果，实现公共部门人力资源管理的简明和高效。

（2）人力资源分类管理有助于公共部门人力资源管理的规范化

实行人力资源分类，无论是品位分类、职位分类，还是二者的混合分类，都有相应的分类标准，各个等级的设置都有客观的评价依据，工作本身又有工作说明书，这就使公共部门人力资源管理的录用、考核、工资福利等管理工作可以做到有章可循，标准客观，势必有助于提高公共部门人力资源管理的规范化程度，做到真正的客观、公正、高效。

（3）人力资源分类管理有助于公共部门人员的自我激励和开发

人力资源分类管理使人员的等级有了明确的划分，公共部门的任职人员可以清楚地了解到自己所处的等级，进一步明确自己的升迁途径和升迁目标。这一方面可以激励任职人员圆满完成现任工作；另一方面可以激励任职人员为将来升迁后可能从事的工作做好知识、技能上的准备，进一步搞好自我开发，不断完善自我。

3）人力资源分类制度选择的原则

一个国家、地区、部门的人力资源分类制度，是在品位分类管理、职位分类管理中选择一种，还是将二者结合，要依据下列原则确定：

（1）文化原则

文化是社会中的人们所共有的一种约定俗成的心理状态，它渗透在社会的各个层次和角落，影响社会的种种管理制度和管理方法。任何一种分类制度的产生和形成，无不深深打上文化的烙印。职位分类管理所推崇的精神，在录用、考核、薪酬等方面主张人人平等的规范，与美国民主、平等、自由、向上的文化特色相吻合。品位分类管理以人为中心对官阶进行分类分等，与英国讲究个人身份、等级的绅士型文化相一致。中国几千年文化积淀中的人本主义讲究万事以人为中心，理性主义推崇礼义、不

逾规矩，中庸主义看重折中至当、从容中道，这就要求中国人力资源分类制度的选择既不能照搬美国的职位分类管理，也不能照抄英国的品位分类管理，而应吸收二者之精华，发展有中国特色的公职分类体系。

（2）传统原则

任何一个民族的历史传统都是本民族的宝贵遗产。传统可能意味着保守，但并不意味着都是糟粕。人力资源分类制度的选择和革新也是如此。对传统的东西不能完全摒弃，而应在传统基础上推陈出新。当今美国的公共部门人力资源分类制度改革是在原传统职位分类管理的基础上，吸收了一些品位分类管理的优点，而英国的公共部门人力资源分类制度的革新则是在传统品位分类管理的基础上，汲取了职位分类管理的先进经验。中国公共部门人力资源分类制度的选择和改革，也不能完全抛弃古代的品级分类和中华人民共和国成立后的干部分类方法，而应在此基础上，古为今用，洋为中用，逐步实现公共部门人力资源分类制度的现代化。

（3）组织需求原则

任何分类制度和方法最终都要落实在具体的组织之中。不同的组织，其组织目标、组织职能、组织文化也不同，这就要求有不同的分类制度对组织工作人员或职位进行分类，在这方面没有放之四海而皆准的分类方法。在科研单位等实施开放型管理的组织中，实行品位分类管理最能促进其工作和管理的开展，而在经营性、服务性的社会公共组织中，职位分类管理可能更利于提高效率。总之，分类制度和方法的选择要以组织的需求为根本原则。

4）公共部门人力资源分类管理制度的发展趋势

随着政治经济环境的不断变化，公共部门人力资源分类管理制度也在不断变革。纵观世界人力资源分类制度的发展，呈现出以下两大趋势：

（1）品位分类管理和职位分类管理出现融合、互补的趋势

随着专业化分工的不断发展，许多专业性、技术性工作进入政府领域，品位分类管理原有的注重通才的粗犷分类方法已不能适应现代社会的需求。因此，原来实行品位分类管理的国家纷纷吸收职位分类管理的先进方法，使分类管理更加系统化、规范化。典型的品位分类管理国家英国，于20世纪70年代对原来的公务员分类制度进行了改革，引入了职位分类管理方法，把公务员分为10个职类、26个职组、84个职系，提高了分类的科学化程度。日本则改革过去的品位分类管理，实行了介于职位分类管理和品位分类管理之间的名义上的职位分类管理，人们称之为“工资分类”。

职位分类管理制度不利于通才培养、不利于人员流动的缺点也随着经济的发展更加突出。最早实行职位分类管理的美国也于20世纪70年代对其职位分类管理制度进行了改革，将一般职务类（GS）中的GS15至GS18职等的划分改为品位分类管理，取消了职等，只设工资级别，实行级随人走，以便于高层官员的职位流动，同时，改变了原本人员只能在职系内流动的状况，允许公务人员像品位分类管理那样跨职系流动，竞争上岗。

（2）人力资源分类管理制度呈逐步简化趋势

当今世界的竞争是科技与管理的竞争，效率的高低越来越成为衡量政府绩效的

主要标准，因此许多国家都着力于简化人力资源分类制度，以提高公共部门人力资源的管理效率。加拿大的公务人员系统原有72个职组、102个分组，每个职组都有一套分类标准和工资标准，操作起来很烦琐，无法适应当今社会发展的需要。因此，加拿大政府本着通用、简化的原则对职位分类管理制度进行了改革，废除了原有的72套分类标准，代之以一种能够适用于所有公共部门工作特征的评价体系，使人力资源分类更加简易，更具灵活性，大大降低了成本，提高了公共部门人力资源管理效率。

美国政府曾经为人力资源分类管理制度的简化而不懈努力。里根政府早在1986年就提出了旨在以职业通道来代替400多个职系的《文官制度简化法案》，但未获得国会通过。20世纪90年代，克林顿政府也一直致力于“简化职位分类管理”，也就是将原来过细的职位设置、狭窄的职位定义、烦琐的分类程序进行简化，但由于受联邦公务员法律的限制，只能在小范围内进行试点。南卡罗来纳州取消了70%的职位，纽约州把职位总数由7 200多个减为5 400多个。更有甚者，佐治亚州取消了职位分类管理。这一连串的职位改革的共同宗旨是：简化职位分类管理程序，改变过去由政府统一进行职位划分的做法，由更了解自己组织状况的用人单位进行职位划分和分类。

7.3.2 品位分类管理

1）品位分类管理的内涵

“品”指官阶，“品位”指按官位高低、职务大小排列成的等级。品位分类管理，是以国家公共部门工作人员的职务或等级高低为依据的人力资源分类管理制度。

品位分类管理在中国已有悠久的历史。自魏晋以来，官阶就称品，朝廷官吏分为“九品十八级”，以后各代逐步完善，品级也逐步增多，且品级同俸禄挂钩。但是，在封建社会中，品位主要是特权和身份的标志，同现代意义的品位分类管理有着根本上的区别。

随着现代文官制度在西方的建立和发展，品位分类管理由封建社会的注重特权和身份过渡到注重任职资历条件，再到现代的工作内容和资历并重，逐步完善。英国是现代品位分类管理最典型的国家，其他实行品位分类管理的国家还有法国、意大利等。

2）品位分类管理的特征

品位分类管理作为人力资源分类的两大制度之一，其基本特征为：

（1）以“人”为中心的分类体系

品位分类管理的对象是人、人格化的职务等级以及人所具有的其他资格条件。具体而言，在人员运用方面过分重视人员的学历、资历、经验和能力，个体的背景条件在公职录用和升迁中起着至关重要的作用。任职年限、德才表现等通用资格条件是晋升的主要依据。可见，品位分类管理是人在事先。

（2）分类和分等相互交织

在品位分类管理中，分类实际上同职务、级别的分等同时进行，因此品位分类管理通常采用先纵后横的实施方法，也就是先确定等级，再分类别。

（3）强调人的综合管理能力

品位分类管理注重“通才”，不注重公务人员所具备的某一方面的特殊知识和技能。

（4）官位和等级职位可以分离

在品位分类管理中，官等是任职者的固有身份，可以随人走，官等和所在职位不强求一致。薪酬取决于官等而不取决于所从事的工作。

品位分类管理在等级观念比较强的国家较为盛行。

3）品位分类管理评价

品位分类管理制度作为一种公共部门人力资源管理制度，具有比较明显的人格化特征，优点和缺点并存。

（1）品位分类管理的优点

① 方法简单易行，结构富有弹性；

② 流动范围广，工作适应性强；

③ 有利于“通才”的培养，便于人员培训；

④ 强调年资，官职相对分离，不因职位调动而引起地位、待遇的变化；

⑤ 注重学历背景，有利于吸收高学历的优秀人才。

（2）品位分类管理的缺点

① 人在事先，易出现因人设岗、机构臃肿的现象；

② 分类不系统、不规范，不利于严格的科学管理；

③ 限制了学历低、能力强的人才的发展；

④ 轻视专业人才，不利于工作效率的提高；

⑤ 强调年资，加剧了官员的保守性，并易形成官本位倾向；

⑥ 以官阶定待遇，导致同工不同酬，不利于对人员的激励。

7.3.3 职位分类管理

1）职位分类管理的内涵和特征

职位分类管理就是在工作分析的基础上，将职位依据工作性质、繁简难易程度、责任轻重和所需资格条件区分为若干具有共同特色的职位，加以分类。它是公共部门人力资源分类中的一种重要的管理制度。

职位分类管理作为理想的分类制度，其具体特征为：

（1）以“事”为中心的分类体系

职位分类管理首先重视职位工作的性质、责任轻重、繁简难易程度，其次才是人所具备的资格、条件。职位分类管理是事在人先。

（2）分类方式先横后纵

先横后纵即先进行横向的职系、职组、职门区分，然后依工作的繁简难易程度和责任轻重划分纵向等级。

(3) 注重人员的专业知识和技能

职位分类管理注重“专才”，人员的任职调动、交流和晋升，一般在同一职系，至多在同一职组范围内进行，跨职系、跨行业的流动和升迁极少。

(4) 官等和职等相重合

在职位分类中，官位与职位相连，不随人走，严格实行以职位定薪酬的规则，追求同工同酬。职位变了，官等、薪酬均取决于新职位的工作性质。

(5) 实行严格的功绩制

在职位分类管理制度中，功绩是人员升迁和薪酬增加的唯一标准。例如，美国一般职务类人员，薪酬的增加有两种方式：一是工作年限增长自动提升等级，表现突出奖励提升一级；二是职务提升，薪酬相应提高。其还规定，一个人每年只能提一级，且必须有几个人同时竞争，最终选出一人提升。

职位分类管理比较适合民主平等观念较强的国家。

2）职位分类管理的步骤

职位分类管理的程序一般有四个步骤：

(1) 职位调查

职位调查也就是工作分析，这是实施职位分类管理的第一步。

(2) 职系区分

在调查的基础上，依照工作性质的异同，将各种职位划分、归并为若干类别，这便是职系。职系是工作性质相同的职位的汇集。在职系的基础上再形成职组和职门。职组是工作性质相似的职系的汇集，而职门是工作性质相近的职组的汇集。这一步骤是职位的横向划分。

(3) 职位评价

职位评价也称职位品评，就是运用职位评价方法对各职系的职位进行纵向的职级、职等的认定。职级是指同一职系内工作性质、繁简难易程度、责任轻重及资格条件充分相似的职位的集合；职等是指工作性质不同，但工作繁简难易、责任轻重及所需资格条件程度相当的各职级的集合。同一职等的所有职位，无论其属于何职系，其薪酬均相同。

(4) 制定职级规范

职级规范是人员录用、监督、考核的依据。

3）职位分类管理的评价

任何一种分类制度都有其长短，职位分类管理也有其相应的优缺点。

(1) 职位分类管理的优点

① 规范化的分类管理体系，为各项人力资源管理活动提供客观依据；

② 有利于贯彻专业化原则；

③ 有利于确定编制，完善机构建设；

④ 官等与责任、报酬相联系，进一步促进同工同酬并使官员能上能下；

⑤ 有利于在职培训和适才适用。

（2）职位分类管理的缺点

① 职位分类管理工程庞大，成本高，推行困难；

② 人才发展和流动的渠道存在局限性，易造成人才流失；

③ 整个体系过于强调量化，缺乏弹性；

④ 官等、工资随人的变动而变动，使其激励性减弱；

⑤ 不利于综合管理人才即通才的培养。

4）职位分类管理的演变

职位是公共部门的重要而稀缺的资源，其管理和分配方式的演变体现了政治体制和公共部门人力资源管理价值的变迁过程。

（1）政治恩赐制度下的职位管理

在政治恩赐制度下，公共职位是统治权争夺中胜利者的战利品，是重要的“分赃物”。人员之所以得到某一公共职位，不是因为人员的资历和能力符合这一职位的要求，而是因为人员是某一政治领袖的追随者，在争夺统治地位的斗争中出了力，贡献越大获得公共部门的职位级别也就越高。虽然一些公共职位也会有一定的任职资格要求，但其目的是维护政治官员在民众心目中的“形象”，或者因为分“赃”不均，只好用条件加以限制，并不是为了更好地保障公共利益。所以，在政治恩赐制度下，公共职位是不需要工作分析与分类这种管理手段的，任何人都可以胜任所有的职位，政治上忠诚是任职资格的首要内容。

（2）公务员制度下的职位管理

随着社会的发展，政治领袖们慢慢认识到，要想使自己或自己的集团长时间占据统治地位，就必须为社会的公共利益着想。为公共利益着想的重要体现，就是政府系统能在一定程度上为民众服务，这就要求在公共职位上的人员具备为公众服务的能力。由此，一部分公共职位就有了资格要求，也就有了工作分析、职位分类管理的需求。

另外，随着公众民权意识的提高，公众对政治恩赐制度的接受度也越来越低。在民权与统治权之间的争夺中，统治权必然逐步退缩。因此，当权者可以“分赃”的公共职位的范围也逐渐缩小，最后发展到用法律的形式来限制“分赃”的范围。

由于以上两方面的原因，公务员制度在西方应运而生。公务员制度的基础就是工作分析与职位分类管理：通过工作分析，确定每个公共机构的职位数量，并以法律的形式固定下来，也就是我们说的定编；同时通过工作分析，明确各个公共职位的任职者应具有的能力与资格要求，这在一定程度上限制了公务员聘用的随意性。此外，西方国家将公共部门的职位分为文职类和政治类职位。文职类官员的录用严格按照职位规范进行，并实行职务常任制，以保护文职官员的地位不受政党更迭的影响，而政治类官员的任用则仍是政治“分赃”的结果。

（3）人力资源管理下的职位管理

公务员制度是对公共系统职位法治化管理的体现，一定程度上使公共组织摆脱了政治的压力，但法治的外在表现形式——法律条文——的发展过度，即繁文缛节，会给公共部门人力资源的管理带来负面的效应。一方面，过细的法律条文会束缚公务员的微观行为，限制公务员的灵活性与创新能力；另一方面，公务员习惯于对法律条文的依赖，易放弃自己在工作中创新的想法与行为。

无论是恩赐还是法治，体现的都是对公共部门职位的控制，这也是政治领袖的最终目的。政治领袖同时也发现，只有发展才能更好地控制。因此，对公共部门运作效率的要求就越来越高。这既牵涉职位管理的灵活性，又牵涉对公共人员的激励。所以，从现代人力资源管理的角度对职位进行管理就成为公共部门职位管理的发展趋势，它体现为：对职位的分类相对宽泛化，在不影响公共人员职业能力的条件下合理流动，强调公共人员雇佣关系的灵活性，增强公共人员雇用中的竞争，对公共人员进行绩效激励，提高其工作效率。这些都要求工作分析、职位分类管理的指导理念向人本化方向转化。

7.3.4 中国公共部门的人力资源分类管理

1）中国公共部门的品位分类管理

自中华人民共和国成立到20世纪80年代，中国人力资源管理体制一直是与计划经济相适应的集中统一的管理体制。人力资源分类制度也呈现出集中统一的特征，党政不分、政企不分、政事不分，无论是党的机关、权力机关、政府机关、司法机关的工作人员，还是事业单位、企业单位、群众组织的工作人员，都被统称为“干部”。人员的等级划分主要依据职务职级、资历深浅、学历高低和工资多寡，实际上是一种特殊的“品位分类管理”，这种分类管理制度所导致的直接结果是官本位与效率低下。

随着改革开放的深入和市场经济的发展，原来的分类体制已不能适应现代管理的需要。中国于1993年8月颁布了《国家公务员暂行条例》，明确规定国家行政机关实行职位分类管理制度。在确定职能、机构、编制的基础上，进行职位设置，制定职位说明书，确定每个职位的职责和任职资格条件，作为国家公务员录用、考核、培训、晋升等的依据。在政府机关实行职位分类管理后，党的机关也参照政府公务员的分类办法实行了职位分类管理。检察、审判机关和公安系统也实施了具有各自特色的分类方案。中国人力资源分类的宏观结构大致形成。原来的国家干部被分成行政机关工作人员（公务员）、党务机关工作人员、国家权力机关工作人员、国家审判机关工作人员、国家检察机关工作人员、国有企业单位工作人员、人民团体工作人员和事业单位工作人员。中华人民共和国成立以来第一部干部人事管理的综合性法律即《中华人民共和国公务员法》自2006年1月1日起施行，《国家公务员暂行条例》自2006年1月1日起废止。为了规范事业单位的人事管理，国务院制定了《事业单位人事管理条例》，该条例自2014年7月1日起施行。

2）中国公务员职位分类管理

2019年3月，中共中央办公厅印发了《公务员职务与职级并行规定》。该规定指出：领导职务根据宪法、有关法律和机构规格设置。领导职务层次分为：国家级正职、国家级副职、省部级正职、省部级副职、厅局级正职、厅局级副职、县处级正职、县处级副职、乡科级正职、乡科级副职。职级序列按照综合管理类、专业技术类、行政执法类等公务员职位类别分别设置。综合管理类公务员职级序列分为：一级巡视员、二级巡视员、一级调研员、二级调研员、三级调研员、四级调研员、一级主任科员、二级主任科员、三级主任科员、四级主任科员、一级科员、二级科员。综合管理类以外其他职位类别公务员职级序列另行规定。

2019年12月，中共中央组织部制定了《公务员职务、职级与级别管理办法》。按照该办法，公务员可以通过领导职务或者职级晋升。公务员级别由低至高依次为二十七级至一级。公务员领导职务层次与级别的对应关系是：

国家级正职：一级；

国家级副职：四级至二级；

省部级正职：八级至四级；

省部级副职：十级至六级；

厅局级正职：十三级至八级；

厅局级副职：十五级至十级；

县处级正职：十八级至十二级；

县处级副职：二十级至十四级；

乡科级正职：二十二级至十六级；

乡科级副职：二十四级至十七级。

副部级机关内设机构、副省级城市机关的司局级正职对应十五级至十级；司局级副职对应十七级至十一级。

3）中国公务员分类制度评价

中国现行的人力资源分类制度是在继承传统分类方法的基础上，吸收现代职位分类管理思想发展起来的，其优点和缺点极其明显。

（1）中国公务员分类制度的优点

① 分类简单，易于操作实施；

② 既兼顾了中国传统的品位分类管理方法，又吸收了现代职位分类管理的优点，符合现代人力资源分类管理发展潮流；

③ 公务员分类中非领导职务序列的设立，满足了中国行政机关中某些职位责任较大但又不承担领导责任情况的需要，解决了中国行政机关不设专业技术职务但有些职务又只有专业技术人员才能担任的矛盾，体现了责酬一致的原则。

（2）中国公务员分类制度的缺点

① 分类过于简单，科学化和规范化程度较低，处于人力资源分类的初级阶段；

② 分类范围狭窄，仅局限于行政机关公务员，而其他系统的分类制度不够完善；

③ 中国所实行的职位分类管理仅是名义上的职位分类管理，缺乏具体的工作分析、职位评价和工作说明书等实质性内容；

④ 中国的职位分类管理缺乏具体的规范性文件和正式法规，法治化程度较低。

关键词

公共部门组织　工作评价　海氏评价法　品位分类管理　职位分类管理

即测即评

第7章单项选择题

第7章多项选择题

思考与练习

（1）公共部门组织设计的原则和影响因素有哪些？

（2）公共部门组织结构类型有哪些？

（3）简述管理层次与管理幅度的内涵及影响因素。

（4）如何进行公共部门工作分析？

（5）如何进行公共部门工作评价？

（6）简述公共部门人力资源的分类管理。

案例分析

护士长的烦恼

10月的某一天，产科护士长给医院的院长打来电话，要求立即做出一项新的人事安排。从护士长的急切声音中，院长感觉到一定发生了什么事，因此要她立即到办公室来。5分钟后，护士长递给了院长一封辞职信。

“院长，我再也干不下去了，”她开始申述，“我在产科当护士长已经4个月了，我简直干不下去了。我怎么能干得了这工作呢？我有两个上司，每个人都有不同的要求，都要优先处理。要知道，我只是一个凡人。我已经尽最大的努力适应这种工作，但看来这是不可能的。让我给举个例子吧。请相信我，这是一件平平常常的事，像这样的事情每天都在发生。”

“昨天早上7：45，我来到办公室就发现桌上留了张纸条，是主任护士给我的。她告诉我，她上午10点钟需要一份床位利用情况报告，供她下午向董事会汇报时用。我知道，这样一份报告至少要花一个半小时才能写出来。30分钟以后，基层护士监督员走进来质问我为什么我手下的两名护士不在班上，我告诉她外科主任从我这儿要走了她们两位，说是急诊外科手术正缺人手，需要借用一下。我告诉她，我也反对过，但外科主任坚持说只能这么办。你猜，基层护士监督员说什么？她叫我立即让这些护士回到产科来。她还说，一个小时以后，她会回来检查我是否把这件事办好了！我跟你说，这样的事情每天都发生好几次。一家医院就只能这样运作吗？”

资料来源　佚名．工作案例分析［EB/OL］．［2023-11-05］．https：//wenku.baidu.com/view/7e3dd54bda38376baf1faee1？aggId=7e3dd54bda38376baf1faee1&fr=catalogMain_&_wkts_=1698759481028.

案例思考题：

（1）院长能做些什么来改变现状？

（2）护士长可以利用什么权力来使自己更好地处理冲突？

延伸阅读　浅析基层公共部门人力资源管理存在的问题及对策

第8章 工作分析范例

8.1 某鞋业公司工作分析范例

8.1.1 组织结构

1）公司实行董事会领导下的总经理负责制

总经理负责本公司日常经营与管理，下设三个职能中心和一个办公室，分别为管理中心、营销中心、制造中心、总经理办公室（简称总经办）。职能中心副总经理和总经理助理（简称总助）直接对总经理负责。

2）组织分工

管理中心：人力资源部、财务部、行政部、稽核部。

营销中心：商品部、企划部、市场发展部、专卖管理部。

制造中心：生产部、开发部、品管部、采购部、业务部、设备组。

3）公司整体组织结构分为五级

一级：总经理，在董事会和决策委员会领导下对公司整体的日常运营管理负责。

二级：中心副总或总监，协助总经理工作，负责各自主管部门的业务开展与日常管理，决定主管级及以下人员的任免与录用。

三级：部门经理，辅助中心副总或总监工作，负责本部门日常工作的计划、组织、协调与控制，决定本部门职员级人员的任免与录用，考评所属员工工作绩效。

四级：分部门主管，为具体业务工作的主要负责人，依据上级分工处理本科室（车间）的日常工作业务，向所属人员分配工作任务，并督导工作完成情况，负责定期向上级汇报本科室（车间）的工作情况。

五级：一般职员，根据所在岗位要求，在主管的统一安排下开展工作，并对工作质量负直接责任。

4）总经理办公室享受部门经理级编制

5）公司各部门以及所属分部门岗位设置

公司各部门以及所属分部门岗位，均设正职一人，不设副职岗位，员工晋级采取逐级晋升制，无特殊情况或表现不允许越级晋升。

6）公司实行逐级管理负责制

各级管理人员在职权范围内自主开展工作，对直线上级负责，受直线上级管理与约束。

8.1.2 部门职责

1）总经办

直接上级：总经理。

部门本职：拟定战略，协调工作。

部门性质：协调机构，授权开展工作。

部门职责：(1) 总经办是公司经营战略的决策部门，在总经理授权下开展工作，主持总经理办公会议，审议公司战略发展议案；(2) 分析企业经营环境，评估企业资源状况与经营战略，向总经理提供企业重大决策的数据依据；(3) 协调公司各部门日常工作，定期抽查各职能部门运作情况，协助总经理检查监督各部门工作完成情况；(4) 协助总经理对公司部门经理及以上中高级管理人员的工作绩效进行考核评估，提出考评意见，经公司董事会审议后执行；(5) 在总经理离岗时，根据总经理授权；行使部分总经理权力；(6) 协助总经理进行重要的社会公关活动，陪同总经理出席重要会议；(7) 负责总经理文书、档案的撰写与管理以及总经理重要客人的来访接待工作；(8) 其他总经理授权的项目工作；(9) 主持召开员工代表大会，宣导公司重大经营决策，听取员工意见反馈；(10) 增强企业员工的自我管理能力和使命感、归属感，以科学理论和先进文化为指导来开展思想政治工作，使员工能够更好地认同和理解企业的文化、使命和愿景，也让员工认识到自己的社会角色和责任；(11) 将正确的价值观渗透于企业生产经营的各环节和全过程，这有利于创新企业经营和管理理念。

2）行政部

直接上级：管理中心。

部门本职：行政监督，后勤保障与维护。

部门性质：垂直管理机构，按责权范围开展工作，管理监督与服务保障部门。

部门职责：(1) 负责公司日常行政事务工作的协调与管理，并监督执行；(2) 根据公司管理战略，协同相关部门拟定科学规范的行政管理机制与后勤保障计划；(3) 负责公司文化宣传工作，了解员工思想动态，沟通员工思想感情，丰富员工文化生活，建立本公司特有的企业文化理念；(4) 协调各部门工作关系，检查、监督各部门工作计划执行情况，处理违规违纪行为；(5) 负责公司文件、合同的规范管理及各项活动、会议的组织、筹备与管理保障工作，负责会议记录及决议事项的跟催落实工作；(6) 负责公司办公设备、设施的管理、使用、维护及办公用品的管理控制工作，确保办公设备、设施安全有效地发挥作用；(7) 拟定员工福利、安全、生活保障方案，处理社会公共关系，负责来访宾客的接待工作；(8) 处理公司劳动纠纷与相关法律事务，办理公司有关证件、执照的年检、年审工作；(9) 负责公司资产的安全保卫与消防安全方案的制订与管理，组织安全生产的检查与监督工作；(10) 负责公司印鉴管理、宿舍管理、食堂管理、环卫管理、水电管理、治安管理、基建管理、车辆管理、娱乐设施管理以及档案管理等。

3）人力资源部

直接上级：管理中心。

部门本职：人力资源的开发与利用。

部门性质：垂直管理机构，按责权范围开展工作，人力开发与监督考核管理部门。

部门职责：（1）负责公司人力资源需求计划的拟定与管理工作，制定相应的岗位职责与考核标准；（2）依据公司的人力资源发展规划，宏观调控公司的人力资源结构；（3）组织制定、推行人事管理制度，建立人事工作流程与管理方案；（4）负责员工的定岗、定编、定员以及岗位的补充与招募考核工作；（5）负责员工的试用、转正、任免、升降、奖惩、离职、调动等手续办理与管理工作；（6）制定公司薪资福利制度，完善公司劳动保险制度；（7）根据公司发展及企业管理需要，制定、补充、完善公司的各项规章制度，建立公司人事档案管理制度；（8）负责员工考勤及请销假的管理工作，统计员工加班、出勤情况，每月将员工奖惩、考勤信息汇总报批后转财务核发工资；（9）对公司的人事政策进行分析、评估，并提出改进意见；（10）建立公司员工教育培训体系，考核评估员工工作绩效；（11）监督指导各直营办事处、专卖店人事管理工作。

4）财务部

直接上级：管理中心。

部门本职：财务分析，数据统计，会计核算，资金管理。

部门性质：垂直管理机构，按责权范围开展工作，数据建立与资源控制部门。

部门职责：（1）在董事会及总经理的领导下，参与企业经济管理活动，依照国家相关法律，负责制定、完善公司的各项财务管理制度；（2）如实反映企业经营与财务状况，合理使用会计科目，严格履行会计核算程序与会计监督职能；（3）负责编制公司年度收支预算、资金使用计划、成本控制计划、利税计划，制定科学规范的会计核算方法，规范工作流程；（4）按时编制财务报表，参与公司经营决策，提供财务信息，为公司决策提供合理的预算方案；（5）负责公司资产核算与管理，监督管理公司各部门日常经营活动中各个环节的财务控制项目；（6）严格执行公司财务报销制度，审核原始单据、凭证，及时登记分类明细账目，严格履行财务保密制度，妥善保管财务档案；（7）办理公司纳税申报及企业财产保险事宜，根据规定按时向主管政府机关、税务机关、银行提供相关财务资料；（8）监督指导公司相关部门、岗位，进行数据呈报以及业务盘存工作。

5）生产部

直接上级：制造中心。

部门本职：保证生产流程顺畅，负责物料管理以及人员管控。

部门性质：垂直管理机构，按责权范围开展工作，生产流程的管理与控制部门。

部门职责：（1）根据营销部信息反馈及业务部订单计划要求，编制年、季、月及周生产计划与排程；（2）根据市场综合因素需要，及时调整人力结构，确保生产进度的落实；（3）制定所属各部门管理规章制度、岗位操作流程以及岗位作业指导书等；

(4) 负责生产机台、设备（设施）的维修、保养，建立设备维修保养档案；(5) 对生产各工序的异常情况进行分析、处理，确保生产秩序的顺畅运行；(6) 负责本部门劳动纪律、工艺纪律的检查、监督，以及员工的安全教育、技术培训和考核奖惩工作；(7) 负责各车间的规范管理和相关业务技术的指导工作；(8) 负责生产现场7S的整顿工作，保持工作环境清洁卫生；(9) 根据物料使用配额计划，合理控制生产成本。

6）品质部

直接上级：制造中心。

部门本职：品质检验标准的制定与实施，生产流程管控。

部门性质：垂直管理机构，按责权范围开展工作，品保体系的建立与执行部门。

部门职责：(1) 全面负责公司质量保证体系的建立、健全与推行工作；(2) 组织贯彻执行公司的品质方针、目标，不断完善公司质保体系，做好质保体系运行中的监督与控制，保证产品质量的稳定与提高；(3) 负责原辅材料、半成品、成品的检验与控制以及品质不良的判定与处理；(4) 根据不同工序的品质检验标准，监督控制生产工艺流程；(5) 负责材料商、分包商以及外协厂的评估与检验以及不合格品的判定与处理；(6) 制定外协品质控制标准，完善公司标准化体系，规范运作程序；(7) 根据公司客诉处理规定，接受消费者对产品品质的投诉，提供品质检验检测标准以及品质证书等；(8) 建立质量信息反馈系统，分析、处理生产过程中的质量信息，协助相关部门完善技术改进工作；(9) 负责品质文件的控制与管理。

7）开发部

直接上级：制造中心。

部门本职：新产品设计与开发，工艺技术转移。

部门性质：垂直管理机构，产品研发与技术推广部门。

部门职责：(1) 根据市场信息反馈及品牌产品风格定位，负责公司年度新产品计划的制订与执行；(2) 依据年度开发计划，制定周、月、季新产品开发进度，确保新产品开发总量以及时效性能够满足市场需求，新产品开发以高、中、低端产品和不同系列、功能组合为重点；(3) 负责新产品的成本核算与产能评估以及原材料的确认；(4) 负责新产品工艺标准的制定与技术转移以及大批量生产过程中的技术辅导与监督；(5) 协助解决生产过程中出现的技术问题，提出品质改进意见；(6) 负责新材料、新技术、新产品的技术检测跟踪与分析；(7) 负责原辅料使用标准的确认以及生产作业规范的监督检查；(8) 负责开发技术资料、档案的管理与保密。

8）采购部

直接上级：制造中心。

部门本职：物料采购，价格、品质控制。

部门性质：垂直管理机构，按责权范围开展工作，生产服务部门。

部门职责：(1) 根据生产订单总量评估物料需求计划，编制物料采购计划；(2) 寻找物料供应来源，开发供应商，考察、评估供应商综合实力；(3) 签订物料采购供应合同，控制物料价格与品质；(4) 建立供应商档案资料，优化组合，确保物料的价格、交期、品质、数量能够满足生产的需要；（5）协调仓储部门，预防呆料、废料的产生；（6）执行公司财务制度，按职权责任范围执行采购计划与资金使用计划。

9）业务部

直接上级：制造中心。

部门本职：接单业务与客户维护。

部门性质：垂直管理机构，按责权范围开展工作，业务职能部门。

部门职责：（1）根据公司整体品牌战略规划，制定品牌国外市场拓展策略；（2）负责OEM订单客户的接洽与跟踪服务；（3）对意向客户进行综合信用评估与考察；（4）根据客户订单要求，制定品质检验标准并跟踪检查监督；（5）根据客户的交期要求，制定生产跟单流程，保证按期出货；（6）建立客户档案资料，负责国外市场以及OEM客户的售后服务与维护。

10）商品部

直接上级：营销中心。

部门本职：销售分析，产品规划与管理，物流控制。

部门性质：垂直管理机构，按责权范围开展工作，商品管控与物流管理部门。

部门职责：（1）全面负责公司产品结构规划、下单作业、物流配送、货款跟催以及销售信息反馈等工作，实现产品到商品的转化作业；（2）根据市场网络结构状况以及品牌推广计划，制订年度产品规划方案，满足市场销售需求；（3）根据市场销售状况，协调产能平衡，组织生产订单并负责生产订单交期的跟踪与落实；（4）依据品牌市场运营战略，制定产品销售政策与价格管理体系，检查监督市场运营状况；（5）制定货款管理制度，依据客户信用等级确定客户授信额度，确保货款安全与回笼到位；（6）制定仓储管理制度与作业流程，确保物流配送作业安全快捷；（7）负责外购产品的跟单作业与品质监控；（8）负责销售账目管理与信息反馈，定期呈报销售进、销、存报表；（9）负责市场销售的售后服务与客诉处理；（10）负责产品的陈列规范与功能宣导；（11）负责产品的调配作业与库存消化；（12）负责新产品的研发评估与样品确认；（13）负责销售档案的建立与管理。

11）营销企划部

直接上级：营销中心。

部门本职：品牌战略的制定与推行。

部门性质：垂直管理机构，按责权范围开展工作，品牌形象管理部门。

部门职责：（1）向公司决策层提供宏观政策信息，分析市场经营环境，制定企业品牌发展战略；（2）组织编制品牌年度营销计划和品牌中长期发展目标；（3）参与市场调研，编制市场预测方案；（4）根据品牌发展目标，制订年度市场促销计划、媒介宣传计划以及平面推广计划；（5）负责公司视觉识别系统设计以及终端3D空间的设计与推广；（6）负责卖场建设以及道具的配发作业与管理；（7）负责市场公关、促销活动的策划、组织与执行；（8）负责广告合同的签订与管理。

12）专卖发展部

直接上级：营销中心。

部门本职：市场的拓展、管理与维护。

部门性质：垂直管理机构，按责权范围开展工作，市场运营管理部门。

部门职责：（1）根据公司品牌经营战略，负责品牌市场拓展计划与市场管理政策的制定与执行，规范市场经营秩序；（2）收集、整理同业信息，分析竞争品牌经营策略，管理公司品牌渠道资源，维护品牌形象统一；（3）宣导品牌市场管理政策，监督市场价格管理体系；（4）分析区域市场结构，拓展品牌销售网络，评估渠道成员状况；（5）负责渠道成员的管理、培训、督导与考核；（6）规范区域经营范围，监督区域销售行为，反馈市场信息，处理市场突发事件；（7）与目标消费群体沟通，提供市场改进建议，参与区域促销及公关活动。

13）专卖管理部

直接上级：营销中心。

部门本职：专卖店的建立与管理。

部门性质：垂直管理机构，按责权范围开展工作，终端的管理与维护部门。

部门职责：（1）负责直营办事处以及终端专卖系统的经营管理与日常维护；（2）制定终端专卖管理手册，指导终端运营管理；（3）培训终端导购行为，提升终端业务素质；（4）统一终端店铺形象，宣导终端陈列技巧；（5）策划终端店头活动，提升终端销售业绩；（6）宣导品牌经营理念、政策，拉近目标消费群体距离。

14）稽核部

直接上级：总经办。

部门本职：违规违纪稽查。

部门性质：协调管理机构，授权开展工作，监督审查部门。

部门职责：（1）在总经理指导下开展工作，负责企业经营管理过程中出现的违规违纪行为的稽核查处工作；（2）依据公司财务管理制度，检查财务运营管理过程中出现的贪污舞弊行为；（3）检查市场运营管理过程中出现的违规违纪行为；（4）检查生产业务开展过程中出现的违规违纪行为；（5）检查物料采购过程中出现的违规违纪行为；（6）根据公司管理制度，检查高层管理人员在日常管理过程中出现的违规违纪行为；（7）稽查范围主要涵盖财务纪律稽核、市场运营稽核、业务流程稽核、管理作风稽核以及劳动纪律稽核。

15）设备管理部

直接上级：管理中心。

部门本职：设备评估、管理与维护。

部门性质：垂直管理机构，按责权范围开展工作，设备管理与维护部门。

部门职责：（1）负责公司设备技术状况的综合评估，制订设备添置与使用维修保养计划；（2）负责设备的日常运行管理与使用培训，确保机台设备安全正常运行；（3）负责新设备的技术引进与安装调试以及日常运行过程中的检修与维护；（4）负责生产设备的技术改造与技术攻关；（5）负责设备档案的建立与管理。

8.1.3 工作说明书

1）副总经理（见表8-1）

表8-1 副总经理工作说明书

职位名称	副总经理	所属部门		直属上级	总经理	职务等级	
岗位代理	总经理	晋升方向	总经理	轮转岗位		薪资标准	

职位概要：
协助总经理制定并实施企业战略、经营计划等政策方略，实现公司的经营管理目标及发展目标

工作职责：
（1）协助总经理制订公司发展战略规划、经营管理计划、市场运营计划
（2）在总经理领导下，按照组织分工负责分管系统工作，将分管系统管理制度化、规范化
（3）制定公司组织结构和管理体系以及相关的业务管理规范和制度
（4）组织、监督公司各项规划和计划的实施
（5）开展企业形象宣传活动
（6）按时提交公司发展现状报告、发展计划报告
（7）指导公司人力资源运作以及整体团队建设
（8）协助总经理对公司运作与各职能部门进行管理，协助监督各项管理制度的制定及推行
（9）协助总经理推进公司企业文化的建设工作
（10）完成总经理临时下达的任务

任职资格：
教育背景：工商管理、行政管理、市场营销等相关专业本科及以上学历
培训经历：接受过领导能力开发、战略管理、组织变革管理、人力资源管理、经济法等方面的培训
工作经验：8年以上工作经验，5年以上企业全面管理工作经验
技能技巧：
（1）熟悉企业业务和流程，在团队管理方面有极强的领导技巧和才能
（2）熟悉企业全面运作，具有先进的管理理念以及很强的战略制定与实施能力，有广泛的客户与社会资源
（3）中英文基础知识扎实、表达能力强
（4）熟练使用办公软件
素质修养：
（1）敏锐的市场洞察力，优秀的项目组织能力和市场开拓能力
（2）杰出的策划组织能力、人事管理和沟通能力、商务谈判能力
（3）良好的敬业精神和职业道德操守，有很强的感召力和凝聚力，责任心、事业心强

工作权限：
（1）分管工作系统的管理、监督、考核权
（2）公司目标、规划的建议权
（3）职权范围内的人事任免与奖惩决策权

在职教育：
企业沿革、企业文化、企业制度、工作流程

工作条件：
工作场所：办公室　　环境状况：舒适　　危险性：基本无危险，无职业病危险

2）总经理助理（见表8-2）

表8-2 总经理助理工作说明书

职位名称	总经理助理	所属部门	总经办	直属上级	总经理	职务等级	
岗位代理	副总、总经理	晋升方向	副总	轮转岗位	部门经理	薪资标准	

职位概要：

协助总经理制定、贯彻、落实各项经营发展战略、计划，协调部门工作，实现企业经营管理目标

工作职责：

(1) 协助总经理制订企业战略计划、年度经营计划及分解各阶段工作目标

(2) 起草公司各阶段工作总结和其他正式文件

(3) 协助总经理对公司各职能部门进行管理，协调内部关系，召集相关会议

(4) 配合总经理处理外部公共关系（政府、重要客户等）

(5) 跟踪公司经营目标实现情况，提供分析意见及改进建议

(6) 在公司经营计划、市场策略、内部管理以及资本运作等方面向总经理提供相关解决方案

(7) 撰写和跟进落实公司总经理会议、专题研讨会议等公司会议纪要

(8) 协助总经理制订企业文化、战略发展规划，配合管理中心开展企业文化工作

(9) 完成总经理临时交办的任务

任职资格：

教育背景：公共关系、行政管理、工商管理等相关专业本科及以上学历

培训经历：接受过战略管理、组织变革管理、项目管理、管理能力开发等方面的培训

工作经验：5年以上相关行业行政管理工作经验，3年以上相关职位工作经验

技能技巧：

(1) 知识面宽，知识结构较全面，具有丰富的行业经验及管理经验

(2) 具有较高的综合素质，能够迅速掌握与公司业务有关的各种知识

(3) 具有良好的中英文阅读和写作能力

(4) 熟练使用办公软件

素质修养：

(1) 有较强的组织、协调、沟通、领导能力及出色的人际交往和社会活动能力以及敏锐的洞察力

(2) 有很强的判断与决策能力、计划和执行能力

(3) 有良好的团队协作精神，为人诚实可靠，品行端正，有亲和力，有较强的独立工作能力和公关能力

工作权限：

(1) 日常工作的监督、检查权

(2) 企业战略、方针、目标制定建议权

(3) 总经理授予的其他权力

在职教育：

企业战略、企业沿革、企业文化、企业制度、工作流程

工作条件：

工作场所：办公室　　环境状况：舒适　　危险性：基本无危险，无职业病危险

3）行政经理（见表8-3）

表8-3　**行政经理工作说明书**

职位名称	行政经理	所属部门	行政部	直属上级	管理中心副总	职务等级	
岗位代理	管理中心副总、总助	晋升方向	总监、副总	轮转岗位	总助、人力资源	薪资标准	

职位概要：
规划、指导、监督、协调、执行公司行政后勤服务支持工作，组织管理下属人员完成本职工作

工作职责：
（1）组织制订行政部工作发展规划以及日常管理计划与行政管理预算方案
（2）组织制定行政管理规章制度及督促、检查制度的贯彻执行
（3）组织、协调公司员工活动及各类会议，办理公司所需各项证照
（4）起草及归档公司相关文件，处理外联事务
（5）收集、整理公司内部信息，组织编写公司大事记
（6）管理公司重要资质证件
（7）组织来客接待，安排后勤保障服务
（8）主持部门管理工作，维护公司行政纪律
（9）协调公司内部行政事务，对行政费用支出及管理成本控制提出建议

任职资格：
教育背景：秘书、中文、公共关系、行政管理等相关专业专科及以上学历
培训经历：接受过管理学、战略管理、管理技能开发、公共关系、财务知识等方面的培训
工作经验：5年以上行政管理工作经验
技能技巧：
（1）具有优秀的中文写作、口语表达能力
（2）具有优秀的外联与公关能力，以及处理突发事件的能力
（3）具有较强的分析、解决问题能力，思路清晰，考虑问题细致
（4）熟练使用办公软件、办公自动化设备
素质修养：
（1）做事客观、严谨负责、踏实、敬业
（2）具有很强的人际沟通、协调、组织能力以及高度的团队精神，责任心强

工作权限：
（1）行政监督检查及责权内的行政处罚权
（2）责权内的行政事务决策权
（3）部门管理控制权

在职教育：
企业战略、企业沿革、企业文化、企业制度、工作流程、公司礼仪、管理艺术

工作条件：
工作场所：办公室　　环境状况：舒适　　危险性：基本无危险，无职业病危险

4）人力资源部经理（见表8-4）

表8-4 **人力资源部经理工作说明书**

职位名称	人力资源部经理	所属部门	人力资源部	直属上级	管理中心副总	职务等级	
岗位代理	管理中心副总、人力资源总监	晋升方向	人力资源总监、副总	轮转岗位	行政、总助	薪资标准	

职位概要：
组织制定、实施公司人力资源战略、构成体系，最大限度地开发人力资源，为公司实施经营发展战略提供人力保障

工作职责：
(1) 参与制订人力资源战略规划，为重大人事决策提供建议和信息支持
(2) 组织、制定、执行、监督公司人事管理制度
(3) 制定岗位职务说明书，并根据公司职位调整需要进行相应的变更，保证职务说明书与实际相符
(4) 根据部门人力需求状况，提出内部人员调配方案，经审批后实施，促进人力资源的优化配置
(5) 制订招聘计划、招聘程序，进行初步的面试与筛选
(6) 建立与员工之间的沟通平台，做好各部门、各岗位员工的协调工作
(7) 制定并完善公司绩效管理体系，组织实施绩效管理，制定评价政策，监督控制各部门绩效评价过程
(8) 制定薪酬政策和晋升政策，组织提薪评审和晋升评审，制定公司福利政策，办理社会保障福利
(9) 组织员工岗前、岗中培训，协助办理培训进修手续
(10) 建立各职系人员发展体系，完善人力资源档案管理工作
(11) 完成管理中心副总或人力资源总监交办的其他工作

任职资格：
教育背景：人力资源管理、工商管理或相关专业大学本科及以上学历
培训经历：接受过现代人力资源管理技术、劳动法规、财务会计知识和管理能力开发等方面的培训
工作经验：5年以上人力资源管理相关工作经验

技能技巧：
(1) 对现代企业人力资源管理模式有系统的了解，实践经验丰富，对人力资源战略规划、人才的开发与使用、薪酬设计、绩效考核、岗位培训、福利待遇、公司制度建设与人员调配、员工职业生涯设计等具有丰富的实践经验
(2) 对人力资源管理事务性的工作有娴熟的处理技巧，熟悉人事工作流程
(3) 熟悉国家、地区及企业关于合同管理、薪资制度、用人机制、保险福利待遇和培训的方针
(4) 熟练使用办公软件及相关的人事管理软件
素质修养：
(1) 对人及组织的变化敏感，具有很强的沟通、协调和推进能力
(2) 具有高度的敬业精神及高涨的工作激情，能接受高强度的工作，工作态度积极乐观
(3) 善于与各类性格的人交往，待人公平

工作权限：
(1) 职权范围内的人才使用建议与决策权
(2) 监督考核权
(3) 职权范围内员工薪资、福利、奖惩、晋升、调整以及资遣的呈报与决策权

在职教育：
企业战略、企业沿革、企业文化、企业制度、工作流程、公司礼仪、管理艺术、人事政策

工作条件：
工作场所：办公室　　环境状况：舒适　　危险性：基本无危险，无职业病危险

5）财务部经理（见表8-5）

表8-5 财务部经理工作说明书

职位名称	财务部经理	所属部门	财务部	直属上级	管理中心副总	职务等级	
岗位代理	财务总监	晋升方向	财务总监	轮转岗位	审计、稽核	薪资标准	

职位概要：
主持财务预决算、财务核算、会计监督和财务管理工作；组织、协调、指导、监督财务部日常管理工作，监督执行财务计划，实现公司财务目标

工作职责：
(1) 主持公司财务战略规划，根据公司中、长期经营计划，组织编制公司年度综合财务计划和控制标准
(2) 建立、健全财务管理体系，对财务部门的日常管理，年度预、决算以及资金运作等进行总体控制
(3) 主持财务报表编制工作，为公司决策提供及时有效的财务分析，监督检查财务制度执行情况
(4) 协调银行、市场监督管理部门、税务部门关系，对公司税收进行整体筹划与管理，按时完成税务申报
(5) 监控和预测现金流量，确定和监控公司负债和资本的合理结构，统筹管理公司资金并对其进行有效的风险控制
(6) 建立和完善财务核算体系和财务监控体系，有效控制内部管理成本
(7) 主持对重大投资项目和经营活动的风险评估、指导、跟踪和财务风险控制，并对公司投资活动所需要的资金筹措方式进行成本计算
(8) 筹集公司运营所需资金，保证公司战略发展的资金需求，审核公司重大资金流向
(9) 审核财务报表，提交财务管理工作报告，参与公司重要事项的分析和决策，为企业的生产经营、业务发展及对外投资事项提供财务信息分析和决策依据
(10) 向上级主管汇报公司经营状况、经营成果、财务收支计划，为公司高级管理人员提供财务分析报告，提出合理建议

任职资格：
教育背景：会计、财务管理或相关专业本科及以上学历，会计师职称
培训经历：接受过管理学、战略管理、管理能力开发、企业运营流程、财务管理等方面的培训
工作经验：5年以上大型企业集团财务管理工作经验，有跨行业财务工作经历者优先考虑
技能技巧：
(1) 具有全面的财务专业知识、账务处理及财务管理经验
(2) 精通国家财税法律规范，具备优秀的职业判断能力和丰富的财会项目分析处理经验
(3) 谙熟国内会计准则以及相关的财务、税务、审计法规、政策
素质修养：
(1) 为人正直、责任心强、作风严谨、工作仔细认真
(2) 有较强的沟通协调能力
(3) 有良好的纪律性、团队合作以及开拓创新精神

工作权限：
(1) 企业运营管理与资产管理的监督控制权
(2) 资金使用调配权与费用支出的审核权
(3) 经营决策建议权

在职教育：
企业战略、企业沿革、企业文化、企业制度、财务制度与财务流程

工作条件：
工作场所：办公室　　环境状况：舒适　　危险性：基本无危险，无职业病危险

6）稽核部经理（见表8-6）

表8-6 稽核部经理工作说明书

职位名称	稽核部经理	所属部门	稽核部	直属上级	总经理	职务等级	
岗位代理	财务总监	晋升方向	财务总监	轮转岗位	财务、审计	薪资标准	

职位概要：

查处违规、违纪、贪污行为，维护公司运营秩序

工作职责：

（1）协助董事会、总经理监督、稽核企业运营管理秩序

（2）主持制订年度稽核计划、方案

（3）评估稽核成果，完善稽核措施

（4）监督企业运营管理秩序，提出改善建议

（5）建立稽核监督管理体系，完善稽核制度，预防贪污腐败行为

（6）培训稽核人员专业技能，提升稽核水平

（7）审核、呈报稽核结果，提出处罚建议

（8）建立稽核档案，规范稽核管理

（9）完成董事会、总经理交办的其他事项

任职资格：

教育背景：财务管理、审计或相关专业本科及以上学历，审计师职称

培训经历：接受过管理学、战略管理、管理能力开发、企业运营流程、财务管理等方面的培训

工作经验：5年以上大型企业集团审计管理工作经验，有跨行业审计工作经历者优先考虑

技能技巧：

（1）具有全面的审计专业知识、账务处理及财务管理经验

（2）精通国家财税法律规范，具备优秀的职业判断能力和丰富的审计项目分析处理经验

（3）谙熟国内审计法规、政策

素质修养：

（1）为人正直、责任心强、作风严谨、工作仔细认真

（2）有较强的沟通协调能力

（3）有良好的纪律性、团队合作以及开拓创新精神

工作权限：

（1）企业资产与运营管理秩序的监督审核权

（2）违规、违纪行为的审核查处与处罚建议权

（3）经营决策建议权

在职教育：

企业战略、企业沿革、企业文化、企业制度、财务制度、市场政策

工作条件：

工作场所：办公室　　环境状况：舒适　　危险性：基本无危险，无职业病危险

7）生产部经理（见表8-7）

表8-7 **生产部经理工作说明书**

职位名称	生产部经理	所属部门	生产部	直属上级	制造中心副总	职务等级	
岗位代理	制造中心副总	晋升方向	制造总监、副总	轮转岗位	品质、技术	薪资标准	

职位概要：

管理生产流程中的各种活动和资源，以达到公司对成本控制、产品数量以及质量等方面的要求

工作职责：

(1) 根据生产工艺流程和技术要求，确定所需人员的资格条件、工作程序，分配工作任务
(2) 参与制定公司发展战略与年度经营计划，主持制订年度生产计划
(3) 组织落实、监督、调控生产过程各项工艺、质量、设备、成本、产量指标等
(4) 建立和完善生产管理制度，制订生产成本控制计划
(5) 监督、检查生产过程中的品质状态，促进各部门的沟通与配合，及时解决生产过程中出现的问题
(6) 组织新技术、新工艺、新设备的应用推广，按工作程序做好与开发、营销、财务部门的横向联系
(7) 协调相关部门落实基础设备维护，保证生产现场正常生产，设备处于良好状态
(8) 指导、监督、检查所属下级的各项工作，掌握工作情况和有关数据，审批部门费用支出
(9) 综合年度生产任务，下达月度生产计划，做到均衡生产
(10) 与研发部门密切合作开发新产品，革新技术和工艺流程以及改进产品品质
(11) 主持部门员工的任用、培训和考核工作

任职资格：

教育背景：生产管理、现场管理或相关专业专科及以上学历
培训经历：受过生产作业管理、管理学、管理技能开发、项目管理、产品知识等方面的培训
工作经验：5年以上生产作业管理工作经验
技能技巧：
(1) 熟悉公司生产工艺工序流程、工艺技术标准
(2) 熟练掌握公司产品生产工艺知识
(3) 系统掌握管理知识、技能，熟练操作办公软件
(4) 具备较强的口头及书面沟通能力和商务洽谈能力
素质修养：
(1) 积极主动，灵活应变，认真负责
(2) 具有较强的管理能力和影响力
(3) 能吃苦耐劳，沟通协调能力强，具有团队精神

工作权限：

(1) 部门工作的监督考核权及责权范围内的奖惩建议权
(2) 生产秩序及生产突发事件的处理决策权
(3) 责权范围内的岗位人事调配权

在职教育：

企业战略、企业沿革、企业文化、企业制度、工作流程、管理艺术、生产流程

工作条件：

工作场所：办公室以及生产场所　　环境状况：基本舒适　　危险性：基本无危险，无职业病危险

8）品质部经理（见表8-8）

表8-8 品质部经理工作说明书

职位名称	品质部经理	所属部门	品质部	直属上级	制造中心副总	职务等级	
岗位代理	制造中心副总	晋升方向	制造总监、副总	轮转岗位	生产、技术	薪资标准	

职位概要：

建立品保体系，制订并实施产品质量控制方案，实现产品品质目标

工作职责：

（1）主持制定公司产品品保体系，执行ISO 9000国际质量体系认证标准

（2）运用品质管理技术，监控生产流程工艺状态，对生产流程各环节的工艺参数的变化及现场不良产品进行监控与认定

（3）根据公司整体质量状况、组织控制方案，制定品质控制流程和产品检验标准

（4）定期评估生产工艺技术标准，改进工艺流程，控制产品不良率

（5）收集产品质量信息，处理客户意见反馈，提升产品品质

（6）总结产品质量问题并推动相关部门及时解决

（7）主持来料检验及出货评审工作

（8）定期培训品管人员，提升团队专业素质与业务技能

（9）主持部门品质例会，完成上级委派的其他任务

任职资格：

教育背景：质量管理、生产管理或相关专业大专及以上学历

培训经历：接受过生产管理、品质管理、产品知识等方面的培训

工作经验：3年以上的质量管理工作经验

技能技巧：

（1）熟悉公司的工艺流程与工艺控制标准，具备亲自动手操作的能力

（2）熟练掌握公司产品生产工艺知识

（3）熟悉国际质量体系专业知识

（4）具有迅速排解生产工艺问题的能力

素质修养：

（1）具有较强的学习、分析、理解、沟通和协调能力

（2）工作态度认真，积极负责，具有较强的创新意识

工作权限：

（1）产品品质工艺标准的监督检查控制权

（2）不良物料、产品的判定处理权

（3）工艺标准与技术的改进建议权

在职教育：

企业战略、企业沿革、企业文化、企业制度、品质技术、管理艺术、工艺标准

工作条件：

工作场所：办公室及生产场所　　环境状况：舒适　　危险性：基本无危险，无职业病危险

9）开发部经理（见表8-9）

表8-9　**开发部经理工作说明书**

职位名称	开发部经理	所属部门	开发部	直属上级	制造中心副总	职务等级	
岗位代理	制造中心副总	晋升方向	技术总监	轮转岗位	生产、品质	薪资标准	

职位概要：

主持新产品的研究开发，实现公司的产品开发目标

工作职责：

（1）领导本部门实施产品开发、研制工作，制订开发计划

（2）收集、分析产品市场信息，分解开发任务，组织开发评审

（3）管理产品工艺技术，监督生产现场技术执行情况，审核工艺标准书

（4）制定新产品开发预算，控制产品开发成本

（5）配合营销部门确定产品开发方向，提供产品开发概念

（6）按照开发计划向生产部门提供新产品，主持产品技术转化

（7）主持新产品成本分析，向相关部门提供开发数据，协助建立新产品价格体系

（8）督导相关部门完成新产品的检验检测，并根据市场反馈信息进行设计修改

（9）指导部门工作，完善技术档案管理

任职资格：

教育背景：设计相关专业大专及以上学历

培训经历：接受过项目管理、管理技能开发、市场营销等方面的培训

工作经验：

（1）团队领导能力

（2）5年以上产品研发经验，具有独立承担并完成研发项目经验者优先

技能技巧：

（1）有多年的相关专业领域的开发工作经历，了解国内外新产品发展趋势

（2）优秀的信息分析能力，敏锐的市场眼光

素质修养：

（1）有出色的协调能力和组织能力

（2）有较强的团队合作与沟通能力

工作权限：

（1）新产品设计建议权

（2）开发费用控制权

在职教育：

企业战略、企业沿革、企业文化、企业制度、管理艺术、产品与营销、产品与设计

工作条件：

工作场所：办公室及生产现场　　环境状况：基本舒适　　危险性：基本无危险，无职业病危险

10）采购部经理（表8-10）

表8-10 采购部经理工作说明书

职位名称	采购部经理	所属部门	采购部	直属上级	制造中心副总	职务等级	
岗位代理	制造中心副总	晋升方向	制造总监	轮转岗位	生产、品质	薪资标准	

职位概要：
制订、组织、协调公司或所属部门的采购计划，实现公司所期望的货物种类、库存和利润目标

工作职责：
（1）调查、分析和评估市场行情，依据物料需要计划确定采购时机
（2）拟订采购战略，分解、执行采购计划
（3）收集物料信息，主持供应商的开发、评估、确认工作
（4）管理部门员工，规范采购工作流程，确保物料采购能够满足生产需要
（5）建立供应商档案，负责供应商品质体系状况的评估、认证工作
（6）制定物料采购标准，指导采购人员的比价、议价谈判工作
（7）审核采购物料的数量、价格、品质、交期，协调相关部门缩短物流环节，减少物料库存风险
（8）跟踪掌握原辅物料市场价格、品质信息，提升产品品质，降低采购成本
（9）主持部门日常管理与员工培训工作
（10）建立采购档案，审核采购单据

任职资格：
教育背景：经济、管理类相关专业专科及以上学历
培训经历：接受过物流管理、生产管理、谈判、管理技能开发等方面的培训
工作经验：5年以上物资采购工作经验
技能技巧：
（1）熟悉物资采购招投标程序
（2）具有丰富的流程管理技能，熟悉物流管理业务流程
（3）熟练使用电算化管理及办公软件
素质修养：
（1）积极进取，责任心强，具有很强的自我约束力以及独立工作和承受压力的能力
（2）人际沟通、交往能力强
（3）高度的工作热情，良好的团队合作精神

工作权限：
（1）物料采购实施权
（2）供应商评估确认权
（3）职权范围内的资金使用权

在职教育：
企业战略、企业沿革、企业文化、企业制度、财务制度、物流管理、新材料新技术

工作条件：
工作场所：办公室，经常出差　环境状况：基本舒适　危险性：基本无危险，无职业病危险

11）业务部经理（见表8-11）

表8-11 业务部经理工作说明书

职位名称	业务部经理	所属部门	业务部	直属上级	营销中心副总	职务等级	
岗位代理	营销中心副总	晋升方向	销售总监	轮转岗位	商品	薪资标准	

职位概要：

国外市场业务开拓，OEM订单业务处理

工作职责：

（1）根据企业经营战略，分析、评估国外市场状况，制订品牌国外市场经营战略规划

（2）主持编制年度业务拓展计划、目标、方案

（3）分解业务目标，落实工作进度，确保年度目标的实现

（4）组织、指导、参与国际大型商贸活动，开发客户资源

（5）建立业务工作流程，培训下属业务技能

（6）指导建立客户档案管理体系，保护企业商业机密

（7）审核订单业务，跟踪生产品质与出货交期、数量

（8）评估客户信用、信誉，确保应收账款安全

（9）处理客户投诉，反馈国际贸易信息

任职资格：

教育背景：国际贸易、商务英语或相关专业本科及以上学历

培训经历：接受过物流管理、生产管理、经济法、合同法、谈判、管理技能开发等方面的培训

工作经验：3年以上外贸业务工作经验

技能技巧：

（1）熟悉国际贸易规则

（2）具有丰富的业务管理技能，熟悉外贸业务流程

（3）熟练使用办公软件

（4）具有良好的英语听、说、读、写能力

素质修养：

（1）积极进取，责任心强，具有很强的自我约束力，以及独立工作和承受压力的能力

（2）人际沟通、交往能力强

（3）高度的工作热情，良好的团队合作精神

工作权限：

（1）订单生产的品质、交期的监督权

（2）业务规划建议权

（3）责权范围内的业务洽谈、合同确认权

（4）责权范围内的业务决策权

在职教育：

企业战略、企业沿革、企业文化、企业制度、财务制度、物流管理、外贸业务

工作条件：

工作场所：办公室，经常出差　　环境状况：基本舒适　　危险性：基本无危险，无职业病危险

12）商品部经理（见表8-12）

表8-12 商品部经理工作说明书

职位名称	商品部经理	所属部门	商品部	直属上级	营销中心副总	职务等级	
岗位代理	营销中心副总	晋升方向	销售总监	轮转岗位	业务	薪资标准	

职位概要：

制订、推进公司销售战略与方案，管理销售运作程序，带领销售队伍完成公司销售计划与目标

工作职责：

（1）根据公司市场发展战略规划，制定商品销售战略与计划，量化销售目标

（2）制定年度销售费用预算，分解销售任务，落实责任，确定费用评价办法

（3）制定、调整销售运营政策，建立销售额、市场覆盖率、市场占有率等各项评价指标

（4）主持制订年度产品规划方案，提供产品开发总量、结构、价位组合、功能区隔等信息资源

（5）审核客户订单、合同，落实下单计划，跟踪生产交期

（6）指导、监控产品物流配送作业，汇总市场需求计划，协助进行市场调配工作

（7）指导销售账款管理，提供商务报表，负责销售业绩的统计、查询、管理

（8）处理客户投诉，负责产品售后服务工作

（9）反馈市场销售信息，提交经营改善方案

（10）负责内部收支、往来账目核对与账目处理

任职资格：

教育背景：市场营销或相关专业专科及以上学历

培训经历：接受过市场营销、产品知识、经济贸易、公共关系、管理技能开发等方面的培训

工作经验：5年以上企业销售管理工作经验

技能技巧：

（1）对市场营销工作有深刻认知

（2）有良好的市场判断能力，有极强的组织管理能力

（3）熟练操作办公软件

素质修养：

（1）正直、坦诚、成熟、豁达、自信

（2）高度的工作热情，良好的团队合作精神

（3）较强的观察力和应变能力

工作权限：

（1）商品研发建议权

（2）销售政策执行监督权

（3）商品销售管理权

（4）责权范围内的商品采购与货款授信决策权

在职教育：

企业战略、企业沿革、企业文化、企业制度、财务制度、物流管理、品牌战略

工作条件：

工作场所：办公室　　环境状况：基本舒适　　危险性：基本无危险，无职业病危险

13）营销企划部经理（见表8-13）

表8-13 营销企划部经理工作说明书

职位名称	营销企划部经理	所属部门	企划部	直属上级	营销中心副总	职务等级	
岗位代理	营销中心副总	晋升方向	企划总监	轮转岗位	专卖发展	薪资标准	

职位概要：

组织制定品牌经营战略、规划，开展广告宣传，建立品牌形象

工作职责：

（1）协助营销中心副总制定品牌经营管理战略与市场推广战略

（2）分析品牌资源，确立品牌定位，主持制订年度品牌推广计划以及广告促销计划

（3）主持制定产品不同时期的广告策略，独立完成广告策划案、品牌推广方案

（4）编写品牌方案设计报告，指导制作各种宣传材料、产品手册以及平面推广与销售支持材料等

（5）主持制定和执行市场公关与媒体宣传活动，传播企业品牌文化

（6）指导执行竞争品牌市场经营信息的收集、整理以及行业推广费用的分析工作

（7）建立和维护公共关系数据库以及公关文档，审核年、季、月度广告费用计划

（8）承担市场开拓及促销、联盟、展会、现场会等方面的策划支持与组织落实工作

（9）维护和管理卖场形象及卖场道具

任职资格：

教育背景：市场营销、广告学、传播学或相关专业本科及以上学历

培训经历：接受过市场营销、宏观经济分析、广告策划、公共关系与产品知识方面的培训

工作经验：3年以上相关职位从业经验

技能技巧：

（1）熟悉公司产品及相关产品的市场行情

（2）能够独立组织市场规划、市场销售策略、市场拓展方案等的制订工作

（3）有大型项目的市场拓展和销售工作经验及商务谈判经验

（4）熟练操作办公软件与设计软件

素质修养：

（1）具有敏锐的市场眼光

（2）具有良好的独立工作能力和团队合作精神

（3）具有较强的表达、理解与公关能力

（4）积极主动，性格开朗，讲效率，乐于接受挑战

工作权限：

（1）品牌定位与战略规划建议权

（2）活动的策划、组织、执行权

（3）责权范围内的合同签订与费用支付权

在职教育：

企业战略、企业沿革、企业文化、企业制度、财务制度、品牌战略、市场政策

工作条件：

工作场所：办公室　　环境状况：舒适　　危险性：基本无危险，无职业病危险

14）专卖发展部经理（见表8-14）

表8-14 专卖发展部经理工作说明书

职位名称	专卖发展部经理	所属部门	发展部	直属上级	营销中心副总	职务等级	
岗位代理	营销中心副总	晋升方向	市场总监	轮转岗位	专卖管理	薪资标准	

职位概要：

根据公司品牌营销战略，制定、推行市场经营管理策略，完成市场计划，实现市场发展目标

工作内容：

（1）组织市场调查活动，综合评估市场经营信息，反馈客户意见，撰写调查报告，提交市场管理方案

（2）协助营销中心副总制订品牌市场发展战略规划

（3）确立品牌市场定位，主持制订年度市场管理计划

（4）制定部门管理制度以及市场管理政策，对下属人员在市场上的工作状况进行指导与考核

（5）建立市场拓展与管理体系，把握市场动态，维护公司品牌经营战略

（6）组织、执行市场推广与销售，指导渠道管理以及监督销售人员做好应收账款的催收工作

（7）组织、参与市场公关促销活动，配合广告宣传推广业务

（8）为公司客户提供售后服务，与技术部门联络以取得必要的技术支持

（9）定期提交市场分析报告，改善市场管理环境

任职资格：

教育背景：市场营销、工商管理或相关专业本科及以上学历

培训经历：接受过管理技能开发、市场营销、合同法、财务基本知识等方面的培训

工作经验：8年以上市场管理工作经验，3年以上市场经理工作经验

技能技巧：

（1）对市场营销工作有较深刻的认知

（2）有较强的市场感知能力，能敏锐地把握市场动态、市场方向

（3）有密切的媒体合作关系，具备大型活动的现场管理能力

（4）熟练操作办公软件

素质修养：

（1）工作努力，积极进取，有良好的沟通、协调、组织能力

（2）高度的工作热情，良好的团队合作精神

（3）较强的观察力和应变能力

工作权限：

（1）市场规划、定位、政策的建议权

（2）市场管理的执行权

（3）责权范围内处理突发事件的决策权

在职教育：

企业战略、企业沿革、企业文化、企业制度、品牌战略、市场政策

工作条件：

工作场所：办公室　　环境状况：基本舒适　　危险性：基本无危险，无职业病危险

15）专卖管理部经理（见表8-15）

表8-15 专卖管理部经理工作说明书

职位名称	专卖管理部经理	所属部门	专卖管理部	直属上级	营销中心副总	职务等级	
岗位代理	营销中心副总	晋升方向	市场总监	轮转岗位	专卖发展	薪资标准	

职位概要：
拓展终端销售网络，建立终端品牌形象，提升终端业务素质，实现终端销售目标

工作内容：
（1）主持制定终端经营管理战略，制定年度终端经营目标、计划
（2）分析、总结调研信息，指导属下拓展终端网络，平衡终端网络结构
（3）建立终端管理体系，培训终端业务技能，维护终端品牌形象
（4）策划、组织终端活动，提供终端推广资料，安排新品上市宣传，收集、反馈产品销售信息
（5）审核终端费用，控制终端开发、经营成本
（6）组织、指导终端店堂装修、商品布局；保持店面新颖、富于变化
（7）指导终端店铺经营，提供终端消费服务支持
（8）监督、指导下属对所管辖的零售终端进行品牌宣传、入店培训、货品陈列、公关促销等工作
（9）收集反馈终端经营信息，提供终端改进建议

任职资格：
教育背景：市场营销、工商管理或相关专业本科及以上学历
培训经历：接受过市场营销、市场调研、广告策划等方面的培训
工作经验：5年以上终端管理工作经验
技能技巧：
（1）对市场营销与终端管理工作有较深刻的认知
（2）有较强的市场感知能力，能敏锐地把握市场动态、市场方向
（3）具备大型活动的现场管理能力
（4）熟练操作办公软件
素质修养：
（1）工作努力，积极进取，有良好的沟通、协调、组织能力
（2）高度的工作热情，良好的团队合作精神
（3）较强的观察力和应变能力

工作权限：
（1）终端定位、规划的建议权
（2）终端管理的执行权
（3）责权范围内处理突发事件的决策权

工作条件：
工作场所：办公室或出差　环境状况：舒适　危险性：基本无危险，无职业病危险

16）设备管理部经理（见表8-16）

表8-16 设备管理部经理工作说明书

职位名称	设备管理部经理	所属部门	设备管理部	直属上级	管理中心副总	职务等级	
岗位代理	管理中心副总	晋升方向	制造总监	轮转岗位	生产	薪资标准	

职位概要：

管理公司所有生产设备，确保其正常运行

工作内容：

(1) 制定、完善各项设备管理规章制度，建立并贯彻落实各项设备管理规范

(2) 进行设备资产管理和资产评估

(3) 及时、高效地诊断并解决生产设备故障，保证生产的顺利进行

(4) 主持设备的日常维修、保养工作

(5) 培训与指导设备维护技术员

(6) 建立设备管理档案，编写设备文件

(7) 参与设备改造与更新的选型及招投标工作

(8) 定期对生产设备进行巡检

(9) 完成公司领导临时交办的任务

任职资格：

教育背景：机电、自动化、工程管理或相关专业本科及以上学历

培训经历：接受过生产作业管理、生产维护、产品知识等方面的培训

工作经验：3年以上设备管理相关工作经验

技能技巧：

(1) 熟悉公司的工艺、工序、工作原理

(2) 熟练掌握公司设备结构、构造、运行特性

(3) 熟悉国际质量体系专业知识

素质修养：

(1) 认真负责、敬业，学习能力强

(2) 有较强的责任心，能吃苦耐劳

工作权限：

(1) 设备管理维护权

(2) 设备改造、添置建议权

(3) 违规操作处罚建议权

在职教育：

企业文化、企业制度、设备技术、工艺纪律

工作条件：

工作场所：办公室及生产场所　　环境状况：基本舒适　　危险性：基本无危险，无职业病危险

17）车间主任（见表8-17）

表8-17 车间主任工作说明书

职位名称	车间主任	所属部门	生产部	直属上级	生产部经理	职务等级	
岗位代理	生产部经理	晋升方向	生产部经理	轮转岗位		薪资标准	

职位概要：

组织、协调、指挥车间管理工作，监控产品品质，完成车间工作计划、指标

工作内容：

（1）根据生产计划要求，安排车间生产任务

（2）监督车间员工生产进度与工作品质

（3）主持制定、执行车间管理制度、岗位操作规程以及作业指导书等

（4）宣导公司管理制度，管理车间员工纪律，协调车间工作，安排车间生产进度

（5）解决员工生产操作过程中出现的问题，维护生产秩序稳定

（6）反馈员工意见，提供工艺流程、生产设备、生产环境等方面的改进建议

（7）指导员工安全生产，向员工提供专业技能培训

（8）控制现场物料浪费，维护现场作业环境清洁

（9）呈报生产报表，完成上级分配的其他任务

任职资格：

教育背景：工业企业管理或相关专业中专及以上学历

培训经历：接受过生产作业管理、管理技能、产品知识等方面的培训

工作经验：3年以上车间管理工作经验

技能技巧：

（1）熟悉车间各项工作流程及操作

（2）掌握生产作业管理知识、技能

（3）熟练操作办公软件

素质修养：

（1）责任感强，自主工作，有较强的人际沟通能力

（2）有较强的管理能力，富有团队合作精神

工作权限：

（1）现场管理改善建议权

（2）车间生产管理执行权

（3）车间奖惩建议权

（4）责权范围内的人事调配权

在职教育：

企业文化、企业制度、管理技术、工艺纪律

工作条件：

工作场所：车间办公室及生产现场　　环境状况：比较舒适　　危险性：基本无危险，无职业病危险

8.2 某油漆公司工作分析范例

8.2.1 组织结构与部门职能设计

1）组织结构设计

组织结构如图8-1所示。

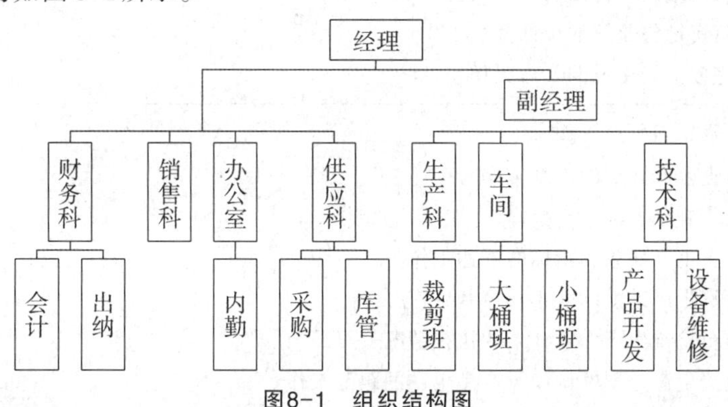

图8-1 组织结构图

2）部门职能设计

部门职能见表8-18。

表8-18 部门职能表

部门	部门职能
办公室	（1）负责人员招聘、人员培训、人员考核等工作 （2）负责管理制度的制定、贯彻与实施工作 （3）负责会议的组织安排工作 （4）负责公司各部门的协调工作 （5）负责公司文件的起草工作 （6）负责公司各类文件的建档、保管工作 （7）负责公司对外接待、对外宣传、卫生、后勤等日常管理工作 （8）负责公司员工考勤工作 （9）负责公司车辆管理工作 （10）负责计算机的维护、保养、使用等工作 （11）逐步建立企业文化，运用现代信息技术建立思想政治教育网络平台，帮助企业实现信息的共享和传递，增强员工的政治意识和文化素养，提升企业的文化价值 （12）完成上级交付的其他工作
销售科	（1）负责市场信息的调查、收集工作 （2）负责新项目、新产品的市场开发工作 （3）负责现有产品的销售业务开展工作 （4）负责组织销售合同的评审、签订工作

续表

部门	部门职能
销售科	(5) 负责货款回收工作 (6) 负责销售合同等文档管理工作 (7) 负责顾客回访工作 (8) 负责售后服务工作 (9) 负责客户档案管理工作 (10) 负责编制销售活动分析报告 (11) 负责销售业绩的统计分析工作 (12) 完成上级交付的其他工作
生产科	(1) 负责车间生产工作 (2) 负责生产计划的编制工作 (3) 负责制定各项生产指标 (4) 负责生产任务和指标的下达工作 (5) 负责生产进度的安排及控制工作 (6) 负责检查生产作业计划的执行情况 (7) 负责生产计划的调度及产品生产的跟踪工作 (8) 负责成品和半成品、在制品数量的统计工作 (9) 负责产品实物量和劳动量的统计工作 (10) 负责生产过程中的物料消耗量的统计工作 (11) 负责订单的审核、登记，订单交货期的核定及异常处理工作 (12) 负责生产负荷的统计及产销平衡的调度工作 (13) 负责加强对生产安全方面的知识教育工作 (14) 协助做好产品生产与技术开发之间的协调工作 (15) 负责制订本科室的工作计划和目标 (16) 完成上级交付的其他工作
技术科	(1) 负责公司产品设计、生产工艺、技术引进、新产品开发、设备维修等组织管理工作 (2) 负责拟订公司产品技术标准或技术规程及有关管理制度 (3) 负责车间模具的开发、设计、制造、更换、维修工作 (4) 负责产品用料计算工作 (5) 负责产品资料的整理、归档及档案管理工作 (6) 负责产品质量的改进工作 (7) 负责解决生产过程中的产品技术异议和问题 (8) 负责厂内设备维修保养、调试工作 (9) 负责编制本部门工作计划和目标 (10) 负责公司技术管理人才的培养和专业技术队伍的建设工作 (11) 完成上级交付的其他工作

续表

部门	部门职能
财务科	（1）负责经营活动情况分析工作 （2）负责人员工资核算与发放工作 （3）负责财务核算、管理等工作 （4）协助销售部做好货款回收工作 （5）负责现金管理工作 （6）协助办公室做好与市场监督管理、税务等部门的协调工作 （7）完成上级交付的其他工作
供应科	（1）根据车间请购单制订采购计划 （2）负责原材料、机物料、标准件的采购工作 （3）协助仓库做好原材料、机物料、标准件的入库工作 （4）负责将原材料送印铁厂印刷 （5）完成上级交付的其他工作
车间	（1）根据生产计划，下达生产作业计划 （2）负责生产过程的组织工作 （3）负责生产过程的指导和监督工作 （4）负责监督各工序工艺技术要求的执行情况 （5）负责监督和执行首检、自检、互检的产品质量检验制度 （6）负责各工序质量跟踪统计报表的记录工作 （7）负责产品质量分析、整改措施的制定及监督执行工作 （8）负责对车间工人进行劳动纪律、安全生产、文明生产、节能节耗的教育工作 （9）完成上级交付的其他工作

8.2.2 职位等级与等级系数设计

1）管理部门职位等级及等级系数设计

管理部门职位等级及等级系数见表8-19。

表8-19 **管理部门职位等级及等级系数表**

	决策人员	办公室		销售科		生产科		车间		供应科		财务科		技术科		等级	等级系数
		管理	技术	管理	技术	管理	技术	管理	技术	管理	技术	管理	技术	管理	技术		
高层	经理															A_1	1.8
	副经理															A_2	1.7
中层		主任		科长		科长		主任		科长		科长		科长		B_1	1.5
															设备维修班长	B_2	1.3
基层															设备维修员	C_1	1.1
					业务员				质检员		采购员		会计			C_2	1.0
			内勤								库管员		出纳			C_3	0.9

2）车间职位等级及等级系数设计

车间职位等级及等级系数见表8-20、表8-21。

表8-20 **车间职位等级及等级系数（一）**

车间		裁剪班		等级	等级系数
管理	技术	管理	技术		
			班长	D_1	1.2
	油漆工		裁剪工	D_2	1.0

表8-21 **车间职位等级及等级系数（二）**

车间		大桶班		小桶班		等级	等级系数
管理	技术	管理	技术	管理	技术		
			班长		班长	E_1	1.3
			重点岗		重点岗	E_2	1.1
			辅助岗		辅助岗	E_3	1.0

8.2.3 职位、定员与职位职责设计

1）职位与定员

职位与定员见表8-22。

表8-22 **职位与定员**

部门	定员	岗位划分
经理	1人	
副经理	0	
办公室	4人	主任（1人），收发室（2人），内勤（1人）
财务科	2人	科长、会计（1人），出纳（1人）
供应科	3人	科长、采购员（1人），库管员（2人）
销售科	7人	业务员（5人），司机（2人）
生产科	0人	
技术科	7人	科长（1人），产品开发（3人），设备维修（3人）
车间	37人	车间主任（1人），质检员（1人），油漆工（2人），裁剪班（11人），大桶班（12人），小桶班（10人）
产品开发	3人	班长（1人），组员（2人）
设备维修	3人	班长（1人），组员（2人）

续表

部门	定员	岗位划分
裁剪班	11人	班长（1人） 组员（10人）
大桶班	12人	班长（1人） 组员（11人） ——重点岗：电阻焊、翻边、封桶 ——辅助岗：装车、送桶
小桶班	10人	班长（1人） 组员（9人） ——重点岗：电阻焊、翻边 ——辅助岗：装车、送桶

2）职位职责设计

（1）管理部门职位职责设计

管理部门职位职责见表8-23。

表8-23 **管理部门职位职责**

部门	岗位	定员	职责
办公室	经理	1	见职位说明书工作内容
	副经理	0	见职位说明书工作内容
	办公室主任	1	见职位说明书工作内容
	内勤	1	见职位说明书工作内容
	收发室	2	略
销售科	科长	0	见职位说明书工作内容
	业务员	5	见职位说明书工作内容
	司机	2	略
生产科	科长	0	见职位说明书工作内容
技术科	科长	1	见职位说明书工作内容
	产品开发	3	见职位说明书工作内容
	设备维修	3	见职位说明书工作内容
车间	车间主任	1	见职位说明书工作内容
	质检员	1	见职位说明书工作内容
财务科	科长	0	见职位说明书工作内容
	会计	1	见职位说明书工作内容
	出纳	1	见职位说明书工作内容
供应科	科长	0	见职位说明书工作内容
	采购员	1	见职位说明书工作内容
	库管员	2	见职位说明书工作内容

注：（1）副经理暂且不设，由经理兼任；（2）销售科长由办公室主任兼任；（3）财务科长可兼任会计；（4）供应科长可兼任采购员；（5）生产科长可兼任车间主任。

（2）车间职位职责设计

车间职位职责见表8-24。

表8-24 车间职位职责

部门	职位	定员	职责
车间	车间主任	1	（1）全面负责技术维修、车间生产、仓库管理等工作 （2）负责组织好均衡生产和管理生产车间各工序，制定各班组的经济责任制度，并认真贯彻执行 （3）负责生产全过程的质量管理工作 （4）秉公办事，坚持原则，积极发动和组织员工开展技术革新、合理化建议和劳动竞赛活动，不断提高产品质量和生产效率，持续改进各项管理工作 （5）负责全车间员工的劳动纪律、安全生产、文明生产、节能降耗教育工作并组织实施，确保各项工作的顺利进行，按质、按量、按时完成各项任务
	裁剪班班长	1	（1）负责组织本班组人员保质保量完成车间下达的生产、工作任务 （2）负责组织本班组人员的劳动纪律、安全生产、文明生产、节能降耗教育工作
	裁剪工	10	（1）严格按本工序工艺技术要求和质量标准进行操作，严格执行首检、自检、互检制度，对不执行工艺及操作要求或不及时自检造成的质量事故和不合格品负责 （2）出现质量问题及时向班长、质检员反映，并积极采取整改措施，保证废品不出工序，对不及时反映问题造成的批次性不合格品负责 （3）每班后，向班长汇报每批次质量跟踪统计数据，并对其准确性负责
	大桶班班长	1	同裁剪班班长职责
	大桶班重点岗	3	同裁剪工职责
	大桶班辅助岗	8	同裁剪工职责
	小桶班班长	1	同裁剪班班长职责
	小桶班重点岗	2	同裁剪工职责
	小桶班辅助岗	7	同裁剪工职责
	油漆工	2	每月保质保量完成车间下达的生产、工作任务

8.2.4 职位说明书设计

职位说明书见表8-25至8-42。其中，任职资格可作为长远计划，逐步实现。

表8-25 **经理职位说明书**

职位名称	经理	所属部门	办公室
直接上级		直接下级	副经理、财务科长、办公室主任、供应科长、销售科长
职务等级	A_1	职务系列	管理

工作内容：
(1) 负责确定企业发展战略和目标
(2) 负责制订企业经营计划
(3) 负责企业文化建设，贯彻实施企业的经营理念
(4) 负责财务部门的一切审批签字工作
(5) 听取汇报，提出意见
(6) 审阅报告、制度文件
(7) 行使人事任免权、决策权、分配权、奖惩权
(8) 下达有关工作指令

任职资格：
(1) 大学本科及以上学历，具备专业知识，有3年以上相关行业工作经验
(2) 具有2年以上管理工作经验和一定的社会关系基础，同等条件下，具有高级职称者优先
(3) 懂专业知识，有专业技术，具有企业管理知识和法律、法规知识
(4) 熟悉公司的各项政策和管理程序
(5) 具有较强的决策能力、组织能力、沟通能力、协调能力、创新能力、公关能力
(6) 工作认真，责任心强，思维敏捷，任劳任怨
(7) 正直，诚实，原则性强
(8) 能熟练操作计算机
(9) 具有较高的外语水平

表8-26 **副经理职位说明书**

职位名称	副经理	所属部门	办公室
直接上级	经理	直接下级	生产科长、技术科长、车间主任
职务等级	A_2	职务系列	管理

工作内容：
(1) 直接由经理领导，对经理负责
(2) 负责生产活动、新产品开发、设备维修的组织、领导工作
(3) 根据公司总体计划，负责下属各业务部门计划的分解与落实工作
(4) 监督、指导下属部门的工作，检查下属部门工作计划及管理制度的执行情况
(5) 主持召开各种生产技术会议
(6) 对下属各部门反映上来的情况及问题给出处理意见
(7) 对公司存在的生产技术等问题提出咨询建议和提案
(8) 参与公司的决策会议
(9) 为下属部门做好对内、对外的协调工作
(10) 参与对外公关工作

任职资格：
(1) 具有强烈的质量意识和服务意识
(2) 大学本科及以上学历，具备专业知识，有3年以上相关行业工作经验，曾从事技术、生产工作3年以上
(3) 具有2年以上生产管理类工作经验，同等条件下，具有高级职称者优先
(4) 年龄在28岁以上，男性，身体健康，五官端正
(5) 懂专业知识、有专业技术，具有企业管理知识和法律、法规知识
(6) 熟悉公司的各项政策和管理程序
(7) 具有较强的组织能力、沟通能力、协调能力、创新能力
(8) 工作认真，责任心强，热情开朗，有合作精神，思维敏捷，任劳任怨
(9) 正直，诚实，原则性强
(10) 能熟练操作计算机
(11) 具有较高的外语水平

表8-27 **财务科长职位说明书**

职位名称	财务科长	所属部门	财务科
直接上级	经理	直接下级	会计、出纳
职务等级	B_1	职务系列	管理

工作内容：
(1) 直接由经理领导，对经理负责
(2) 执行国家有关财经法律、法规和制度，正确进行会计核算和监督
(3) 掌握企业资金的增减变化和结存情况，及时提供会计资料以满足相关方面对会计信息的需要
(4) 检查、督促出纳、会计定期与开户银行对账，编制银行存款余额调节表，保证调节后余额一致
(5) 组织、指导和监督记账会计的核算工作，发现问题及时处理
(6) 组织预算的编制、会计报表的审签工作
(7) 协助业务部门做好货款回收工作
(8) 负责每月进行公司经营活动分析，找出经营存在的问题，提出改进措施

任职资格：
(1) 大学本科及以上学历（如为大专学历需从事财务工作5年以上），财会专业毕业
(2) 曾从事财务部经理工作2年以上
(3) 7年以上大中型企业相关工作经验
(4) 年龄在30岁以上
(5) 工作认真细心，为人正直，做事踏实，责任心强，敢于坚持原则
(6) 具有一定的组织能力、沟通能力、协调能力，思维敏捷
(7) 能熟练操作计算机

表8-28 **销售科长职位说明书**

职位名称	销售科长	所属部门	销售科
直接上级	经理	直接下级	业务员
职务等级	B_1	职务系列	管理

工作内容：
(1) 负责组织商务谈判，签订供销合同
(2) 负责组织货款结算管理
(3) 负责各种合同和客户档案等文件的管理工作
(4) 监督、指导业务员的销售工作
(5) 分析市场，把握市场动态，分解与落实销售计划
(6) 组织客户回访
(7) 负责销售业务的统计分析工作
(8) 负责客户管理以及客户分析工作
(9) 负责编制销售业务报告
(10) 监督售后技术支持服务
(11) 积极配合其他部门的工作
(12) 抓好提高业务员素质的培训工作

任职资格：
(1) 具有扎实的市场营销知识及较强的业务能力
(2) 抓住顾客需求，把握市场变化趋势
(3) 熟悉本企业产品，有能力承担本部门的领导工作，建立和优化企业营销网络
(4) 严格保守企业商业机密

表8-29 **生产科长职位说明书**

职位名称	生产科长	所属部门	生产科
直接上级	副经理	直接下级	
职务等级	B_1	职务系列	管理

工作内容：
(1) 根据销售合同，负责生产计划的制订和下达工作
(2) 负责制定各项生产指标
(3) 负责生产进度安排及控制工作
(4) 负责检查生产作业计划的执行情况
(5) 负责生产计划的调度及产品生产的跟踪工作
(6) 负责成品和半成品、在制品数量，产品实物量和劳动量，以及生产过程中的物料消耗量的统计工作
(7) 负责订单的审核、登记，订单交货期核定及异常处理工作
(8) 负责生产负荷统计及产销平衡调度工作
(9) 负责加强员工的生产安全知识教育工作
(10) 协助做好产品生产与技术开发之间的协调工作

任职资格：
(1) 大专及以上学历，精通生产工艺操作规程、设备操作规程、消防安全操作规程等
(2) 具有较强的组织、安排、调动作业人员的能力，保证按时交货
(3) 熟悉设备管理工作，具有杜绝、避免安全事故隐患和生产质量事故的能力
(4) 有很强的责任感及牺牲精神，保守企业技术机密

表8-30 **技术科长职位说明书**

职位名称	技术科长	所属部门	技术科
直接上级	副经理	直接下级	技术员
职务等级	B_1	职务系列	管理

工作内容：
(1) 负责技术科的日常管理工作
(2) 编制公司年、季、月度产品研究开发计划、设备维修计划，并组织实施
(3) 组织公司新产品的研究试制工作及现有产品的改进工作
(4) 主持公司产品性能分析、技术可行性研究与评定工作
(5) 组织制订产品工艺方案、编制工艺文件的技术标准
(6) 按照国际质量体系认证标准建立健全公司的质量保证体系
(7) 组织制定公司产品质量管理制度，并监督实施
(8) 组织公司质量事故的分析及处理工作
(9) 组织模具的开发、制造、安装调试、使用、维修等工作
(10) 负责监督设备的日常维护保养工作
(11) 解答客户提出的产品技术问题
(12) 负责技术回访、咨询服务
(13) 负责技术文件、产品档案管理
(14) 与其他相关部门配合与协调

任职资格：
(1) 大学本科及以上学历，具备专业知识，有3年以上相关行业工作经验，曾从事技术服务工作3年以上
(2) 年龄在28岁以上，男女不限，五官端正，身体健康
(3) 懂专业知识，有专业技术
(4) 思维敏捷，有一定的沟通能力、管理能力和较高的技术水平
(5) 能吃苦，认真踏实，诚实正直，责任心强，积极热情，忠于职守
(6) 具有较高的英语水平
(7) 能熟练操作计算机

表8-31 **供应科长职位说明书**

职位名称	供应科长	所属部门	供应科
直接上级	经理	直接下级	采购员、库管员
职务等级	B_1	职务系列	管理

工作内容：

(1) 全面了解公司生产所需的材料、工具、辅具，掌握公司各类产品对材料规格、性质等的具体要求

(2) 根据仓库报表，负责采购计划的制订工作

(3) 负责原材料、机物料的采购工作，并确保采购质量符合国标及厂标要求

(4) 协助仓库做好原材料、机物料的入库工作

(5) 负责将原材料送印铁厂印刷

(6) 与销售、生产及财务部门保持良好沟通，做到既不影响生产进度又不造成积压，尽量缩短流动资金的周转期

任职资格：

(1) 大专及以上学历，具有较丰富的市场知识及较强的业务能力，有良好的沟通技巧，从事板材采购工作2年以上

(2) 熟悉各种包装的原材料及印刷技术，熟悉材料的价格、用途和性能

(3) 熟悉本公司产品，有能力承担部门的领导工作

表8-32 **办公室主任职位说明书**

职位名称	办公室主任	所属部门	办公室
直接上级	经理	直接下级	内勤
职务等级	B_1	职务系列	管理

工作内容：

(1) 贯彻公司的决议、决定，并督促检查落实情况，协调好各部门的关系

(2) 负责各类文件、资料的审批、管理，保证及时传递

(3) 负责召集有关会议，做好会议记录

(4) 负责收集公司存在的问题，及时汇报给上级

(5) 起草公司总经理的工作报告

(6) 负责对外的接待工作

(7) 做好人力资源的管理工作，具体有人员招聘、人员培训、绩效考核、企业文化建设等

(8) 负责公司管理规章制度的制定、执行、监督

(9) 负责员工考勤、请假工作的监督、管理

(10) 组织好会议、娱乐等活动

(11) 负责公司公共卫生的管理

(12) 负责公司行政印章的管理

(13) 负责公司车辆的管理

任职资格：

(1) 大专及以上学历，具备一定的办公室管理工作经验，有文件管理和文字处理工作能力

(2) 具备一定的企业管理知识，对企业质量管理体系有深入的了解，能组织内审和管理评审，能对纠正和预防措施的实施情况进行跟踪

(3) 有较强的人事管理能力及组织协调本公司各部门人员关系的能力，保证企业工作运转正常

(4) 具有一定的对外交往能力，与公司相关的行政主管部门保持良好关系

(5) 能熟练操作计算机

(6) 保守公司机密

表8-33　　**车间主任职位说明书**

职位名称	车间主任	所属部门	车间
直接上级	副经理	直接下级	车间各生产班组
职务等级	B_1	职务系列	管理

工作内容：

(1) 全面负责车间的日常管理工作

(2) 负责组织均衡生产和管理生产车间各工序，制定各班组的经济责任制度，并认真贯彻执行

(3) 负责生产全过程的质量管理工作

(4) 秉公办事，坚持原则，积极发动、组织员工开展技术革新、合理化建议和劳动竞赛活动，不断提高产品质量和生产效率，持续改进各项管理工作

(5) 负责对全车间员工开展劳动纪律、安全生产、文明生产、节能降耗的教育培训并组织实施，确保生产和管理工作的顺利进行

任职资格：

(1) 大专及以上学历，具备专业知识，有3年以上相关行业工作经验

(2) 精通生产工艺操作规程、设备操作规程、消防安全操作规程

(3) 具有较强的组织、安排、调动作业人员的能力，保证交货期

(4) 熟悉设备管理工作，具有杜绝、避免安全事故、生产质量事故的能力

(5) 具有很强的责任感及牺牲精神，保守企业技术机密

表8-34　　**会计职位说明书**

职位名称	会计	所属部门	财务科
直接上级	财务科长	直接下级	
职务等级	C_2	职务系列	技术

工作内容：

(1) 认真做好会计核算和监督工作，保证会计账务处理及时、会计科目运用正确、会计核算信息真实完整

(2) 对原始凭证的合法性、金额的正确性和手续的完备性进行审核，负责记账凭证编制、会计凭证汇总、账簿登记工作

(3) 正确、及时编制公司会计报表，并根据工作需要适时提供有关会计信息

(4) 对会计凭证、账簿、报表和有关文件等会计资料，定期分类装订立卷，妥善保管，按规定存档

(5) 协助公司编制预算，做好财务分析

任职资格：

(1) 大专及以上学历，财会专业毕业，3年以上相关工作经验

(2) 年龄30岁以上

(3) 工作认真细心，为人正直，做事踏实，责任心强，敢于坚持原则

(4) 能熟练操作计算机和财务软件

表8-35 **出纳职位说明书**

职位名称	出纳	所属部门	财务科
直接上级	财务科长	直接下级	
职务等级	C_3	职务系列	技术

工作内容：
(1) 遵守国家财经纪律和财务会计制度，坚持原则，不徇私情
(2) 完成日常的收支工作及记账工作
(3) 负责办理现金收付和银行结算业务
(4) 及时登记库存现金日记账和银行存款日记账，与银行对账，做到日清月结
(5) 负责保管现金、有价证券、空白收据、空白发票和有关印章
(6) 负责每月的工资核算及发放工作
(7) 配合会计做好相关工作

任职资格：
(1) 大专及以上学历，财会专业毕业，3年以上相关工作经验
(2) 年龄23岁以上
(3) 工作认真细心，为人正直，做事踏实，责任心强，敢于坚持原则
(4) 能熟练操作计算机和财务软件

表8-36 **设备维修班长职位说明书**

职位名称	设备维修班长	所属部门	技术科
直接上级	技术科长	直接下级	设备维修员
职务等级	B_2	职务系列	技术

工作内容：
(1) 负责制订公司设备的维护保养计划
(2) 监督设备维护保养计划的实施，确保设备正常运转
(3) 负责新产品技术开发工作，确保产品质量满足顾客需求
(4) 负责车间模具的更换工作
(5) 负责设备维修、调试及管理工作
(6) 负责车间生产所涉及的其他技术性工作
(7) 协助车间及生产部门实现质量目标

任职资格：
(1) 有机械制图、机械加工经验，从事技术开发和技术管理工作5年以上，相关专业本科毕业
(2) 熟悉监视和测量装置的管理，保证其有效使用
(3) 能引导顾客需求，掌握市场动态，有效控制本公司的产品质量，保证本部门质量目标的实现
(4) 保证本公司技术系统工作的持续改进
(5) 保守公司技术机密

表8-37 **设备维修员职位说明书**

职位名称	设备维修员	所属部门	技术科、设备维修班
直接上级	设备维修班长	直接下级	
职务等级	C_1	职务系列	技术

工作内容：
(1) 做好公司设备的维护和保养工作，确保生产的正常进行
(2) 根据生产需要及时进行模具的更换
(3) 负责设备的维修和调试工作
(4) 协助新产品的技术开发工作

任职资格：
(1) 高中及以上学历，掌握本公司的设备状况，能及时排除设备故障
(2) 掌握设备保养的基础知识，熟悉设备管理工作
(3) 具备熟练的设备维修、保养技能及保证本公司设备正常运转的能力
(4) 掌握消防安全知识

表8-38 **质检员职位说明书**

职位名称	质检员	所属部门	车间
直接上级	车间主任	直接下级	
职务等级	C_2	职务系列	技术

工作内容：
(1) 负责对全车间操作人员的岗位培训、质量教育以及质量管理工作
(2) 将企业质量方针和质量目标贯穿于生产全过程，指导和监督各班组落实质量目标，保证全车间质量目标的实现：产品一次检验合格率≥90%，交付产品100%满足顾客要求
(3) 坚持巡回检查制度，严格按质量检验规定对在制品、半成品、成品进行抽查检验，按“三不放过”原则及时发现问题，查找原因，采取措施纠正，防止质量事故的发生，并对批量产品的质量事故负责
(4) 协助车间主任定期召开质量例会，及时进行总结分析，改进质量管理工作
(5) 负责生产过程的质量统计、分析及原始记录，保证各种资料的完整性、准确性和可追溯性；负责产品质量的信息反馈

任职资格：
(1) 大专及以上学历，机械加工专业毕业，精通质检知识，能独立从事质检工作
(2) 熟悉本公司原材料、半成品、成品的质检工作
(3) 具有较强的组织、协调能力，能有效控制生产过程
(4) 能及时消除安全隐患

表8-39 **库管员职位说明书**

职位名称	库管员	所属部门	供应科
直接上级	供应科长	直接下级	
职务等级	C_3	职务系列	技术

工作内容：

(1) 做好仓库管理工作，防止物品丢失、变质、损坏

(2) 严格按进出库业务流程、制度办事

(3) 保存好各种原始单据

(4) 经常清点库存产品，做到账、卡、物相符

(5) 及时记录好进出库流水账

(6) 提高警惕，保护好公司财物，有问题及时向上级汇报

(7) 及时向上级提交库存报告

任职资格：

(1) 高中及以上学历，熟练掌握必要的仓库管理知识及消防安全知识

(2) 熟悉本公司的主要原材料、半成品、成品的名称、型号或产地及主要用途等

(3) 正确及时提供库存动态信息

(4) 能及时消除安全隐患

表8-40 **采购员职位说明书**

职位名称	采购员	所属部门	供应科
直接上级	供应科科长	直接下级	
职务等级	C_2	职务系列	技术

工作内容：

(1) 全面了解公司生产所需的材料、工具、辅具，掌握公司各类产品对材料规格、性质等的具体要求

(2) 及时购进生产所需的原材料、半成品及机物料，确保生产供应

(3) 严把供货商的供货质量，确保购进材料符合规定标准

(4) 与销售、生产及财务部门保持良好沟通，做到既不影响生产进度又不造成积压，尽量缩短流动资金的周转期

任职资格：

(1) 大专及以上学历，具有一定的市场知识和业务能力，有良好的沟通技巧，从事板材采购工作2年以上

(2) 熟悉本公司包装的各种原材料及印刷技术，熟悉材料的价格、用途、性能

(3) 熟悉本公司产品，有能力完成公司的采购任务

表8-41 **业务员职位说明书**

职位名称	业务员	所属部门	销售科
直接上级	销售科长	直接下级	
职务等级	C_2	职务系列	技术

工作内容：
(1) 与客户联络、沟通，开展公关工作
(2) 落实销售计划，努力按计划完成任务
(3) 进行商务谈判，签订合同
(4) 负责售后支持服务的监督、协调工作
(5) 捕捉市场信息，发现潜在客户
(6) 及时填报各种表格
(7) 严格遵守公司的各项规章制度
(8) 严守公司的商业机密
(9) 负责货款回收工作

任职资格：
(1) 大专及以上学历，具有一定的市场营销知识及业务能力，有良好的沟通技巧
(2) 熟悉本公司产品，掌握本公司顾客的需要，了解市场变化的趋势
(3) 熟悉包装产品的技术，能进行一般性产品的使用指导及解决常见的产品技术问题

表8-42 **办公室内勤职位说明书**

职位名称	办公室内勤	所属部门	办公室
直接上级	办公室主任	直接下级	
职务等级	C_3	职务系列	技术

工作内容：
(1) 接待来访人员
(2) 收发公司的各种文书、信件，负责书报的订阅、管理工作
(3) 负责办公用品的预算、采购、管理工作
(4) 负责办公环境的清洁卫生工作
(5) 组织公司文体活动，办理员工福利事项
(6) 负责员工考勤、请假管理工作
(7) 负责公司文件的草拟工作
(8) 负责人事资料的统计、登记、整理工作
(9) 办理人员的任免、调动、奖惩、考勤、薪酬等事项
(10) 组织人员招聘及人员培训工作
(11) 负责办公设备的维护与管理工作

任职资格：
(1) 大专及以上学历，具有2年以上专业工作经验
(2) 年龄在23岁以上，男女不限
(3) 身高：女性1.60米以上，男性1.70米以上
(4) 五官端正，相貌出众更佳
(5) 具备一定的企业管理知识、法律知识
(6) 熟悉公司的各项政策和管理程序
(7) 具有较强的写作能力、口头表达能力、协调能力、组织能力，思维敏捷、热情开朗
(8) 能熟练操作、维护计算机
(9) 具有一定的外语水平
(10) 能说一口流利的普通话

8.3 某管件公司工作分析范例

8.3.1 部门职责

该公司的部门主要有：董事会、战略委员会、总经理办公室、销售部、市场部、综合业务部、出口部、项目部、质检部、设备部、技术支持部、产品设计部、工装模具部、调度计划室、生产一部、生产二部、供应部、人力资源部、办公室、财务部、审计部。

这些部门的具体职责见表8-43至表8-63。

表8-43 董事会的职责

部门名称	董事会	部门编号	
职责描述			
职责	具体描述		
经营决策	(1) 负责召集股东会，并向股东会报告工作 (2) 执行股东会的决议 (3) 决定公司的经营计划和投资方案 (4) 制订公司年度财务预、决算方案 (5) 制订公司利润分配方案、弥补亏损方案 (6) 制订公司增加或减少注册资本的方案 (7) 拟订公司分立、合并，变更公司形式，解散及设立子公司等方案 (8) 决定公司内部管理机构的设置 (9) 根据总经理的提名，聘任或者解聘公司副总经理、财务负责人，决定其报酬事项 (10) 制定公司的基本管理制度，讨论本公司章程的订立及修改 (11) 制定和监督实施主要产业的发展战略，审批与监督重大投资项目 (12) 负责其他应由董事会决定的重大事项 (13) 引导员工运用发展的观点研究事例，以马克思主义发展观（认为发展是新事物的产生和旧事物的灭亡）来培养员工的战略思维能力		
职位设置			
序号	职位名称	人数	备注

表8-44 **战略委员会的职责**

部门名称	战略委员会	部门编号	
职责描述			
职责	具体描述		
战略规划与制定	（1）在董事会闭会期间，根据董事会的授权，对战略、投资、年度经营计划和财务预决算等行使决策权 （2）负责公司发展战略、经营战略、管理战略的研究、策划与制定 （3）为公司提供管理诊断和咨询服务，帮助、指导管理层进行资源整合，以及体制改革和体制创新 （4）组织、研究和拟订公司中长期发展规划、业务架构、经营方针等 （5）充分整合公司内外部各类资源，促进公司经营管理目标的实现		
监督指导	（1）监督、检查集团决策的执行情况，重要组织政策和管理制度的落实情况，经营管理目标责任和财务预决算的执行情况，以及经营管理活动中的异常情况等 （2）监督、检查公司经营管理决策及重大目标的执行情况，经济责任制的落实情况，公司奖惩事项的落实情况以及政策、制度的贯彻落实情况，包括对各级管理层的行为监督 （3）根据情况随时对公司及相关部门进行审计并得出相应结论 （4）对全公司及各部门出现的重大失误和事故进行调查、处理		
决策实施	（1）提出公司重大项目投资建议 （2）审批除必须提交董事会决策之外的重大组织决策与管理制度 （3）研究决定公司的全局性、长远性和关键性经营管理事项 （4）负责除董事会有权任免、招聘以外的关键岗位人员的考核、任免、奖惩 （5）负责审定年度经营管理计划和预算等 （6）负责审定高层人员的任免方案 （7）审议公司组织改革方案 （8）向董事会推荐各部门经理人选		
职位设置			
序号	职位名称	人数	备注

表8-45 总经理办公室的职责

部门名称	总经理办公室	部门编号	
职责描述			
职责	具体描述		
综合管理	(1) 负责总经理的各种会议、重要活动的组织安排和会务工作，以及会议记录及其整理归档等工作 (2) 定期组织召开公司经济形势分析会和行业经济形势分析会 (3) 协助总经理进行公司整体运营管理，监督总经理办公会决议的执行 (4) 对需要总经理决定的公司内部事务进行分类处理，并提出初步意见 (5) 负责向有关部门传达、布置、检查、督办总经理办公会决定的事项，并及时反馈结果 (6) 负责组织公司综合性政策的研究，综合性文件和重要报告、讲话的起草 (7) 负责全国性广告投放计划的审核 (8) 负责公司重大公关活动的策划、危机事务的处理并组织实施 (9) 负责经济发展趋势和行业发展趋势信息的收集、整理、研究，并将研究成果报告总经理，供决策使用 (10) 对总经理所需各类信息进行采集、整理、更新等 (11) 负责公司有关规章制度的制定和完善并组织贯彻实施 (12) 监督执行国家经济法规，规范公司经营活动 (13) 研究国家政策，并向总经理提供研究信息 (14) 做好总经理办公室接待工作 (15) 做好总经理后勤服务工作 (16) 保管公司法人印章等 (17) 负责总经理安排的有关重大专项工作 (18) 完成总经理交办的其他工作 (19) 提高员工的政治素质和道德水平，促进员工的工作和职业发展		
职位设置			
序号	职位名称	人数	备注

表8-46 销售部的职责

部门名称	销售部	部门编号	
职责描述			
职责	具体描述		
销售策略规划	（1）根据公司的长期发展战略规划编制详细的营销计划 （2）建立健全营销管理信息系统，为公司营销决策、产品决策提供信息支持 （3）对客户、主要竞争对手进行分析和研究，并提供相应的营销建议 （4）研究公司的产品定位、品牌战略、目标市场等，制定详细的营销策略，报领导审批后执行		
市场业务开发	（1）开展现有产品的销售业务 （2）开发重点客户 （3）回收和催收销售货款 （4）对业务员进行业务指导和业绩评估		
客户管理	（1）建立客户资料库并及时更新 （2）分析与调查客户信用，控制公司对客户提供的赊款额度 （3）负责客户联谊与客户访问，维护良好的合作关系 （4）进行客户分析与行为调查，及时反馈客户信息 （5）处理与反馈客户投诉		
职位设置			
序号	职位名称	人数	备注

表8-47 市场部的职责

部门名称	市场部	部门编号	
职责描述			
职责	具体描述		
市场调研	（1）建立健全公司营销管理信息系统，为营销决策、产品决策提供信息支持 （2）收集和管理各种营销信息及各类专项研究成果，并定期不定期地提供相应的报告 （3）制订市场调研计划并组织实施 （4）对客户及主要竞争对手进行分析和研究，并提出相应的营销建议 （5）对公司有关的重大营销决策进行论证		
营销战略规划	（1）根据公司发展战略，制订产品的营销战略规划，报领导审批后执行 （2）围绕公司营销战略规划，拟订客户开发计划，报上级领导批准		
职位设置			
序号	职位名称	人数	备注

表8-48 综合业务部的职责

部门名称	综合业务部	部门编号	

职责描述

职责	具体描述
销售管理	（1）根据各渠道收集到的招标信息，组织相关部门进行标书的制作 （2）根据客户的需求确定产品的技术参数、交货期以及交货方式等内容 （3）组织相关部门对订单进行合同评审 （4）签订合同后，向生产调度计划室提供订单资料及相关信息，确定交货日期，掌握生产进度 （5）产品完工后，组织货物发运，与财务部门核对账目 （6）负责货物跟踪和售后服务，包括受理顾客的投诉和退货 （7）组织货款催收和应收账款管理 （8）辅助销售部对业务员进行管理，提供业绩指导
统计及资料管理	（1）汇总每月销售情况及业务员销售业绩 （2）统计交货及时率、客户质量投诉情况 （3）销售订单存档 （4）发运单、传真记录、电话记录存档 （5）标书存档 （6）其他相关资料的管理

职位设置

序号	职位名称	人数	备注

表8-49 **出口部的职责**

部门名称	出口部	部门编号	
职责描述			
职责	具体描述		
国外销售管理	(1) 根据客户的需求确定产品的技术参数、交货期以及交货方式等内容 (2) 组织相关部门对订单进行合同评审 (3) 签订合同后，向生产调度计划室提供订单资料及相关信息，确定交货日期，掌握生产进度 (4) 产品完工后，组织货物发运，与财务部门核对账目 (5) 负责货物跟踪和售后服务，包括受理顾客的投诉和退货 (6) 组织货款催收和应收账款管理 (7) 辅助销售部对业务员进行管理，提供业绩指导 (8) 负责公司国外业务，对国际市场行情进行调研，制定公司国际化战略和计划并组织实施 (9) 制定、实施出口产品操作细则		
客户管理	(1) 建立客户资料库并及时更新 (2) 分析与调查客户信用，控制公司对客户提供的赊款额度 (3) 负责客户联谊与客户访问，维护良好的合作关系 (4) 进行客户分析与行为调查，及时反馈客户信息 (5) 处理与反馈客户投诉		
职位设置			
序号	职位名称	人数	备注

表8-50 **项目部的职责**

部门名称	项目部	部门编号	
职责描述			
职责	具体描述		
项目管理	(1) 组织公司有关人员进行项目攻关 (2) 对立项项目的实施进行动态管理，并进行检查与监督 (3) 详细掌握各项目订单的生产动态，包括人员配备、设备配备、原材料供应、车间生产计划实施、半成品转序、质量动态、工期等情况 (4) 向总经理就其他项目提出资源需求 (5) 发现或预见在项目订单生产过程中出现的重大问题（包括工期），并在第一时间报告总经理 (6) 研究项目订单出现的问题，提出解决问题的办法，并协同各部门优先执行项目会议决定 (7) 在项目订单完成后，写出书面工作总结材料，向总经理汇报		
职位设置			
序号	职位名称	人数	备注

表8-51 质检部的职责

部门名称	质检部	部门编号	
职责描述			
职责	具体描述		
质量管理规划	(1) 根据公司发展战略规划，参与制订公司质量管理规划 (2) 参与公司质量方针、质量目标的制定		
质量体系建设	(1) 与技术支持部共同编制符合ISO 9001标准的质量手册和程序文件，并组织质量认证 (2) 联系、协助ISO 9001质量管理体系技术委员会完成对公司的各项审核和年审 (3) 引进质量管理技术，提高质量管理水平		
质量监控	(1) 制定原材料、半成品、成品的检验标准和检验操作规范 (2) 负责ISO 9001质量管理程序的检验与改进 (3) 审核原材料、半成品、成品首产样品的品质，在权责范围内最终判定、签发 (4) 负责原材料、生产过程、产品工艺、成品、仓储品的检验与品质控制 (5) 对外协件产品质量进行检验、评价 (6) 评审、确定呆料与报废品 (7) 分析质量问题，审核品质异常的正确处理方法及纠正、预防措施 (8) 评审损失工时责任理赔 (9) 负责当月来料、生产过程、产品工艺、成品、客户验货品质的统计 (10) 召开品质会议，跟踪改进结果 (11) 负责客户到厂验货的安排工作 (12) 负责对售后服务质量的检验及问题分析，采取纠正、预防措施 (13) 负责内部质量稽查和质量成本核算 (14) 负责公司5S评审 (15) 负责标志的管理与标签的改进		
职位设置			
序号	职位名称	人数	备注

表8-52 **设备部的职责**

部门名称	设备部	部门编号	
职责描述			
职责	具体描述		
制度文件管理	（1）制定设备管理办法 （2）制订全公司设备年度维护保养计划 （3）制定设备管理目录 （4）建立设备履历，记录设备使用、管理重大事项 （5）会同技术支持部编写设备操作使用说明以及保养规定 （6）制定新设备安全操作规程，供使用单位遵照执行		
设备管理	（1）负责设备模具的检查、维修、调试及维护 （2）负责调拨和转移管理 （3）负责卡的管理 （4）负责罐的管理 （5）为满足生产需要及时进行模具的更换 （6）负责工装、夹具的报废以及委外加工管理 （7）负责设备维护保养计划的实施，确保设备正常运转 （8）记录设备保养、维修、使用情况 （9）负责车间生产所涉及的其他设备的技术性工作		
安全生产管理	（1）修订安全操作规程 （2）定期核查设备安全操作规程执行情况 （3）定期开展安全教育		
业务培训	（1）设备使用、保养的培训 （2）设备操作规程的培训 （3）对设备使用单位管理者、员工进行工作安全操作教育、培训		
其他职责	（1）管理固定资产 （2）组织对设备运行状况进行调查研究，进行技术改造，提高设备的工作效率 （3）协助技术支持部进行设备改良、新产品的技术改造工作		
职位设置			
序号	职位名称	人数	备注

表8-53 技术支持部的职责

部门名称	技术支持部	部门编号	
职责描述			
职责	具体描述		
技术支持	(1) 了解本行业技术发展状态，负责技术市场信息调查与分析 (2) 负责技术合作与交流管理 (3) 与用户进行深层次技术交流，了解用户在技术与业务上的发展要求，并解答用户提出的各类与产品技术相关的问题 (4) 对潜在或具体的项目用户进行跟踪，负责管理所在区域内的用户拜访、技术交流、方案制作及合同洽谈工作 (5) 制定和完善公司相关设计通用技术文件 (6) 负责技术文件整理及控制工作 (7) 负责技术情报工作，办理专利申请，做好保密工作 (8) 积极配合生产部门做好生产工艺指导工作，提高产品质量 (9) 协助生产部门做好新产品投产前的成本核算工作，并提供相关材料信息		
产品研发	(1) 了解当今同行业最新产品的技术发展方向，制定公司技术发展战略 (2) 负责新产品研发、新技术的引进与消化 (3) 负责生产部门新产品投产前的技术指导工作，并提供相应技术文件和操作规范 (4) 负责对产品现场测绘、销售的技术支持、技术交流及产品的售后服务工作		
人员管理	(1) 制订技术人员的培训计划，并组织安排公司其他相关人员的技术培训 (2) 负责技术人员的培训及考核工作		
事务管理	(1) 负责公司的技术发展战略管理，新产品研发技术、工艺管理 (2) 负责文件的整理、保管，并备份交资料室保管和借阅 (3) 组织由相关部门负责人参加的技术会议，进行产品改进、生产技术与工艺改善等对策研究		
职位设置			
序号	职位名称	人数	备注

表8-54 **产品设计部的职责**

部门名称	产品设计部	部门编号	
职责描述			
职责	具体描述		
新产品开发	(1) 根据公司产品开发的中长期策略和年度目标、开发计划，提出现在进行新产品开发设计的必要性和可行性 (2) 对开发计划提出改进意见 (3) 对开发出来的新产品在厂内的所有运行试验进行跟踪并及时改进 (4) 进行新产品的各项技术准备，包括同类产品的考定、技术资料收集与整理 (5) 进行技术设计，并会同有关部门进行技术设计审查 (6) 进行生产图纸设计 (7) 会同有关部门召开新产品的鉴定会，总结新产品开发工作 (8) 编制新产品使用说明，负责使用跟踪		
产品设计管理	(1) 根据设计任务书，对常规产品进行生产图设计，并进行设计上的研究与改良 (2) 负责产品的测绘工作 (3) 参与、协助售后服务工作 (4) 参与产品的合同评审工作 (5) 负责产品的成本核算工作 (6) 制定和完善公司相关设计通用技术文件，完善产品设计过程中的标准体系 (7) 负责产品技术管理及生产现场的技术协调工作 (8) 协助工艺编制及审核工作 (9) 协助生产部门进行样品制作 (10) 负责产品附加外观性设计的评审工作		
技术文件管理	(1) 负责原样蓝图（定制或委托加工）的研究与保管工作 (2) 负责标准用量的制定和修订工作 (3) 管理技术文件、完善设计过程中的标准体系文件 (4) 负责技术情报的保密工作		
职位设置			
序号	职位名称	人数	备注

表8-55 **工装模具部的职责**

部门名称	工装模具部	部门编号	
职责描述			
职责	具体描述		
模具管理	(1) 负责编制模具加工管理细则 (2) 根据生产任务和模具加工的设计任务书，参与编制模具加工工作计划 (3) 对模具设计和制造成本、维护费用进行评估		
设计安装	(1) 负责模具的设计和指导，绘制模具图纸 (2) 负责设备安装、模具采购及制造的技术支持工作 (3) 负责设备、工装、模具的设计及安装调试工作 (4) 负责现有设备、工装、模具的改进工作 (5) 参与模具配件的设计评审工作，并对有关设计图纸进行校对 (6) 参与模具加工后的检查工作 (7) 负责解决模具使用中的维护和故障问题 (8) 负责对增加设备、工装、模具的评审工作 (9) 对公司的工装、模具进行技术处理 (10) 负责落实新产品项目所需的工装、模具的选型、试制、改进以及生产线布局等工作		
协调指导	(1) 与生产、供应部协调模具和工装夹具加工工作及其进程 (2) 参与联系模具关键部件的外发加工及跟催工作 (3) 参与工装、模具技术培训的组织实施工作		
职位设置			
序号	职位名称	人数	备注

表8-56 **调度计划室的职责**

部门名称	调度计划室	部门编号	
职责描述			
职责	具体描述		
生产计划管理	(1) 根据销售计划，负责生产计划的制订和下达工作 (2) 制定部门目标，并制订相应计划以实现既定目标 (3) 根据各部门上报的所需物资、设备计划单及库存情况，统筹制订采购计划，报总调度审核后再报公司领导批准 (4) 进行产能需求预测，制订生产能力规划方案 (5) 根据销售状况和生产计划的实施情况进行调整和修改 (6) 分解、落实生产计划		
产品制造管理	(1) 根据技术文件、原材料和外协件，编制生产准备计划 (2) 对应急生产计划进行安排 (3) 负责生产进度的监督和控制 (4) 对生产计划的完成情况进行统计、总结、分析和评估 (5) 进行用料统计及预估，协同有关部门做好采购工作 (6) 负责用料管理及异常追踪、改善工作 (7) 参与各产品标准工时的订立与修订工作 (8) 参与生产系统操作规范的制定（含样品制作）工作 (9) 参与生产安全及现场管理工作 (10) 监督执行生产过程中首检、自检、互检的产品质量检验制度并做好记录工作 (11) 对检查结果及记录进行评价 (12) 负责生产、技术、设备、物资、质量等计划管理工作 (13) 负责生产过程组织工作，保证生产过程的正常运行 (14) 负责产品质量分析、整改措施制定及监督执行工作		
其他职能	(1) 负责报表的编制与报送工作 (2) 负责与营销、技术等各有关部门的沟通协调工作 (3) 对车间工人进行劳动纪律、安全生产、文明生产、节能降耗教育并组织实施 (4) 负责部门内各种相关文件的整理和保存工作		
职位设置			
序号	职位名称	人数	备注

表8-57 生产一部的职责

部门名称	生产一部	部门编号	
职责描述			
职责	具体描述		
人员管理	(1) 落实调度计划室下达的生产计划，组织人员实施生产 (2) 提出生产人员的培训需求及时间安排计划 (3) 负责人员的安全思想管理 (4) 组织员工操作技能培训，提高员工操作水平，培养后备人才		
生产管理	(1) 根据生产任务制订生产计划并执行 (2) 负责计划的检查和进度控制工作 (3) 负责生产过程中制造成本的控制工作 (4) 进行能力分析和产销平衡调度 (5) 进行用料管理与控制 (6) 进行质量控制、质量自检 (7) 和有关部门共同分析出现质量问题的原因及工艺缺陷，共同制定对策 (8) 分析生产报表（日、周、月报表） (9) 对预算进行控制与管理 (10) 实施标准生产作业管理 (11) 实施生产现场全面标准管理 (12) 开展安全生产检查并处理 (13) 完成工装（模具）和设备的日常保养 (14) 配合有关人员共同分析事故原因		
沟通协调	(1) 负责软管半成品和成品车间的协调工作 (2) 负责软管半成品、成品车间与机加工车间的协调工作		
职位设置			
序号	职位名称	人数	备注

表8-58 **生产二部的职责**

部门名称	生产二部	部门编号	
职责描述			
职责	具体描述		
人员管理	（1）落实调度计划室下达的生产计划，组织人员实施生产 （2）提出生产人员的培训需求及时间安排计划 （3）负责人员的安全思想管理 （4）组织员工操作技能培训，提高员工操作水平，培养后备人才		
生产管理	（1）根据生产任务制订生产计划并执行 （2）负责计划的检查和进度控制工作 （3）负责生产过程中制造成本的控制工作 （4）进行生产能力分析和产销平衡调度 （5）进行用料管理与控制 （6）进行质量控制、质量自检 （7）和有关部门共同分析出现质量问题的原因及工艺缺陷，共同制定对策 （8）分析生产报表（日、周、月报表） （9）对预算进行控制与管理 （10）实施标准生产作业管理 （11）实施生产现场全面标准管理 （12）开展安全生产检查并处理 （13）完成工装（模具）和设备的日常保养 （14）配合有关人员共同分析事故原因		
沟通协调	（1）负责补偿器半成品和成品车间的协调工作 （2）负责补偿器半成品、成品车间与机加工车间的协调工作		
职位设置			
序号	职位名称	人数	备注

表8-59 **供应部的职责**

部门名称	供应部	部门编号	
职责描述			
职责	具体描述		
物资采购	(1) 负责原材料、机物料、非生产用物料的采购工作，并确保采购质量符合国标及厂标要求 (2) 及时落实采购计划 (3) 根据有关部门制定的进货时间安排物资采购，询价后报总经理审批 (4) 统一对外签订物资订购合同，同时对购货合同进行登记，便于办理提货及付款手续 (5) 负责公司生产产品外协件的全面管理工作 (6) 协助仓库做好原材料、机物料、非生产用物料的入库工作		
车辆管理	(1) 安排原材料和产成品发货运输业务 (2) 负责外运机构的联系及合同洽谈、签订，以及费用结算工作 (3) 负责班车管理工作 (4) 负责客户用车和其他临时用车的管理工作 (5) 负责车辆的费用管理以及车辆的维修及保养工作		
供应商管理	(1) 组织收集供应商信息、分析原材料市场趋势，对供应商进行推选和评价，建立稳定的供货渠道，并对合格供应商定期考核 (2) 开发新供应商 (3) 处理退换货 (4) 负责采购价格管理 (5) 负责交货期管理 (6) 负责采购合同管理 (7) 负责财务报账及应付款管理		
库房管理	(1) 按照公司制定的物资入库程序办理入库手续，做到货账相符 (2) 制定合理的库存定额标准，保证所需物资数量品种充足、齐全又无积压 (3) 编制物料入库日报、周报、月报、季报 (4) 及时记录好进出库流水账并保存好各种原始单据 (5) 与财务共同对材料、辅料、部件、机械、工具等进行盘存，编制盘存报表及核算 (6) 编制呆料、滞料、废料报表，并经批准后处理 (7) 做好库存滞品及成品库存报告，原材料预警报告 (8) 做好物资存放管理工作，防止丢失、变质、损坏 (9) 经常清点库存产品，做到账、卡、物相符 (10) 及时提交库存报告		
职位设置			
序号	职位名称	人数	备注

表8-60 **人力资源部的职责**

部门名称	人力资源部	部门编号	
职责描述			
职责	具体描述		
人力资源规划管理	(1) 根据公司的业务发展状况，制订人力资源规划，上报领导审批后执行 (2) 定期或不定期对人力资源管理规划进行修订		
人力资源规章制度管理	(1) 编制人力资源管理的规章制度，上报领导审批后执行 (2) 对人力资源管理规章制度的执行情况进行检查 (3) 解释、运用人力资源管理制度		
员工日常管理	(1) 组织、指导、审核公司各部门编写职务说明书 (2) 办理员工调配、任免、晋升、奖惩等手续 (3) 进行员工综合档案的管理 (4) 办理人员解聘解雇等事项 (5) 进行员工动态管理、分析		
员工招聘	(1) 根据公司员工需求情况，编制员工需求计划 (2) 根据员工需求计划，组织对应聘员工进行初试 (3) 与用人部门共同组织复试，并共同确定录用对象 (4) 为新进人员办理聘用手续，签订劳动合同		
员工考核	(1) 根据公司的发展战略和各部门的职能拟定员工绩效考核制度，经领导批准后实施 (2) 配合相关部门，根据考核制度实施考核 (3) 负责考核结果的审核、签办工作 (4) 对公司员工进行考勤管理		
薪酬福利管理	(1) 拟定公司薪酬制度，经领导审批后执行 (2) 负责员工的社会保险管理 (3) 编制员工工资表 (4) 负责劳动保护用品的发放工作		
劳动合同管理	(1) 根据政府劳动部门的规定，制定公司统一的劳动合同文本 (2) 组织员工签订劳动合同及办理续签手续 (3) 处理劳动争议		
教育培训管理	(1) 拟定培训制度，并经批准后实施 (2) 根据各部门提交的员工培训计划，编制公司年度培训计划 (3) 编制培训费用预算 (4) 组织、实施培训 (5) 负责企业文化的宣导工作		

职位设置

序号	职位名称	人数	备注

表8-61 办公室的职责

部门名称	办公室	部门编号	
职责描述			
职责	具体描述		
行政事务管理	（1）建立规章制度并检查实施情况，促进各项工作规范化管理 （2）负责公司资料、信息等的管理，以及宣传报道工作，协调内外联系和上下联系 （3）负责公司纪律、卫生的行政监督工作		
总务后勤	（1）管理房产，办理产权事项 （2）负责公司绿化与公司环境的管理 （3）负责公司办公用品、生活用品、器具、设备、设施及劳保用品的采购、保管与发放 （4）保障厂区、宿舍财产及员工安全 （5）维修房屋、道路等 （6）维护清洁卫生 （7）负责宿舍的管理 （8）负责水、电、锅炉的管理 （9）负责员工食堂的全面管理 （10）负责安全、保卫、消防的检查与管理		
职位设置			
序号	职位名称	人数	备注

表8-62 财务部的职责

部门名称	财务部	部门编号	
职责描述			
职责	具体描述		
经营决策支持	（1）根据公司发展战略，制订财务规划 （2）关注外部资金市场动态，为公司重大投资决策提供信息支持 （3）预测公司生产经营状况，协助修改和制定公司经营目标		
预决算管理	（1）根据公司经营目标，指导各职能部门编制财务预算 （2）汇总各部门预算，编制公司财务预算、成本计划和利润计划 （3）考核和分析公司预算的执行情况 （4）进行财务决算，制作决算报告		

续表

职责	具体描述
财务管理	(1) 拟定并执行公司各项财务管理制度 (2) 制订各职能部门的具体财务指标 (3) 掌握公司资金的增减变化和结存情况，及时提供会计资料以满足相关方面对会计信息的需要 (4) 按期考核公司财务计划的执行情况，编写公司财务分析报告并提出财务建议 (5) 筹集公司经营所需资金，管理公司负债，保证生产经营活动的资金供给 (6) 定期与开户银行对账、编制银行存款余额调节表，保证调节后余额一致 (7) 协助业务部做好货款回收工作 (8) 负责税务筹划、年检报表及业务联系 (9) 负责会计凭证、人员工资、差旅费审核 (10) 清理债权、债务并与供应部及库房核对 (11) 负责现金的存、取、转、结等日常管理 (12) 负责公司及各级部门会计核算凭证的填制、审核，日常账务处理，公司内部的业务结算 (13) 负责会计核算、报表编制和报表分析 (14) 进行公司财务状况分析
财务监督	(1) 监督原材料采购与入库，原材料、半成品、成品保管与出库工作，并定期盘存 (2) 督促货款回收与检查，处理不良债权 (3) 评审重大销售合同、采购合同 (4) 清查、核实固定资产、流动资金
成本核算	(1) 估算公司成本，提出成本控制指标建议 (2) 进行产品成本、研发成本、营销服务成本、人工成本等各项成本核算
计划统计管理	(1) 负责公司计划统计制度的拟定和执行 (2) 进行日常统计、统计分析与预测，提供统计报表、统计分析报告和统计预测报告 (3) 负责对外统计报表的编报工作 (4) 负责标准工时工资定额的制定和调整 (5) 负责公司经营预算的编制 (6) 负责公司生产经营计划的制订、分解、执行和监督

职位设置

序号	职位名称	人数	备注

表8-63 审计部的职责

部门名称	审计部	部门编号	
职责描述			
职责	具体描述		
审计监察	(1) 根据公司的工作目标拟订公司的审计计划，开展各类经营审计工作和专项审计工作 (2) 拟定和执行公司审计制度 (3) 对公司经营管理、内部控制制度进行审计评价 (4) 对公司财务预算、财务收支情况进行审计 (5) 对公司的资产、负债和损益进行审计 (6) 对公司的内部经营及投资效益进行审计 (7) 对组织采购合同进行审计 (8) 组织实施对专项经费的审计 (9) 根据授权，对公司的难点、热点问题进行审计监察 (10) 对有关负责人执行公司政策、方针、制度等的情况进行审计监察 (11) 协调与政府审计监察部门有关的事宜 (12) 根据审计监察结果提出建议，并跟踪审计建议的执行，实施后续审计工作 (13) 收集审计证据、编制审计工作底稿，准备审计报告 (14) 建立、管理审计档案 (15) 宣传审计法规 (16) 完成公司领导安排的其他审计监察工作		
职位设置			
序号	职位名称	人数	备注

8.3.2 职位说明书

职位说明书涉及以下工作岗位：董事长、总经理、销售副总、经营副总、总工程师、总调度、行政副总、财务副总、总经理办公室主任、项目部经理、质检部经理、设备部经理、销售部经理、市场部经理、综合业务部经理、出口部经理、技术支持部经理、产品设计部经理、工装模具部经理、调度计划室主任、生产一部经理、生产二部经理、供应部经理、金属软管半成品车间主任、金属软管总成车间主任、机加工车间主任、补偿器半成品车间主任、补偿器总成车间主任、人力资源部经理、办公室主任、财务部经理、审计部经理。

这些工作岗位的职位说明书具体内容见表8-64至表8-95。

表8-64 **董事长职位说明书**

职位名称：董事长	所在部门：
直接上级：董事会	直接下级：总经理
职务等级：	职务系列：
一、职位概要	
主持公司生产经营管理工作，对所承担的工作全面负责	
二、职责要求	

具体职责	负责程度（全责/部分/支持）	表单、文件
1.主持召开股东会、董事会，并向股东会、董事会报告工作	全责	工作报告
2.召集和主持公司管理委员会议，组织讨论和决定公司发展战略、公司业务规划、经营方针及日常经营工作中的重大事项	全责	公司发展战略、公司业务规划、经营方针
3.检查董事会决议的实施情况，并向董事会报告	全责	工作报告
4.提名公司总经理和其他高层管理人员的聘用，决定其报酬、待遇以及解聘，并报董事会批准和备案	全责	
5.审查总经理提出的各项发展计划及执行结果	全责	
6.定期审阅公司的财务报表和其他重要报表，全盘控制全公司系统的财务状况	全责	
7.签署批准公司拟招聘的各级管理人员和专业技术人员	全责	
8.向董事会或公司提出企业的更新改造发展规划方案、预算外开支计划	全责	企业的更新改造发展规划方案、预算外开支计划
9.签署对外重要经济合同，上报印发的各种重要报表、文件、资料	全责	
10.处理其他由董事会授权的重大事项	全责/部分	
11.负责对总经理和其他副总的考勤、考核和工作评价	全责	
工作权限	1.对公司的重要业务活动有综合管理权 2.有权制订有利于公司发展的规划 3.有人事任免调度权 4.有公司的资金使用权	

续表

工作关系	内部协调：高层管理人员、各部门 外部协调：政府部门、客户等
工作环境与工作时间	办公室，环境舒适 无明显的节假日

三、任职资格

学历与专业：
工商管理、行政管理等相关专业大学本科及以上学历
工作经验：
10年以上企业管理工作经验，5年以上企业全面管理工作经验
业务知识：
1.熟悉企业业务和运营流程
2.在团队管理方面有高超的技巧和丰富的经验
3.掌握先进的企业管理模式及其精要，具有先进的管理理念
4.善于制定企业发展战略，具备把握企业发展全局的能力
5.熟悉企业全面运作、企业经营管理、各部门工作流程
6.具有敏锐的商业触觉、优异的工作业绩
能力与素质：
1.具有杰出的领导能力、出色的人际交往和社会活动能力
2.善于协调、沟通，责任心、事业心强
3.亲和力、判断能力、决策能力、计划能力、谈判能力强
4.为人干练、踏实
5.有良好的敬业精神和职业道德操守，有很强的感召力和凝聚力

四、KPI

1.公司投资资本回报率
2.公司销售额及增长率
3.公司利润总额
4.产品市场占有率
5.人才队伍建设有效性
6.战略规划的科学性、可行性

五、签字确认

	责任人	时间
任职者签字		
上司签字		
人力资源部签字		

表8-65 **总经理职位说明书**

<table>
<tr><td>职位名称：总经理</td><td colspan="2">所在部门：</td></tr>
<tr><td>直接上级：董事长</td><td colspan="2">直接下级：各副总、总工程师、总调度、总经理办公室主任、项目部经理、质检部经理、设备部经理、供应部经理</td></tr>
<tr><td>职务等级：</td><td colspan="2">职务系列：</td></tr>
<tr><td colspan="3">一、职位概要</td></tr>
<tr><td colspan="3">制定和实施公司总体战略与年度经营计划；建立和健全公司的管理体系与组织结构；主持公司的日常经营管理工作，实现公司经营管理目标和发展目标</td></tr>
<tr><td colspan="3">二、职责要求</td></tr>
<tr><td>具体职责</td><td>负责程度（全责/部分/支持）</td><td>表单、文件</td></tr>
<tr><td>1.根据董事会或集团公司提出的战略目标，制定公司发展战略，提出公司的业务规划、经营方针和经营形式，经集团公司或董事会确定后组织实施</td><td>部分</td><td>公司发展战略、公司业务规划、经营方针</td></tr>
<tr><td>2.主持公司的基本团队建设，规范内部管理</td><td>全责</td><td></td></tr>
<tr><td>3.拟订公司内部管理机构设置方案和基本管理制度</td><td>部分</td><td>公司组织结构、各项管理规章制度</td></tr>
<tr><td>4.审定公司具体规章、奖罚条例，审定公司工资奖金分配方案，审定经济责任挂钩办法并组织实施</td><td>全责</td><td></td></tr>
<tr><td>5.审核签发以公司名义发出的文件</td><td>全责</td><td></td></tr>
<tr><td>6.召集、主持总经理办公会议，检查、督促和协调各部门的工作进展，主持召开行政例会、专题会等会议，总结工作、听取汇报</td><td>全责</td><td></td></tr>
<tr><td>7.主持公司的全面经营管理工作，组织实施董事会决议</td><td>全责</td><td></td></tr>
<tr><td>8.向董事会或集团公司提出企业的更新改造发展规划方案、预算外开支计划</td><td>全责</td><td>更新改造发展规划方案、预算外开支计划</td></tr>
<tr><td>9.处理公司重大突发事件</td><td>全责</td><td></td></tr>
<tr><td>10.负责对本部门所属员工的考勤、考核和工作评价</td><td>全责</td><td></td></tr>
<tr><td>工作权限</td><td colspan="2">1.有权对公司的部门（人力资源、财务、生产、销售）进行监督和考核
2.有权制订有利于公司发展的计划、规划
3.有人事任免调度权
4.有公司的资金使用权</td></tr>
</table>

续表

工作关系	内部协调：高层管理人员、各部门 外部协调：政府部门、客户等
工作环境与工作时间	办公室，环境舒适 无明显的节假日

三、任职资格

学历与专业：
工商管理、行政管理等相关专业大学本科及以上学历
工作经验：
10年以上企业管理工作经验，5年以上企业全面管理工作经验
业务知识：
1.熟悉企业业务和运营流程
2.在团队管理方面有高超的技巧和丰富的经验
3.掌握先进的企业管理模式及其精要，具有先进的管理理念
4.善于制定企业发展战略，具备把握企业发展全局的能力
5.熟悉企业全面运作、企业经营管理、各部门工作流程
6.具有敏锐的商业触觉、优异的工作业绩
能力与素质：
1.具有杰出的领导能力、出色的人际交往和社会活动能力
2.善于协调、沟通，责任心、事业心强
3.亲和力、判断能力、决策能力、计划能力、谈判能力强
4.为人干练、踏实
5.有良好的敬业精神和职业道德操守，有很强的感召力和凝聚力

四、KPI

1.公司投资资本回报率
2.公司销售额及增长率
3.公司利润总额
4.产品市场占有率
5.人才队伍建设有效性
6.战略规划的科学性、可行性

五、签字确认

	责任人	时间
任职者签字		
上司签字		
人力资源部签字		

表8-66 **销售副总职位说明书**

职位名称：销售副总	所在部门：
直接上级：总经理	直接下级：市场部经理、销售部经理
职务等级：	职务系列：

一、职位概要

依据公司发展战略目标，组织编制所属管理部门工作目标和经营目标，制定并推进实施全面的销售战略、销售方案，有效地管理客户，提高公司的市场开拓能力及接单能力

二、职责要求

具体职责	负责程度（全责/部分/支持）	表单、文件
1.根据公司的发展战略，拟订公司的销售战略，经总经理批准后制订并组织实施完整的销售方案	全责	销售战略规划方案及销售管理各项制度
2.根据公司阶段性目标和年度计划，制定所属部门的年、季、月工作目标和工作计划	全责	公司年、季、月度营销计划目标
3.组织部门开发多种销售手段，完成销售计划及回款任务	全责	
4.编制市场调研计划，策划并执行专项市场调查活动；深入了解本行业，把握最新销售信息，定期不定期地提交调研分析报告，为公司制定业务发展战略提供依据	全责	市场调研报告
5.协同综合业务部进行重大营销合同的谈判与签订工作	部分	销售订单
6.管理销售人员，帮助建立、补充、发展、培养销售队伍	全责	
7.协助处理大客户投诉，跟踪处理投诉结果，并进行客户满意度调查	部分	
8.负责对所属部门主管的考核和工作评价	全责	
9.负责客户的开发与维护工作	全责	
10.完成领导交办的其他工作	全责/部分	
工作权限	1.有权对公司的市场营销活动进行计划、指挥、协调和控制 2.有权安排下属员工的工作分配 3.有权处理本部门的各项事务，紧急处理工作内容外事务 4.对公司的岗位设置、人员配备有建议权	

续表

工作关系	内部协调：高层管理人员、各部门 外部协调：政府部门、客户等
工作环境与工作时间	办公室，有时需要出差，环境舒适 正常工作时间，根据需要加班

三、任职资格

学历与专业：

工商管理、市场营销等专业大专及以上学历

工作经验：

8年以上销售、市场营销管理工作经验，5年以上大型企业销售管理部经理相关工作经验

业务知识：

1.熟悉现代管理模式，熟练运用各种激励措施

2.有丰富的市场营销策划经验，能够识别、确定潜在的商业合作伙伴，熟悉行业市场发展现状

3.具有优秀的营销技巧，较强的市场策划能力和运作能力

4.良好的口头及书面表达能力

能力与素质：

1.工作细致、严谨，并具有战略前瞻性思维

2.具有较强的管理能力、判断和决策能力、人际沟通协调能力

3.具有优秀的市场拓展、项目协调、谈判能力

4.具有很强的计划性和执行能力

5.具有高度的工作热情和责任感

四、KPI

1.销售额

2.交货及时率

3.重点客户交货及时率

4.客户投诉率

5.回款率

6.呆账率

7.市场占有率

五、签字确认

	责任人	时间
任职者签字		
上司签字		
人力资源部签字		

表8-67 经营副总职位说明书

职位名称：经营副总		所在部门：
直接上级：总经理		直接下级：综合业务部、出口部
职务等级：		职务系列：
一、职位概要		
依据公司发展战略目标，制定所属管理部门工作目标和经营目标，制定并推进实施全面的经营计划、销售战略，提高公司的市场开拓能力及出口竞争力		
二、职责要求		
具体职责	负责程度（全责/部分/支持）	表单、文件
1.参与编制公司年、季、月度销售计划及销售费用预算，并监督实施	部分	公司年、季、月度营销计划目标
2.组织相关部门根据客户的需求对订单进行合同评审，确定产品的技术参数、交货期以及交货方式等内容	部分	合同评审记录
3.组织销售合同的签订、履行与管理工作		销售订单
4.货物跟踪和售后服务，包括受理客户的投诉和退货要求	部分	客户质量投诉等相关记录
5.发货、退货、货款回笼的监督、控制，以及呆账、坏账的督促处理	全责	
6.对销售人员的客户服务、劳动纪律、预算执行及商务条款等事项实行过程稽查	全责	
7.组织建立销售情况统计台账，定期报送财务部	全责	每月销售情况及业务员销售业绩
8.接待来访客户及综合协调日常行政事务		
9.负责对所属部门主管的考核和工作评价	全责	
10.完成领导交办的其他工作	全责/部分	
工作权限	1.对公司销售费用具有控制权 2.对公司产品价格浮动具有建议权 3.对所属部门主管具有考核、监督、检查权 4.对所属部门员工具有任免、岗位调配的建议权 5.对公司决策具有建议权	

续表

工作关系	内部协调：高层管理人员、各部门 外部协调：客户等
工作环境与工作时间	办公室，环境舒适 正常工作时间，根据需要加班

三、任职资格

学历与专业：
市场营销、工商管理等相关专业大专及以上学历
工作经验：
3年以上市场营销管理工作经验，5年以上相关职位工作经验
业务知识：
1.精通现代营销理论
2.熟悉现代企业管理制度和管理模式
3.熟悉企业产品知识和各项规章制度
4.通晓国家有关法规政策、行业政策
5.熟练使用办公软件，能够统计和分析各类报表
能力与素质：
1.具有较强的服务意识
2.具有较强的风险控制能力，能够准确把握客户意图
3.具有较强的协调能力和沟通能力
4.具有较强的异常问题处理能力，能够及时解决出现的问题
5.具有较强的计划与执行能力
6.具有较强的敬业精神和责任感

四、KPI

1.销售额
2.交货及时率
3.重点客户交货及时率
4.客户投诉率
5.回款率
6.呆账率
7.市场占有率

五、签字确认

	责任人	时间
任职者签字		
上司签字		
人力资源部签字		

表8-68 **总工程师职位说明书**

<table>
<tr><td colspan="2">职位名称：总工程师</td><td>所在部门：</td></tr>
<tr><td colspan="2">直接上级：总经理</td><td>直接下级：技术支持部经理、产品设计部经理、工装模具部经理</td></tr>
<tr><td colspan="2">职务等级：</td><td>职务系列：</td></tr>
<tr><td colspan="3">一、职位概要</td></tr>
<tr><td colspan="3">组织公司的产品设计、工艺设计、工装模具的开发工作，为公司生产提供技术支持</td></tr>
<tr><td colspan="3">二、职责要求</td></tr>
<tr><td>具体职责</td><td>负责程度（全责/部分/支持）</td><td>表单、文件</td></tr>
<tr><td>1.协助总经理，参与公司经营管理与决策</td><td>部分</td><td>相关文件</td></tr>
<tr><td>2.负责组织制订技术发展战略规划，及时了解和监督技术发展战略规划的执行情况</td><td>全责</td><td></td></tr>
<tr><td>3.负责组织公司技术创新工作</td><td>全责</td><td></td></tr>
<tr><td>4.领导下级部门制订年度工作计划，并监督指导工作计划的执行</td><td>全责</td><td></td></tr>
<tr><td>5.协助公司建立ISO 9001质量管理体系，参与制定公司技术质量标准及产品质量标准，并及时修订</td><td>支持</td><td>产品技术标准</td></tr>
<tr><td>6.负责本部门的员工队伍建设，提出和审核对下属各部门的人员调配、培训、考核意见</td><td>全责</td><td></td></tr>
<tr><td>7.协助组织产品质量问题分析，解决质量问题</td><td>部分</td><td>质量问题分析及处理意见</td></tr>
<tr><td>8.主持制定研究开发、质量管理制度</td><td>全责</td><td>研究开发、质量管理制度</td></tr>
<tr><td>9.监督分管部门的工作目标实现情况，及时给予指导</td><td>全责</td><td></td></tr>
<tr><td>10.制定本部门的年度预算并监督执行，及时给予指导</td><td>全责</td><td>经费预算</td></tr>
<tr><td>11.完成上级交办的其他工作</td><td>全责/部分</td><td></td></tr>
<tr><td>工作权限</td><td colspan="2">1.公司重大决策的建议权
2.公司技术发展战略的建议权
3.研发技术文件标准的审定权
4.对公司各部门的质量管理体系建设的监督检查权
5.对直接下级人员调配、奖惩的建议权和任免的提名权
6.对所属下级的工作的监督检查权
7.对所属下级工作争议有裁决权
8.对所属下级的管理水平、业务水平和业绩有考核评价权</td></tr>
</table>

续表

工作关系	内部协调：高层管理人员、各部门 外部协调：技术合作单位、客户等
工作环境与工作时间	办公室，环境舒适 正常工作时间，根据需要加班

三、任职资格

学历与专业：
机械制造等相关专业本科及以上学历
工作经验：
5年以上高科技行业技术研发工作经验，3年以上研发部门管理工作经验，主持过大型研发项目并通过省部级鉴定
业务知识：
1.精通金属软管和补偿器领域相关知识，通晓相关技术知识
2.掌握先进技术，了解制造行业特点和国内外发展动态
3.具备相应的技术管理、财务管理、质量管理等方面的知识
能力与素质：
具有很强的领导能力、判断与决策能力、人际沟通能力、影响力、计划与执行能力

四、KPI

1.开发任务完成情况
2.新产品立项数量
3.研发产品的转化率
4.新产品投入市场的技术稳定性
5.开箱合格率
6.预算控制情况
7.关键人员流失率
8.下属行为管理
9.部门合作满意度

五、签字确认

	责任人	时间
任职者签字		
上司签字		
人力资源部签字		

表8-69 总调度职位说明书

职位名称：总调度	所在部门：
直接上级：总经理	直接下级：调度计划室主任、生产一部经理、生产二部经理
职务等级：	职务系列：

一、职位概要

负责组织全公司的生产工作，保质、保量、按时为用户提供产品

二、职责要求

具体职责	负责程度（全责/部分/支持）	表单、文件
1.协助总经理，参与制定公司发展战略与年度经营计划	部分	相关文件
2.组织制订并实施生产战略规划，主持制订、调整年度生产计划	全责	生产计划
3.参与外包厂家、供应商考察，产品重大质量问题的分析与处理	支持	
4.组织落实、监督调控生产过程各项工艺、质量、设备、成本、产量指标，随时掌握生产过程中的质量状态，协调各部门之间的沟通与合作，及时解决生产中出现的问题，做好生产管理，降低生产成本	全责	
5.参与建立和完善质量管理制度，组织实施并监督、检查生产质量体系的运行	支持/全责	
6.负责本部门的员工队伍建设，提出和审核对下属各部门的人员调配、培训、考核意见，指导、监督、检查所属下级的各项工作，掌握工作情况和有关数据	部分	员工考核表
7.制定本部门的年度预算并监督控制	全责	
8.按工作程序做好与技术、营销、财务部门的横向联系	全责	公司相关制度
9.完成上级交办的其他工作	全责/部分	相关文件

工作权限	1.公司重大决策的建议权 2.在产值权限内，对生产计划的审批权 3.对生产作业计划、外包生产计划的审批权以及执行情况的监督检查权 4.对直接下级人员调配、奖惩的建议权和任免的提名权 5.对所属下级工作的监督检查权 6.对所属下级工作争议有裁决权 7.对所属下级的管理水平、业务水平和业绩有考核评价权

续表

工作关系	内部协调：高层管理人员、各部门 外部协调：外包加工厂家等
工作环境与工作时间	办公室，环境舒适 需要经常加班

三、任职资格

学历与专业：

机械加工或相关专业本科及以上学历

工作经验：

8年以上相关行业生产管理协调经验，在部门经理岗位工作5年以上

业务知识：

1.通晓相应的生产管理知识

2.具有战略管理、管理能力开发、市场营销、财务管理等方面的知识

3.熟悉生产规程以及质量标准

4.了解金属软管、波纹管领域的专业知识

能力与素质：

1.优秀的领导能力、判断与决策能力、计划与执行能力、沟通能力、谈判能力

2.能承受较大的工作压力

3.能够带领团队，具有较强的团队合作精神

四、KPI

1.产品供货及时率

2.废品率

3.非产品库存周转天数

4.重要任务完成情况

5.开箱合格率

6.预算控制情况

7.关键人员流失率

五、签字确认

	责任人	时间
任职者签字		
上司签字		
人力资源部签字		

表8-70　　**行政副总职位说明书**

职位名称：行政副总		所在部门：
直接上级：总经理		直接下级：人力资源部经理、办公室主任
职务等级：		职务系列：
一、职位概要		
依据公司发展战略目标，组织编制所属管理部门工作目标和经营目标，领导、协调人力资源部、办公室的各项工作，保障公司年度经营业务和管理的有序开展		
二、职责要求		
具体职责	负责程度（全责/部分/支持）	表单、文件
1.根据公司的发展战略拟定公司的人力资源战略，经总经理批准后制定并组织实施人力资源管理和办公、行政管理的有关规章制度	全责	人力资源战略规划方案，人力资源和行政管理各项制度
2.根据公司阶段性目标和年度计划，制定所属部门目标、计划	全责	年度计划目标
3.领导、组织公司人力资源制度的设计，人员管理、薪酬和培训计划的制定及落实，绩效考核等工作	全责	员工绩效考核程序与方法，公司薪酬制度，人力资源管理制度有关文件
4.根据公司年度工作计划，组织、协调、安排公司内部事务性管理，包括财产、办公、安全、卫生、职工生活等后勤保障工作	全责	
5.协助领导推进企业文化的建设工作，塑造、维护、发展和传播企业文化	部分	
6.负责对所属部门主管的考核和工作评价	全责	
7.完成领导交办的其他工作	全责/部分	
工作权限	1.对公司人力资源的储备、建设、开发有建议权 2.有参与公司有关人事调配的决策权 3.对公司的岗位设置、人员配备有建议权 4.有权安排下属员工的工作分配	

续表

工作关系	内部协调：高层管理人员、各部门 外部协调：政府部门、客户等
工作环境与工作时间	办公室，环境舒适 正常工作时间，根据需要加班

三、任职资格

学历与专业：

企业管理、人力资源管理或相关专业大专以上学历

工作经验：

8年以上工作经验，5年以上大型企业人力资源管理部或行政经理相关工作经验

业务知识：

1.对现代企业管理模式有系统的了解，实践经验丰富，能够指导各个职能模块的工作

2.具备现代企业管理理念和扎实的理论基础

3.熟悉国家、地区及企业关于合同管理、薪金制度、用人机制、保险福利待遇、培训等方面的法律法规及政策

4.能熟练操作办公软件及相关的人事管理软件

能力与素质：

1.具有战略化、策略化思维，有能力建立、整合不同的工作团队

2.具有解决复杂问题的能力

3.具有很强的计划性和执行能力

4.具有很强的激励、沟通、协调、团队领导能力，责任心、事业心强

四、KPI

1.制度建设完善性

2.员工离职率

3.员工满意度

4.公司卫生环境状况

5.公司重大治安事故发生频次

6.后勤投诉率

五、签字确认

	责任人	时间
任职者签字		
上司签字		
人力资源部签字		

表8-71 **财务副总职位说明书**

职位名称：财务副总		所在部门：
直接上级：总经理		直接下级：财务部经理、审计部经理
职务等级：		职务系列：
一、职位概要		
依据公司发展战略目标，主持公司财务战略的制定、财务管理及内部控制工作，筹集公司运营所需资金，完成公司财务计划；根据公司的工作目标开展各类经营审计工作和专项审计工作		
二、职责要求		
具体职责	负责程度（全责/部分/支持）	表单、文件
1.根据公司的发展战略，组织建立和完善科学、系统、符合公司实际情况的财务核算体系和财务监控体系，进行有效的内部控制	全责	各项财务规章制度、各项审计规章制度
2.制订公司资金运营计划，监督资金管理和预、决算	全责	公司资金运营计划
3.对公司投资活动所需要的资金的筹措方式进行成本计算，并提供最为经济的筹资方式	全责	
4.筹集公司运营所需资金，保证公司战略发展的资金需求，审批公司重大资金流向	全责	
5.主持对重大投资项目和经营活动的风险评估、指导、跟踪和财务风险控制	部分	
6.协调公司同银行以及市场监督管理、税务等政府部门的关系，维护公司利益	全责	各项税收表
7.参与公司重要事项的分析和决策，为公司的生产经营、业务发展及对外投资等事项提供财务方面的分析和决策依据	全责	
8.审核财务报表，提交财务管理工作报告	全责	销售收入明细表，资金收、付明细表，应收账款明细表，生产、销售成本明细表，费用明细表，资产负债表，利润表，现金流量表，库存商品、固定资产明细表
9.根据公司的工作目标制订公司的审计计划，开展各类经营审计工作及专项审计工作	全责	公司审计计划
10.负责对所属部门主管的考核和工作评价	全责	
11.完成领导交办的其他工作	全责/部分	

续表

工作权限	1.主管公司财务权，直接对总经理负责 2.对公司的经营、财务及专项审计有审计权 3.对公司融资、投资的决策有参与权 4.有权处理本部门的各项事务，紧急处理工作内容外事务 5.对公司的岗位设置、人员配备有建议权 6.有权安排下属员工的工作分配
工作关系	内部协调：高层管理人员、各部门 外部协调：政府部门、客户等
工作环境与工作时间	办公室，环境舒适 正常工作时间，根据需要加班

三、任职资格

学历与专业：
会计、财务管理或相关专业大学本科及以上学历
工作经验：
8年以上财务管理工作经验，5年以上大型企业财务部经理相关工作经验
业务知识：
1.具有较全面的财会专业理论知识、现代企业管理知识，熟悉财经法律法规和制度
2.熟悉财务相关法律法规，投资、进出口贸易、企业财务制度和流程
3.参与过较大投资项目的分析、论证和决策
4.熟悉税法政策、营运分析、成本控制及成本核算
5.具有丰富的财务管理、资金筹划、融资及资本运作经验
6.有良好的口头及书面表达能力
能力与素质：
1.工作细致、严谨，并具有战略前瞻性思维
2.具有较强的判断和决策能力、人际沟通和协调能力、计划与执行能力
3.具有较强的工作热情和责任感

四、KPI

1.各项财务、审计规章制度的完善性
2.资金计划完成率
3.筹资成本控制率
4.对内审计实施情况
5.对外部审计的配合情况

五、签字确认

	责任人	时间
任职者签字		
上司签字		
人力资源部签字		

表8-72 **总经理办公室主任职位说明书**

职位名称：总经理办公室主任	所在部门：总经理办公室
直接上级：总经理	直接下级：
职务等级：	职务系列：

一、职位概要

根据公司的发展战略和有关规章制度，规划、指导、协调公司行政服务支持等各项工作，组织下属人员完成本职工作

二、职责要求

具体职责	负责程度（全责/部分/支持）	表单、文件
1.编写行政管理、文秘、档案管理制度	全责	各项行政规章制度
2.根据公司领导的指示，组织外事接待工作，建立和维护良好的外部公共关系	全责	
3.批办公司来文、函电、传真等，对公司各类档案文件与资料进行整理、归档、保管等；负责管理公司重要资质证件	全责	文件收发记录，文件借阅登记表，文件归档记录表，重要资质证件
4.总经理的各种会议、重要活动的组织安排和会务工作，以及会议记录及其整理归档等工作	全责	各种会议记录、内部工作简报、部门工作报告
5.负责组织公司综合性政策的研究，综合性文件和重要报告、讲话的起草	全责	各种文件、报告、讲话稿件
6.协助总经理进行企业整体经济运行管理，监督总经理办公会决议的执行	全责	
7.对总经理所需各类资料信息进行采集、整理、更新等	全责	
8.负责公司印章的使用与管理	全责	印章的使用与管理办法
9.负责向有关部门传达、布置、检查、督办总经理办公会决定的事项，并及时反馈结果	全责	
10.负责总经理后勤服务工作	全责	
11.负责对本部门所属员工的考勤、考核和工作评价	全责	
12.完成领导交办的其他工作	全责/部分	

续表

工作权限	1.对印章的使用与管理权 2.对下属拥有考勤、考核、检查及监督的权力 3.对下属人事任免、岗位调配具有建议权
工作关系	内部协调：高层管理人员、各部门 外部协调：政府部门、客户等
工作环境与工作时间	办公室，环境舒适 正常工作时间，根据需要加班

三、任职资格

学历与专业：
秘书、中文、公共关系、行政管理等相关专业大专及以上学历
工作经验：
5年以上行政管理工作经验，3年以上相关职位工作经验
业务知识：
1.具有较丰富的现代企业管理知识
2.具有较强的中英文写作、口语、阅读能力
3.通晓国家有关法规政策、行业政策
4.熟练使用办公软件、办公自动化设备
能力与素质：
1.具有优秀的外联与公关能力，具备解决突发事件的能力
2.具有较强的人际沟通和协调能力
3.具有较强的分析、解决问题能力，思路清晰，考虑问题细致
4.具有较强的计划与执行能力
5.具有较强的敬业精神和责任感

四、KPI

1.文件处理的质量和效率
2.工作任务完成的及时性
3.公司文件、档案、信息的保密性
4.员工满意度

五、签字确认

	责任人	时间
任职者签字		
上司签字		
人力资源部签字		

表8-73 **项目部经理职位说明书**

职位名称：项目部经理		所在部门：项目部
直接上级：总经理		直接下级：
职务等级：		职务系列：
一、职位概要		
根据公司战略规划，进行项目投资可行性分析以及项目过程管理，为管理层提供建议		
二、职责要求		
具体职责	负责程度（全责/部分/支持）	表单、文件
1.跟踪本行业及与公司业务相关的国内外技术发展趋势，结合公司现行业务优势，为公司业务的发展方向提出市场开发和技术研制计划	全责	公司市场开发计划 公司技术研制计划
2.负责与客户沟通，分析用户需求，并拟订其业务流程	全责	
3.对项目进行背景调查，收集整理项目相关资料，并撰写项目调查报告和信息综述	全责	项目调查报告和信息综述
4.联系项目相关单位和相关技术专家，分析、评估项目的风险，并制定有关对策；制定初步的项目可行性研究报告	全责	项目可行性研究报告 立项报告材料
5.制订项目的整体工作计划，并分解项目的阶段性任务和目标	全责	××项目工作计划
6.跟踪、检查项目的执行情况，掌握项目的进度，及时调整计划	全责	
7.分析、识别、确定项目生命周期的重要评审点，并组织实施评审	全责	
8.对下属人员进行业务指导和工作考核	全责	
9.完成领导交办的其他工作	全责/部分	
工作权限	1.对项目立项具有建议权 2.对项目费用的支出具有总体控制权 3.对本部门员工具有考核、监督、检查权 4.对本部门员工任免、岗位调配具有建议权	

续表

工作关系	内部协调：高层管理人员、各部门 外部协调：客户、专家等
工作环境与工作时间	办公室，有时在生产现场，环境较舒适 正常工作时间，根据需要加班

三、任职资格

学历与专业：
机械制造或项目管理相关专业大学本科及以上学历
工作经验：
5年以上相关职位工作经验
业务知识：
1.具有项目管理知识与经验
2.熟悉项目管理方法和管理工具
3.熟悉立项流程，熟知项目申报程序，能撰写可行性分析报告
4.熟悉本行业特点和产品知识
5.熟悉企业各项规章制度
能力与素质：
1.具有较强的项目组织、计划、控制和协调能力
2.具有较强的团队合作精神
3.具有较强的人际沟通能力
4.具有较敏锐的观察力
5.具有较强的敬业精神和责任感

四、KPI

1.项目的实际风险
2.项目计划的实际完成率
3.项目阶段目标完成率
4.文档的完整率

五、签字确认

	责任人	时间
任职者签字		
上司签字		
人力资源部签字		

表8-74 **质检部经理职位说明书**

<table>
<tr><td colspan="2">职位名称：质检部经理</td><td>所在部门：质检部</td></tr>
<tr><td colspan="2">直接上级：总经理</td><td>直接下级：</td></tr>
<tr><td colspan="2">职务等级：</td><td>职务系列：</td></tr>
<tr><td colspan="3">一、职位概要</td></tr>
<tr><td colspan="3">建立、改进并运行质量管理体系，规划实施质量管理方案，实现对原材料、产品、工艺的质量控制目标</td></tr>
<tr><td colspan="3">二、职责要求</td></tr>
<tr><td>具体职责</td><td>负责程度（全责/部分/支持）</td><td>表单、文件</td></tr>
<tr><td>1.根据公司发展战略规划，组织制订公司质量管理规划及本部门的年度工作计划</td><td>支持</td><td>年度工作计划</td></tr>
<tr><td>2.建立、维护并持续改善质量管理体系和各项质量管理制度，指导质量管理工作，使质量管理工作有效运行</td><td>支持</td><td>质量管理体系、各项质量管理制度</td></tr>
<tr><td>3.参加对供应商的质量保证体系的考核及评审，参加外协加工厂的合同评审，必要时负责起草合同中的质量要求条款</td><td>支持</td><td>外购件定制技术协议、定制产品验收标准</td></tr>
<tr><td>4.联系、协助管理委员会完成对公司的各项审核和年审</td><td>部分</td><td>ISO 9001质量管理体系认证标准</td></tr>
<tr><td>5.协助分析、处理和解决客户质量问题，满足内、外部客户的质量需求，不断提高产品质量满意度</td><td>部分</td><td>客户投诉受理单、纠正措施活动表、产品退货评定标准</td></tr>
<tr><td>6.审核原材料、生产过程、产品工艺、半成品、成品、首产样品、外协件产品以及呆料与报废品的品质</td><td>全责</td><td>产品质量判断单，有关国家、企业自定质量标准</td></tr>
<tr><td>7.组织召开品质会议，跟踪改进结果</td><td>全责</td><td></td></tr>
<tr><td>8.组织内部质量稽查，统计、分析质量趋势，监控质量成本并上报有关部门</td><td>全责</td><td>产品质量判断单、质量分析统计表</td></tr>
<tr><td>9.负责本部门的员工队伍建设，提出和审核对下属各部门的人员调配、培训、考核意见</td><td>全责</td><td>相关制度文件和考核表</td></tr>
<tr><td>10.完成上级交办的其他工作</td><td>全责/部分</td><td>相关文件</td></tr>
<tr><td>工作权限</td><td colspan="2">1.对公司质量管理体系有监督权、审核权、判定权
2.对质量指标有修订建议权
3.对客户质量信息有知情权和处理权
4.有对各车间反映的质量问题提出整改的权力
5.对不合格品有最终判定权
6.有代表本厂参与因质量问题引起的索赔争议的处理权
7.在对供应商的评审过程中有选择和否决权
8.有权召集、主持各部门有关人员参加解决产品质量问题会议
9.对部门所辖人员有奖惩建议权、任免权</td></tr>
</table>

续表

工作关系	内部协调：总经理、各部门 外部协调：质量管理机构
工作环境与工作时间	办公室，有时在生产现场，环境较舒适 正常工作时间，根据需要加班

三、任职资格

学历与专业：
机械制造或相关专业大专及以上学历
工作经验：
5年以上质量管理工作经验，3年以上相关岗位工作经验
业务知识：
1.熟练掌握公司产品及生产工艺技术应用方面的知识
2.熟悉国家和国际质量管理体系专业知识
3.精通质量统计知识，以及管理知识
4.接受过生产管理、品质管理、产品知识以及ISO质量管理体系的培训
能力与素质：
1.熟悉公司的工艺工序、工作原理与机理，具备亲自动手操作的能力
2.具有迅速排查解决生产工艺问题的能力
3.有较强的领导能力、分析判断和决策能力、人际沟通能力、影响力、计划和执行能力

四、KPI

1.ISO 9001系列认证及年检情况
2.各部门质量管理执行情况
3.产品合格率
4.质量预测控制情况
5.部门合作满意度
6.客户投诉率
7.不合格材料漏检率

五、签字确认

	责任人	时间
任职者签字		
上司签字		
人力资源部签字		

表8-75 设备部经理职位说明书

职位名称：设备部经理	所在部门：设备部	
直接上级：总经理	直接下级：	
职务等级：	职务系列：	
一、职位概要		
负责全厂设备的维护与检修，以及设备维修人员的培训，保障正常、安全生产		
二、职责要求		
具体职责	负责程度（全责/部分/支持）	表单、文件
1.制订维修作业及设备保养计划，周、月、年预防维修日历计划，点检预防计划，并监督计划的实施，确保设备正常运转	全责	各种计划文件
2.制定、完善各项设备管理规章制度，建立并贯彻落实各项设备管理规范	全责	设备管理规章制度
3.主持设备的日常维修工作，根据生产需要及时进行模具的更换，负责设备、工装、夹具的报废和委外加工管理	全责/部分	设备维修申请单、设备维修书、设备申购单
4.会同技术支持部编写设备操作使用说明，制定新设备安全操作规程，供使用单位遵照执行	全责	设备安全操作规程
5.参与设备的选型及招投标工作	部分	
6.组织对设备运行状况进行调查研究，进行技术改造，提高设备的工作效率	全责	设备基本情况登记表、改善报告书
7.参与工时定额的制定工作	支持	
8.编制设备管理预算，监督经费预算的执行，并负责设备资产管理和资产评估工作	全责	财产管理办法
9.负责全公司安全工作的检查和考核工作，适时修订安全操作规程，查核设备安全操作规程执行情况，对员工定期进行安全生产教育	全责	设备安全操作规程
10.负责本部门的员工队伍建设，对下属进行调配、培训和考核	全责	
11.完成总经理临时交办的其他任务	全责/部分	相关文件
工作权限	1.对公司决策具有建议权 2.有权制订全公司机器设备的维护方案、检修计划 3.对下属拥有考勤、考核、检查及监督的权力 4.具有对下属人事任免、岗位调配的建议权 5.有根据设备状况制订机物料采购计划的权力 6.对各部门安全生产隐患有限期整改权	

续表

工作关系	内部协调：高层管理人员、各部门 外部协调：技术合作单位、设备供应单位等
工作环境与工作时间	办公室和车间，舒适度一般 正常工作时间，根据需要加班

三、任职资格

学历与专业：

机械制造或相关专业大专及以上学历

工作经验：

5年以上设备维修经验，3年以上设备管理相关工作经验

业务知识：

1.熟悉产品的制造工艺、加工工艺

2.熟悉机械部件的设计

3.熟练掌握公司设备构造、运行特性

能力与素质：

1.具有良好的团队精神和较强的协调能力

2.具有良好的沟通、组织管理能力

3.动手能力强，有较强的责任心，能吃苦耐劳

四、KPI

1.设备完好率

2.设备利用率

3.设备工具保养管理情况

4.设备保养与维修情况

5.设备、工具采购及报废处理情况

6.向有关部门报送设备、工具资料的及时性、完整性

7.公司生产伤害频率（设备引起部分）

五、签字确认

	责任人	时间
任职者签字		
上司签字		
人力资源部签字		

表8-76 销售部经理职位说明书

<table>
<tr><td colspan="2">职位名称：销售部经理</td><td>所在部门：销售部</td></tr>
<tr><td colspan="2">直接上级：销售副总</td><td>直接下级：</td></tr>
<tr><td colspan="2">职务等级：</td><td>职务系列：</td></tr>
<tr><td colspan="3">一、职位概要</td></tr>
<tr><td colspan="3">依据公司发展战略目标，管理公司的销售工作，带领销售队伍完成公司的销售计划和销售目标</td></tr>
<tr><td colspan="3">二、职责要求</td></tr>
<tr><td>具体职责</td><td>负责程度（全责/部分/支持）</td><td>表单、文件</td></tr>
<tr><td>1.根据市场发展和公司的战略规划，协助销售副总制定总体销售战略、销售计划及量化销售目标</td><td>部分</td><td>销售战略规划方案及公司年、季、月度营销计划目标</td></tr>
<tr><td>2.制定全年销售费用预算，完成公司下达的销售任务</td><td>全责</td><td>销售费用预算</td></tr>
<tr><td>3.制定销售额、市场覆盖率、市场占有率等各项评价指标</td><td>全责</td><td>销售额、市场覆盖率、市场占有率等各项评价指标</td></tr>
<tr><td>4.分解销售任务指标，制定责任、费用评价办法</td><td>全责</td><td>销售任务指标、责任、费用评价办法</td></tr>
<tr><td>5.组织、领导销售队伍完成销售目标，协调处理各类市场问题</td><td>全责</td><td>销售订单</td></tr>
<tr><td>6.协助处理大客户投诉，跟踪处理投诉结果，并进行客户满意度调查</td><td>全责</td><td></td></tr>
<tr><td>7.负责对部门员工的工作考核和评价</td><td>全责/部分</td><td></td></tr>
<tr><td>8.完成领导交办的其他工作</td><td>部分</td><td></td></tr>
<tr><td>工作权限</td><td colspan="2">1.有权对销售费用的支出进行总体控制
2.有代表公司签订合同的权力
3.有对公司产品价格浮动的建议权
4.有对本部门员工的考核、监督、检查权
5.有对本部门员工任免的建议权</td></tr>
<tr><td>工作关系</td><td colspan="2">内部协调：高层管理人员、各部门
外部协调：客户</td></tr>
<tr><td>工作环境与工作时间</td><td colspan="2">办公室，有时需要出差，环境舒适
正常工作时间，根据需要加班</td></tr>
</table>

续表

三、任职资格

学历与专业：
工商管理、市场营销等专业大专及以上学历
工作经验：
5年以上销售、市场营销管理工作经验，3年以上企业销售部经理相关工作经验
业务知识：
1.熟悉现代企业管理制度和管理模式
2.精通现代营销理论
3.熟悉公司各项规章制度
4.具有良好的口头及书面表达能力
能力与素质：
1.具有较强的综合分析能力
2.有良好的市场判断能力和开拓能力，有极强的组织管理能力
3.具有较强的人际沟通协调能力
4.具有优秀的市场拓展、项目协调、谈判能力
5.具有很强的计划性和执行能力
6.具有高度的工作热情和责任感

四、KPI

1.销售额
2.交货及时率
3.重点客户交货及时率
4.客户投诉率
5.回款率
6.呆账率
7.市场占有率
8.合同错误频次

五、签字确认

	责任人	时间
任职者签字		
上司签字		
人力资源部签字		

表8-77 市场部经理职位说明书

职位名称：市场部经理			所在部门：市场部
直接上级：销售副总			直接下级：
职务等级：			职务系列：
一、职位概要			
组织部门人员完成销售计划，管理销售工作，完成公司各种市场目标			
二、职责要求			
具体职责	负责程度（全责/部分/支持）	表单、文件	
1.结合行业及公司实际制订营销方案，依据营销方案的需要，配合公司发展规划，制订合理有效的宣传推广方案以及公司对外形象（广告、产品包装等）建议计划	全责	年度营销方案、季度营销方案、品牌宣传企划方案、企业品牌外包装形象建议计划书	
2.监督、指导各方案的市场执行情况，并根据客观情况对执行情况进行跟踪、修正	全责	营销企划方案执行情况、市场调查报告	
3.对客户及主要竞争对手进行分析和研究，并及时、准确、有效地做出反应	全责	竞争对手情况分析	
4.及时将市场信息提供给销售部、综合业务部等部门，加强沟通与协调	全责		
5.对下属人员进行业务指导和工作考核	全责		
6.完成领导交办的其他工作	全责/部分		
工作权限	1.对市场开发费用的支出具有总体控制权 2.对本部门员工具有考核、监督、检查权 3.对本部门员工任免、岗位调配具有建议权 4.对公司产品价格浮动具有建议权		
工作关系	内部协调：高层管理人员、各部门 外部协调：客户、媒体等		

续表

工作环境与工作时间	办公室为主，有时需要到各市场区域出差，环境舒适 正常工作时间，根据需要加班

三、任职资格

学历与专业：

工商管理、市场营销或机械制造专业大专及以上学历

工作经验：

5年以上市场或销售经验，3年以上相关职位工作经验

业务知识：

1.精通现代营销理论

2.熟悉现代企业管理制度和管理模式

3.熟悉企业产品知识

4.熟悉企业各项规章制度

能力与素质：

1.具有较强的组织、计划、控制和协调能力

2.具有较强的人际沟通和协调能力

3.具有较高超的谈判技巧

4.具有较敏锐的观察力

5.具有较强的敬业精神和责任感

四、KPI

1.销售额

2.客户投诉率

3.市场占有率

五、签字确认

	责任人	时间
任职者签字		
上司签字		
人力资源部签字		

表8-78 **综合业务部经理职位说明书**

<table>
<tr><td colspan="2">职位名称：综合业务部经理</td><td>所在部门：综合业务部</td></tr>
<tr><td colspan="2">直接上级：经营副总</td><td>直接下级：</td></tr>
<tr><td colspan="2">职务等级：</td><td>职务系列：</td></tr>
<tr><td colspan="3">一、职位概要</td></tr>
<tr><td colspan="3">统筹管理综合业务部的全面工作，负责销售业务的管理，确保准确及时地提供产品</td></tr>
<tr><td colspan="3">二、职责要求</td></tr>
<tr><td>具体职责</td><td>负责程度
（全责/部分/支持）</td><td>表单、文件</td></tr>
<tr><td>1.组织相关部门根据客户的需求对订单进行合同评审，确定产品的技术参数、交货期以及交货方式等内容</td><td>支持</td><td>合同评审记录</td></tr>
<tr><td>2.组织下属人员做好销售合同的签订、履行与管理工作，监督销售人员做好应收账款的催收工作</td><td>全责</td><td>销售订单</td></tr>
<tr><td>3.产品完工后，组织货物发运，与财务部门核对账目</td><td>全责</td><td></td></tr>
<tr><td>4.组织建立销售情况统计台账，定期报送财务部</td><td>全责</td><td>每月销售情况及业务员销售业绩</td></tr>
<tr><td>5.负责跟踪处理客户投诉的整个过程，确保客户投诉得到及时有效的解决</td><td>全责</td><td>客户质量投诉等相关记录</td></tr>
<tr><td>6.接待来访客户及综合协调日常行政事务</td><td>全责</td><td></td></tr>
<tr><td>7.完成领导交办的其他工作</td><td>全责/部分</td><td></td></tr>
<tr><td>工作权限</td><td colspan="2">1.对公司产品价格浮动具有建议权
2.对本部门员工具有考核、监督、检查权
3.对本部门员工任免、岗位调配具有建议权
4.对公司决策具有建议权</td></tr>
<tr><td>工作关系</td><td colspan="2">内部协调：高层管理人员、各部门
外部协调：客户等</td></tr>
<tr><td>工作环境与工作时间</td><td colspan="2">办公室，环境舒适
正常工作时间，根据需要加班</td></tr>
</table>

续表

三、任职资格

学历与专业：
市场营销、工商管理等相关专业大专及以上学历
工作经验：
3年以上市场营销管理工作经验，5年以上相关职位工作经验
业务知识：
1.精通现代营销理论
2.熟悉现代企业管理制度和管理模式
3.熟悉企业产品知识和各项规章制度
4.通晓国家有关法规政策、行业政策
5.熟练使用办公软件，能够统计和分析各类报表
能力与素质：
1.具有较强的服务意识
2.具有较强的风险控制能力，能够准确把握客户意图
3.具有较强的协调能力和沟通能力
4.具有较强的异常问题处理能力，能够及时解决出现的问题
5.具有较强的计划与执行能力
6.具有较强的敬业精神和责任感

四、KPI

1.销售额
2.交货及时率
3.重点客户交货及时率
4.客户投诉率
5.回款率
6.呆账率
7.市场占有率
8.合同错误频次

五、签字确认

	责任人	时间
任职者签字		
上司签字		
人力资源部签字		

表8-79 出口部经理职位说明书

职位名称：出口部经理	所在部门：出口部
直接上级：经营副总	直接下级：
职务等级：	职务系列：

一、职位概要

全面统筹、管理出口部的工作，负责国外业务的拓展与销售管理，确保准确及时地提供产品

二、职责要求

具体职责	负责程度（全责/部分/支持）	表单、文件
1.组织相关部门根据客户的需求对国外订单进行合同评审，确定产品的技术参数、交货期以及交货方式等内容	支持	合同评审记录
2.组织下属人员做好出口销售合同的签订、履行与管理工作，监督销售人员做好应收账款的催收工作	全责	销售订单
3.产品完工后，组织货物发运，与财务部门核对账目	全责	
4.组织建立出口销售情况统计台账，定期报送财务部	全责	每月销售情况及业务员销售业绩
5.负责跟踪处理客户投诉的整个过程，确保客户投诉得到及时有效的解决	全责	客户质量投诉等相关记录
6.接待来访客户及综合协调日常行政事务	全责	
7.完成领导交办的其他工作	全责/部分	
工作权限	1.对公司产品价格浮动具有建议权 2.对本部门员工具有考核、监督、检查权 3.对本部门员工任免、岗位调配具有建议权 4.对公司决策具有建议权	
工作关系	内部协调：高层管理人员、各部门 外部协调：客户等	
工作环境与工作时间	办公室，环境舒适 正常工作时间，根据需要加班	

续表

三、任职资格

学历与专业：
市场营销、工商管理、国际贸易等相关专业大专及以上学历
工作经验：
3年以上市场营销管理工作经验，5年以上相关职位工作经验
业务知识：
1.精通现代营销理论和国际贸易理论
2.熟悉现代企业管理制度和管理模式
3.熟悉企业产品知识和各项规章制度
4.通晓国家有关法规政策、行业政策
5.熟练使用办公软件，能够统计和分析各类报表
能力与素质：
1.具有较强的服务意识
2.具有较强的风险控制能力，能够准确把握客户意图
3.具有较强的协调能力和沟通能力
4.具有较强的异常问题处理能力，能够及时解决出现的问题
5.具有较强的计划与执行能力
6.具有较强的敬业精神和责任感

四、KPI

1.销售额
2.交货及时率
3.重点客户交货及时率
4.客户投诉率
5.回款率
6.呆账率
7.市场占有率
8.合同错误频次

五、签字确认

	责任人	时间
任职者签字		
上司签字		
人力资源部签字		

表8-80 **技术支持部经理职位说明书**

<table>
<tr><td colspan="2">职位名称：技术支持部经理</td><td>所在部门：技术支持部</td></tr>
<tr><td colspan="2">直接上级：总工程师</td><td>直接下级：</td></tr>
<tr><td colspan="2">职务等级：</td><td>职务系列：</td></tr>
<tr><td colspan="3">一、职位概要</td></tr>
<tr><td colspan="3">组织、领导新产品开发和产品技术改良，保证公司在行业内的技术优势，维持发展能力，负责公司全面质量标准体系的建立</td></tr>
<tr><td colspan="3">二、职责要求</td></tr>
<tr><td>具体职责</td><td>负责程度（全责/部分/支持）</td><td>表单、文件</td></tr>
<tr><td>1.负责公司的技术发展战略管理，以及新产品研发，产品的技术、工艺管理</td><td>全责</td><td></td></tr>
<tr><td>2.负责技术市场信息调查与分析，组织新产品研发、新技术的引进与消化及对外技术合作与交流工作</td><td>全责</td><td></td></tr>
<tr><td>3.制定和完善公司相关设计通用技术文件，负责技术文件整理与控制工作</td><td>全责</td><td>设计通用技术文件</td></tr>
<tr><td>4.负责技术情报工作，组织办理专利申请，做好保密工作</td><td>全责</td><td></td></tr>
<tr><td>5.配合生产部门做好生产工艺指导，新产品投产前的技术指导、成本核算工作，并提供相应技术文件和操作规范</td><td>支持</td><td>技术文件和操作规范</td></tr>
<tr><td>6.组织对产品的现场测绘、销售的技术支持工作，协助解答用户提出的各类与产品技术相关的问题</td><td>部分</td><td></td></tr>
<tr><td>7.组织对技术人员进行培训及考核，并组织安排公司其他相关人员的技术培训工作</td><td>全责</td><td></td></tr>
<tr><td>8.完成上级交付的其他任务</td><td>全责/部分</td><td></td></tr>
<tr><td>工作权限</td><td colspan="2">1.对公司技术发展战略的建议权
2.对研发技术文件标准的审定权
3.对公司各部门的质量管理体系建设的建议权
4.对直接下级人员调配、奖惩的建议权和任免的提名权
5.对所属下级工作的监督检查、考核评价权
6.对所属下级工作争议的裁决权</td></tr>
</table>

续表

工作关系	内部协调：高层管理人员、各部门 外部协调：上级技术部门、技术合作单位、客户等
工作环境与工作时间	办公室，有时在车间，舒适度一般 正常工作时间，根据需要加班

三、任职资格

学历与专业：
机械设计或相关专业本科及以上学历
工作经验：
2年以上从事技术支持服务、产品开发相关经验
业务知识：
1.精通金属软管和补偿器领域相关知识
2.通晓相关技术工具知识，掌握先进技术，了解制造行业特点和国内外发展动态
3.具备相应的项目管理、技术管理、质量管理等方面的知识
能力与素质：
1.知识面广，善于与各类性格的人交往，善于沟通
2.有较强应变能力，有责任心，对人热情，具有良好的团队合作精神
3.具有较强的领导能力、判断与决策能力、计划与执行能力

四、KPI

1.成本控制率
2.收集竞争对手产品的信息量及提交相关信息报告的有效性
3.运用公司产品的熟练程度
4.销售增长率
5.重要客户满意度
6.工作计划的及时性与质量

五、签字确认

	责任人	时间
任职者签字		
上司签字		
人力资源部签字		

表8-81 **产品设计部经理职位说明书**

职位名称：产品设计部经理		所在部门：产品设计部
直接上级：总工程师		直接下级：
职务等级：		职务系列：
一、职位概要		
在总工程师的领导下，组织人员进行产品开发与设计、产品改良工作		
二、职责要求		
具体职责	负责程度（全责/部分/支持）	表单、文件
1.领导本部门实施产品开发、研制工作，制订产品开发计划并组织实施	全责	产品开发计划
2.对开发出来的新产品在厂内的所有运行实验进行跟踪并及时改进	全责	
3.制定和完善公司相关设计通用技术文件、完善产品设计过程中的标准体系	全责	设计通用技术文件
4.进行技术设计和生产图纸设计，并会同有关部门进行审查	全责/部分	技术设计文件、设计图纸
5.根据用户或公司其他部门的要求进行设计修改和设计改进	全责	
6.会同有关部门召开新产品的鉴定会，对新产品开发做工作总结，负责生产转化、技术规范制定工作	全责	
7.参与产品的合同评审，协助售后服务工作，协助生产部门进行样品的制作	支持	
8.负责产品技术管理及生产现场的技术协调工作	全责	
9.负责产品附加外观性设计的评审工作	部分	
10.负责对下属员工工作的日常管理	全责	
11.完成上级交付的其他工作	全责/部分	
工作权限	1.对下属员工拥有考勤、考核、检查及监督的权力 2.对下属员工人事任免、岗位调配具有建议权 3.对公司决策具有建议权 4.对工艺缺陷有更改优化的权力 5.对新产品开发具有建议权	

续表

工作关系	内部协调：高层管理人员、各部门 外部协调：上级技术部门、技术合作单位、客户等
工作环境与工作时间	办公室和车间，舒适度一般 正常工作时间，根据需要加班

三、任职资格

学历与专业：
机械设计或相关专业本科及以上学历
工作经验：
5年以上机械设计工作经验，3年以上相关产品开发设计经验
业务知识：
1.精通金属软管和补偿器领域相关知识
2.通晓制造工艺、加工工艺等相关技术知识，掌握先进技术
3.了解制造行业特点和国内外发展动态
能力与素质：
1.具有良好的团队精神和较强的协调能力
2.具有良好的沟通、组织管理能力
3.动手能力强，有较强的责任心，能吃苦耐劳

四、KPI

1.新产品立项情况
2.新产品增加值率
3.控制设计成本情况
4.设计开发质量情况
5.新产品试制控制与跟踪工作质量
6.开发研制期
7.投资偿还期

五、签字确认

	责任人	时间
任职者签字		
上司签字		
人力资源部签字		

表8-82 **工装模具部经理职位说明书**

职位名称：工装模具部经理	所在部门：工装模具部
直接上级：总工程师	直接下级：
职务等级：	职务系列：
一、职位概要	
组织工装、模具、设备的设计、试制、安装调试、维护工作，并负责本部门人员的日常管理	
二、职责要求	

具体职责	负责程度（全责/部分/支持）	表单、文件
1.根据技术支持部的工作规划和生产任务，编制本部门工作计划，并监督实施	全责	部门工作计划
2.负责编制模具加工管理细则	全责	模具加工管理细则
3.组织人员对模具工艺进行分析改进，制定、完善模具文件和具体操作规程，根据要求在规定的时间内设计模具，并负责模具加工后的检查和验收工作	全责	模具文件和操作规程
4.主持新产品项目所需的工装模具选型、试制、改进以及生产线布局等工作	全责	
5.组织对模具的安装调试、维护和故障排除工作	全责	
6.制定模具设计、制造、维护费用预算，并监督实施	全责	
7.参与设备工装模具配件的设计评审、采购及制造的技术支持、设备生产定额的制定工作	支持	
8.与人力资源部一起组织实施工装、模具技术培训	部分	
9.负责本部门人员的选拔、调配、培训、考核等日常管理工作	全责	
10.上级交办的其他工作	全责/部分	

工作权限	1.拥有对下属员工考勤、考核、检查及监督的权力 2.拥有对下属员工人事任免、岗位调配、奖惩的建议权 3.拥有对本部门业务工作进行计划和组织实施的权力 4.拥有对本部门经费进行控制的权力

续表

工作关系	内部协调：生产、技术、设备各部门 外部协调：技术合作单位等
工作环境与工作时间	办公室和车间，舒适度一般 正常工作时间，根据需要加班

三、任职资格

学历与专业：

机械设计、冶金或相关专业本科及以上学历

工作经验：

5年以上模具设计或机械设计工作经验，3年工装模具部经理相关职位的工作经验

业务知识：

1.熟悉金属软管和补偿器领域相关设备工作原理

2.熟悉产品的制造工艺、加工工艺

3.熟悉机械部件的设计

4.熟练应用常用的设计软件

5.掌握模具制造环节，具有现场操作经验

能力与素质：

1.工作自主，有较强的学习能力

2.具有良好的团队精神和较强的协调能力

3.动手能力强，吃苦耐劳

4.具有良好组织管理能力

四、KPI

1.开发任务的完成情况

2.任务完成的及时率

3.工装模具合格率

4.返修率

5.预算控制情况

6.合作部门满意度

7.重要任务完成情况

五、签字确认

	责任人	时间
任职者签字		
上司签字		
人力资源部签字		

表8-83　**调度计划室主任职位说明书**

职位名称：调度计划室主任	所在部门：调度计划室
直接上级：总调度	直接下级：
职务等级：	职务系列：

一、职位概要

协助总调度制订和分解落实生产计划，监控生产过程，确保安全、文明、高效生产

二、职责要求

具体职责	负责程度（全责/部分/支持）	表单、文件
1.组织收集销售计划及库存信息，制订生产计划报总调度审批，并负责生产计划的分解、落实，及时根据程序变化或其他因素的变化调整生产计划	全责	相关文件
2.整理各部门上报的所需物资、设备计划单及库存情况，统筹制订采购计划，报总调度审批	全责	生产日报表
3.进行产能需求预测，制订生产能力规划方案	全责	
4.按主进度计划安排流水线的工作进度，监督控制生产进度，及时安排紧急生产计划，协助总调度解决产品线冲突	全责/部分	生产计划单、生产计划变更通知单
5.协助制定操作规程，监督指导安全生产、现场管理以及生产过程组织工作	部分/全责	
6.组织人员做好生产、技术、设备、物资、质量等计划管理工作，保证生产过程的正常运行	全责	
7.协同质检部进行产品质量分析、整改措施制定并监督执行	支持/全责	
8.负责组织对车间工人进行劳动纪律、安全生产、文明生产、节能降耗的教育工作	部分	公司相关规章制度
9.负责对本部门人员的日常管理	全责	员工考核表
10.完成上级交付的其他工作任务	全责/部分	相关文件
工作权限	1.对公司生产计划、采购计划的建议权 2.对直接下级人员调配、奖惩的建议权和任免的提名权 3.对所属下级工作的监督检查权 4.对所属下级工作争议处理的建议权 5.对所属下级的管理水平、业务水平和业绩的考核评价权	

续表

工作关系	内部协调：高层管理人员、各部门 外部协调：外包加工厂家等
工作环境与工作时间	办公室及生产现场，环境基本舒适 正常工作时间，根据需要加班

三、任职资格

学历与专业：
机械制造、工商管理或理工类相关专业大专及以上学历
工作经验：
5年以上生产管理工作经验，3年以上调度计划室相关职位的工作经验
业务知识：
1.精通金属软管和补偿器领域相关知识
2.具备一定的生产管理、管理学、管理技能开发、财务管理等方面的知识
3.具有一定的生产作业管理、产品知识、技术专业知识，熟悉产品工艺流程，了解和掌握生产管理内容
4.熟悉国家的法律法规、地方的政策规章
5.熟悉所在行业的生产过程
6.熟悉生产规程以及质量标准
7.熟悉主进度设计及图表
能力与素质：
1.高度敬业，具有良好的团队合作精神
2.具有较强的综合协调能力和组织管理能力，较高超的领导艺术

四、KPI

1.生产计划完成情况
2.交货及时率
3.开箱合格率
4.关键人员流失率
5.下属行为管理

五、签字确认

	责任人	时间
任职者签字		
上司签字		
人力资源部签字		

表8-84 **生产一部经理职位说明书**

职位名称：生产一部经理	所在部门：生产一部
直接上级：总调度	直接下级：金属软管半成品车间主任、金属软管总成车间主任、机加工车间主任
职务等级：	职务系列：
一、职位概要	
组织实施公司下达的金属软管的生产经营计划，保质保量地完成生产任务，确保安全、文明生产	
二、职责要求	

具体职责	负责程度（全责/部分/支持）	表单、文件
1.根据生产加工金属软管的流程和技术要求确定所需人员的资格条件、工作步骤，分配工作任务	全责	生产计划
2.分析金属软管的市场供应状况，对目前及未来的供应情况进行预测，完成相关分析报告	全责	工作计划的完成程度
3.协助技术研发部门开发新产品，革新技术和工艺流程以及改进产品质量	支持	
4.制订与实施库存需求计划和生产成本控制计划	全责	库存需求计划、生产成本控制计划
5.编制部门预算，审批部门各个工作环节的费用	部分	
6.协助制定维修、改造生产设施和设备的工作制度和工作流程	部分	相关文件
7.主持本部门员工的任用、培训和考核等各项工作	全责/部分	员工考核表
工作权限	1.对公司生产发展战略的建议权 2.对公司各部门的质量管理体系建设的建议权 3.对直接下级人员调配、奖惩的建议权和任免的提名权 4.对所属下级的工作的监督检查、考核评价权 5.对所属下级工作争议的裁决权	
工作关系	内部协调：高层管理人员、各部门 外部协调：上级技术部门、技术合作单位、客户等	

续表

工作环境与工作时间	办公室，有时在车间，基本舒适 正常工作时间，根据需要加班

三、任职资格

学历与专业：
机械制造或相关专业大专及以上学历
工作经验：
5年以上生产作业管理工作经验，3年以上生产管理相关经验
业务知识：
1.精通金属软管和补偿器领域相关知识
2.了解制造行业特点和国内外发展动态
3.具备相应的项目管理、技术管理、质量管理等方面的知识
4.熟练掌握公司产品及生产工艺技术应用方面的知识
5.系统掌握管理知识、技能
6.熟练操作办公软件
7.具备较强的口头及书面沟通能力和商务洽谈能力
能力与素质：
1.积极主动，灵活应变，认真负责
2.具有较强的管理能力和影响力
3.能吃苦耐劳，沟通协调能力强，具有团队精神
4.具有较强的领导能力、判断与决策能力、计划与执行能力

四、KPI

1.质量成本控制率
2.产品交验/一次交验合格率
3.交货及时率
4.生产计划完成率
5.安全事故频次
6.重要客户满意度
7.生产计划的及时性与质量

五、签字确认

	责任人	时间
任职者签字		
上司签字		
人力资源部签字		

表8-85 **生产二部经理职位说明书**

<table>
<tr><td colspan="2">职位名称：生产二部经理</td><td>所在部门：生产二部</td></tr>
<tr><td colspan="2">直接上级：总调度</td><td>直接下级：机加工车间主任、补偿器半成品车间主任、补偿器总成车间主任</td></tr>
<tr><td colspan="2">职务等级：</td><td>职务系列：</td></tr>
<tr><td colspan="3">一、职位概要</td></tr>
<tr><td colspan="3">管理生产二部生产中的各种活动和资源，以达到公司对本部门成本控制、产品数量以及质量等方面的要求</td></tr>
<tr><td colspan="3">二、职责要求</td></tr>
<tr><td>具体职责</td><td>负责程度（全责/部分/支持）</td><td>表单、文件</td></tr>
<tr><td>1.根据生产加工补偿器和机加工的流程和技术要求确定所需人员的资格条件、工作步骤，分配工作任务</td><td>全责</td><td>生产计划</td></tr>
<tr><td>2.分析补偿器的市场供应状况，对目前及未来的供应情况进行预测，完成相关分析报告</td><td>全责</td><td></td></tr>
<tr><td>3.与技术研发部门密切合作开发新产品，革新技术和工艺流程以及改进产品质量</td><td>全责</td><td></td></tr>
<tr><td>4.制订与实施库存需求计划和生产成本控制计划</td><td>全责</td><td>库存需求计划、生产成本控制计划</td></tr>
<tr><td>5.主持与供应商的价格谈判</td><td>部分</td><td></td></tr>
<tr><td>6.编制部门预算，审批部门各个工作环节的费用</td><td>部分</td><td></td></tr>
<tr><td>7.协助制定维修、改造生产设施和设备的工作制度和工作流程</td><td>部分</td><td></td></tr>
<tr><td>8.主持本部门员工的任用、培训和考核等各项工作</td><td>全责/部分</td><td>员工考核表</td></tr>
<tr><td>工作权限</td><td colspan="2">1.对公司生产发展战略的建议权
2.对研发技术文件标准的审定权
3.对公司各部门的质量管理体系建设的建议权
4.对直接下级人员调配、奖惩的建议权和任免的提名权
5.对所属下级的工作的监督检查、考核评价权
6.对所属下级工作争议的裁决权</td></tr>
<tr><td>工作关系</td><td colspan="2">内部协调：高层管理人员、各部门
外部协调：上级技术部门、技术合作单位、供应商、客户等</td></tr>
</table>

续表

工作环境与工作时间	办公室，有时在车间，基本舒适 正常工作时间，根据需要加班

三、任职资格

学历与专业：
机械制造或相关专业大专及以上学历
工作经验：
5年以上生产作业管理工作经验，3年以上生产管理相关经验
业务知识：
1.精通补偿器和机加工领域的相关知识
2.了解制造行业特点和国内外发展动态
3.具备相应的项目管理、技术管理、质量管理等方面的知识
4.熟练掌握公司产品及生产工艺技术应用方面的知识
5.系统掌握管理知识、技能
6.熟练操作办公软件
7.具备较强的口头及书面沟通能力和商务洽谈能力
能力与素质：
1.积极主动，灵活应变，认真负责
2.具有较强的管理能力和影响力
3.能吃苦耐劳，沟通协调能力强，具有团队精神
4.具有较强的领导能力、判断与决策能力、计划与执行能力

四、KPI

1.质量成本控制率
2.产品交验/一次交验合格率
3.交货及时率
4.生产计划完成率
5.安全事故频次
6.重要客户满意度
7.生产计划的及时性与质量

五、签字确认

	责任人	时间
任职者签字		
上司签字		
人力资源部签字		

表8-86 **供应部经理职位说明书**

职位名称：供应部经理	所在部门：供应部
直接上级：总经理	直接下级：
职务等级：	职务系列：

一、职位概要

全面负责供应部各项工作，满足生产、营销、研发等各项业务物资供应需要、车辆需要

二、职责要求

具体职责	负责程度（全责/部分/支持）	表单、文件
1.根据公司各项规程，制定本部门的采购管理、库房管理、出入库管理、车辆管理等各项管理制度，并监督实施	全责	相关文件
2.负责制订采购计划，满足生产经营需要，降低库存成本	全责	仓库管理办法
3.负责领导本部门员工选择合格供应商，降低采购成本、采购周期和库存成本	全责	供应商评鉴表、单价审核单
4.组织建立供应部质量管理体系，参与制定公司有关采购质量管理及服务标准，并监督检查实施情况	支持	
5.负责公司车辆管理工作	全责	
6.负责公司的库房管理工作，及时提交库存报告	全责	成品库存月报表
7.负责本部门的员工队伍建设，根据工作需要对下属人员进行调配、培训和考核	全责	
8.制定本部门的年度预算并监督执行，及时给予指导	全责	
9.完成上级交办的其他工作	全责/部分	相关文件

工作权限	1.对本部门人员调配的建议权 2.对采购渠道、采购策略的建议权以及权限范围内的决策权 3.授权范围内的合同签订权 4.对所购物资检测、检查、分析方法和标准的审核权 5.对直接下级人员调配、奖惩的建议权和任免的提名权 6.对所属下级的工作的监督检查权 7.对所属下级工作争议的裁决权 8.对所属下级的管理水平、业务水平和业绩的考核评价权

续表

工作关系	内部协调：高层管理人员、各部门 外部协调：供应商、客户等
工作环境与工作时间	办公室，环境舒适 正常工作时间，根据需要加班

三、任职资格

学历与专业：
采购管理、工商管理及其他相关专业大专及以上学历
工作经验：
5年以上工作经验，3年以上本行业或相近行业市场营销或物资采购、管理经验
业务知识：
1.精通金属软管和补偿器领域相关知识
2.通晓物资管理、物流管理、市场营销、质量管理、财务管理、法律等方面的知识
能力与素质：
1.具有很强的谈判能力、人际交往能力
2.具有较强的领导能力、判断与决策能力、影响力、计划与执行能力

四、KPI

1.采购合格率
2.采购及时率
3.库存材料周转天数
4.采购成本降低额
5.预算控制情况
6.关键人员流失率
7.部门合作满意度

五、签字确认

	责任人	时间
任职者签字		
上司签字		
人力资源部签字		

表8-87 **金属软管半成品车间主任职位说明书**

职位名称：金属软管半成品车间主任	所在部门：生产一部
直接上级：生产一部经理	直接下级：
职务等级：	职务系列：
一、职位概要	
组织、协调、指挥车间各项工作，完成车间工作计划、车间各项工作指标	
二、职责要求	

具体职责	负责程度（全责/部分/支持）	表单、文件
1.完善本车间的规章制度，规划、分配工作，执行工作规程、规章	全责	
2.协调车间各项工作进度，按生产进度安排车间流水线工作进度，监督车间工人的工作质量、工作进度	全责	
3.督导下属执行技术文件，有异议时及时和技术支持部联系	全责	
4.负责签发原料领用单，确认原料的牌号、批号和工艺单要求相一致	全责	
5.负责本车间产品的质量及成本控制，会同有关部门共同分析出现质量问题的原因及工艺缺陷，共同制定对策	全责/支持	
6.负责督导下属完成工装（模具）和设备的日常保养工作；设备出现故障时，配合有关人员共同分析事故原因	全责/支持	
7.提出改进工艺流程、生产设备、生产环境等方面的建议	支持	
8.负责审核班组报表，确保原始数据及时、准确	全责	
9.负责与其他车间协调解决生产问题	全责	
10.负责本部门的员工队伍建设，对下属员工进行调配、培训和考核	全责	
11.完成上级交办的其他工作	全责/部分	

工作权限	
	1.生产调度权 2.对下属工作的调配权 3.对下属工作的监督考核权 4.对下属违规、违纪的处理权 5.对质量事故、设备事故及其他事故处理的建议权 6.对车间工作质量和工作进度的监控权 7.对车间员工安全操作的监督权 8.对改善工艺流程、生产设备、生产环境的建议权

续表

工作关系	内部协调：部门经理，各车间主任 外部协调：外协加工单位
工作环境与工作时间	主要在生产现场，环境基本舒适 正常工作时间，根据需要加班

三、任职资格

学历与专业：
工业工程或相关专业中专及以上学历
工作经验：
3年以上车间工作管理经验
业务知识：
1.接受过生产作业管理、管理技能、产品知识等方面的培训
2.熟悉车间各项工作流程及操作
3.掌握生产作业管理知识、技能
能力与素质：
1.责任感强，工作自主
2.有较强的管理能力，富有团队合作精神
3.熟悉公司的工艺工序、工作原理与机理，具备动手操作的能力
4.具有迅速排查解决生产工艺问题的能力
5.有较强的领导能力、分析判断和决策能力、人际沟通能力、影响力、计划和执行能力

四、KPI

1.质量管理和成本控制情况
2.产品合格率
3.计划达成率
4.交货及时率
5.现场管理情况
6.工伤事故率
7.部门合作满意度
8.设备故障率

五、签字确认

	责任人	时间
任职者签字		
上司签字		
人力资源部签字		

表8-88 金属软管总成车间主任职位说明书

职位名称：金属软管总成车间主任	所在部门：生产一部
直接上级：生产一部经理	直接下级：
职务等级：	职务系列：

一、职位概要

组织、协调、指挥车间各项工作，完成车间工作计划、车间各项工作指标

二、职责要求

具体职责	负责程度（全责/部分/支持）	表单、文件
1.完善本车间的规章制度，规划、分配工作，执行工作规程、规章	全责	
2.协调车间各项工作进度，按生产进度安排车间流水线工作进度，监督车间工人的工作质量、工作进度	全责	
3.督导下属执行技术文件，有异议时及时和技术支持部联系	全责	
4.负责签发原料领用单，确认原料的牌号、批号和工艺单要求相一致	全责	
5.负责本车间产品的质量及成本控制，会同有关部门共同分析出现质量问题的原因及工艺缺陷，共同制定对策	全责/支持	
6.负责督导下属完成工装（模具）和设备的日常保养工作；设备出现故障时，配合有关人员共同分析事故原因	全责/支持	
7.提出改进工艺流程、生产设备、生产环境等方面的建议	支持	
8.负责审核班组报表，确保原始数据及时、准确	全责	
9.负责与其他车间协调生产问题	全责	
10.负责本部门的员工队伍建设，对下属员工进行调配、培训和考核	全责	
11.完成上级交办的其他工作	全责/部分	

工作权限	1.生产调度权 2.对下属工作的调配权 3.对下属工作的监督考核权 4.对下属违规、违纪的处理权 5.对质量事故、设备事故及其他事故处理的建议权 6.对车间工作质量和工作进度的监控权 7.对车间员工安全操作的监督权 8.对改善工艺流程、生产设备、生产环境的建议权

续表

工作关系	内部协调：部门经理，各车间主任 外部协调：外协加工单位
工作环境与工作时间	主要在生产现场，环境基本舒适 正常工作时间，根据需要加班

三、任职资格

学历与专业：
工业工程或相关专业中专及以上学历
工作经验：
3年以上车间工作管理经验
业务知识：
1.接受过生产作业管理、管理技能、产品知识等方面的培训
2.熟悉车间各项工作流程及操作
3.掌握生产作业管理知识、技能
能力与素质：
1.责任感强，工作自主
2.有较强的管理能力，富有团队合作精神
3.熟悉公司的工艺工序、工作原理与机理，具备动手操作的能力
4.具有迅速排查解决生产工艺问题的能力
5.有较强的领导能力、分析判断和决策能力、人际沟通能力、影响力、计划和执行能力

四、KPI

1.质量管理和成本控制情况
2.产品合格率
3.计划达成率
4.交货及时率
5.现场管理情况
6.工伤事故率
7.部门合作满意度
8.设备故障率

五、签字确认

	责任人	时间
任职者签字		
上司签字		
人力资源部签字		

表8-89 **机加工车间主任职位说明书**

职位名称：机加工车间主任	所在部门：生产一部、二部
直接上级：生产一部、二部经理	直接下级：
职务等级：	职务系列：

一、职位概要

组织、协调、指挥车间各项工作，完成车间工作计划、车间各项工作指标

二、职责要求

具体职责	负责程度（全责/部分/支持）	表单、文件
1.完善本车间的规章制度，规划、分配工作，执行工作规程、规章	全责	
2.协调车间各项工作进度，按生产进度安排车间流水线工作进度，监督车间工人的工作质量、工作进度	全责	
3.督导下属执行技术文件，有异议时及时和技术支持部联系	全责	
4.负责签发原料领用单，确认原料的牌号、批号和工艺单要求相一致	全责	
5.负责本车间产品的质量及成本控制，会同有关部门共同分析出现质量问题的原因及工艺缺陷，共同制定对策	全责/支持	
6.负责督导下属完成工装（模具）和设备的日常保养工作；设备出现故障时，配合有关人员共同分析事故原因	全责/支持	
7.提出改进工艺流程、生产设备、生产环境等方面的建议	支持	
8.负责审核班组报表，确保原始数据及时、准确	全责	
9.负责与其他车间协调生产问题	全责	
10.负责本部门的员工队伍建设，对下属员工进行调配、培训和考核	全责	
11.完成上级交办的其他工作	全责/部分	

工作权限	1.生产调度权 2.对下属工作的调配权 3.对下属工作的监督考核权 4.对下属违规、违纪的处理权 5.对质量事故、设备事故及其他事故处理的建议权 6.对车间工作质量和工作进度的监控权 7.对车间员工安全操作的监督权 8.对改善工艺流程、生产设备、生产环境的建议权

续表

工作关系	内部协调：部门经理，各车间主任 外部协调：外协加工单位
工作环境与工作时间	主要在生产现场，环境基本舒适 正常工作时间，根据需要加班

三、任职资格

学历与专业：

工业工程或相关专业中专及以上学历

工作经验：

3年以上车间工作管理经验

业务知识：

1.接受过生产作业管理、管理技能、产品知识等方面的培训

2.熟悉车间各项工作流程及操作

3.掌握生产作业管理知识、技能

能力与素质：

1.责任感强，工作自主

2.有较强的管理能力，富有团队合作精神

3.熟悉公司的工艺工序、工作原理与机理，具备动手操作的能力

4.具有迅速排查解决生产工艺问题的能力

5.有较强的领导能力、分析判断和决策能力、人际沟通能力、影响力、计划和执行能力

四、KPI

1.质量管理执行情况

2.产品合格率

3.计划达成率

4.交货及时率

5.现场管理情况

6.工伤事故率

7.部门合作满意度

8.设备故障率

五、签字确认

	责任人	时间
任职者签字		
上司签字		
人力资源部签字		

表8-90 **补偿器半成品车间主任职位说明书**

职位名称：补偿器半成品车间主任		所在部门：生产二部
直接上级：生产二部经理		直接下级：
职务等级：		职务系列：
一、职位概要		
组织、协调、指挥车间各项工作，完成车间工作计划、车间各项工作指标		
二、职责要求		
具体职责	负责程度（全责/部分/、支持）	表单、文件
1.完善本车间的规章制度，规划、分配工作，执行工作规程、规章	全责	
2.协调车间各项工作进度，按生产进度安排车间流水线工作进度，监督车间工人的工作质量、工作进度	全责	
3.督导下属执行技术文件，有异议时及时和技术支持部联系	全责	
4.负责签发原料领用单，确认原料的牌号、批号和工艺单要求相一致	全责	
5.负责本车间产品的质量及成本控制，会同有关部门共同分析出现质量问题的原因及工艺缺陷，共同制定对策	全责/支持	
6.负责督导下属完成工装（模具）和设备的日常保养工作；设备出现故障时，配合有关人员共同分析事故原因	全责/支持	
7.提出改进工艺流程、生产设备、生产环境等方面的建议	支持	
8.负责审核班组报表，确保原始数据及时、准确	全责	
9.负责与其他车间协调生产问题	全责	
10.负责本部门的员工队伍建设，对下属员工进行调配、培训和考核	全责	
11.完成上级交办的其他工作	全责/部分	
工作权限	1.生产调度权 2.对下属工作的调配权 3.对下属工作的监督考核权 4.对下属违规、违纪的处理权 5.对质量事故、设备事故及其他事故处理的建议权 6.对车间工作质量和工作进度的监控权 7.对车间员工安全操作的监督权 8.对改善工艺流程、生产设备、生产环境的建议权	

续表

工作关系	内部协调：部门经理，各车间主任 外部协调：外协加工单位
工作环境与工作时间	主要在生产现场，环境基本舒适 正常工作时间，根据需要加班

三、任职资格

学历与专业：
工业工程或相关专业中专及以上学历
工作经验：
3年以上车间工作管理经验
业务知识：
1.接受过生产作业管理、管理技能、产品知识等方面的培训
2.熟悉车间各项工作流程及操作
3.掌握生产作业管理知识技能
能力与素质：
1.责任感强，工作自主
2.有较强的管理能力，富有团队合作精神
3.熟悉公司的工艺工序、工作原理与机理，具备动手操作的能力
4.具有迅速排查解决生产工艺问题的能力
5.有较强的领导能力、分析判断和决策能力、人际沟通能力、影响力、计划和执行能力

四、KPI

1.质量管理和成本控制情况
2.产品合格率
3.计划达成率
4.交货及时率
5.现场管理情况
6.工伤事故率
7.部门合作满意度
8.设备故障率

五、签字确认

	责任人	时间
任职者签字		
上司签字		
人力资源部签字		

表8-91　补偿器总成车间主任职位说明书

职位名称：补偿器总成车间主任	所在部门：生产二部	
直接上级：生产二部经理	直接下级：	
职务等级：	职务系列：	
一、职位概要		
组织、协调、指挥车间各项工作，完成车间工作计划、车间各项工作指标		
二、职责要求		
具体职责	负责程度（全责/部分/支持）	表单、文件
1.完善本车间的规章制度，规划、分配工作，执行工作规程、规章	全责	
2.协调车间各项工作进度，按生产进度安排车间流水线工作进度，监督车间工人的工作质量、工作进度	全责	
3.督导下属执行技术文件，有异议时及时和技术支持部联系	全责	
4.负责签发原料领用单，确认原料的牌号、批号和工艺单要求相一致	全责	
5.负责本车间产品的质量及成本控制。会同有关部门共同分析出现质量问题的原因及工艺缺陷，共同制定对策	全责/支持	
6.负责督导下属完成工装（模具）和设备的日常保养工作；出现设备故障时，配合有关人员共同分析事故原因	全责/支持	
7.提出改进工艺流程、生产设备、生产环境等方面的建议	支持	
8.负责审核班组报表，确保原始数据及时、准确	全责	
9.负责与其他车间协调生产问题	全责	
10.负责本部门的员工队伍建设，对下属员工进行调配、培训和考核	全责	
11.完成上级交办的其他工作	全责/部分	
工作权限	1.生产调度权 2.对下属工作的调配权 3.对下属工作的监督考核权 4.对下属违规、违纪的处理权 5.对质量事故、设备事故及其他事故处理的建议权 6.对车间工作质量和工作进度的监控权 7.对车间员工安全操作的监督权 8.对改善工艺流程、生产设备、生产环境的建议权	

续表

工作关系	内部协调：部门经理，各车间主任 外部协调：外协加工单位
工作环境与工作时间	主要在生产现场，环境基本舒适 正常工作时间，根据需要加班

三、任职资格

学历与专业：

工业工程或相关专业中专及以上学历

工作经验：

3年以上车间工作管理经验

业务知识：

1.接受过生产作业管理、管理技能、产品知识等方面的培训

2.熟悉车间各项工作流程及操作

3.掌握生产作业管理知识、技能

能力与素质：

1.责任感强，工作自主

2.有较强的管理能力，富有团队合作精神

3.熟悉公司的工艺工序、工作原理与机理，具备动手操作的能力

4.具有迅速排查解决生产工艺问题的能力

5.有较强的领导能力、分析判断和决策能力、人际沟通能力、影响力、计划和执行能力

四、KPI

1.质量管理和成本控制情况

2.产品合格率

3.计划达成率

4.交货及时率

5.现场管理情况

6.工伤事故率

7.部门合作满意度

8.设备故障率

五、签字确认

	责任人	时间
任职者签字		
上司签字		
人力资源部签字		

表8-92 **人力资源部经理职位说明书**

<table>
<tr><td>职位名称：人力资源部经理</td><td colspan="2">所在部门：人力资源部</td></tr>
<tr><td>直接上级：行政副总</td><td colspan="2">直接下级：</td></tr>
<tr><td>职务等级：</td><td colspan="2">职务系列：</td></tr>
<tr><td colspan="3">一、职位概要</td></tr>
<tr><td colspan="3">协助制定、组织实施公司人力资源战略，构建人力资源体系，最大限度地开发人力资源，协助领导进行企业文化建设工作</td></tr>
<tr><td colspan="3">二、职责要求</td></tr>
<tr><td>具体职责</td><td>负责程度（全责/部分/支持）</td><td>表单、文件</td></tr>
<tr><td>1.参与制订人力资源战略规划，为重大人事决策提供建议和信息支持</td><td>部分</td><td>人力资源战略规划</td></tr>
<tr><td>2.组织制定、执行、监督公司人力资源管理制度</td><td>全责</td><td>人力资源管理制度有关文件</td></tr>
<tr><td>3.建立健全考核制度，编制考核办法及实施方案，组织实施员工月度、季度、年度考核</td><td>全责</td><td>员工绩效考核程序与方法</td></tr>
<tr><td>4.建立健全薪酬制度和晋升制度，组织提薪评审和晋升评审；制定公司福利政策，为员工办理社会保障</td><td>全责</td><td>公司薪酬制度</td></tr>
<tr><td>5.协助行政副总制定相应的工作说明书，并根据公司职位调整需要进行相应的变更，保证工作说明书与实际相符</td><td>全责</td><td>工作说明书</td></tr>
<tr><td>6.制订招聘计划、招聘程序，进行初步的面试与筛选，做好各部门间的协调工作等</td><td>全责</td><td>部门人员增减报告、员工招聘与面试制度</td></tr>
<tr><td>7.根据部门人员需求情况，提出内部人员调配方案（包括人员内部调入和调出），经上级领导审批后实施，促进人员的优化配置</td><td>全责</td><td></td></tr>
<tr><td>8.制订员工培训计划并组织实施；组织员工岗前培训</td><td>全责</td><td>培训计划</td></tr>
<tr><td>9.协助领导进行企业文化建设，使公司的经营管理理念深入人心，激励员工高承诺地为公司创造附加价值</td><td>部分</td><td></td></tr>
<tr><td>10.负责对本部门所属员工的考勤、考核和工作评价</td><td>全责</td><td></td></tr>
<tr><td>11.完成领导交办的其他工作</td><td>全责/部分</td><td></td></tr>
<tr><td>工作权限</td><td colspan="2">1.对公司人力资源的储备、建设、开发有建议权
2.对公司的岗位设置、人员配备有建议权
3.有参与公司相关人事调配的决策权</td></tr>
</table>

续表

工作关系	内部协调：高层管理人员、各部门 外部协调：政府部门、客户等
工作环境与工作时间	办公室，环境舒适 正常工作时间，根据需要加班

三、任职资格

学历与专业：

人力资源管理、工商管理或相关专业大专及以上学历

工作经验：

5年以上人力资源管理相关工作经验

业务知识：

1.精通人力资源管理知识，对人力资源战略规划与制度建设等具有丰富的实践经验

2.熟悉人事工作流程，对人力资源管理事务性的工作有娴熟的处理技巧

3.熟悉国家、地区及企业关于合同管理、薪金制度、用人机制、保险福利待遇和培训等的方针和政策

4.熟练使用办公软件及相关的人事管理软件

5.有较强的英文听、说、读、写能力

能力与素质：

1.有较强的人际沟通和协调能力

2.有较强的计划与执行能力

3.有良好的人际交往能力

4.具有一定的领导能力

5.有较强的敬业精神和责任感

四、KPI

1.考核、薪酬工作差错率

2.员工离职率

3.员工满意度

4.人员供应满足情况

五、签字确认

	责任人	时间
任职者签字		
上司签字		
人力资源部签字		

表8-93 **办公室主任职位说明书**

职位名称：办公室主任	所在部门：办公室
直接上级：行政副总	直接下级：
职务等级：	职务系列：

一、职位概要

根据公司的发展战略和有关规章制度，负责公司日常行政管理的综合统筹，辅助领导协调关系及日常事务和后勤管理工作，保障公司有效运转

二、职责要求

具体职责	负责程度（全责/部分/支持）	表单、文件
1.根据公司整体发展战略和本部门的实际，组织制定行政管理规章制度并督促、检查制度的贯彻执行；制订办公室工作发展规划、计划与预算方案	全责	各项行政规章制度
2.组织、协调公司年会、员工活动、市场类活动及各类会议，负责外联工作及办理公司所需各项证照	全责	各种会议记录、内部工作简报、部门工作报告
3.组织公司办公费用的计划、办公用品和设备的购买和发放工作	全责	办公费用计划、办公用品和设备的购买与发放记录
4.负责公司物业和后勤管理，包括治安、房屋产权、厂区卫生以及公司的公共卫生、宿舍、食堂就餐工作	全责	
5.负责企业信息化、网络化及软件管理的规划、实施	全责	
6.管理公司非技术资料，计算机磁盘、光盘等资料	全责	
7.负责对本部门所属员工的考勤、考核和工作评价	全责	
8.完成领导交办的其他工作	全责/部分	

工作权限	1.对办公用品和办公设备的控制权 2.对公司物业和后勤的管理权 3.对下属的考勤、考核、检查及监督权 4.对下属人事任免、岗位调配的建议权 5.对公司决策的建议权

续表

工作关系	内部协调：高层管理人员、各部门 外部协调：政府部门、客户等
工作环境与工作时间	办公室，环境舒适 正常工作时间，根据需要加班

三、任职资格

学历与专业：
秘书、中文、公共关系、行政管理等相关专业大专及以上学历
工作经验：
5年以上行政管理工作经验，3年以上相关职位工作经验
业务知识：
1.具有较丰富的现代企业管理知识
2.具有较强的中英文写作、口语、阅读能力
3.通晓国家有关法规政策、行业政策
4.熟练使用办公软件、办公自动化设备
能力与素质：
1.有优秀的外联与公关能力，具备处理突发事件的能力
2.有较强的人际沟通和协调能力
3.有较强的分析、解决问题能力，思路清晰，考虑问题细致
4.有较强的计划与执行能力
5.有较强的敬业精神和责任感

四、KPI

1.办公费用的控制情况
2.公司卫生环境状况
3.公司重大治安事故频次
4.后勤投诉率
5.员工满意度

五、签字确认

	责任人	时间
任职者签字		
上司签字		
人力资源部签字		

表8-94 **财务部经理职位说明书**

职位名称：财务部经理		所在部门：财务部
直接上级：财务副总		直接下级：
职务等级：		职务系列：
一、职位概要		
主持公司财务预决算、财务核算、会计监督和财务管理工作；组织协调、指导监督财务部日常管理工作，监督执行财务计划，完成公司财务目标		
二、职责要求		
具体职责	负责程度（全责/部分/支持）	表单、文件
1.根据公司中、长期经营计划，组织编制公司年度综合财务计划和控制标准	部分	各项财务规章制度
2.建立、健全财务管理体系，对财务部门的日常管理、年度预算、资金运作等进行总体控制	全责	销售收入明细表，资金收、付明细表，应收账款明细表，生产、销售成本明细表，费用明细表，资产负债表，利润表，现金流量表，库存商品、固定资产明细表，各项税收表
3.主持财务报表及财务预决算的编制工作，为公司决策提供及时有效的财务分析，保证财务信息对外披露的正常进行，有效地监督检查财务制度、预算的执行情况，及时进行调整	全责	月度财务分析报告
4.对公司税收进行整体筹划与管理，按时完成税务申报以及年度审计工作	全责	
5.比较精确地监控和预测现金流量，确定和监控公司负债和资本的合理结构，统筹管理和运作公司资金并对其进行有效的风险控制	全责	
6.对公司重大的投资、融资、并购等经营活动提供建议和决策支持，参与风险评估、指导、跟踪和控制	全责	
7.与财政、税务、银行、证券等相关部门及会计师事务所等相关中介机构建立并保持良好的关系	全责	
8.向上级主管汇报公司经营状况、经营成果、财务收支及计划的具体情况，为公司高级管理人员提供财务分析报告，提出有益的建议	部分	
9.负责对部门所属员工的考核和工作评价	全责	
10.完成领导交办的其他工作	全责/部分	

续表

工作权限	1.主管公司财务权，直接对财务副总负责 2.对公司融资、投资的决策有参与权 3.有权处理本部门的各项事务，紧急处理工作内容外事务 4.对公司的岗位设置、人员配备有建议权 5.有权安排下属员工的工作分配
工作关系	内部协调：高层管理人员、各部门 外部协调：政府部门、客户等
工作环境与工作时间	办公室，环境舒适 正常工作时间，根据需要加班

三、任职资格

学历与专业：

会计、财务管理或相关专业大学本科及以上学历

工作经验：

8年以上财务管理工作经验，5年以上大型企业财务部经理相关工作经验

业务知识：

1.具有较全面的财会专业理论知识、现代企业管理知识，熟悉财经法律法规和制度

2.熟悉财务相关法律法规，投资、进出口贸易、企业财务制度和流程

3.参与过较大投资项目的分析、论证和决策工作

4.熟悉税法政策、营运分析、成本控制及成本核算

5.具有丰富的财务管理、资金筹划、融资及资本运作经验

6.有良好的口头及书面表达能力

能力与素质：

1.工作细致、严谨，并具有战略前瞻性思维

2.具有较强的判断和决策能力、人际沟通和协调能力、计划与执行能力

3.具有较强的工作热情和责任感

四、KPI

1.财务报表的及时性

2.年度公司资金预算审查编报情况

3.年度公司筹资计划编报情况

4.资金计划完成率

5.筹资成本控制率

五、签字确认

	责任人	时间
任职者签字		
上司签字		
人力资源部签字		

表8-95 **审计部经理职位说明书**

职位名称：审计部经理	所在部门：审计部
直接上级：财务副总	直接下级：
职务等级：	职务系列：

一、职位概要

根据公司的工作目标，制订并实施审计计划，完成公司各项经营、财务审计及专项审计工作

二、职责要求

具体职责	负责程度（全责/部分/支持）	表单、文件
1.根据公司的工作目标制订公司的审计计划，开展各类经营审计工作及专项审计工作	部分	公司审计计划
2.收集审计证据，编制审计工作底稿，撰写审计报告	全责	公司审计报告
3.审阅财务报告及工作底稿，确认会计记录的真实可靠性以及是否符合会计准则的要求	全责	
4.监督、检查公司制度的落实情况	全责	
5.指导下属员工使用审计程序和审计方法，培训审计人员使其了解国家审计准则要求	全责	
6.跟踪审计计划的执行，实施后续审计工作	部分	
7.负责对部门所属员工的考核和工作评价	全责	
8.完成领导交办的其他工作	全责/部分	

工作权限	1.对公司的经营、财务及专项审计有审计权 2.对本部门员工具有考核、监督、检查权 3.对本部门员工任免、岗位调配具有建议权 4.对公司决策具有建议权
工作关系	内部协调：高层管理人员、各部门 外部协调：政府部门、客户等
工作环境与工作时间	办公室，环境舒适 正常工作时间，根据需要加班

续表

三、任职资格

学历与专业：
会计、财务管理、审计或相关专业大学本科及以上学历
工作经验：
5年以上财务管理工作经验，3年以上大型企业审计部经理相关工作经验
业务知识：
1.精通国家财税法律规范、财务核算业务，具有优秀的职业判断力和丰富的财会项目分析处理经验
2.了解审计领域发展趋势，掌握国际最新审计理论和方法
3.谙熟公司财务会计、审计、税务等业务的全套流程
4.熟悉财务管理、资本运作以及企业融资
5.具有良好的中英文口头及书面表达能力
能力与素质：
1.有良好的纪律性、团队合作以及开拓创新精神
2.具有较强的判断和决策能力、人际沟通和协调能力、计划与执行能力
3.责任心强、工作仔细认真、自主性强
4.有较强的敬业精神

四、KPI

1.审计实施情况
2.审计的配合情况

五、签字确认

	责任人	时间
任职者签字		
上司签字		
人力资源部签字		

主要参考文献

[1] 黄丽霞. 人力资源开发与管理 [M]. 2版. 北京：清华大学出版社，2023.

[2] 萧鸣政. 人力资源开发与管理——在公共组织中的应用 [M]. 3版. 北京：北京大学出版社，2022.

[3] 李丹，蒋定福，陆怡君，等. 工作分析实训教程 [M]. 北京：清华大学出版社，2021.

[4] 蒋春燕，蒋昀洁，孙甫丽. 组织设计与工作分析 [M]. 南京：南京大学出版社，2021.

[5] 姚月娟. 工作分析与应用 [M]. 5版. 大连：东北财经大学出版社，2020.

[6] 董克用，李超平. 人力资源管理概论 [M]. 5版. 北京：中国人民大学出版社，2019.

[7] 萧鸣政，刘李豫. 工作分析与评价 [M]. 北京：科学出版社，2019.

[8] 付亚和. 工作分析 [M]. 3版. 上海：复旦大学出版社，2019.

[9] 萧鸣政. 工作分析的方法与技术 [M]. 5版. 北京：中国人民大学出版社，2018.

[10] 姚裕群，杨俊青. 人力资源管理 [M]. 6版. 北京：中国人民大学出版社，2018.

[11] 斯耐尔，莫里斯，伯兰德. 人力资源管理 [M]. 张广宁，王天晓，胡文华，译. 17版. 大连：东北财经大学出版社，2017.

[12] 姚裕群. 人力资源管理概论 [M]. 大连：东北财经大学出版社，2017.

[13] 德斯勒. 人力资源管理 [M]. 刘昕，译. 14版. 北京：中国人民大学出版社，2017.

[14] 万希，等. 工作分析：人力资源管理的基石 [M]. 北京：电子工业出版社，2017.

[15] 罗宾斯，贾奇. 组织行为学 [M]. 孙健敏，王震，李原，译. 16版. 北京：中国人民大学出版社，2016.

[16] 张德. 人力资源开发与管理 [M]. 5版. 北京：清华大学出版社，2016.

[17] 普里恩，古德斯坦，甘布尔，等. 工作分析：实用指南 [M]. 朱舟，朱营，译. 北京：中国人民大学出版社，2015.

[18] 克林纳，纳尔班迪. 公共部门人力资源管理：系统与战略 [M]. 孙柏瑛，于扬铭，等译. 6版. 北京：中国人民大学出版社，2013.

[19] 廖三余，曹会勇. 人力资源管理 [M]. 2版. 北京：清华大学出版社，2011.

[20] 克雷曼. 人力资源管理：获取竞争优势的工具 [M]. 吴培冠，译. 4版.

北京：机械工业出版社，2009.

［21］姚裕群，亓名杰．人力资源开发与管理概论［M］．长沙：湖南师范大学出版社，2007.

［22］李中斌，等．人力资源管理［M］．北京：中国社会科学出版社，2006.

［23］郑晓明，吴志明．工作分析实务手册［M］．2版．北京：机械工业出版社，2006.

［24］朱勇国．工作分析与研究［M］．北京：中国劳动社会保障出版社，2006.

［25］赵永乐，等．工作分析与设计［M］．上海：上海交通大学出版社，2006.

［26］顾琴轩．职务分析：技术与范例［M］．北京：中国人民大学出版社，2006.

［27］杨顺勇，王学敏，查建华．现代人力资源管理［M］．上海：复旦大学出版社，2006.

［28］李永杰，李强．工作分析理论与应用［M］．北京：中国劳动社会保障出版社，2005.

［29］张文贤．人力资源总监——人力资源管理创新［M］．上海：复旦大学出版社，2005.

［30］周文，刘立明，黄江瑛．工作分析与工作设计［M］．长沙：湖南科学技术出版社，2005.

［31］苏东水．东方管理学［M］．上海：复旦大学出版社，2005.

附录A 合不合云端人才评鉴系统解析与四大管理技能

身为一名管理者，我们首先要弄明白管理是什么、为什么管理。

彼得·德鲁克说："管理就是界定企业的使命，并激励和组织人力资源去实现这个使命。界定使命是企业家的任务，而激励与组织人力资源是领导力的范畴，二者的结合就是管理。"这就是德鲁克对管理的定义。

掌握德鲁克管理思想的精髓，首先要从这个定义开始。在这个定义中，德鲁克使用了一个关键词：使命。什么是使命呢？就是组织存在的原因。

同时，德鲁克认为，仅将管理者定义为"对他人的工作负有责任的人"是不够的，管理者应该是"对企业的绩效负有责任的人"。

这也就意味着：管理的"因"是组织与激励人力资源，"果"是让团队实现组织的使命。

基于此，从人的角度来看，管理者要能切实掌握并提升四大管理技能。

1）管理者的四大管理技能

（1）慧眼识人

柳传志曾经说过："在我的位置上，两个东西是决不允许出错的：一是决策；二是用人。这两个东西错了其中一个，都有可能满盘皆输。"决策自不必说，那为何用错人了，也有可能满盘皆输呢？道理其实很简单，因为事情都是人去完成的，人都错了，企业里的事情不也跟着错吗？

同样的道理，部门的所有事情都必须靠人去完成，若岗位上的人是错的，能指望这个任职者去履行职责、实现目标吗？

所以，既然管理者的职责是带领人去实现组织的使命，那么管理者首先必须练就一双"火眼金睛"，做到慧眼识才，知道什么人适合、什么人不适合。人对了，事情才能跟着对。

（2）高效用人

人对是基础，更重要的是人到岗后，怎么保证让每个人都做到全力以赴、使命必达。

这至少牵涉两个基本面：一是管理者如何定义工作，即部门内各岗位在纵向上如何保证"做何事，何结果，如何做"三者的答案清晰，在横向上如何保证产生协同作用，形成合力；二是管理者如何调动激情。工作任务清晰了，还要人拼命，假使人不愿意干，任务再清晰，也会因为人的懈怠而最终影响工作结果。

（3）因材育人

海尔的张瑞敏曾经给优秀经理下了一个定义："最好的经理是教练。"一个管理者仅仅做到高效用人是不够的，还要立足于组织及人才未来的竞争力，通过自身的努力让下属成长、进步。

经理人要承担起教练的责任，至少要明确下面四个问题：一是岗位对人有何能力要求？二是人与岗位的匹配度如何？三是如何针对人欠缺的能力进行培训？四是如何督促和观察被培训者是否应用所学并转变？

（4）真情留人

翰威特全球员工敬业度调查结果显示：关键人才相对稳固的组织与关键人才频繁变动的组织相比，绩效差异至少在40%。

企业关键人才的频繁变动，对企业的发展甚至可以说是致命的，所以如何留人，从来都是一个组织的重要工作，而留人的成效又和管理者在这方面是否作为紧密相关。成功组织的经验表明，关键人才相对稳固的企业，其管理者的职业化水准也比较高。这意味着，管理者必须在如何留住组织需要的人才方面担负责任并要有作为。

如何做到这一点呢？至少应明确三个内容：一是部门里何为关键岗位？二是关键岗位的任职者是否为关键人才？三是对于关键岗位上的关键人才，应用什么样的留才策略降低其跳槽率？

2）管理者如何快速提升基于人的四大管理技能

通常，管理者提升管理技能的途径无外乎两种：一是经验积累；二是借助培训。积累经验需要时间，无法快速见效；而借助培训，因为外来老师不了解企业实际，所讲内容往往听起来有道理，但实施起来不管用，落不了地，成效也不明显。

有没有既有效又能快速提升管理技能的捷径？借助成熟、专业而系统的管理工具，不失为一种好方法。

比如说，著名心理学专家王秀园发明的、借由合不合（厦门）网络科技有限公司开发的基于“人格十四心座”的“合不合人才云端评鉴系统”，就提供了这样一套工具。凭借这套工具，管理者能明显提升对人才选、育、用、留的四大管理技能。

“合不合人才云端评鉴系统”首先让测评对象通过电脑或手机在线便捷地对140道题进行选答，然后形成专业的“人才分析报表”，该报表由“人格十四心座”及“十二项通用能力”组成。通过这份报表，管理者便可快速地进入专业化的选、育、用、留层面，提升管理技能。

（1）“慧眼识人”解析

假设有一家初创型公司，没有太多的现金流支撑人员的高工资，而在收入较低的情况下，工作人员还要经常加班加点。此种创业场景，一般就不适合选择“人格十四心座”中“无尾熊”分数比较高的人员，因为这类人员倾向追求“付出”和“回报”的对等。再比如，一家企业的工作人员要经常出差，而且一去就是十天半个月，这种企业就不太适合选择“绵羊”分数比较高或是环境应变力较弱的人员，因为绵羊型的人通常比较顾家，让其长期出差，必定心生抵抗情绪，久了就会有不满情绪或留不住。

（2）“高效用人”解析

高效用人的关键在于“激励”，而“激励”的效果因人而异。假使一个下属的测评结果显示其主型为“孔雀”，因为这种类型的人比较喜欢得到别人的肯定和表扬，若上级能抓住下属的这一特性，平时对其多加肯定和表扬，那么其工作积极性自然非同一般。再如，通过“人才分析报表”的“十二项通用能力”的测评，发现某一位下属的“工作续航力”分数较低，说明其有“虎头蛇尾”的个性，要用好此人，上级一定要对其加大“过程管理”力度，否则，其工作最终会失控。

（3）“因材育人”解析

要把人培育好，“缺什么补什么”非常关键。如何看到人的优势和短板？凭借经验一定会有误判，而借助“合不合云端人才评鉴系统”得到的“人才分析报表”，可以直观、专业地表述其环境应变力、改革创新力、领导管理力、人际社交力、分析思考力、团队合作力等十二项通用能力的分数，让人对其能力水平的高低一目了然，由此做到“因材育人”，进而提升人才培养的有效性。

（4）“真情留人”解析

留人的关键之一在于让人舒心，人不舒心，给其再高的工资也可能待不长久。例如，让以家为中心的“绵羊”经常出差，他会舒心吗？对追求“付出”与“回报”对等的“无尾熊”，只是一味鼓励其奉献，而没有给予实质的回报，他能舒心吗？主管总是批评喜欢被肯定与表扬的“孔雀”，他会舒心吗？因此，要让一个人舒心，首先要知道他是什么、要什么，而“合不合云端人才评鉴系统”恰恰提供了这种让管理者更为客观而专业地看人的工具。

人看准了，基于人的四大管理技能的提升便有了一个很好的基础。

3）未来的竞争是管理的竞争

华为的任正非说：“公司未来的生存发展靠的是管理进步。”华为从1988年用2万元起家到2022年全球销售收入超过6 000亿元的跨越，昭示了企业发展的关键在于管理这样一个事实。那么，管理的核心又是什么？德鲁克一语中的：“管理说到底是人力资源管理，人力资源管理就是管理的代名词。”由此，承担管理职责的管理者要成为一名合格的管理者，首先必须成为一名优秀的人力资源经理，“慧眼识人、高效用人、因材育人、真情留人”必然成为管理者必须具备的四项最基本的人力资源管理技能。提升管理者在这四个方面的技能，实际上也在培育和提升企业未来的竞争力。

我们要时刻牢记，在方向正确的前提下，管理就成了决定企业成败的关键因素。而管理者水平的高低，毫无疑问也决定了企业管理水平的高低。

得中层者，得天下！

4）在线测一测，认识不一样的自己

“合不合云端人才评鉴系统”是基于心理学和人才管理学的原理，借由王秀园老师发明的“人格十四心座”，通过互联网技术的应用所形成的一套云端在线人才评鉴工具。该系统通过140道题的在线测评，形成对被测评人的“人才分析报表”，并通过这张报表提升企业管理者选人、用人、育人、留人的管理技能，降低用人风险，提升用人效率，进而促进企业可持续健康发展。

“合不合云端人才评鉴系统”凭借其专业性、便捷性、经济性，一经推出即引起关注，吸引越来越多的企业牵手合不合。

您是“狮子”“水牛”“孔雀”，还是“蜜蜂”“无尾熊”“猫头鹰”？或者是其他？

扫描下面的二维码，立即在线体验和认识“合不合云端人才评鉴系统”以及不一样的自我。

个人特质及通用能力镜像测评

合不合云端人才评鉴系统

附录B　合不合人才盘点系统成果实例

不是说员工转正后整个选才工作就算功德圆满了，企业还必须建立人才盘点系统，通过人才盘点，进一步做好适人适岗的工作。长此以往，企业的人才生态环境会越来越健康，能力指数也会越来越高。

图B-1至图B-7呈现了利用合不合人才盘点系统实现人适其岗的成果实例。

图B-1　企业组织及人才盘点报告封面

Content

图B-2　企业组织及人才盘点报告目录

前言

企业组织及人才盘点报告是合不合新规划的服务，针对企业用户进行组织人才健康度的诊断，就如同人需要健康检查一样，企业的组织也需要进行健康检查，我们采用合不合人工智能专家系统，针对部门或组织中所有的人员进行全面的测评，并产生整体评估报告，让企业老板可以一目了然快速了解企业的人力状况，并提出改善的建议，帮助企业提升整体效能。

图B-3 企业组织及人才盘点报告前言

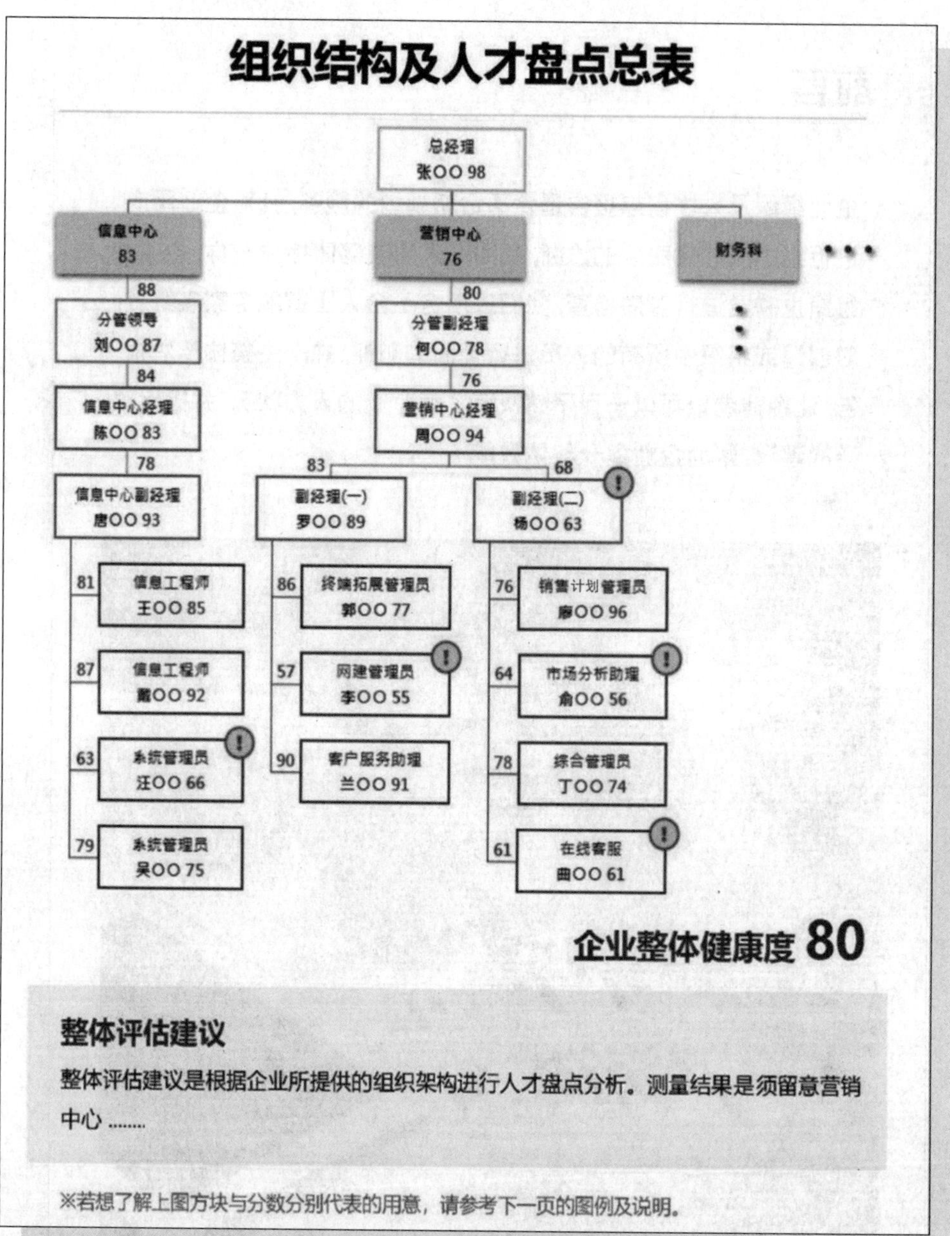

图B-4 组织结构及人才盘点总表

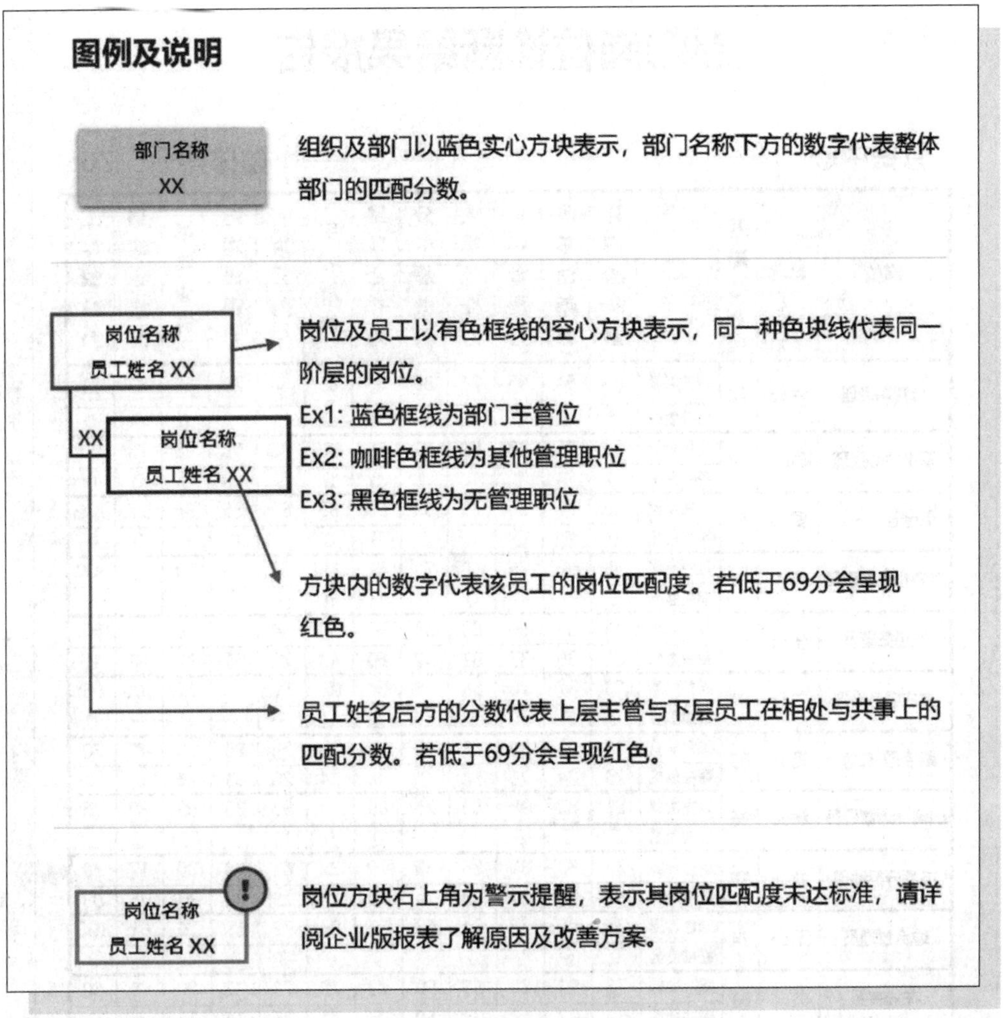
图例及说明
部门名称
XX
组织及部门以蓝色实心方块表示，部门名称下方的数字代表整体部门的匹配分数。
岗位名称
员工姓名 XX
XX
岗位名称
员工姓名 XX
岗位及员工以有色框线的空心方块表示，同一种色块线代表同一阶层的岗位。
Ex1: 蓝色框线为部门主管位
Ex2: 咖啡色框线为其他管理职位
Ex3: 黑色框线为无管理职位
方块内的数字代表该员工的岗位匹配度。若低于69分会呈现红色。
员工姓名后方的分数代表上层主管与下层员工在相处与共事上的匹配分数。若低于69分会呈现红色。
岗位名称
员工姓名 XX
岗位方块右上角为警示提醒，表示其岗位匹配度未达标准，请详阅企业版报表了解原因及改善方案。

图B-5 图例及说明

部门岗位诊断结果报告

营销中心

整体得分：76

岗位	姓名	匹配得分		环境应变力	改革创新力	领导管理力	人际社交力	分析思考力	团队合作力	学习精神	执行力	沟通协调力	成就动机	情绪稳定度	工作续航力
分管副经理	何○○	78	绿色能量	66	64	65	76	86	83	85	68	70	65	87	81
			警戒危机	0	0	0	0	14	0	0	0	0	0	0	0
营销中心经理	周○○	94	绿色能量	91	95	98	82	91	66	100	88	93	98	78	90
			警戒危机	0	3	3	0	0	0	0	3	3	3	0	0
副经理（一）	罗○○	89	绿色能量	69	73	86	75	83	66	89	82	85	86	93	100
			警戒危机	0	0	0	0	0	0	0	0	0	0	0	0
终端拓展管理员	郭○○	77	绿色能量	50	56	76	59	75	67	89	83	53	79	100	100
			警戒危机	0	0	0	0	0	0	0	3	0	0	0	0
网建管理员	李○○	55	绿色能量	75	83	80	80	63	75	50	64	80	80	17	50
			警戒危机	61	39	37	61	32	60	43	21	69	37	58	0
客户服务助理	兰○○	91	绿色能量	58	57	78	58	75	54	78	80	63	78	100	95
			警戒危机	0	0	0	0	0	0	0	3	0	0	0	0
副经理（二）	杨○○	63	绿色能量	75	93	80	87	90	72	73	78	80	80	47	60
			警戒危机	23	24	26	18	9	0	14	26	31	26	0	0
销售计划管理员	廖○○	96	绿色能量	81	82	98	83	76	69	79	97	85	98	80	75
			警戒危机	0	0	8	0	0	0	0	13	3	8	0	0
市场分析助理	俞○○	56	绿色能量	75	83	80	86	59	75	32	61	80	80	17	50
			警戒危机	32	21	37	39	14	40	0	29	41	37	25	83
综合管理员	丁○○	74	绿色能量	75	80	76	54	63	52	93	79	65	76	81	100
			警戒危机	0	0	0	0	0	0	0	3	0	0	0	0
在线客服	曲○○	61	绿色能量	72	91	80	85	90	72	70	73	78	80	40	50
			警戒危机	13	32	18	23	50	20	71	26	16	18	8	0
部门平均分数		76	绿色能量	72	78	82	75	77	68	76	78	76	82	67	77

建议

网建管理员李○○、副经理(二)杨○○、市场分析助理俞○○、在线客服曲○○危机指数偏高，岗位匹配度低于标准，建议详细阅读其企业版报表，进行更进一步的处置。

图B-6 部门岗位诊断结果报告——营销中心

信息中心　　**整体得分：83**

岗位	姓名	匹配得分		环境应变力	改革创新力	领导管理力	人际社交力	分析思考力	团队合作力	学习精神	执行力	沟通协调力	成就动机	情绪稳定度	工作续航力
分管领导	刘○○	87	绿色能量	66	64	65	76	86	83	85	68	70	65	87	81
			警戒危机	0	0	0	0	14	0	0	0	0	0	0	0
信息中心经理	陈○○	83	绿色能量	91	95	98	82	91	66	100	88	93	98	78	90
			警戒危机	0	3	3	0	0	0	0	3	3	3	0	0
信息中心副经理	唐○○	93	绿色能量	69	73	86	75	83	66	89	82	85	86	93	100
			警戒危机	0	0	0	0	0	0	0	0	0	0	0	0
信息工程师	王○○	85	绿色能量	50	56	76	59	75	67	89	83	53	79	100	100
			警戒危机	0	0	0	0	0	0	0	3	0	0	0	0
信息工程师	戴○○	92	绿色能量	88	92	83	60	80	52	100	88	68	83	68	90
			警戒危机	0	0	0	0	0	0	0	3	0	0	0	0
系统管理员	汪○○	66	绿色能量	75	83	80	80	63	75	50	64	80	80	17	50
			警戒危机	61	39	37	61	32	60	43	21	69	37	58	0
系统管理员	吴○○	75	绿色能量	58	57	78	58	75	54	78	80	63	78	100	95
			警戒危机	0	0	0	0	0	0	0	3	0	0	0	0
部门平均分数		83	绿色能量	71	74	81	70	79	66	84	79	73	81	78	87

建议

系统管理员汪○○危机指数偏高，岗位匹配度低于标准，建议详细阅读其企业版报表，进行更进一步的处置。

图B-7　部门岗位诊断结果报告——信息中心